Koch · Die Geschichte der Henker

Die Geschichte der Henker

Scharfrichter-Schicksale
aus acht Jahrhunderten

von
Tankred Koch

Tankred Rüdiger Koch, Professor emeritus Dr. med. vet. habil., approbierter Arzt, Jahrgang 1908. Studium der Veterinärmedizin in Wien, Assistent an verschiedenen Instituten der Tierärztlichen Hochschule in Wien, dann an der Veterinärmedizinischen Fakultät der Universität Berlin. Kriegsgefangenschaft, Rückkehr nach Berlin. Habilitation, Studium der Medizin mit Approbation, Professur für Veterinäranatomie, 1974 ehrenvolle Emeritierung. Goldenes Doktordiplom der Veterinärmedizinischen Universität Wien. Zahlreiche Veröffentlichungen.

Redaktion: Heli Ihlefeld, Bonn

Lizenzausgabe 1991 für
Manfred Pawlak Verlagsgesellschaft mbH
Herrsching
© 1988 Kriminalistik Verlag GmbH, Heidelberg
Umschlaggestaltung: Bine Cordes, Weyarn
Umschlagmotiv: Archiv für Kunst und Geschichte Berlin
Printed in Germany
ISBN 3-88199-882-9

Geleitwort

Ein Geleitwort für das Buch des bekannten Veterinäranatomen und Arztes Professor Dr. Tankred Koch zu schreiben, ist keineswegs einfach. Warum?

Mehrfach sind Organisationen mit humanistischen Zielen an mich herangetreten und wollten meine Unterschrift für Petitionen – noch mehr – zur Unterzeichnung flagranter und sehr aggressiver Forderungen haben: Ziel – Abschaffung der Todesstrafe.

Mehrfach auch bin ich selbst gefragt worden – und die Frage richtete sich an den Fachmann –, ob der gewaltsame Tod eines Menschen »Schrecken« in sich birgt und welche, ob man ihn vorausahnt und mit welchem Grad man ihn zu fürchten hat.

Und weiter: In einem Gerichtsgutachten wurde ich gefragt, ob Erhängen grausam sei, etwa Erhängen als Justifikation. Damit sollte im konkreten Fall entschieden werden, ob die Justifikation durch Erhängen – nach deutschem Strafrecht (jetzt noch in der Bundesrepublik Deutschland) als Mord eingestuft werden müsse. Die Frage betraf Hinrichtungen in einem Konzentrationslager, und eine Gutachtenfrage war so gestellt: »Es ist gerichtsmedizinisch zu beurteilen, ob Erhängen grausam ist.« Im Hintergrund dieser Frage stand eine alte höchstrichterliche Entscheidung, die definierte, daß »grausam« immer dann anzunehmen ist, wenn man einem Opfer mehr Angst und Schmerzen bereitet, als für die konkrete Tötungsart erforderlich ist. Die Frage zu beantworten, war einfach, denn sie betraf einen sehr konkreten Fall.

Ergebnis:

... Erhängen ist zunächst einmal »nur« Tötung.

... Erhängen aber in diesem Lager war grausam, denn es wurde an Gruppen vollzogen, wobei jeweils ein Opfer nach vorne geholt wurde und ihm ein Klötzchen zur Verhinderung von Schreien in den Mund gebunden wurde. Dabei mußten die folgenden Opfer zusehen.

Damit war das Tatbestandsmerkmal »grausam« (martern) gegeben. Da jede Hinrichtung prinzipiell »mehr Angst und Schmerzen« zufügt, als für die Tötung erforderlich ist (Urteil – Hoffnung auf Gnade – Warten – Ankündigung des Vollzuges – Zeremoniell – nochmals Urteil verlesen – vage Hoffnungen – Priester – schlaflose Nächte – lauschen auf bestimmte Geräusche mit Ankündigungscharakter – Abschiedsbriefe usw. usw.) ist es leicht, gegen die Todesstrafe Stimmung zu machen, und ganz sicher ist derjenige herzlos und gemütsarm, der sich privat nicht gegen die Todesstrafe engagiert. Und da kommt noch etwas dazu:

In wenigstens zwei Fällen, mit denen ich befaßt war, hätte einem Angeklagten die Todesstrafe auf Grund mangelhafter Gutachten von Sachverständigen gedroht, würde im Bereich des Landes noch die Todesstrafe gelten, in dem die Gerichte zu urteilen hatten. Erst spätere Gutachten entlasteten die bereits zur Höchststrafe Verurteilten. Einer der Fälle beschäftigte den Unterzeichneten fast ein halbes Jahr lang! Wie gut – so dachte ich –, daß es keine Möglichkeit eines Todesurteils gab.

Nun, andere Länder haben die Todesstrafe beibehalten. Hat sie wirklich präventive Wirkung? Tankred Koch teilt die Meinung vieler, die ihren Wert für die Gesellschaft ernsthaft bezweifeln, und die Statistiken scheinen ihm Recht zu geben. Warum aber verlangt ein hoher Prozentsatz in der Bevölkerung der europäischen Länder, sie beizubehalten? In manchen Gesetzbüchern Europas ist sie (noch) kodifiziert. Und die Juristen, die den Kodex verantworten, sind – wie ich bestätige – ehrenwerte Leute. Warum halten sie an der Todesstrafe fest?

Weil das Töten jetzt humaner erfolgt?
Weil die Androhung der Todesstrafe, wenn auch nicht statistisch, so doch im Einzelfall abschreckt?
Weil sie im konkreten Fall doch nicht vollzogen wird?

Ganz zweifellos wird auf der ganzen Welt, auch in den Ländern, wo es noch »Scharfrichter« gibt, überlegt, ob nicht ohne Henker und Todesstrafe auszukommen ist. Auch dieses Buch läßt dies erkennen. Und auch dem Leser muß die Abschaffung der Todesstrafe als logische Konsequenz erscheinen. Und mancher, der nach extremer Sühnung ruft, wird durch die Lektüre der »Henker« nachdenklich werden. Für alle, die es lesen, gilt »Tua res agitur!« – gemeint: Wollen wir es weiter so handhaben? Es ist unsere Sache!

König Ludwig XVI. wurde 1792 die Erfindung des Arztes Dr. *Joseph Guillotin* vorgeführt. Er fand sie so gut, daß er sie in Frankreich einführte – um neun Monate später durch *Guillotins* Köpfmaschine selbst zu sterben. Was lehrt dies? Und was lehrt dieses Buch? Es lehrt wohl, daß sich jede Gesellschaft Gesetze und Richtlinien geben kann – ja muß, daß es aber stets darauf ankommt, sie nach allgemein verbindlichen humanen Regeln zu handhaben.

Es gelte hier nicht: »Was sein muß – muß sein!« Sondern vielmehr: »Muß es sein?«

Berlin, im Juli 1988   Professor Dr. sc. med. Dr. h.c. mult.
Otto Prokop FRSM, Direktor des
Instituts für Gerichtliche Medizin
an der Humboldt Universität zu Berlin

Vorwort

Jemand, der sich wie ich eingehend mit der Geschichte der Medizin und der Veterinärmedizin beschäftigt, stößt früher oder später auf den Scharfrichter. Seine – schon lange vor den Anatomen – durch seine Tätigkeit erworbenen genauen Kenntnisse des menschlichen Körpers machten den Scharfrichter schon früh zum Behandler von Verrenkungen und Knochenbrüchen.

Sein Nimbus, ein merkwürdiges, noch von keinem Psychologen analysiertes Gemisch von Abscheu, Ekel, Furcht, Scheu und doch wieder geheimem Respekt und Achtung vor ungeahntem Können und Wissen, anziehendem Aberglauben und seltsam angenehm-gruseligem Grauen, lockte auch Kranke anderer Art an. Und seine daraus entstandene Suggestivkraft hat, neben seinem gewiß vorhandenen volksmedizinischen Wissen und seiner Drogenkenntnis, so manchem Kranken, der im bergenden Dunkel der Nacht zitternd zu ihm, dem Ausgestoßenen, hilfeflehend geschlichen kam, wirklich geholfen. Dazu der ewige Aberglaube: Speichel, Sperma, Urin von Gehenkten, ihre Haare, Nägel, Finger und Zähne, Stücke ihres Stricks, Blut von Geköpften und was der Dinge mehr waren – Blut und Federn der den Galgen umflatternden Raben, Blut, Haare und Fett der Fledermäuse, die um die Gehenkten kreisten – dies und vieles andere mehr wurde zum Heilmittel, zum Amulett, zum Zauber. Der Medizinhistoriker hat dieses Kapitel seiner Wissenschaft eigentlich schon immer ignoriert. Eben deswegen erschien es verlockend, Licht in diese dunklen Zeiten der Heilkunde zu bringen. Damit war auch gleich der Anlaß gegeben, den Scharfrichtern und Henkern auf ihren Spuren durch die Geschichte zu folgen.

Daß es blutige, oft grausame Ereignisse sind, von denen hier zu lesen ist, liegt in der Natur der Sache. Deswegen wurde wohl auch der Vollzug der Todesstrafe in der Geschichtsschreibung gewöhnlich mit dem Mantel des Schweigens bedeckt. Es waren aber Menschen, denen solches Schicksal widerfuhr; und es waren Menschen, die man zu dessen Vollzug anstellte und bezahlte und gleichzeitig der grausamsten Diffamierung und Ausstoßung aus der Gesellschaft unterwarf. Selbst einschlägige wissenschaftliche Werke über die gesetzlichen Strafen übergehen ausgerechnet deren Vollstreckung mit Stillschweigen. Daraus läßt sich schließen, daß eine Schilderung dieser Vorgänge und deren Exekutive die Selbstgerechtigkeit in der Brust der verurteilenden Personen beeinträchtigt, ja wahrscheinlich sogar ein Gefühl der Scham und des schlechten Gewissens hervorgerufen hätte. Schweigen und Verdrängen war der leichtere Weg.

Es ist hier vermieden worden, die einzelnen Ereignisse mit Worten des Mitleids, der Empörung und der Entrüstung zu garnieren. Leicht könnten sie wie Heuchelei wirken. Gerade eine leidenschaftslose, nüchterne Darstellungsweise wird, so meinten wir, den Eindruck dieser Geschehnisse verstärken und in dem Leser den festen Willen erwecken, nicht zuzulassen, daß so etwas je wieder geschehe.

Im Krieg ist die Tötung von Menschen durch Menschen straflos, ja geboten; im zivilen Leben ist dieselbe Tat aus ethischen Gründen strafbar. Sie gilt sogar als Kapitalverbrechen, das mancherorts nur durch eine weitere Tötung, durch die des Täters geahndet wird. Dieses Kapitalverbrechen wird als »Mord« bezeichnet. Es läßt den Täter in eine komplizierte Maschinerie automatisch ineinandergreifender und unaufhaltsamer Amtshandlungen geraten, die ihn, aufgrund des Gebotes »Du sollst nicht töten«, aus der Gesellschaft ausschließen – sei es durch die Todesstrafe direkt, sei es durch »Lebenslänglich« indirekt.

Dort, wo die Todesstrafe existiert oder existierte, stellte man eigens beauftragte Tötungsspezialisten an, Scharfrichter, Henker, die entweder zeitlebens oder jeweils im Einzelfall ihre Tötungsaufträge erhielten und ausführten.

Wo die Geschichten des Alten, des Neuen oder des Neuesten Pitaval und ähnliche Sammlungen enden, setzt dieses Buch ein. Im Ganzen stellt es eine, infolge Massenhaftigkeit einerseits und Weitverstreutheit des Materials andererseits, notgedrungen lückenhafte Kulturgeschichte des Scharfrichters dar, einer sozialpolitischen, juristischen Einrichtung.

Das Ergebnis dieses ersten Versuches, die Geschichte der Scharfrichter oder Henker zu schreiben, lege ich hier vor. Die Arbeit hätte allerdings ohne Hilfen nicht zustande kommen können.

Zu größtem Dank verpflichtet bin ich Herrn Professor Dr. med. sc. Dr. h. c. mult. *Otto Prokop*, Direktor des Instituts für gerichtliche Medizin der Humboldt-Universität Berlin, für Ratschläge und unermüdliche Hilfe in jeder Hinsicht und für seine Geduld, mit der er allen meinen Fragen und Ansuchen begegnete. Weiterhin habe ich dem Bibliothekar i. R. der Universitätsbibliothek der Humboldt-Universität zu Berlin, Herrn Dr. *Erich Stietz* für seine unschätzbare Hilfe und Unterstützung von ganzem Herzen zu danken, aber auch dem Kollektiv des Stadtarchivs der Stadt Berlin für die allzeit gewährte Erlaubnis zur Einsichtnahme in die vorhandene Literatur und das einschlägige Aktenmaterial. Ganz besonderen Dank schulde ich den Mitarbeitern des Kriminalistik Verlages für die harmonische Zusammenarbeit, speziell Frau Esther Herrmann für Ihre verständnisvolle Mitwirkung.

Berlin, im Juli 1988 *Tankred Koch*

Inhaltsverzeichnis

Geleitwort V
Vorwort IX

I. Frühe Hinrichtungen und ihre Vollstrecker 1
II. Vollstrecker der Todesstrafen in Griechenland –
Carnifex in Rom 7
III. Femgericht und Römisches Recht 13
IV. Vom Handwerk des Scharfrichters – Die mordende
Soldateska und der König der Ribauds 17
V. Erste Richtstätten in Europa – Berlin im Interdikt –
Herzöge als Henker 25
VI. Hinrichtungsarten und -kosten – Nebenbeschäftigungen der Scharfrichter – Die Verbrennung von
Jan Hus und Hieronymus 39
VII. Folter – Die barmherzigen und die bußfertigen
Scharfrichter – Eine Scharfrichtergewerkschaft –
Grausame Hinrichtung in Wien – Hinrichtung von
Scharfrichtern 51
VIII. Die Bambergische Halsgerichtsordnung – Die Constitutio criminalis Carolina – Wiedertäufer –
Michael Kohlhas – Die Hugenotten und die
Bartholomäusnacht 71
IX. Die »Passauer Kunst« – Gehängt werden nur
Frauen in Hosen – Wer begräbt den Henker?
Die Innsbrucker Anatomie und die Scharfrichter –
Angélique starb mit Grazie 115
X. Scharfrichter als Ärzte und Tierärzte – Aufhebung
der Folter – Die letzten Hexen – Die Guillotine –
Der Henker als Chronist 173
XI. Der letzte Schrottenbacher – Versuche mit Enthaupteten – Goethe und der Scharfrichter – Der letzte
Sanson – Der elektrische Stuhl 241

XII. Hinrichtungen auf dem elektrischen Stuhl –
Selbstmorde von Scharfrichtern – Gaskammer –
Massenmörder der zwanziger Jahre – Die dreißiger
und vierziger Jahre – Abschaffung der Todesstrafe
und Wiedereinführung 287

Bildnachweis 315
Literaturverzeichnis 317
Verzeichnis der Scharfrichter (alphabetisch) 321
Verzeichnis der Scharfrichter (nach Orten) 325
Verzeichnis der Scharfrichterdynastien 339
Namen- und Sachverzeichnis 341

I

Frühe Hinrichtungen und ihre Vollstrecker

Wenn sich auch das Bild des Scharfrichters im Dämmer der Frühgeschichte verliert, so wissen wir immerhin doch, daß es damals Zeiten und Gesellschaftsformen gab, die ohne »Tötungsspezialisten« auskamen. Nicht weil die Menschen damals Engel gewesen wären und paradiesische Zustände geherrscht hätten, sondern weil selten aus Habsucht getötet wurde. Zum anderen wurde in dieser Zeit das Töten aus anderen Motiven vorgenommen. Das Wort Selbstjustiz gehörte noch nicht zum Sprachgebrauch.

Einbrecher, Diebe, Notzüchtiger wurden, wenn bei der Tat ertappt, vom Vater oder Hausherrn auf der Stelle getötet. Gelang ihnen die Flucht und wurden sie später ertappt, so entschied die Versammlung der Erwachsenen über ihr Schicksal. Die Todesstrafe wurde dann vom Vater, Gatten, Bruder oder sonst einem – meist älteren – männlichen Verwandten vollzogen. Auf dieser Entwicklungsstufe entstand die Blutrache, das uralte Jus talionis: Auge um Auge, Zahn um Zahn, Blut um Blut.

Mit wachsender Bevölkerung und zunehmender Zahl der Bluttaten begann dieses Prinzip untragbar zu werden. Ein fortwährender Kampf aller gegen alle drohte. Um dem vorzubeugen, führte man das Wergeld, Blutgeld ein, das als Sühne für vergossenes Blut bezahlt werden durfte. Die Zahl der Rechtsbrecher stieg jedoch weiter. Es konnte den Betroffenen das Recht der Tötung nicht mehr zugestanden werden. Diese Aufgabe wurde dem Opferpriester – einem Unangreifbaren – oder dem Ältesten des Rats, einer Respektsperson, übertragen. Eigens zu diesem Zweck schuf man auch das geweihte Amt des Gerichtsboten, des Frons, Büttels, oder wie er sonst geheißen haben mochte, der das von der Volksversammlung, vom

Thing oder dem Häuptlingsrat gesprochene Recht zu vollstrekken hatte.

Eine gemischte Aura von Scheu, Furcht, Achtung und Unterwerfung umgab diesen Vollstrecker, der zumeist auch schon durch Kleidung, Haltung und Sprache besonders als Träger und Abgesandter der Macht erkennbar war.

Je mehr die Führung des Stammes, der Stammesverbände, oder des Volkes in die Hand eines einzigen Mächtigen geriet – gewöhnlich in Kriegszeiten oder nach siegreichem Krieg –, desto stärker wurde dessen Einfluß auf den Urteilsvollstrecker. Dieser befolgte dann mehr und mehr die persönlichen Befehle des Einen und wurde so allmählich dessen verlängerter Arm.

So tritt als erster wirklicher Scharfrichter von Beruf jene düstere Gestalt auf die Bühne der Geschichte, die als ständiger Begleiter des Mächtigen, als Symbol der Gewalt über Leben und Tod, als schauerlicher Hintergrund strahlend entfalteten Prunks die grausige, allgegenwärtige, schreckensvolle Todesdrohung der unumschränkten tyrannischen Macht darstellte.

Die ältesten Scharfrichter

Wir begegnen dem grausigen »Insignum der Tyrannei« immer wieder, bei den sagenumwobenen Kaisern des alten China Yo-ch'ao, Sui-jen, Fu-hsi, Shen-nung, Huang-ti im dritten Jahrtausend vor unserer Zeitrechnung, ebenso wie bei den Königen, Mogulen, Sultanen der Frühgeschichte Asiens, und bei den Machthabern des späten Europa: bärtig, schwertbewaffnet, im blutroten Wams.

Es gab verschiedene Varianten des Scharfrichteramts. So besaß am Ende des dritten und am Beginn des zweiten Jahrtausends vor Chr. im damals aufblühenden Reich der Hethiter der »pankus« (ein Gremium von Würdenträgern) die Blutgerichtsbarkeit, selbst über den König. Seine Personen wechselten, seine Zahl änderte sich je nach dem Zweck der Einberufung. Die Todesstrafe wurde allerdings vom pankus nur für Diebstahl kultischer Geräte, für Majestätsbeleidigung und für Schlangenzauber verhängt. Den Mord überließ man noch der Blutrache.

Sicher nicht zu ihrem Besten haben die Herrscher eine sol-

Francisco de Goya: A caza de dientes (Auf der Jagd nach Zähnen)
Beispiel für den Aberglauben an geheime Kräfte von Leichenteilen

che, über ihnen stehende Volksgerichtsbarkeit nirgends und niemals wieder zugelassen.

Etwa zur gleichen Zeit – um das Jahr 1850 v. Chr. – spielte sich im Lande Sumer, unter der Herrschaft des Usurpators König Urninurta von Isin, der älteste uns bekannte Mordprozeß mit Todesurteil ab. Er wurde auf Tontäfelchen in der Größe von 10×5 cm in Keilschrift überliefert. Wenn auch der Scharfrichter darin selbst nicht genannt wird, so muß doch sein Vorhandensein angenommen werden:

Ein Tempelangestellter wird auf dem Heimweg zu seiner Frau von drei Männern ermordet. Sie berichten der Witwe von ihrer Tat, werden aber von ihr nicht angezeigt. Dennoch wird die Sache ruchbar und kommt vor Gericht. Der Fall scheint so, daß er vom königlichen Gericht in Insin, sozusagen dem Bezirksgericht, an das Gericht in Nippur, also wohl das Landgericht, überwiesen wird. Dort werden den vier Angeklagten, der Witwe und den drei Tätern elf Zeugen gegenübergestellt.

Neun von ihnen verlangen die Todesstrafe für die vier. Zwei jedoch plädieren zu Gunsten der Frau: Sie sei am Mord selbst nicht beteiligt gewesen, sei zu Lebzeiten des Ermordeten von diesem schlecht behandelt und versorgt worden und gerate nun, nach dem Tode des Gatten, in noch größere Not. Daher sei sie, ob mitschuldig oder nicht, auf jeden Fall bestraft genug.

Das Gericht erkennt erstaunlicherweise die Argumente der Minderheit an, verurteilt die drei Mörder zum Tode und spricht die Frau frei.

Auch 150 Jahre später, unter dem berühmten König Hammurabi von Babylon (1728–1686 v. Chr.) hat es Scharfrichter gegeben, denn wir entnehmen den etwa 300 »Paragraphen« der Gesetzesstele dieses Königs, daß Hinrichtungen der verschiedensten Art vorgesehen waren (z. B. Pfählen, Verbrennen, Ertränken), was zweifellos nur von »Fachleuten« vollzogen werden konnte. Das Prinzip der Bestrafung war die Talion, die Hammurabi – als Semit – erstmalig der sumerischen Bevölkerung als Richtschnur setzte. Übrigens geht aus seinem Gesetz hervor, daß auch Verstümmelungen als Strafen verhängt wurden, was ebenfalls »gelernte« Vollstrecker voraussetzt. Die Talio genannte Wiedervergeltung finden wir in der Thora, im Talmud, in der Bibel und im Koran wieder.

Auch aus den assyrischen Gesetzen (aus der Zeit um 1080 v. Chr.) geht hervor, daß neben der Todesstrafe auch grausame Verstümmelungen angeordnet werden konnten, die ohne Scharfrichter nicht denkbar sind.

Das verachtete Amt

Schon in frühen Zeiten verlor mancherorts der berufsmäßige Töter den Nimbus eines Vollstreckers mythischer Mächte, des ewigen göttlichen Rechts oder der gottverliehenen Königsmacht. Es darf angenommen werden, daß die Machthaber, durch oft grausame Willkür, indem sie die Todesstrafe nicht nach Recht und Gesetz, sondern aus Neid, Haß, Furcht oder Rache verhängten, den Scharfrichter zum Werkzeug persönlicher Leidenschaften und ihn damit allmählich verächtlich machten. So sank er Schritt für Schritt zum Diener ungerechter Wünsche und Vorstellungen herab, der Übles verrichten mußte und so zum abstoßenden, ausgestoßenen Verachteten wurde.

Vielleicht war es die Entehrung, die die Berührung durch Henkershand bedeutete, die Kaiser Mu, der den westlichen Zweig der Chou-Dynastie zu höchster Blüte brachte, zu Beginn des ersten Jahrtausends vor unserer Zeitrechnung (961–907) veranlaßte, seinen Adligen die Ablösung der Todesstrafe durch Geld zu erlauben.

II

Vollstrecker der Todesstrafen in Griechenland – Carnifex in Rom

Die Griechen beauftragten Sklaven mit der Vollstreckung der Todesstrafe. Daher hieß der Scharfrichter bei ihnen »öffentlicher Sklave« (ὁ δήμιος δεῦλος) oder »Staatssklave« (ὁ demusios) oder gar »der unerbittliche Staatssklave« (ὁ δημουσιος ἀπαραιτητος,). Man gebot ihm, sich durch bunte Kleidung kenntlich zu machen und außerhalb der Stadt, an oder auf Brücken zu wohnen, was offenbar im Zeichen uralten Brückenzaubers das Ausgestoßensein, die Berührungsfurcht, besonders betonen sollte.

Ein solcher »Staatssklave« wird es wohl gewesen sein, der im Jahre 399 v. Chr. Sokrates den Schierlingsbecher reichte. Platon, der im »Phaidon« über den Tod des Sokrates berichtete redete nur von »dem, der ihm den Trank reichen sollte« oder von »dem Menschen« oder von »eben diesem, der ihm das Gift gegeben hatte«, nannte aber, ebensowenig wie Xenophon in seinen »Erinnerungen an Sokrates«, einen Namen.

Der Carnifex

Die Römer nannten den Scharfrichter »carnifex«. Sie schlossen ihn noch konsequenter aus der »Civität« aus. Er wurde mit »Infamie« belegt, ein Verfemter. Bei den Römern hatte der Vollstrecker der Todesstrafe, wohl erstmals in der Geschichte, noch die Aufgabe des Folterns. Natürlich wurde schon früher gefoltert, in China und Indien zum Beispiel, aber allein in Rom war das Vollstrecken des Todesurteils und der »peinlichen Strafen« mit Ächtung verbunden. Beide Strafen mußten übrigens außerhalb der Stadtmauern vollstreckt werden. Sollte eine Hinrichtung aus bestimmten Gründen in der Stadt – etwa auf dem Kapitol – stattfinden, mußten erst die Götterbilder und -statuen aus der Umgebung des Richtplatzes entfernt oder zugedeckt werden. Sueton beschreibt, daß die Leichen solcher auf dem Kapitol Hingerichteter anschließend mit Haken (uncus) zur Gemonischen Treppe hinabgeschleift wurden, bevor man sie in den Tiber warf.

Das entweihende Amt

Es waren immer Fremde, die man zu solchen Diensten heranzog. Einheimische und alle, die um die Folgen der »infamia« Bescheid wußten, gaben sich für diese Arbeit nicht her. Jeder wußte, daß der vor dem esquilinischen oder maecischen Tor wohnende Carnifex, wie Juvenal berichtet, in Ausübung seines Amtes und zur Warnung vor seiner Nähe mit Schellen behängt sein mußte. Daher umschrieb man den »carnifex« (der In-Stücke-Hauende, der Köpfende, der Schinder, der Henker) oder den »servus publicus« (nach griechischem Vorbild) auch mit »vir titinnaculus«, Schellenmann.

Die Richtplätze lagen mindestens zweieinhalb Meilen vor den genannten Toren und waren – was für die spätere Entwicklung dieses Berufs und dessen Ächtung von großer Bedeutung war –, gleichzeitig Schindanger, d. h. Plätze, auf denen krepiertes Vieh enthäutet und verscharrt wurde. Auch das gehörte zu den Nebenaufgaben des Carnifex, wie übrigens auch die Straßenreinigung, die Kloakensäuberung und die Defloration von zum Tode verurteilten Jungfrauen vor der Hinrichtung.

Dieser geächtete Geselle durfte niemals Hand an einen römischen Bürger, an einen Freigeborenen legen, mochte dieser auch noch so furchtbare Verbrechen begangen haben. Ihm, dem Carnifex, stand nur die Urteilsvollstreckung an Knechten, Sklaven, Räubern und Mordbrennern zu. Diese hatte er totzugeißeln oder zu kreuzigen. Seine gesellschaftliche Ächtung ging so weit, daß allein sein Betreten einer Versammlung genügte, um diese zu entweihen (Cicero).

Der Liktor

Für die Bestrafung von Verbrechen sozial höher Gestellter waren die Liktoren da. Auch sie prügelten tot – mit den Stäben ihrer Fasces oder enthaupteten mit dem dareingesteckten Beil. Denn das Beil – nicht das Schwert – war das älteste Hinrichtungsinstrument unseres Kulturkreises. Schon in den Zeiten, in denen nach altgermanischem Stammesrecht der oder die Geschädigte das Todesurteil am Rechtsbrecher selbst vollziehen mußte, geschah das, indem die scharfgeschliffene Schneide der Barte (Hallbarte, Hellebarde), ein beilartiges Instrument, auf den Hals des auf dem Block liegenden Kopfes gelegt wurde. Der Vollstrecker oder die Vollstreckerin brauchte nur noch mit dem Schlag eines hölzernen Schlägels die Enthauptung zu vollziehen.

Schon in Rom – wie später auch anderwärts – galt die Enthauptung nicht als ehrenrührige Strafe. Hingegen waren Totgeißeln und Kreuzigen ebenso wie die Entjungferung durch den Carnifex vor der Exekution (z. B. unter Tiberius an der Tochter des Sejan am 18. 10. 31 n. Chr.) entehrende Strafen.

Die Henkergehilfen, Spectatores genannt, durften vom Eigentum des Hingerichteten das behalten, was den Wert von fünf Goldstücken nicht überstieg. Übrigens nennt die lateinische Übersetzung des Markus-Evangeliums den Henker, der Johannes den Täufer enthauptete, Mannäi. Er ist damit wohl der älteste namentlich bekannte Scharfrichter. Auch die Bezeichnung »spectator« wird für ihn verwendet. Und als wenige Jahre nach dieser Enthauptung die Kreuzigung auf Golgatha stattfand, teilten sich spectatores, wie die Überlieferung historisch getreu berichtet, die Habseligkeiten von Jesus.

Das Richtbeil und die Guillotine

Der römische Liktor vertrat noch die heilige Gerechtigkeit. Er war weder geächtet noch wurde er verachtet, im Gegenteil. Bei Umzügen und Aufmärschen schritten vor dem Diktator 24, vor dem Konsul 12 und vor Proprätoren 6 Liktoren feierlich einher. Und mit den siegreichen römischen Legionen marschierten auch die Liktoren in die unterworfenen Städte ein. So kam es, daß in England seit der Zeit der römischen Eroberung, also von

Lucas van Leyden: Die Enthauptung des Johannes
(Original in der Sammlung Somezée)
So sah ein anderer Künstler den Henker

Caesar bis König Georg III. (1813) allein mit dem Beil hingerichtet wurde. Aber auch in Ländern, in denen eine zeitlang mit Strick oder Schwert vollstreckt wurde, kehrte man später zum Beil zurück, z. B. in Rußland. Preußen schrieb seinem Scharfrichter sogar erst am 19. 6. 1811 das Beil vor, kurz bevor es in England abgeschafft wurde. Die erst vereinzelt in Italien, später dauernd während der französischen Revolution gebrauchte Guillotine, über die noch zu berichten sein wird, setzte sich im übrigen Europa kaum durch.

Geübt und gelernt

Aber kehren wir nach Rom zurück. In der Kaiserzeit wurden dort die »officia abjecta« (abscheulichen Amtshandlungen), die »ministeria sordida« (verächtlichen, schmutzigen Handlungen) von Fall zu Fall gewissen »spiculatores«, Lanzenkämpfern des Circus und ihren Gehilfen, den »optiones« oder »scultatores«, übertragen. Dies zeigt, daß zwar die Handhabung der Hinrichtungs- und Folterinstrumente gewisse Fähigkeiten erforderte, aber noch nicht als Handwerk erlernt werden mußte. Es waren damals übrigens auch Hinrichtungen durch Schlangenbiß oder durch Raubtiere, oder durch eigene Hand üblich, zu denen kein Scharfrichter hinzugezogen wurde. Es geschah sogar, daß wie noch 1072 in Ostrom, ein gänzlich Ungeübter, ein Jude, auf Befehl des Kaisers Michael VII. gezwungen wurde, dem Vorgänger des Kaisers, Romanos IV. Diogenes, die Augen auszustechen. Kein Wunder, daß das Opfer an dem barbarischen Eingriff starb.

Erst Jahrhunderte später ersannen Juristen so komplizierte Folterungs- und Hinrichtungsarten, daß die Tätigkeit des Scharfrichters erlernt werden mußte. Nun mußten »gelernte« Scharfrichter angestellt werden.

III

Femgericht und Römisches Recht

In Mittel- und Westeuropa herrschte bis zur Eroberung durch die Römer das germanische Recht. Dieses kannte keinen berufsmäßigen Henker. Den Vollzug der Todesstrafe – außer ihr gab es praktisch nur noch die Geld- bzw. Vermögensstrafe, wenn man von Acht und Bann absieht –, war lange Zeit dem Geschädigten selbst, seinen Angehörigen oder deren Vertretern auferlegt.

Wenn es aber niemanden gab, dem diese Aufgabe zukam oder die Angehörigen sich etwa aus Angst vor Blutrache weigerten, die Todesstrafe zu vollziehen, trat der kollektive Strafvollzug ein: Das versammelte Volk tötete den Verurteilten durch Steinwürfe, ließ ihn Spießruten laufen oder jeder mußte das Seil berühren, mit dem der Verurteilte gehenkt werden sollte. Der Todeskandidat wurde auch auf einen bespannten Wagen unter den Galgen gestellt, die Schlinge ihm um den Hals gelegt, und das Volk trieb dann die Pferde mit Steinwürfen und Geschrei davon.

Es entwickelten sich auch andere Bräuche. In Reutlingen z. B. wurde stets der jüngste Schöffe mit dem Vollzug der Todesstrafe betraut. Viele andere Städte ahmten diesen Brauch nach. Ein altes Stadtrecht verkündete: »... de Jungst, der an des Vogtes Stadt ist, nimet ihn (den Dieb) schlegel auf und schlegt ihm die Handes ab ... stichet die Oogen utz, die Hocken schneidet er us, die hobet (das Haupt) schlecht er abe ...«

In Franken war es der jüngste Ehemann, der dem Verurteilten den Strick um den Hals legen mußte, während die übrigen Schöffen und Thingpflichtigen ihn hochzogen. In Wien ließ man die Todesstrafe von Vermummten vollziehen und sprach sie nachher wieder ehrlich.

Nach dem Sachsenspiegel (um 1200 n. Chr.) war der Fronbote das Vollstreckungsorgan. Er pfändete, verhaftete, beschlagnahmte und tötete.

Die Rettung der Pandekten

Das römische Recht beruhte auf den Justinianischen Pandekten, die 533 n. Chr. schriftlich fixiert worden waren und nach dem Untergang des römischen Reiches vergessen wurden. Erst als 1137 die pisanische Flotte die Stadt Amalfi einnahm, wurde das Manuskript der Pandekten gefunden, nach Pisa gebracht und dort von den Gelehrten studiert. Als die Florentiner 1406 Pisa eroberten und plünderten, nahmen sie die berühmten Rollen mit nach Florenz, wo sie sie im Palazzo della Signoria bewachten. Papst Leo. X., ein Medici, schaffte sie 1516 nach Rom. Erst 1786 kamen sie in die Mediceische (Laurentianische) Bibliothek in Florenz zurück. Dem Zufall, daß der pisanische Plünderer damals in Amalfi die für ihn wertlosen Rollen nicht ins nächste Feuer warf, verdanken wir das römische Recht, die Grundlage unserer Gesetzgebung.

Als es durch die Kirche in Westeuropa eingeführt wurde, kam es zu schweren Auseinandersetzungen zwischen den Anhängern des alten germanischen Rechts und Glaubens und denen des römischen Rechts und der christlichen Religion. Die Anhänger des germanischen Rechts und Glaubens wurden in die Illegalität getrieben. Sie trafen sich lange noch an alten Opfersteinen und unter heiligen Bäumen zu den geheimen *Fem*gerichten, deren »Fronbot« ihre Urteile vollzog. Geheimnisvolle Zeichen und Sprüche breiteten um dieses Geheimgericht den Schleier des Unheimlichen.

Der Büttel in Berlin

In Berlin war neben dem Fron- oder Gerichtsboten der »pedellus«, auch Badellus, Bödel oder Büttel genannt, Scharfrichter und Totengräber zugleich. Er wohnte in der zunächst nach ihm benannten Bödelgasse, die später in Heidereutergasse umbenannt wurde (Heidereuter = Heidereiter − Forstaufsichts- und Feuerschutzorgan). So hieß sie noch bis vor wenigen Jahren. Sie mündete in die Rosengasse, die damals entlang der Stadtmauer lief und das Hurengäßchen war. Der Name Rosengasse entsprach dem grotesken Humor der Berliner, denn die neben der Henkerswohnung liegende Abdeckerei, die ebenfalls vom »Bödel« betrieben wurde, verbreitete alles andere als Rosenduft.

Die Hinrichtungen, die der Berliner Bödel vollziehen mußte, waren Enthauptung mit dem Schwert, Rädern, Verbrennen, Lebendigbegraben, Ertränken oder Braten des Delinquenten in einer eisernen, glühend gemachten »Küpe«. Er hatte aber auch das gefallene Vieh zu beseitigen, die »Abtrittgruben« zu entleeren und die Straßen sauber zu halten. Dafür durfte er sich von allen Berliner Häusern und Buden seinen »Pfennig« abholen. Kleidung, Brennholz und Wohnung hatte er frei. Übrigens war die Heidereutergasse schon der zweite Wohnsitz des Bödels. Davor hatte er sein Häuschen an der Ostseite der »Langen Brücke« (später Kurfürstenbrücke) nahe dem damaligen Rathaus, das fast an der gleichen Stelle stand wie heute.

In Dresden ist der Fronbote oder Büttel bereits 1299 aktenkundig, jedoch war er hier nur Gerichtsvollzieher und Gefängniswärter. Neben ihm gab es noch einen hauptamtlichen Henker und Abdecker.

So war die Tätigkeit des frühmittelalterlichen Scharfrichters so vielfältig, schwierig und abstoßend geworden, daß kein begnadigter Mitschuldiger, kein Fremder, Wanderhändler, Krämer, Landfahrer, Bettler oder Stromer mehr gezwungen werden konnte, sie zu übernehmen. Um all die zahlreichen Handgriffe, vom Henkersknoten angefangen bis zur kunstvollen Schichtung des Scheiterhaufens ausüben zu können, mußte dieses Handwerk erlernt werden.

Man bedurfte eines befähigten geschickten Vollziehers der verschiedenen Leib- und Lebensstrafen, des Scharfrichters.

IV

Vom Handwerk des Scharfrichters – Die mordende Soldateska und der König der Ribauds

Der Scharfrichter mußte das gefallene Vieh kunstgerecht abhäuten (schinden, von skin = Haut), damit es einwandfreies Leder gab, mußte Aussätzige austreiben, herrenlos umherstreunende, oft tollwütige Hunde einfangen, mußte Pferde, Rinder, Schweine und Hühner kastrieren, Pamphlete, Schmähschriften und beanstandete Bücher verbrennen, Abortgruben leeren, köpfen, henken, rädern, vierteilen, eine Unzahl von sinnreich erdachten Folterinstrumenten handhaben, er mußte Kindsmörderinnen lebendig begraben oder ertränken, kranke Tiere und Menschen behandeln, lederne Eimer und Handschuhe nähen, schleifen, schmieden, Holz bearbeiten, mußte wissen, wie man Galgen, Richtbühnen, Scheiterhaufen errichtet und abbaut; kurz gesagt ihm, dem Unehrlichen, Geächteten, Ausgestoßenen oblagen alle jene unangenehmen, schmutzigen und oft gefährlichen Arbeiten, deren Durchführung zum Teil das Leben in den engen mittelalterlichen Städten erst ermöglichte. All dies war nicht ohne Mühe zu erlernen, bedurfte langjähriger Übung und nicht unbeträchtlicher Selbstüberwindung. Und es wurde nicht nur schlecht und zögernd bezahlt, sondern auch noch mit Ausschluß aus der Gesellschaft bestraft.

Was blieb ihm übrig, als aus seinen Nebentätigkeiten Nutzen zu ziehen? Häute, Hörner, Hufe, Fleisch und Fett des gefallenen Viehs und der gefangenen Hunde zählten zu seinen Haupteinnahmequellen. Aber die Räte der Städte verstanden auch hieraus ihren Nutzen zu ziehen, indem sie ihn verpflichteten, alljährlich eine bestimmte Anzahl lederner Eimer, die zur

Bekämpfung der in den engen, dichtbesiedelten Städten so häufigen, verheerenden Brände unbedingt erforderlich waren (Blech gab es noch nicht und hölzerne Eimer zerfielen zu schnell), und eine Anzahl lederne Handschuhe zu liefern.

Eine weitere Einnahmequelle des Scharfrichters war die Behandlung erkrankter Tiere und Menschen. Einrenken von Gelenken, Salben, Verbände, Kräuter, geheimnisvolle Wurzeln und Alraunen, Fledermausblut, Krötenfett, Jungfernblut, Speichel von Zutodegekitzelten, Leichenfinger, Stücke vom Strick eines Gehängten, Diebsdaumen, Späne von Galgenholz, Amulette, Talismane, Zaubersprüche, alles dies, in dunklen Nächten heimlich vom Gemiedenen verlangt, brachte nicht unerhebliche Summen, durch deren geheimen Besitz sich der Ausgestoßene für die Verachtung der Gesellschaft entschädigte.

Der Scharfrichter im Wirtshaus

Die Menschen mieden seine Nähe und Berührung. Seitenlang könnte man die verschiedensten Bestimmungen zitieren, mit denen die Räte der Städte den Scharfrichtern das Erscheinen in der Öffentlichkeit erschwerten. Das Betreten von Gaststätten innerhalb der Städte war ihnen entweder überhaupt untersagt – in Augsburg hatten die Scharfrichter sogar eigene Metzger und Brauer –, oder sie durften sich nur in gewissen Räumen der Gasthäuser aufhalten. Und sogar das war an Bedingungen und Vorschriften geknüpft.

So mußten sie beim Eintreten laut Namen und Amt nennen, durften nur auf dreibeinigen Schemeln sitzen und mußten ihr eigenes Trinkgefäß mitbringen. Aber auch ihre Becher durften nicht, wie sonst üblich, gefüllt werden, sondern »über Hand«. Das Vieh des Scharfrichters durfte nicht mit dem der Bürger weiden. Er wurde nicht als Hochzeitsgast geladen, durfte nicht in den öffentlichen Badehäusern baden, seine Töchter konnten keinen »ehrlichen« Mann heiraten, und wenn sie auf Tanzfesten mit »ehrlichen« Burschen tanzten, mußten diese anschließend wieder »ehrlich« gesprochen werden. Die Söhne von Scharfrichtern durften keinen »ehrlichen« Beruf erlernen und ausüben, sondern konnten auch wieder nur Scharfrichter und Ausgestoßene werden. So kam es, daß Scharfrichter ihre Söhne und Töchter untereinander heiraten ließen und ihre Stellen an ihre Söhne oder Schwiegersöhne vererbten. Auf diese Weise entstanden ganze Scharfrichter-Dynastien, von denen wohl die der Pariser Scharfrichter Sanson am bekanntesten ist.

Der Scharfrichter und die Kaiserin

Einer der ersten Scharfrichter des westeuropäischen Kulturkreises, der namentlich bekannt wurde, war der »Schelm von Bergen«. »Schelm« kommt von schälen, abhäuten, schinden, und Bergen ist ein Vorort der Stadt Frankfurt am Main, wo heute noch die Schelmenburg zu besichtigen ist.

Es ist überliefert, daß einst Kaiser Friedrich I. (1123–1190), der Rotbart, mit seiner jungen Gemahlin Beatrix ein Fest besuchte, auf dem getanzt wurde. Der Schelm schlich sich, unerkannt als Ritter verkleidet, unter die Festgäste. Da er ein hübscher Bursche war, tanzte er mehrfach mit der schönen Kaiserin. Das fiel auf. Der Schelm wurde erkannt, der Kaiser verständigt. Nach den ungeschriebenen gesellschaftlichen Gesetzen der Zeit wäre die Kaiserin nun unehrlich gewesen mit der Folge der gesellschaftlichen Ächtung. Barbarossa verhinderte das, indem er den Scharfrichter an Ort und Stelle in den erblichen Adelsstand erhob und zum Schelm von Bergen machte. Das Geschlecht der Schelme von Bergen von der Schelmenburg lebte viele Jahrhunderte.

Landsknecht – wohin mit dir?

Zu dieser Zeit stellte England – wie später Nordamerika bis in die Mitte des 19. Jahrhunderts – vorwiegend Juden als Scharfrichter und Folterknechte ein. In Frankreich entstand in diesem Zusammenhang ein spätes Randproblem der Geschichte. Es begann zu den Zeiten Karls des Großen. Wenn dieser in den kurzen Friedensperioden zwischen seinen Feldzügen sein Heer entließ, wußten die rauhen Gesellen, die gewöhnt waren, täglich ihr Leben aufs Spiel zu setzen und die ihren Lebensbedarf von der Heerführung erhielten oder sie von der Bevölkerung erpreßten, nicht wohin. Lagen sie nicht in Feindesland, sorgten Marketender und Marketenderinnen für ihre Bedürfnisse – aber was geschah mit ihnen, wenn sie entlassen waren?

Der Sold war bald verspielt, verwettet, vertrunken und verhurt. Für normale Arbeit waren sie verdorben.

Sie rotteten sich zu Banden zusammen, plünderten, brandschatzten, notzüchtigten. So stellten sie ihre ehemaligen Herren und Anführer vor die Alternative, entweder neue Truppen zu ihrer Bekämpfung anzuwerben, um danach vor dem gleichen Problem zu stehen, oder sie lieber gleich selbst wieder anzuheuern.

Roi des Ribauds

Schon Ludwig VI., der Dicke (1081–1137) hatte zur Bekämpfung der Raubritter und zur Unterwerfung der kleineren und größeren Adligen um Paris und Orléans im Zuge seiner Hausmachtpolitik größere Truppenkontingente benötigt. Nach ihm mußte sein Sohn Ludwig VII. (1137–1180) für den Kreuzzug des deutschen Konrad III. ein starkes Heer zur Verfügung stellen. Von den Kreuzzüglern kehrten nicht allzuviele heim. So mußte Philipp II. August, Ludwigs Sohn, neu rüsten. Der ständige Krieg gegen Heinrich II. von England, die Rückeroberung der Auvergne und Berrys und ein neuer Kreuzzug verlangten die Aufstellung immer neuer Heere und die Entlassung alter, verbrauchter Truppen.

Das grausame Wüten der entlassenen, marodierenden Truppen und Banden im eigenen Lande lud Bauern und Bürgern unerträgliche zusätzliche Lasten auf. Es wird berichtet, daß zu manchen Kampfhandlungen dieser Zeit, die der Höhepunkt des Rittertums waren, mehr Gesindel, also Huren, Zuhälter, Leichenfledderer und Diebe aufmarschierten, als Soldaten. Vor allem aus diesem ungewollten Troß der kämpfenden Truppe bildeten sich nach Auflösung eines Heeres die gefürchteten Banden. Sie wurden »Ribauds« genannt.

Schon unter Philipp II. August (1180–1234) waren diese Ribauds zu einer derart unerträglichen Landplage geworden, daß endlich etwas geschehen mußte. Philipp II. schuf ein Hofamt mit dem Titel »Roi des Ribauds« und unterstellte seinem Inhaber alle Marodeure, Räuber, Plünderer, Huren, Zuhälter und Diebe, die aus den entlassenen Truppen und ihrem Troß hervorgegangen waren. Er gab ihnen Statuten und Gesetze –

Francisco de Goya: Pfählung
(aus: Desastres de la guerra)

z. B. daß sie weiterhin das Recht des Brandschatzens, Plünderns und Raubens in Anspruch nehmen durften – aber nur auf feindlichem Gebiet. Dafür mußte ein Teil der Beute an den Staatsschatz abgeliefert werden. Die Rechte des Roi des Ribauds waren die eines Herrschers über Leben und Tod.

Die über diese Legalisierung und über die Zusicherung der Straffreiheit glücklichen Ribauds verschmolzen unter der energischen und klugen Führung ihres ersten Roi, dessen Name nicht überliefert wurde, zu einer Gemeinschaft zusammen, die in der Hand Philipps II. zu einer furchtbaren Waffe wurde. Der König verdankte es nicht zuletzt den Ribauds, daß er weite Gebiete des englisch besetzten Westfrankreich so rasch wiedererobern konnte. Der Roi des Ribauds regierte mit unerbittlicher Härte. Auf Ungehorsam stand der Tod. Die Strafe vollzog entweder der Roi mit eigener Hand an Ort und Stelle oder der ihn begleitende Scharfrichter, ähnlich wie es asiatische und andere absolute Tyrannen handhabten.

Durch seinen genialen Einfall hatte Philipp II. August aus einer Landplage eine straff organisierte, wirksame Waffe gemacht. Er tat aber auch weiter alles, um die Ribauds bei Laune zu halten. Er bezahlte ihren Roi sehr gut, zahlte ihnen selbst pünktlich einen hohen Sold und gewährte ihnen alle nur erdenklichen Freiheiten.

Strafrechtspolizei

Aber schon der übernächste Nachfolger Philipps, Ludwig IX., genannt der Heilige, war mit der Aufgabe der Ribauds nicht mehr zufrieden. Er setzte den neuen Roi über den ersten Scharfrichter Frankreichs, wohl mit der Absicht, aus den Ribauds eine Art Polizei zu machen. Auch ordnete er an, daß Missetäter, die zur Rute verurteilt worden waren, sich gegenseitig auspeitschen sollten, und zwar nach Geschlechtern getrennt. Das ist übrigens das erste und einzige Mal in der Geschichte, daß Frauen als Scharfrichter herangezogen wurden. Aber Ludwig hatte nicht die glückliche Hand seiner Vorgänger. Die Zahlungen an die Ribauds wurden eingeschränkt, und so sank unter ihm und seinen Nachfolgern die Bedeutung der Ribauds. Es bildeten sich wieder freie Räuberbanden. Der Roi wurde immer mehr Marionette und schließlich zur lächerlichen Figur. Die Strafrechtspflege wurde wieder selbständig und die Einstellung der Scharfrichter in die Hände der Stadträte gelegt.

Kodifizierung der Henkerpflichten

In Deutschland wurden etwa zur gleichen Zeit, im 13. Jahrhundert, die ersten besoldeten und ausgebildeten Scharfrichter angestellt.

In die eigentliche Geschichte der Scharfrichter treten wir erst im Jahre 1276 ein mit der ersten Niederschrift des Augsburger Stadtrechts. Darin werden erstmals die Pflichten und Rechte des Scharfrichters schriftlich festgehalten. In Anlehnung an das sich allmählich durchsetzende römische Recht wird er darin noch als Carnifex bezeichnet.

Der Carnifex in Augsburg hatte damals zu bedienen und auszuführen:

- die Daumenschrauben,
- die Beinschrauben (spanische Stiefel),
- den »gespickten Hasen«,[1]
- »Schwefelfaden«,[2]
- den Halskragen,
- den spanischen Stuhl,
- den Staupbesen,
- das Säcken,
- das lebendig Begraben,
- das Pfählen,
- das Rädern,
- das Hängen,
- das Köpfen,
- das Verbrennen,
- das Vierteilen und
- das Zungenherausreißen.

Das waren Aufgaben, die »handwerkliches Können« voraussetzten. Nach der Überlieferung gibt es übrigens kaum Beispiele, daß die Scharfrichter selbst an der »Vervollkommnung« ihrer Methoden gearbeitet hätten, um die Qual der Verurteilten zu verlängern. Es scheint vielmehr, daß sie eher versuchten, Qualen zu mindern oder abzukürzen – meist ohne Wissen und erst viel später mit Zustimmung der Juristen.

So entwickelte sich der Berufsstand des Scharfrichters. Er wurde für jede einzelne Handlung bezahlt. Wenn er im Auftrage des siegreichen Klägers köpfte – wie in Augsburg, wo das Gericht nur das Urteil ausspricht, der Kläger aber für dessen Vollstreckung zu sorgen hatte – erhielt er dafür 5 Schilling oder das benutzte Schwert. Für das Henken bekam er ebenfalls 5 Schilling. Außerdem hatte der Scharfrichter Anrecht auf alles, was der Delinquent unterhalb der Gürtellinie besaß.

Ferner hatte der Augsburger Scharfrichter das Amt des Wächters für alles in der Stadt zum Verkauf ausgelegte Korn auszuüben. Er stellte auch die »Milchpolizei« dar. Er beaufsich-

---

1 ein mit Eisenspitzen besetztes Marterinstrument.
2 »Schwefelfaden« nannte man etwa kerzendicke Zylinder aus Schwefel, die, angezündet, einen schrecklichen, stechenden Geruch verbreiteten.

tigte die Dirnen der Stadt (»Hurenweibel«) gegen ein von diesen selbst aufzubringendes Entgelt. Er hatte die Aussätzigen aus der Stadt zu vertreiben, in welche diese armen Teufel wohl immer wieder zurückkehren mußten, um nicht zu verhungern. Und er leerte die Aborte. Für alle diese Tätigkeiten wurde er bezahlt und verachtet.

V

Erste Richtstätten in Europa – Berlin im Interdikt – Herzöge als Henker

Etwa zur gleichen Zeit vermehrte sich die Zahl der Scharfrichter in Frankreich rasch. Schließlich war in jeder Bailliage, d. h. an jedem von einem Bailli (eine Art Richter) geleiteten Gericht, ein Scharfrichter angestellt. Man nannte ihn »éxécuteur de la haute justice«. Erst die Französische Revolution beseitigte diese Bailliages.

Am Ende des 13. Jahrhunderts und zu Beginn des 14. Jahrhunderts, unter der Herrschaft König Philipp IV., des Schönen, und seines Sohnes Philipp V., des Langen, gehörte der Roi des Ribauds nur noch zum Hofpersonal. Er war ein einfacher Palastoffizier geworden und stand auf der Lohnliste der königlichen Buchhaltung, sozusagen ein Roi ohne Ribauds. Seine Privilegien waren allmählich abgebaut worden und vergessen. Er sank tiefer von König zu König. Und auch sein Lohn schrumpfte. Die goldenen Zeiten, in denen der Roi des Ribauds so mächtig war, daß er sittenlose Frauenzimmer von Hofe zu verjagen oder Mörder, Räuber, Diebe und Huren nach Belieben erpressen konnte, waren vorbei.

Rabenstein und Montfaucon

Zur Zeit des Schönen und des Langen Philipp wurden zwei der ersten fest gefügten Richtstätten Europas gebaut: 1311 der Rabenstein in Wien vor dem Schottentor und der berühmte Montfaucon auf den Buttes Chaumont vor Paris.

Der Montfaucon wurde zu Beginn der Regierungszeit Ludwigs X., des Zänkers, vollendet. Sein erstes Opfer war ein Unschuldiger: Enguerrand de Marigny, einer der fähigsten und treuesten Minister Philipps des Schönen. Sein ganzes Bestre-

Der Rabenstein in der Rossau, Wien vor dem Schottentor

ben war es gewesen, alle Macht im Staate in der Hand des Königs zu vereinen. Der Widerstand des Adels gegen Marigny war daher groß und die daraus resultierenden Kämpfe waren blutig und kostspielig. Es sollte noch Jahrhunderte dauern, bis sich der Absolutismus, wie Enguerrand ihn anstrebte, konstituieren konnte. Philipp IV. war auf dem Wege dahin ein tüchtiges Stück vorangekommen, nicht zuletzt durch die Finanzkünste seines treuen Ministers, den er zum Surintendant des Finances (eine Art Finanzminister) gemacht hatte.

Ludwig der Zänker war wie viele Kronprinzen gegen die Politik des Vaters. Er war von der Adelspartei rechtzeitig und so gut eingewickelt worden, daß er, kaum an der Macht, die für den Adel schmerzhaftesten Maßnahmen seines Vaters rückgängig machte. Er entließ alle erfahrenen und treuen Staatsdiener und warf der Aristokratie als wichtigsten »Bissen« den treuen Enguerrand vor. Ihm wurde der Prozeß wegen Hochverrats gemacht. Aber das ließ sich nicht nachweisen und auch kein anderes Verbrechen. So erhob man kurzerhand Anklage wegen Zauberei. Bestochene, parteiische Richter verurteilten ihn 1315 zum Tode durch den Strang. Wie muß dem Getreuen zu Mute gewesen sein, als man ihn durch die Porte St. Martin, an dem Dörfchen La Villette vorbei hinausbrachte, zum Falkenhügel (Montfaucon), wo der rechteckige Steinbau mit der Plattform und den 16 ungeheuren, 10 m hohen Steinpfeilern stand. Durch die finstere Öffnung trat der Verurteilte ins weiträumige Innere des steinernen Quaders. Hier, im dämmernden Halbdunkel, nahm man ihm Haar und Hemd. Dann stieg er die Treppe im Hintergrund des düsteren Raumes hinauf und durch eine Falltür auf die Plattform, die Hinrichtungsstätte. Seine Leiche verfaulte zusammen mit anderen, die dazukamen, im hohlen Sockel neben der Treppe.

Den Haß, der ihn umbrachte, hatte er selbst heraufbeschworen. Er hatte unter anderem die Absicht gehabt, unter Ausnützung der schon lange kursierenden Gerüchte über die Gottlosigkeit der Tempelherren und mit Hilfe Papst Clemens V., eines gebürtigen Franzosen, die ungeheuren Reichtümer des über ganz Westeuropa verbreiteten Templerordens dem königlichen Staatsschatz einzuverleiben. Nach siebenjährigem Prozeß ließ Philipp der Schöne den Großmeister des Ordens,

Der Galgen auf der Henkerleiten bei Linz. Kupferstich von Johann Georg Laminit nach Anton Christoph Gignoux (Eine Gegend oberhalb Linz an der Donau)

Jacques Bernard de Molay, am 11. 3. 1314 lebendig auf dem Scheiterhaufen verbrennen, der an der Stelle aufgeschichtet worden war, an der heute das Denkmal Heinrichs IV. steht. Weitere 50 Templer starben bei der Abtei St. Antoine ebenfalls den Flammentod. Der Weg zu den unermeßlichen Schätzen des Templerordens war frei. Fünf Wochen später starb der Papst, neun Monate darauf der König und am Ende des Jahres folgte ihnen Enguerrand.

Die Eigengerichtsbarkeit

Nicht überall fanden zu dieser Zeit Hinrichtungen auf gemauerten Stätten und durch geübte Scharfrichter statt. Noch 17 Jahre vor Enguerrands Tod knüpfte z. B. der Ritter Gans zu Putlitz den Raubritter Johann von Stavekestorp, dessen Burg Glasin an der Elde er erstürmt hatte, mit eigener Hand auf. Dieses Verfahren wurde auch in den darauffolgenden Jahren noch in Norddeutschland ständig angewandt. Das geschah so lange, bis Markgraf Waldemar – fast zur gleichen Zeit mit Enguerrands Hinrichtung – den Städten Berlin und Cölln die Eigengerichtsbarkeit übertrug und dem Berliner Schulzen sogar den Blutbann für das Stadtgebiet, d. h. die Gerichtsbarkeit über Leben und Tod, die bisher dem Markgrafen allein zustand, und damit auch das Recht, Scharfrichter anzustellen, abtrat.

In Deutschland wehrte sich das Volk noch mancherorts gegen die von der Kirche geforderte Einführung des Römischen Rechts. Aber überall wich das Alte dem Neuen. Um 1275 verfaßte ein Unbekannter den Schwabenspiegel – eine Nachahmung des inzwischen hundertjährigen Sachsenspiegels Eikes von Repgow –. Aber auch das war nur noch ein schwaches Bollwerk, das bald zusammenbrach.

In Berlin dagegen gewöhnte sich das Volk allzusehr an die neue Eigengerichtsbarkeit: Es übernahm selbst das Scharfrichteramt. Das kam so: Kaiser Ludwig IV., der Bayer, aus dem Hause Wittelsbach, der nach dem Sieg über Friedrich den Schönen in der Schlacht bei Mühldorf am 28. 9. 1322 auch mit dessen Bruder Leopold von Österreich Krieg führte, belehnte 1323 auf dem Reichstag zu Nürnberg seinen neunjährigen

Reste eines alten Galgens im Wald bei Kirchberg, Österr.

Sohn Ludwig mit der freigewordenen Mark Brandenburg. In Sachsen, in Anhalt und anderswo lebten jedoch Askanier, die ebenfalls Anspruch auf die Mark Brandenburg erhoben. Diese und mit ihnen Papst Johann XXII. widersetzten sich der selbstherrlichen Maßnahme des Hauses Wittelsbach. Der Papst exkommunizierte und verdammte sogar den Kaiser. Dieser aber hatte inzwischen den kleinen Ludwig zusammen mit dem klugen Berthold von Henneberg in die Mark gesandt, wo alsbald große Teile des Landes, darunter auch Berlin, dem kleinen Fürsten die Treue erklärten. Als nun die Kirche den Propst Nicolaus Cyriacus von Bernau nach Berlin sandte, um den Laurenzimarkt dazu zu benutzen, sowohl den Petersgroschen für den Papst einzusammeln, als auch gegen die Wittelsbacher zu agitieren, stellte sich die Unbeliebtheit des Propstes heraus. Vielleicht spielte auch schon der Stolz auf die neue Eigengerichtsbarkeit mit. Am 16. 8. 1325 kam es vor dem Hause des Berliner Propstes Eberhard in der Klosterstraße, wo auch der Bernauer als Gast wohnte, zu einer großen Menschenansammlung. Das Volk schrie und warf mit Steinen. Da trat Propst Nicolaus mutig vor die Tür. Im Nu wurde er überwältigt und auf den Neuen Markt geschleppt, wo damals immer die Scheiterhaufen errichtet wurden. Die Masse erschlug den Propst und verbrannte seinen Leichnam. Die Folgen waren hart für die Berliner: Das Interdikt wurde verhängt.

Berlin im Interdikt

Das Interdikt bedeutete: Keine Glocke läutete mehr, kein Gottesdienst wurde abgehalten, keine Messe gelesen, keine Trauung vollzogen. Nur Taufen und Letzte Ölungen wurden mit wenigen drohenden Worten in aller Kürze vollzogen. All das, was sonst den katholischen Christen täglich mit seiner Kirche verband, unterblieb.

Bald stellte sich eine Reihe von Geistlichen auf die Seite der Stadt, so daß trotz des Interdikts langsam das gewohnte religiöse Leben wieder einsetzte. Dennoch bemühten sich die Berliner immer wieder, durch das Angebot hoher Geldbeträge vom Interdikt befreit zu werden. Aber die Kirche zog die Verhandlungen hinaus, einmal so lange, daß der Berliner Abgesandte in Avignon die ganze ihm mitgegebene Summe, die eigentlich für die Aufhebung des Interdikts bezahlt werden sollte, zu seinem Lebensunterhalt verwenden mußte. Daß auf seiner Abrechnung neben Essen, Trinken und Unterkunft auch Beträge für regelmäßige Besuche in einem der vielen Bordelle Avignons mitaufgeführt wurden, erschien dem Berliner Magistrat der damaligen Zeit nur recht und billig.

Erst nach 20 Jahren, am 16. 8. 1335, ließ sich die Kirche herbei, die wieder und wieder angebotene Sühnesumme anzunehmen, unter der Auflage, daß in der Marienkirche ein Sühnealtar errichtet werden sollte, die Bernauer Kirche für jährlich abzuhaltende Seelenmessen zu bezahlen war und ein Steinkreuz mit ewigem Licht an jener Stelle errichtet werden mußte, an der Propst Nicolaus vom Volk »hingerichtet« worden war. Der Sühnealtar wurde nach dem Übertritt des Kurfürsten Joachim II. zum Protestantismus 1539, mit anderen Altären beseitigt. Die Messen in Bernau entfielen zur gleichen Zeit. Nur das Sühnekreuz steht heute noch dort, wo es errichtet wurde, wenn auch das ewige Licht nicht mehr brennt.

Die Hochgerichte von Berlin und Cölln

In der Zeit, in der Berlin um die Befreiung vom Interdikt kämpfte, wurde dort das erste Hochgericht gebaut. Es stand in der Gegend der heutigen Weberstraße, dort wo sie in die Große Frankfurter (heute Karl-Marx-)Allee mündet. Der Weg dorthin führte durch das damalige Georgentor, an der Kirche zu St. Georg vorbei, aus deren Fenster dem Todeskandidaten zum letzten Male das Allerheiligste gezeigt wurde. Auch die Schwesterstadt Cölln erbaute zu etwa derselben Zeit ihr eigenes Hochgericht westlich des Kreuzbergs.

Ebenfalls in dieser Zeit, Anfang des 14. Jahrhunderts, ließ König Eduard III. von England den »Halifax Gibbet« in Yorkshire errichten, einen »Exklusivgalgen«, auf dem nur vermögende Leute hingerichtet werden sollten. Auf dem Schafott in Schottland, »maiden« oder »schottische Jungfrau« genannt, wurden auch nur Verbrecher von Adel hingerichtet, so wie in Italien die Vorläuferin der Guillotine, die »Mannaja« zuerst nur zur Hinrichtung von Kavalieren und Geistlichen diente.

Zwei Jahre nach der Wiederaufnahme Berlins in den Schoß der Kirche ereignete sich in der Gegend von Idar-Oberstein ein seltsamer Hinrichtungsfall. Der Ritter Diez von Schaumberg (die Ruine seiner Burg ist heute noch auf dem Berge gleichen Namens zu sehen), wurde mit seinen vier Knappen wegen Landfriedensbruchs zum Tode verurteilt. Dem Ritter taten seine jungen Burschen leid, die seinetwegen den Tod erleiden sollten. Er bat den Richter, seinen Knappen das Leben zu schenken, wenn es ihm gelingen sollte, sich nach seiner Enthauptung wieder zu erheben und an den vier Fuß voneinander entfernt in einer Reihe aufgestellten jungen Männern vorbeizugehen. Der Richter ging auf den Handel ein. Und das fast Unglaubliche geschah: Der kopflose Rumpf erhob sich schwankend und schritt steifbeinig und stampfend an den versteinerten Knappen vorbei, stolperte, fiel und verströmte zuckend das letzte Blut. Der Richter hielt Wort und schenkte den vier Knappen das Leben. Es sind übrigens noch mehr derartige Fälle überliefert.

Herzöge als Henker

Trotz der zunehmenden Verbreitung der Hochgerichte und der wachsenden Zahl angestellter Scharfrichter hielt sich mancherorts noch die Selbstjustiz ohne Scharfrichter und Richtstätte.

Heinrich von Mecklenburg, Sohn und Nachfolger Herzog Albrechts II., führte im Kampf gegen die Raubritter und Straßenräuber stets ein paar Stricke am Sattel mit. »Du moist my durch den Ring kieken!« war seine ständige Redensart. Dann hängte er seine »Schnapphähne« eigenhändig. Das Volk nannte ihn daher auch »Heinrich, den Henker« oder „den Scharfrichter". In Urkunden findet man ihn als »Henricus suspensor«. Dieser henkende Herzog liegt in Bad Doberan begraben mit einer langen lateinischen Inschrift auf dem Grabstein, in der es heißt, daß er die »viatores sub larvis noctibus errantes sub doliis gentes et earum res repientes – investigavit, suspendit et gladiavit[3]«. Eine ähnliche Henkernatur war auch Herzog Otto von Lüneburg mit dem »Schiefen Bein«, ein Zeitgenosse Heinrichs des Henkers. Auch er führte den Strick stets bei sich. Gingen ihm mal die Stricke aus, nahm er das Halfter seines Pferdes, henkte den Übeltäter, wartete ab, bis der sich »ausgestrampelt« hatte, knüpfte ihn ab, nahm sein Halfter und ritt weiter.

»Unehrlich«, verachtet, rechtlos

Das Ansehen der Scharfrichter sank mit Einführung und immer stärkerer Durchsetzung des kanonischen römischen Rechts – das allen Teilnehmern an Blutgerichten das Recht auf

---

[3] Wanderer, die im Schutze der Nacht mit verbrecherischen Leuten umherirren samt ihrer Beute verfolgte, henkte und köpfte.

Tonsur und auf geistliche Benefizien absprach – immer tiefer. Der bisher gegenüber dem Scharfrichter empfundene scheue Grusel wandelte sich in Verachtung. Das machte ihn wehrlos und zwang ihn auf die gleiche Stufe mit dem Schinder. Wer wird unter solchen Umständen noch Scharfrichter? Wenn der Scharfrichter zum Abdecker wird, kann auch der Abdecker Scharfrichter werden!

Es wurden auch Verbrecher begnadigt, damit sie ihre Genossen hinrichteten; aber auch der entlaufene Leibeigene, der nirgends Schutz und Hilfe fand, landete bei den Ausgestoßenen der Gesellschaft. Sie alle aber waren, nachdem sie einmal das Henkeramt ausgeübt hatten, von Stund an ehrlos und blieben es bis zum Tode. Auch der Jude, den man aus seiner sozial schwachen Stellung heraus zu diesem Amt zwingen konnte, fand sich in dieser Gesellschaft wieder. Dallinger, Demmer, Dollmann, Kaffler, Talien (alles jiddische Worte für Scharfrichter) wurden sie genannt oder Caviller, Kafiller, Filler, was Abdecker bedeutet.

Diese Außenseiter der mittelalterlichen Gesellschaft mußten durch besondere Kleidung oder durch Abzeichen auf den ersten Blick als »unehrlich« zu erkennen sein. Sie wohnten in abgelegenen, meist außerhalb der Stadtmauern und daher feindlichen Angriffen ausgesetzten Häusern. In der Kirche hatten sie ihren von den anderen abgesetzten Stuhl. Sie besaßen nirgends Bürgerrecht, hatten keine Zunft und keine Gilden und durften auch keine haben. Und dennoch gab es auch unter ihnen soziale Unterschiede.

Der Scharfrichter stand höher als der Abdecker. Scharfrichter als Käufer oder Pächter der Abdeckereien stellten die Abdecker als Halbmeister bei sich an und beschäftigten auch deren Knechte und Gehilfen, die noch eine Stufe tiefer standen. Häufig übernahm der älteste Sohn des Scharfrichters das Halbmeisteramt, um später die Stelle des Vaters oder eine andere freiwerdende Scharfrichterstelle zu besetzen. So war sein Abstieg in die noch tiefere soziale Schicht der Abdecker nur vorübergehend. Dadurch begannen sich aber die Grenzen zwischen Scharfrichter und Schinder zu verwischen, besonders nach außenhin verschwammen beide Begriffe oft miteinander, vor allem mit Beginn der Folter. Die Folter wird erstmals 1338 in der Charta von Brüssel erwähnt. Aus den Überlieferungen geht nicht klar hervor, wen oder was der Schinder »schund«: lebende Menschen oder tote Tiere.

Was aber machten die Kinder der Schinder, die im Halbmeisteramt nicht beschäftigt werden konnten? Tiefer, als sie sozial standen, ging es nicht mehr, also scherten sie ganz aus dem Sozialgefüge aus und wurden Verbrecher. Sie schlossen sich den großen Räuberbanden, den deutschen »Ribauds« an, die häufig von Juden angeführt wurden, verkamen oder wurden von ihresgleichen erschlagen. Die Töchter hatten es etwas leichter: Sie heirateten in ihrer unteren Klasse; sie wurden Huren oder gingen ins Kloster. Manchen blieb auch der Ausweg als Haushälterinnen des Vaters oder der Brüder.

In der zweiten Hälfte des 14. Jahrhunderts lichtet sich das historische Dunkel weiter; Namen tauchen auf.

Bernhard Schlegel

Zum Beispiel 1372 in Hamburg. Dort gab es den Woltboten (Gerichtsboten, Fronboten) Vicko, der als Gefangenenwärter und Scharfrichter abseits »auf dem Berg« wohnte und sein Amt bis 1384 ausübte. In Frankfurt am Main gab es den Scharfrichter Hans. Aber vielleicht sollte man diesem Namen nicht zuviel historisches Gewicht beimessen! Denn so wie in England Matrosen stets »Jack«, und bei den Iren immer »Pat« hießen, so nannte man in Deutschland den Scharfrichter, wie immer er wirklich heißen mochte, »Meister Hans«.

Dem ersten ganz überlieferten Scharfrichternamen begegnen wir schon 1374 in Basel: Bernhard Schlegel. Über ihn wird eine dramatische Geschichte berichtet: Ein Küferknecht bestahl einen Geldwechsler, wurde erwischt und als Dieb zum Tode durch den Strang verurteilt. Es muß sich wohl eher um einen unüberlegten Streich als um ein ernsthaftes Verbrechen gehandelt haben; denn die übrigen ehrlichen Küferknechte der Zunft distanzierten sich nicht von dem Übeltäter. Sie baten vielmehr die Obrigkeit mit Erfolg, es ihnen zu gestatten, den Leichnam ihres Genossen vom Galgen zu nehmen und ihn zu begraben. So standen sie also um den Galgen herum auf dem Kohlenberg nahe der Stadt und sahen zu, wie Scharfrichter Bernhard

Schlegel den armen Teufel von der Leiter stieß und wartete, bis er sich »ausgestrampelt« hatte. Danach fragte der Scharfrichter wie üblich den Richter mit lauter Stimme, ob er nach Urteil und Recht gerichtet habe. Nun nahm Schlegel den Leichnam ab und übergab ihn den Küferknechten. Diese legten ihn in einen »Totenbaum« (Sarg) und trugen ihn auf den Friedhof von St. Elisabethen, der nächstgelegenen Kirche.

Als sie den Sarg dort abgestellt hatten und mit dem Ausheben des Grabes begannen, hob sich plötzlich der Sargdeckel, der »Tote« richtete sich auf und atmete laut. Natürlich sprach sich dieses Ereignis wie ein Lauffeuer herum und gelangte auch sehr schnell zu Ohren des bestohlenen Geldwechslers. Der sprang vom Mittagstisch auf und lief auf den Kohlenberg, wo er den Scharfrichter ebenfalls gerade beim Essen antraf. Blitzschnell ergriff der Wutentbrannte das nächste Tischmesser und stieß es dem völlig konsternierten und überraschten Meister Schlegel ins Herz. Was mit dem Scharfrichtermörder geschehen ist, wurde nicht überliefert.

Den Pfahl ins Herz

Im benachbarten Franken waren Rechtsprechung und Urteilsvollstreckung noch nicht so recht im Sinne des römischen Rechts geordnet. Nach den Artikeln für die fränkischen Städte waren 1377 Exekutiven noch immer dem jüngsten Ehemann zugeteilt. Und in Friesland hatte im gleichen Zeitraum noch immer der Bestohlene den Dieb zu hängen. In Dithmarschen war es Aufgabe des Familienältesten, unehelich schwangere Mädchen und Kindsmörderinnen zu töten. Im Frankenbergischen setzte man einem Vergewaltiger einen spitzen Pfahl aufs Herz, und die Vergewaltigte mußte mit wuchtigem Hammer die ersten drei Schläge tun. Der Fronbote vollendete dann die Hinrichtung. In Ulm und in anderen schwäbischen Städten wurde immer dem jüngsten »Schöppen« das Amt des Scharfrichters und »Bewahrers des Richtschwertes« zugeteilt.

In Frankreich führte in dieser Zeit unter der Regierung König Karls VI. (1380–1422) der Roi des Ribauds nur noch ein schattenhaftes Dasein. Der Pariser Scharfrichter um 1400 hieß Maître Cappeluche.

In Hamburg folgte 1384 dem Woltboten Vicko der neue Scharfrichter Peter Funcke. Unter ihm arbeitete Meister Hinze aus Stettin als »Cloacarius« und Verscharrer der Leichen der Hingerichteten. Er wohnte in der Rackerstraße (Racker bedeutet Schinder, Henkersknecht, Abtrittfeger. Dieses Wort machte einen ähnlichen Bedeutungswandel wie »Schelm«).

VI

Hinrichtungsarten und -kosten – Nebenbeschäftigungen der Scharfrichter – Die Verbrennung von Jan Hus und Hieronymus

Über die Häufigkeit und Form von Todesurteilen in jener Zeit vermittelt eine Liste von Urteilsvollstreckungen Berliner Scharfrichter in den Jahren 1399–1448 einen Eindruck:

- 51 Erhängungen wegen Raubs und Diebstahls
- 34 Enthauptungen
- 20 Verbrennungen Lebendiger
- 17 Räderungen
- 10 Frauen lebendig begraben.

Auch über die Art der Verbrechen, auf denen die Todesstrafe stand, finden sich in alten Quellen Einzelheiten, z. B. daß sich 1399 unter den Hingerichteten des Matthias' Weib befand, das die Frau des Klaus Jordan an Jakob von dem Rhine verkuppelt hatte. Sie wurde lebendig verbrannt.

Ein Jahr später starben Jesmann und sein Weib den gleichen Tod, zugleich mit der »unehrlichen« Frau Peter Rykinne. Die Peter Rykinne hatte sich an das Ehepaar Jesmann gewandt, das eine hübsche junge Tochter hatte. Sie überredete es, das Mädchen dem Komthur von Tempelhof, einem geistlichen Kreuzherren des Johanniterordens der Balley Brandenburg, zu geben. Dieser würde es mit schönen Gewändern kleiden und reich beschenken. Und die Jesmanns würden dabei auch reich werden, so soll die Peter Rykinne geschworen haben. Die Eltern und die Rykinne brachten das Kind bis an den Berg zu Tempelhof, wo der städtische Gerichtsbann endete. Dort nahm es der Kreuzherr von ihnen in Empfang. Gold wechselte den Besitzer. Dann verschwand der Kreuzherr mit dem Mädchen in der Komthurei der damaligen Tempelritter.[4] Das Geschäft der drei Mädchenhändler blieb nicht verborgen. Sie wurden verhaftet und schließlich lebendig verbrannt. Der Kreuzherr und seine Mätresse Amye aber blieben unbehelligt, weil sie sich außerhalb des Gerichtsbannes von Berlin befanden.

Über die Tätigkeit französischer Scharfrichter gibt es auch noch interessante Belege, wie z. B. eine Rechnung vom 15. 3. 1403.

Danach hatte der bailli (Richter) von Mantes (an der Straße Paris – Rouen) eine Muttersau hinrichten lassen, weil sie ein Kind gefressen hatte. Die Unkosten der Hinrichtung setzten sich folgendermaßen zusammen:

Kosten für das Schwein im Gefängnis	6 sols paris.
Item für den Meister der hohen Werke (Scharfrichter, D. Verf.[5]), der von Paris nach Meulan (an der Straße Paris-Rouen, D. Verf.) kam, um die besagte Hinrichtung durchzuführen, auf Befehl und laut Anordnung unseres Herrn, des bailli und Vertreters des Königs (procureur du roi)	54 sols paris.
Item für den Wagen, der das Schwein der Gerechtigkeit zuführte	6 sols paris.
Item für Stricke, um es zu binden und heranzuziehen (= aufzuhängen, D. Verf.)	2 sols 8 denier paris.
Item für Handschuhe	2 denier paris.
Summa	69 sols 8 deniers paris.

Richtschwert und Richtstätten

Die Enthauptungen wurden damals – außer in England, wo man beim Beil blieb – mit dem Schwert vollzogen. Verständlich, daß dem Richtschwert vom Scharfrichter besondere Sorg-

---

4 Heute noch gibt es in Berlin einen Stadtteil »Tempelhof« und darin noch eine »Burgherrenstraße«.
5 Es dürfte sich wohl um Maitre Cappeluche gehandelt haben.

Das Schwert des Linzer Scharfrichters Georg Sindhöringer

falt zuteil wurde, während die Bevölkerung ihm eine mit Grauen gemischte abergläubische Aufmerksamkeit schenkte. Auch die Scharfrichter waren sicher nicht frei von abergläubischer Scheu ihrem eigenen Gerät gegenüber. So ist auf einem alten Richtschwert, das in Nürnberg aufbewahrt wird, auf breiter Klinge in kunstvollen Lettern – gewiß im Auftrag des Scharfrichters – zu lesen:

> WAN ICH DAS SCHWERT
> AUF THU HEBEN – GEB
> GOTT DEM SUENDER DAS
> EWIG LEBEN

Das Schwert befindet sich in einer mit rotem Leder überzogenen Holzscheide, die in weiteren vier Behältnissen noch Platz für Messer und Scheren hat.

Wien besaß außer dem bereits erwähnten Rabenstein vor dem Schottentor noch ein zweites, 1372 erstmals urkundlich genanntes uraltes Hochgericht mit mehreren Galgen und Rädern auf dem Gipfel des Wienerberges südlich der Stadt. Die Verbrennungsstätte Wiens dagegen befand sich damals auf der »Gänsweyd« in Erdberg, in der Gegend der heutigen Rasumofskygasse, und die Enthauptungen wurden in der Regel am Hohen Markt, Am Hof oder Am Schweinemarkt (heute Lobkowitzplatz) durchgeführt. Militärische Exekutionen fanden in der Brigittenau (20. Bezirk) statt. Dort wurde auch, 400 Jahre später, Robert Blum, der noch erwähnt wird, erschossen.

Die Einkünfte der Scharfrichter

In den ersten Jahren der berufsmäßigen Scharfrichterei, als noch nicht häufig exekutiert wurde und die Abdeckerei noch nicht unbedingt zur Aufgabe des Scharfrichters gehörte, reichten für ihn die Einkünfte nicht zum Leben aus. Daher bezog er vielerorts seine Haupteinkünfte aus den öffentlichen Spielhäusern, über die er Aufsicht zu führen hatte, oder die er sogar im eigenen Hause betreiben durfte, und aus den öffentlichen Frauenhäusern, deren Oberaufseher (»Hurenweibel«) er war. Er durfte auch in den Räumen des eigenen Hauses ein Bordell auf eigene Rechnung eröffnen, wie z. B. in München.

Erst im 15. Jahrhundert erhielt der Scharfrichter neben den Gebühren für die Einzelhandlung noch die Besoldung für einen Angestellten zuerkannt. Dazu überließ man ihm noch die Kleider und kleine Besitztümer des Hingerichteten. Warum mit dem Scharfrichter dieses feste Verhältnis eingegangen wurde, geht aus den Akten und Archiven nicht hervor. Ein Grund mag gewesen sein, daß Spielhäuser für eine kleine mittelalterliche Stadt eine Belastung waren. Sie abzuschaffen muß im Interesse der Stadt gelegen haben. Dem Scharfrichter wurde darum wohl ein Ersatz für entgangene Einkünfte gestattet. Bordelle dagegen stellten damals eine Notwendigkeit dar. Sie wurden – es war ja noch keine Syphilis zu fürchten – derart stark und regelmäßig frequentiert, daß manchem Stadtvater der Gedanke gekommen sein mag, diese sprudelnden Geldquellen in die Kanäle der Stadt abzuleiten.

Hinrichtung Störtebeckers

In Hamburg erhielt der Scharfrichter, als eine Art Existenzminimum, ein Kostgeld, dazu die Gebühren für seine Dienstverrichtungen, zu denen dort auch das Glockenläuten, das zur Volksversammlung rief (»Bursprake« nannte man sie), gehörte. Für Köpfen, Hängen, Rädern bekam er 8–9 Schilling, für Stäupen und Stadtverweisen 6 Schilling. Das war recht gut bezahlt. Dennoch mag es für den Scharfrichter eine willkommene, weil einträgliche Gelegenheit gewesen sein, 71 Menschen auf einmal hinrichten zu können. Im Jahre 1402 wurden Klaus Störtebecker und 70 seiner Leute, die sogenannten Vitalienbrüder[6] zum Tode verurteilt. Damals war auf Peter Funcke der Scharfrichter Rosenfeld gefolgt. Er hatte diese große und bedeutsame Hinrichtung zu vollziehen, die Hamburg von einem gefürchteten Gegner befreite. Auf dem Grasbrook, einer heute verschwundenen Elbinsel oder Halbinsel, versammelte sich der gesamte Rat der Stadt, Senator Nikolaus Schocke in der Mitte, der Störtebecker besiegt und gefangen genommen hatte.

---

6 Vitalienbrüder oder Viktualienbrüder (victualia (lat.) = Lebensmittel). Sie versorgten das zur lübischen Hanse gehördende Stockholm mit Lebensmitteln, was der Hamburger Hanse nicht in die Rechnung paßte.

Es wird berichtet, daß der riesige Rosenfeld an diesem Tage bis über die Knöchel seiner geschnürten Schuhe in Blut gestanden habe. Unermüdlich schwang er das Schwert. Als endlich der letzte Kopf von den Schultern fiel, meinte ein Ratsmitglied dem Scharfrichter ein paar anerkennende Worte für seine Leistung sagen zu müssen. Darauf zuckte ein Hohnlächeln um die Lippen des Riesen. Er habe noch Kraft genug, meinte er grimmig, augenblicklich auch noch den gesamten, hier versammelten Rat abzutun. Diese Äußerung hat man ihm nie verziehen. Rosenfeld wohnte damals schon nicht mehr auf »dem Berg«. Das dort befindliche Fronhaus (Wohnhaus und Gefängnis zugleich) reichte nicht mehr aus. Man riß es ab und errichtete an seiner Stelle einen Gefängnisturm (turris captivorum), in welchem übrigens der geheimnisvolle Erich Wessel eingesperrt war. Er wurde gut gehalten und verpflegt, aber niemand weiß bis heute, warum dieser Mann in lebenslänglicher Gefangenschaft gehalten wurde, als ein hamburgisches Gegenstück sozusagen zum Pariser »Mann mit der eisernen Maske«.

Die Wohnung des Scharfrichters befand sich danach in Raboisen auf dem Galgenfeld an der Außenalster in einem malerischen kleinen Haus, von Weiden und Erlen umstanden. Dort lebte Rosenfeld mit seinen Schwertern, von seiner Schwester betreut, sein einsames, verfemtes Leben.

Der Vorläufer

Im Jahre 1409 ereignete sich in Paris die bereits erwähnte furchtbare Geschichte um Jean de Montagu. In dieser Zeit war Frankreich, ähnlich wie Deutschland 210 Jahre später, ein einziges Schlachtfeld fremder und eigener Heere; Mord, Totschlag und Hinrichtungen waren an der Tagesordnung.

Während der Leichnam Montagus noch auf dem Montfaucon in den Tiefen des Hohlsockels moderte, wurde an einer anderen Hinrichtungsstätte von Paris ein Handschuhmacher wegen Falschmünzerei lebendig in Öl gesotten. Es war übrigens dies die letzte Strafe dieser Art in der Geschichte.

Während die Menschen in Frankreich sich gegenseitig zerfleischten, hatten die im benachbarten Deutschland andere – aber keineswegs bessere – Gründe, aufeinander einzuschlagen.

In einem Erb- und Vormundschaftsstreit in Österreich, 1406, der das Volk und vor allem Wien in feindliche Parteien spaltete, wurden der Bürgermeister der Stadt Wien und eine Reihe seiner Räte gefangen genommen, weil sie im Verlauf der Auseinandersetzungen fünf Handwerker, die vorgehabt hatten, Wien auszuliefern, am Hohen Markt hatten hinrichten lassen. Nun mußten sie selbst daran glauben. Am 11. 7. 1408 wurden der Bürgermeister Vorlauf, der Rat Konrad Ramperstorfer und der Rat Rockh auf dem Schweinsmarkt hingerichtet.

Zuerst wollte der Henker (sein Name ist nicht überliefert) an Ramperstorfer das Urteil vollstrecken, da stellte sich Vorlauf vor diesen und rief: »Ich war stets der Vorläufer der anderen, ich will euch zeigen, daß ich den Tod für die gerechte Sache nicht fürchte!« Der Scharfrichter, durch diese mutigen Worte gerührt, zögerte, sein Amt zu verrichten. Vorlauf, der schon vor dem Richtblock kniete, munterte ihn auf: »Fürchte dich nicht, vollziehe, was dir befohlen wurde, führe aber männlich den Streich!«. Ramperstorfer und Rockh folgten ihm ruhig und gefaßt. Eine Messingplatte auf einer Marmortafel vor den Stufen zum Grabmonument Kaiser Friedrich III. im Stephansdom erinnert noch an den mutigen Bürgermeister und seine Stadträte.

Die Hinrichtung des Jan Hus

Eine Hinrichtung, die Geschichte machte, war die von Jan Hus. Kaiser Sigismund hatte 1415 dem tschechischen Prediger freies Geleit nach Konstanz zum Konzil, das dem Schisma ein Ende machte, versprochen. Er brach aber sein Wort und ließ es zu, daß man den Reformator auf dem Scheiterhaufen verbrannte. Doch dazu muß die Vorgeschichte erzählt werden:

Das große Schisma der Kirche mit den beiden Päpsten sollte bereits durch das Konzil zu Pisa 1409 beseitigt werden. Dort wurde beschlossen, alle beide Päpste abzusetzen und einen neuen, endgültig einzigen zu wählen. Da aber die beiden Altpäpste nicht daran dachten, ihre Absetzung durch das Konzil anzuerkennen, gab es jetzt drei Päpste. Die Verhandlungen, Dispute und Diskussionen schleppten sich dahin. Da starb der neue Papst. Überstürzt wählte man einen Nachfolger, damit nur ja die Dreizahl der Päpste gewahrt bleibe. Aber diese Neuwahl erwies sich als ziemlich bedenklich: Baldassare Cossa, der neue dritte Papst, der unter dem Namen Johannes XXIII. die Tiara trug – seine Wahl wurde übrigens später dadurch annulliert, daß man ihn nicht in die Chronologie der Päpste aufnahm –, war ein neapolitanischer Seeräuber gewesen. Er führte sich unter der Tonsur dann auch kaum weniger skrupellos und anstößig auf als unter schwarzer Piratenflagge. Seine Lebensweise war so würdelos und ausschweifend, daß etwas zum Schutz der Kirche getan werden mußte. König Sigismund, später Kaiser Sigismund, ein Luxemburger, zwang den Papst, ein neues Konzil zu Konstanz einzuberufen, das alle anstehenden Kirchenfragen ein für allemal klären sollte. Es wurde ein großes Konzil, das Papst Johannes XXIII. am 5.11. 1414 eröffnete. Es war das sechzehnte der allgemeinen Konzile der Kirche und war von Anfang an begehrter Treffpunkt all derer, die Rang und Namen hatten, gefolgt von ihrem Troß von Sekretären, Schreibern, Kammerdienern, Frauen und deren Zofen, Kutschern, Stallburschen, Reitknechten und fahrendem Volk, von der herausgeputzten eleganten Kurtisane bis zu den Marktschreiern, Gauklern und Straßenhuren.

Ulrich von Richenthal, der Chronist des Konzils, schrieb von »VII^c (700) öffentlichen Huren, on die haimlichen, die laß ich belibnen« (ohne die geheimen Dirnen, deren Zahl ich der Schätzung überlassen muß).

Nun war zwar der Sinn des Konzils, das Schisma zu beseitigen, doch Papst Johannes XXIII. war klar, daß ihm kaum die Tiara belassen würde. Wahrscheinlich würde das Konzil alle drei Päpste absetzen und einen neuen wählen. Darum lag ihm daran, das Konzil in die Länge zu ziehen. So rückte er durch einen geschickten Schachzug ein anderes Problem in den Vordergrund:

Es hatte nämlich schon vor längerer Zeit der Pfarrer John Wicliff von Lutterworth in Leicestershire eine neue Auffassung vom Christentum entwickelt, veranlaßt durch die unwürdigen Zustände vor allem in den Klöstern, aber auch beeindruckt von den damals sehr einschneidenden sozialen Unterschieden. Ähnlich wie später Luther stellte er das Wort der Evangelisten an den Anfang seiner Erörterungen und ließ seine Lehre von

Predigern überall verbreiten. Zwar stellte sich die Londoner Geistlichkeit gegen ihn, aber das Volk nahm seine Worte dankbar auf. Es fanden sich auch immer mehr Geistliche, die Wicliffs Botschaft folgten. In Böhmen waren es Jan Hus, Thomas von Stitny, Niklas von Leitomysl, Stanislaus von Znaym und Hieronymus von Prag, die sich angesichts des Lebenswandels Papst Johannes XXIII. und der schamlosen Ausschweifungen der großen Mönchsorden der Dominikaner und Franziskaner, den Lehren Wicliffs anschlossen. In Böhmen verband sich noch das religiöse und soziale Reformstreben mit dem nationalen.

Matthias von Janow und nach ihm Jan Hus predigten erstmals in tschechischer Sprache, in der Sprache des Volkes, und entzündeten damit – wohl ohne es zu wollen – ein Nationalgefühl.

Unter Hus' Wirken kam es zu einem fast gänzlichen Zerfall der Prager Universität. Der böhmische Klerus klagte Hus an und veranstaltete im Hof des erzbischöflichen Palastes eine feierliche Bücherverbrennung – 200 teure Goldschnittexemplare der Werke Hus'. Hus aber trotzte Bulle und Papst. Es kam zu kriegerischen Auseinandersetzungen zwischen den Anhängern Hus' und denen der katholischen Kirche. Die Studenten wurden mitgerissen. Es kam zu Aufmärschen mit Steinwürfen, Raufereien. Päpstliche Bullen wurden verbrannt, Verhaftungen und Hinrichtungen vollzogen und die Opfer demonstrativ feierlich beerdigt. Hussitismus und Katholizismus sonderten sich immer stärker und feindlicher voneinander ab. Hus fiel unter den Bann und mußte Prag verlassen. So konnte Papst Johannes XXIII. die »hussitische Ketzerei« als Punkt 1 auf die Tagesordnung des Konzils setzen. Sigismund, König von Böhmen, frisch gekrönter deutscher König, sicherte noch von Aachen aus, wo seine Krönung stattgefunden hatte, dem vor das Konstanzer Konzil geladenen Jan Hus freies Geleit. Am 3. 11. 1414 traf dieser in Begleitung Johannes und Heinrichs von Chlum und Wenzels von Duba in der Konzilstadt ein.

Am 28. 11. 1414 wurde Jan Hus trotz seines Geleitbriefes und trotz Protestes seiner Begleiter im Auftrag der Bischöfe von Augsburg und von Trient, des Bürgermeisters von Konstanz, und anderer verhaftet, als er gerade in einer Versammlung das Wort ergreifen wollte.

Im finsteren, neben einer Kloake gelegenen Kerker eines außerhalb der Stadt gelegenen Dominikanerklosters verbrachte Hus die eisigen Dezembertage und -nächte. Sigismund, der im strahlenden Glanz seiner jungen Königswürde mit 50 000 Begleitern in Konstanz einzog, sah sich vor vollendete Tatsachen gestellt. Sein Protest, ebenso wie der König Wenzels und seiner Gattin Sophia, deren Beichtvater Hus war, prallten an der eisernen Härte der christlichen Hierarchie ab.

Inzwischen erhoben sich schwere Auseinandersetzungen zwischen Papst und Konzil, die den für Mitte Januar 1415 geplanten Beginn des Prozesses gegen Jan Hus verzögerte. Im März floh Johannes XXIII. aus der Konzilstadt und König Sigismund – durch einen zurückgelassenen Diener des Papstes im Besitz der Schlüssel zum Kerker Jan Hus – hätte nun zu seinem Königswort stehen und ihn befreien können. Aber er übergab ihn nur einem noch viel fürchterlicheren Feinde, als der Papst es war: dem Bischof von Konstanz. Dieser ließ Hus auf seine Burg Gottlieben bringen und in Fesseln legen. Im Nebengemach schmachtete – Ironie des Schicksals – der wieder eingefangene Papst Johannes XXIII.

Von Prag war inzwischen der treue Hieronymus herbeigeeilt. Er las den juristisch schlau abgefaßten Geleitbrief, der Hus vor »aller Gewalt schützte«, in dem aber nichts davon stand, daß er auch vor dem »Recht« geschützt sei (Verhaftung und Gefangenhaltung galten ja als Rechtsakte) und floh, wurde gefaßt und in schweren Ketten dem Konzil zur Verfügung gehalten.

Nun konnte am 5. 6. 1415 ungehindert der für drei Tage anberaumte Prozeß – mit einem bereits im voraus festgelegten Ende – ablaufen. Am 1. Juli lehnte Hus schriftlich einen ihm vorgeschlagenen Widerruf ab. Zweihundertfünfzig böhmische und mährische Herren setzten sich mit Brief und Siegel für ihn ein. Heinrich von Chlum gelang es, bis ins Gefängnis vorzudringen und Hus zu beschwören, pro forma zu widerrufen. Dieser lehnte ab. Am 6. Juli 1415 wurde in der Hauptkirche der Stadt Konstanz das Urteil über Hus gefällt:

»Die Kirche hat nun nichts mehr mit dir zu schaffen, sie übergibt deinen Leib dem weltlichen Arm, deine Seele dem Teufel!« erklärte der Erzbischof von Mainz. »Ich befehle sie meinem Herrn Jesu Christo!« antwortete Jan Hus.

Pfalzgraf Ludwig übergab nun den Gefangenen dem Konstanzer Stadtmagistrat: »Nehmet hier den Johannes Hus, der als Ketzer verbrannt werden soll.« Noch am gleichen Tag wurde der Verurteilte zum Scheiterhaufen geführt. Er mußte noch der Verbrennung seiner Bücher zusehen, was er ruhig und gefaßt tat. Dann ließ er sich in einen Sack kleiden, eine Papiermütze auf den Kopf setzen, auf die zwei Teufel gemalt waren, wie sie Hus' Seele in die Hölle zerren mit dem Wort Heresiarcha (Erzketzer) darüber und widerstandslos mit nassen Stricken an den Pfahl binden, um den trockene Holzscheite mit pechgetränktem Stroh dazwischen schon hoch geschichtet worden waren. Noch einmal forderte ihn der Reichsmarschall von Pappenheim zum Widerruf auf. Vergebens.

Heiß brannte die Julisonne auf Richtplatz und Scheiterhaufen herab. Mit heiserer Stimme bat Hus einen noch am Scheiterhaufen arbeitenden Henkersknecht um einen kühlenden Schluck: »Gib mir einen Trunk Wasser, daß ich meine dürr' Zung' netz' und nicht zu Tode schmacht', eh euch die Freud meines Brattodes geschenkt wird.« Der Knecht bot ihm seinen Weinkrug an, doch Hus lehnte ab. Er wollte pures Wasser. Dann stopften ihm die Knechte öltriefendes Werg zwischen Schenkel und Pfahl und überschütteten ihn derart mit Öl, daß es ihm an Bart und Kinn herabträufelte. Hus flehte vernehmlich: »Herr Zebaoth, nimm diese Sünde von ihnen!«

Wir kennen den Namen des Scharfrichters nicht, der nun die Fackel an den Holzstoß legte. Sicher aber ist, daß ihm das geheime Gnadenmittel, das zum Brand-Tod Verurteilten früher häufig gewährt wurde, nämlich von Henkershand mit dünner Schnur im letzten Augenblick, wenn die ersten Rauchwolken aufsteigen, rasch und unauffällig erdrosselt zu werden, nicht zuteil wurde. Hus verbrannte bei vollem Bewußtsein, wie der Augenzeuge Ulrich von Richenthal berichtete:

»Do gehub er sich mit Schryen vast übel und was bald verbrunnen. – Und do er allerding verbrunnen was, dannoch was die Infel (Papiermütze) in dem Für (Feuer) gantz. Do zerstieß sy der Hencker. Und do verbran sy ochh ... dernach fürt man die Äschen gentzlichen, was da lag, in den Rin (Rhein).«

Hieronymus von Prag aber dämmerte währenddessen im Kerker, von seinen Fesseln zerschunden, am Rande des Todes dahin. Die Haft mußte ihm erleichtert werden, damit er nicht vorzeitig starb. Erschöpft, wahrscheinlich fiebernd, widerrief er auf wiederholte Aufforderung am 16. 9. 1415. Dennoch entließ man ihn nicht. Neue Beschuldigungen erforderten einen neuen Prozeß. Hieronymus erholte sich, mit fortschreitender Genesung wuchs seine Widerstandskraft. Er widerrief seinen Widerruf am 26. 5. 1416 und wurde als verstockter Ketzer, wie längst beabsichtigt, zum Feuertode verurteilt. Am 30. 5. 1416 vollstreckte wahrscheinlich der gleiche Scharfrichter das Urteil. Scherzend kommentierte der Gefesselte noch wie ein eifriges Bäuerlein, im frommen Bewußtsein, eine gute Tat zu tun, noch Holz zum Brandstoß herbeischleppte. Betend und singend starb Hieronymus von Prag in den Flammen. Aeneas Sylvius Piccolomini, später Papst Pius II., einer der gebildetsten Männer seiner Zeit, berichtete: »Kein Philosoph hat auf dem Sterbelager solchen Mut an den Tag gelegt als diese Männer auf dem Scheiterhaufen.«

Aus dem Konzil ging Martin V. als neuer Papst hervor, unter dessen Pontifikat 1429 das große Schisma endete. Doch die Kämpfe zwischen Hussiten und Katholiken begannen nun umso gnadenloser, und das Wort »Die Hussiten kommen!« hat in mancher deutschen Stadt Angst und Schrecken verbreitet.

VII

Folter – Die barmherzigen und die bußfertigen Scharfrichter – Eine Scharfrichtergewerkschaft – Grausame Hinrichtung in Wien – Hinrichtung von Scharfrichtern

Damals fiel in deutschen Landen, zum erstenmal 1413 in Frankfurt am Main und zum zweitenmal 1422 in Worms am Rhein, das Wort »Folter«[7].

Der Scharfrichter bekam neue Aufgaben. Zu den verschiedenen Formen des Tötens mußte er nun lernen, mit Methoden, wie sie nach unserer Auffassung nur kranken Hirnen entspringen können, Menschen zu peinigen und zu quälen. Er bediente Folterwerkzeuge und Maschinen, behält angesichts schreiender, vor Schmerz und Entsetzen halb irrsinniger Menschen die gleiche kalte Ruhe wie der Jurist, der solches erdachte und anordnete. Der Scharfrichter kam nun nicht mehr mit einem Schrank für seine Schwerter und einer Kammer für seine Stricke aus. Er brauchte Platz für Daumenschrauben, spanische Stiefel, Streckbetten, Leitern, Seilrollen und vieles mehr. Deswegen reichte z. B. auch der Raum im Wiener Schergenhaus bei der »Himmelpforten«, einem Nonnenkloster, 1422, nicht mehr aus und wurde vom Scharfrichter verlassen. Die Stadt stellte ihm eines ihrer größeren Häuser in der Wipplingerstraße zur Verfügung.

1434 endeten mit dem Tode der beiden Prokope die Hussitenüberfälle auf deutsche, ungarische und polnische Städte und Dörfer. Als Nachfolger des erblindeten Jan Žižka von Trocnow, der, wie die Sage erzählt, seine Haut testamentarisch zur Bespannung einer Trommel bestimmt hatte, damit er auch

---

[7] Das Quälen der Opfer war schon früher üblich.

noch nach seinem Tode zu Haß und Krieg aufrufen könne, hatten die beiden Prokope mehrere Schlachten gegen deutsche Kreuzheere (bei Tachau 1427, bei Taus 1431) gewonnen und Raubzüge in die Nachbarländer unternommen. Inzwischen waren die Hussiten in zahlreiche Sekten und Richtungen zerfallen, aus denen sich, neben den fanatischen Taboriten und Orphaniten die gemäßigten Kalixtiner als stärkste Gruppe herausschälten. Ihnen galt der Feldzug der Prokope, der am 30. 5. 1435 bei Lipau nahe Cesky Brod mit dem Tod der beiden Anführer endete.

Am 5. 5. 1432 wurde in Venedig Francesco Bussoni, nach seiner Vaterstadt »Carmagnola« genannt und unter diesem Namen als einer der berühmtesten Condottieri Italiens und Feldherr Venedigs, wegen angeblichen Verrats auf dem Markusplatz mit drei Beilhieben hingerichtet. Er sollte zuvor gefoltert werden, doch weigerte sich der patriotische Henker, weil Carmagnola in einer seiner letzten Schlachten für Venedig am Arm verwundet worden und die Wunde noch nicht geheilt war.

An dem genannten Tag führte man Carmagnola in scharlachroten Strümpfen, Samtbarett, karmesinfarbenem Wams und Scharlachrock, mit auf dem Rücken mit seidenen Schnüren zusammengebundenen Händen und geknebelt zum Block. Seine Kleider gehörten dem Gesetz nach dem Capitano carceris, dem sie für 10 Dukaten abgekauft wurden. Carmagnola wußte, daß die Republik für fehlgegangene Politik und Schlachtenunglück einen Schuldigen brauchte und ihn als Führer dazu ausersehen hatte. Oder war das Urteil berechtigt? Es stimmt nachdenklich, daß er sich mitten im Krieg gegen das viscontische Mailand »Carmagnola-Visconti« nannte und daß fünf Jahre nach seiner Hinrichtung seine Leiche nach Mailand überführt und in der Kirche S. Francesco bestattet wurde. Seine Grabschrift dort lautet: »Wenn du, ein Kriegsfürst und Lenker der Schlachten, waffengewaltiger Franciscus, schließlich ein unheilvoll Schicksal erlitten hast, so freue dich dennoch deiner vergangenen Taten: Was das Geschick befiehlt, muß man tragen. Grabschrift des unbesiegten Herrn der Schlachten, des Grafen Franz Carmagnola-Visconti, der zu Venedig am 6. Mai 1432 starb.«

Das Jahr 1435 brachte eine neue Entwicklung für das Scharfrichtergewerbe. Die Berliner und Cöllner Scharfrichter erhielten eine ordentliche Besoldung. Es war nicht mehr einfach, gelernte Scharfrichter zu bekommen. Mit Beil, Schwert und Strick umzugehen konnte noch manch einer leicht lernen. Aber das Scharfrichtergewerbe erforderte nun mehr: Gebräuche mußten verstanden, die Fachsprache angewendet werden. Wenige Jahre später (1439) entzog Kurfürst Friedrich II. den Schwesterstädten Berlin und Cölln das Gerichtslehen. Es setzte einen Stadtrichter, Balthasar von Hake, ein. Dadurch unterstand der Scharfrichter nicht mehr dem Rat der Stadt, sondern dem kurfürstlichen Hausvogt. Das mißfiel den Bürgern der beiden Städte. Die Folgen dieser fürstlichen Eigenmächtigkeit werden uns noch beschäftigen.

Das Foltern und Bereuen

Andernorts wurden die freien Scharfrichterstellen ausgeschrieben. Bewerbungen trafen ein, und dem, der ausgewählt wurde, verlieh man den Dienst mittels einer Bestallung. In Augsburg war schon 1442 von diesem Verfahren die Rede, jedoch noch ohne Eid. Nur in Nördlingen und Kempten mußte schon damals der neueingestellte Scharfrichter einen Diensteid schwören. Augsburg folgte damit erst Mitte des 16. Jahrhunderts.

Die Einführung der Folter in dieser Zeit hatte Folgen. Auch Scharfrichter sind Menschen, und nicht alle waren abgebrüht genug, daß sie die ihnen von den Richtern und Gesetzen gestellten grausamen Aufgaben unberührt ausführen konnten.

Meister Friedrich, der Scharfrichter der Stadt Frankfurt am Main, brach unter der Wucht seiner neuen Pflichten zusammen und legte sein Amt nieder. Er begründete das in der Sprache seiner Zeit: Schwere Sündenschuld drücke ihn nieder, das Menschenblut an seinen Händen schreie nach Buße und Sühne. Der Rat der Stadt begriff das und entließ ihn bedingungslos. Das war sehr verständnisvoll, denn ein Ersatz für ihn war nicht leicht zu finden. Dem neuen Scharfrichter mußte die Stadt wöchentlich einen ganzen Gulden zahlen, ob er seines Amtes walten mußte oder nicht. Der Rat begründete seine

Zahlungswilligkeit damit, daß er dadurch an der Schuld, die der Scharfrichter durch Folterung und Tötung auf sich nehme, nicht mitbeteiligt sei.

Hierin ist der Hauptgrund dafür zu sehen, warum der Scharfrichter aus der Gesellschaft ausgestoßen, »unehrlich« wurde: Ihm wurde die Schuld der Gesellschaft aufgebürdet.

Im gleichen Jahr, 1446, bat auch der Heilbronner Scharfrichter Hans Maurer, geboren zu Ulm, um seinen Abschied. Als Begründung führte er an, der Heilige Geist habe Einspruch gegen sein sündhaftes Amt erhoben und Buße und Besserung von ihm gefordert. Er habe bereits beim Bischof von Würzburg gebeichtet, habe auch Buße auferlegt bekommen und mit dieser auch schon begonnen. Dennoch wolle er nach Rom pilgern, um sich auch vom Heiligen Stuhl den Ablaß zu holen. Der Rat der Stadt Heilbronn anerkannte seine Begründung, bescheinigte ihm sogar, daß er sich stets »ziementlich und züchtiglich« betragen habe, und ließ ihn ziehen. Er ging nach Ulm, um sich von der Heimatstadt noch eine Beisteuer zur Romreise zu holen und verschwand damit in der Masse der Rompilger seiner Zeit.

Der »Berliner Unwillen«

In diesen Jahren rächte sich in Berlin die Eigenmächtigkeit Kurfürst Friedrichs II. Die Berliner empörten sich in einem Aufstand, der unter der Bezeichnung »Berliner Unwillen« in die Geschichte eingegangen ist, gegen den ihnen aufgezwungenen Stadtrichter Balthasar von Hake. Aber noch war der Kurfürst der Stärkere. Er setzte den rebellischen Städtern noch einen zweiten Stadtrichter vor die Nase: Peter Brackow, der die niedere Gerichtsbarkeit dazu als erbliches Lehen, zu verwalten hatte. Zu alledem beschlagnahmte der Kurfürst noch die Mühlen auf dem Mühlendamm und setzte einen eigenen Amtshauptmann mit eigener Gerichtsbarkeit für sie ein, damit die Berliner endlich einsehen lernten, daß das Recht beim Kurfürsten war und nirgends anders.

In Hamburg sollte 1453 ein ehemaliger Bauknecht nach ordnungsgemäßem Urteil und nach gebrochenem Stab zum Schafott geführt werden. Plötzlich stürzten sich Bauknechte auf den Armesünderzug, befreiten den Delinquenten gewaltsam aus den Händen des Scharfrichters und verschwanden mit ihm auf Nimmerwiedersehen. Seither wurde jeder Exekutionszug von bewaffneten Gerichtsdienern und berittenen Ratstrabanten begleitet, und zwar vom Petrikirchhof an bis zum Grasbrook. Darüber hinaus hatten 380 Mann Infanterie und 25 Dragoner mit zugehörigen Offizieren unter einem Major den Richtplatz einzuschließen.

Noch störte das im fernen Norden niemand. Das Gezänk und Gezeter ging weiter. Diesmal rieben sich die Berliner die Hände: Ihren Kurfürsten hatte es erwischt. In der Nacht vom 7. auf den 8. Juli 1455 verschafft sich Kunz von Kauffungen mit seinen Rittern von Mosen und von Schönfeld Eingang in das Schloß zu Altenburg, wo sich die beiden Söhne des Kurfürsten aufhielten. Aus Rache wegen vorenthaltener Entschädigung für im sächsischen Bruderkrieg geleistete Dienste entführten sie die beiden Kleinen, Ernst und Albrecht, und wollten sie, beide getrennt, an verschiedenen Stellen über die böhmische Grenze bringen. Kunz mit dem kleinen Albrecht vor sich auf dem Sattel wurde im dichten Wald bei Schwarzenberg im Erzgebirge von dem Köhler Georg Schmidt, genannt Torübel, und einigen anderen am sogenannten Fürstenbrunnen erwischt. Am 14. Juli 1455 wurde Kunz von Kauffungen in Freiberg mit dem Schwert hingerichtet.

Grausame, stümperhafte Marter

Nicht alle ausgebildeten Scharfrichter waren Könner in ihrem unehrenhaften Metier. Die Regensburger Chronik meldet 1456 z. B., daß der »Lebe« (wohl abgeleitet von »Eleve«, manchmal auch »Löbe« oder gar »Löwe« geschrieben) des Scharfrichters aus der Stadt gejagt wurde, »von unfertiger wort und weise wegen, darumb er offt gestrafft und nichtz halff«.

Im Jahre 1457 stümperte ein Scharfrichter einen Edlen elend zu Tode. János Hunyadi, der berühmte Türkenheld, war nach ruhmvoller Befreiung Belgrads von der türkischen Belagerung, an der Lagerruhr gestorben, und seine beiden Söhne Ladislaus und Mathias erbten den Haß, wie ihn Helden zu tragen haben. Ihr eigener König verriet sie. Friedrich von Gagern schilderte die Hinrichtung des Älteren:

»Es ist ein Tag im lichten Frühling, hoch über den Blocksberg und Habsburg ziehen die Störche zu den Jagellonen nach den sarmatischen Gründen, und in der kumanischen Heide ruht und ruft zutausend der Kiebitz, vier Monate nach dem blutigen Martin (11. 11. 1456) von Belgrad ...: Da wird ein Frühlingslichter hinausgeführt, rückgefesselt die Hände, frei das Aug, sicher der Schritt, lang wallen goldene Konradinslocken nieder auf ein Gewand, das einst ein König zu einem Zeichen der Versöhnung, als Unterpfand seines Wortes und Altarschwures geschenkt. Ladislaus Corvinus; samt Bruder und vornehmstem Anhang mit jähem Zuschlag gefangen gesetzt; ohne Angehör seiner Verteidigung, unvernommen und ungeholfen, ohne Wahrung gesetzlichen Ganges zum Schwerte verurteilt. Wozu auch reden gegen taube Meinung, gegen Willkür und Wankelmut, gegen unauslöschlichen Grundhaß, gegen die Schuld des Eidbruches, gegen das Geschick? – Wenige Worte an das dumpf umstaunende Volk; ein weher Blick dem Himmel, der draußen über der ergrünenden Weite der Heimat, der fremdbeherrschten, der feindbewohnten blaut; ein bitteres Verlächeln vielleicht beim Rufe des Herolds: So werden gestraft die ihrem Herrn untreu sind! ... dann ergibt er sich dem richtigen Gott und dem Henker. – Wie der mit erzitternder Hand das reiche, sonnblonde Haar aus dem blüh-jungen Nacken weg nach vorne teilt, ergreift ihn lähmende Schwäche; beim vierten Streich erst, nach grausig stümpernder Marter, fällt das Haupt.«

Bruder Mathias lebte weiter, wenn auch zunächst noch gefangen. Er wurde später einer der berühmtesten Könige Ungarns.

Zunftentwicklungen

Eines Tages begannen auch die Scharfrichter ihre Interessen wahrzunehmen. Im Jahre 1459 waren die Bürger Breslaus in heller Aufregung. Es hatte sich herumgesprochen, daß demnächst 14 Scharfrichter in der Stadt erscheinen würden. Gevatter Schuster und Schneider steckten die Köpfe zusammen. Da stimmte doch etwas nicht! Sollten Massenhinrichtungen geplant sein? Schreckerfüllte, böse Gewissen erinnerten an so manches Lederstück, so manche Elle Tuch, die wie von ungefähr beim Zuschneiden wie von selbst in die »Hölle« fielen.

Es waren wirklich 14 Scharfrichter in Breslau eingetroffen – aber nicht von Amts wegen. Es erfüllte sich an diesem Gewerbe eines der sozialen Gesetze: das Gesetz des Zusammenschlusses, veranlaßt durch gleichartige Interessen und gemeinsame Ziele. Die 14 Scharfrichter hielten die erste Scharfrichtertagung in der Geschichte ab in der Absicht, eine Großorganisation, eine Art Zunft der Scharfrichter zu schaffen.

Die ängstlichen Spießbürger jedoch wiegelten den Rat der Stadt auf. Der machte sich plötzlich stark, wurde energisch – und wies kurzerhand alle Scharfrichter – einschließlich des eigenen – aus der Stadt. Und daher gab es in der zweiten Hälfte des 15. Jahrhunderts lange Jahre keinen Scharfrichter in Breslau.

Es muß aber doch noch zur Bildung engerer Kontakte zwischen den Scharfrichtern gekommen sein. Ihre Zusammenkünfte werden sie danach wohl geheim gehalten haben. Es hatten sich nämlich später richtige zunftmäßige Sitten und Gebräuche – am besten bekannt war ihre Fachsprache – unter ihnen entwickelt.

Hinrichtung in Wien – ein Stück Weltgeschichte

In Nürnberg wurde 1460 Hans Wintter als neuer Scharfrichter eingestellt, der der Stadt zehn Jahre lang gedient hat. In Wien ereignete sich zu dieser Zeit eine Hinrichtung, die erzählenswert ist:

Die Kurfürsten hatten den ärmsten, einflußlosesten, wehrlosesten aller deutschen Fürsten, den Herzog Friedrich von Steiermark, zum deutschen König gewählt. Der konnte sie am wenigsten stören bei ihrem Streit um Macht und Besitz, bei ihren ständigen Zänkereien, der würde genug mit sich selbst zu tun haben. Friedrich war der letzte deutsche König, der in Rom zum Kaiser gekrönt wurde. Es fehlte ihm an Macht und Geld. Was blieb ihm anderes übrig, als die Dinge laufen und die Kurfürsten tun zu lassen, was ihnen gefiel? Es gab noch einen anderen, einen zwar mühseligen Weg: Seinen Besitz zu mehren und seine Truhen zu füllen, bis sich damit eine Basis der Macht, eine Hausmacht schaffen ließ. Ohne diese konnte er nicht hoffen, endlich Ordnung in die wirren, heillosen Zustände des Reichs zu bringen. Aber das bedurfte der Geduld, eiserner Sparsamkeit, weit vorausschauender kluger Politik, gepaart mit rücksichtsloser Skrupellosigkeit. Um sein Steueraufkommen zu erhöhen, verlieh er den Huren in ihren Häusern Handelslizenzen (gegen Barzahlung selbstverständlich), die sie ermächtigten, Wein zu verkaufen und Bäder mit all den Ingredienzien der damaligen Zeit gegen Entgelt anbieten zu können. Neben seinen Einkünften (an denen gewiß auch die Scharfrichter als Hurenweibel partizipierten), verbesserte Friedrich gleichzeitig die Hygiene in den Bordellen.

Als Friedrichs ehemaliges Mündel, Ladislaus Posthumus, König von Ungarn (derselbe, der Ladislaus Corvin verraten hatte) und Herzog von Österreich, schon in jungen Jahren in Prag an der vergifteten Hälfte eines Apfels gestorben war, den der Mörder mit einem auf einer Seite mit Gift bestrichenen Messer durchschnitten hatte, wählten die Ungarn den zweiten Sohn des Fürsten János Hunyadi, Mathias Corvinus (nach dem Raben in seinem Wappenschild so genannt), zu ihrem König. Um den Herzogshut von Österreich, besser gesagt, um die dazugehörenden bedeutenden Einkünfte, die die reiche Stadt Wien erbrachte, bewarben sich gleich drei: Der arme Kaiser Friedrich, dessen Bruder Albrecht, der Verschwender, und Sigismund, der Blödsinnige, von Tirol. Alle drei waren Habsburger. Wien wehrte alle vorzeitigen Ansprüche ab und bestand auf ordnungsgemäßer Erbschlichtung durch den Landtag, der auf den Florianitag (4. Mai) 1458 festgesetzt worden war.

Aber keiner der Drei konnte diesen Tag abwarten. Jeder wollte der erste sein, der in Wien einzog. Wer der erste in Wien war, so meinten sie, und in der Wiener Burg, der hatte ganz Wien. Das fürchteten auch die Wiener. Sie sperrten die Burg mit Bewaffneten ab und zwangen die drei Anwärter, in privaten Häusern Unterkunft zu nehmen. Der Kaiser wohnte bei dem reichen Peter (Lorenz) Strasser im Gundelhof, ein Haus zwischen Bauernmarkt und der Brandstatt gelegen. Kaiserbruder Albrecht übernachtete im Praghaus auf dem Kienmarkt (heute Ruprechtsplatz), einem mächtigen, mit Türmen versehenen Haus nahe der Stadtmauer beim Rotenturmtor. Sigismund zog zum reichen Lorenz Haiden, dessen Haus »Zum Heidenschuß« (heute Palais Montenuvo) schon mehrfach gekrönten Häuptern als Unterkunft gedient hatte.

Albrecht, der ungeduldigste der drei, vertrieb sich erst die Zeit mit Räuberjagd. Er hatte es auf den gefürchteten Räuber Ludwenko abgesehen, der sich in den Wäldern und Weingärten der Umgebung Wiens verbarg und die ein- und ausziehenden Kaufleute grausam plünderte. Damit hoffte Albrecht sich bei den Wienern lieb Kind zu machen. Leider war der Räuber schlauer als Albrecht. Dieser mußte das Unternehmen erfolglos aufgeben. Statt dessen versuchte er nun durch List in die Burg zu gelangen. Doch der Stadtrat durchschaute sein Spiel und ordnete an, daß von nun alle drei Rivalen in der Burg wohnen sollten – allerdings ohne bewaffnete Begleitung.

Endlich war der Florianitag herangekommen, und der Landtag trat im Augustinerkloster zusammen. Albrecht hielt die Spannung nicht mehr aus. Auf seinen heimlichen Befehl erstürmten seine außerhalb Wiens lagernden Truppen die Vororte vor dem Widmertor (nahe dem heutigen Burgtor) und versuchten, gewaltsam in die Stadt zu dringen. Es mißlang.

Bald darauf kam es zu einem Vergleich: Der Kaiser erhielt Niederösterreich und eine Hälfte der Wiener Einkünfte. Albrecht erhielt Oberösterreich und die andere Hälfte. Sigismund zog mit einem Stück Kärnten als Beute davon. Kaiser Friedrich bot nun seinem Bruder eine einmalige hohe Abschlagsumme auf die zweite Hälfte der Wiener Einkünfte – in bar, versteht sich. Angesichts der blinkenden Goldvögel griff Albrecht, der Verschwender, zu – und ließ sie alsbald durch die Finger gleiten. Als das Gold ausgegeben war, fand er, daß er zu wenig für seine Hälfte der Wiener Einkünfte erhalten hätte und erhob neue Ansprüche. Friedrich reagierte nicht. So versuchte es Albrecht anders herum. Durch eifrige Hetzer und rollende Gulden gelang es ihm, in Wien eine antikaiserliche Partei auf die Beine zu bringen, und schon gab es Unruhen. Als der Landtag wieder einzugreifen drohte, was Albrecht nicht paßte, inszenierte er offenen Aufruhr. Der Arzt und Ratsherr Kirchheimer, ein Anhänger Albrechts, drang mit Bewaffneten ins Ratshaus ein, besetzte es und zog seinen Freund und Parteigenossen, den reichen Viehhändlers- und Bäckerssohn Wolfgang Holzer, Hubmeister und Münzmeister, als Stadtbefehlshaber heran. Der dennoch zusammengetretene Landtag wurde gesprengt. Da bekam Kaiser Friedrich Angst um seine Gattin Eleonore, die mit dem vierjährigen Sohn Max, dem späteren »letzten Ritter«, in der Burg wohnte. Er eilte herbei, wurde unter demütigenden Umständen eingelassen, aber auch gleich in der Burg eingeschlossen und belagert. Holzer, inzwischen Bürgermeister geworden, der hinter all dem steckte, mußte einsehen, daß sich die Burg tapfer verteidigte. Außerdem nahte Hilfe. So forderte er Verhandlungen. Sie verliefen günstig für Albrecht, so daß er zu Weihnachten 1462 unter dem Jubel des Volkes triumphalen Einzug in Wien halten konnte.

Aber kaum waren die Feiertage vorbei, kam die große Ernüchterung. Albrecht zog die Steuerschraube an. Ihm war es ja nur ums Geld gegangen. Niemand wurde verschont, selbst Parteiführer Holzer mußte mächtig bluten. Alles stöhnte unter dem furchtbaren Druck, und jählings schlug die Stimmung um. Die wohlhabenden Bürger wehrten sich. Wieder war Holzer an der Spitze – diesmal gegen Albrecht.

In der Karsamstagsfrühe (9. 4. 1463) ließ Holzer heimlich 400 kaiserliche Reiter durchs Stubentor in die Stadt herein. Doch der besitzlose Pöbel – von der Steuerschraube weniger bedrängt – war nicht kaiserlich. Er fiel über die Reiter her. Es kam zu einem furchtbaren Gemetzel. Holzer mußte flüchten.

Als Weinbauer verkleidet, verließ er Wien durch das Stubentor, aber schon in Nußdorf unterm Kahlenberg holte ihn der nachgesandte Bote ein. Die Stadtkasse zahlte dem Boten für diesen Weg 4 Schilling. Holzer warf man am Ostermontag, 11. 4. 1463 ins Gefängnis, zusammen mit mehreren reichen Ratsherren. Am Freitag nach Ostern wurden bereits die Bluturteile vollstreckt und der Anführer der kaiserlichen Reiter und fünf Ratsherren am Hohen Markt vor der Schranne geköpft.

Am Hof, dem Schauplatz des vorhergegangenen Gemetzels, vollstreckte Scharfrichter Meister Paul das besonders grausige Todesurteil an Wolfgang Holzer: Ihm sollte bei lebendigem Leibe die Brust aufgehackt, das Herz herausgerissen, der Körper geviertteilt und die Stücke dann an den Toren und Zufahrtsstraßen Wiens ausgestellt werden. Holzer, der auf dem Hohen

Markt Zeuge der Enthauptungen der Mitverschwörer sein mußte, wurde trotz des Heroldsrufs, daß niemand den armen Sünder mit Worten ängstigen solle, vom Volk als Verräter beschimpft, mit Kot beworfen und an Haaren und Bart gerissen. An seiner Hinrichtungsstätte Am Hof angelangt, war Holzer vor Angst und Entsetzen bereits bewußtlos. Als ihm das scharfe Messer Meister Pauls die Brust öffnete, erwachte er, hob den Kopf und sah in der furchtbaren Wunde das eigene Herz schlagen. Mit dem Entsetzensschrei »Jesus Maria!« verlor er erneut das Bewußtsein. Das Herz wurde herausgerissen und dem johlenden Volk gezeigt, der Körper geviertelt und die Teile, wie angeordnet, an den Toren ausgestellt. Für den Nagel, der Holzers Kopf auf der Ringmauer bei St. Nikolaus (Stubentor – Landstraße) festhielt, berechnete Meister Paul 32 Pfennig.

Sieben Monate und drei Wochen später, am Tage St. Nikolaus, segnete auch Albrecht, der Verschwender und Verursacher dieser Greuel, das Zeitliche. Viel hatte er von seiner »Wiener Hälfte« nicht gehabt. Einer seiner Diener hatte ihn vergiftet. Kaiser Friedrichs Enkel aber war jener Karl V., in dessen Reich die Sonne nicht unterging.

Scharfrichter »butzen«

1464 »butzte« der Scharfrichter von Augsburg (»butzen« bedeutet in der Handwerkssprache der Scharfrichter, einen Fehlschlag bei der Hinrichtung machen), wurde vom Volk mit Steinwürfen bis zur Sinkelbrücke im Westen der Stadt gejagt und dort von einem Bleichknecht mit einer Stange erschlagen. Die Kirche schickte die Teilnehmer an diesem Verbrechen zu dem strengen und gefürchteten Beichtvater Papst Paul II. nach Rom, der »Poenitenzer« genannt wurde.

1469 schlug Meister Dietrich Brenner von Nördlingen auf offenem Markt einen Mann und verwundete ihn. Er erhielt lebenslängliches Stadtverbot und mußte Urfehde (Verzicht auf Rache) schwören.

Ein Huhn wird hingerichtet

Wie ungleichmäßig die Strafrechtspflege in Deutschland organisiert war, zeigt die Tatsache, daß am Ende des 15. Jahrhunderts das kleine Landstädtchen Buttstädt – sechzig Jahre zuvor hieß es noch Ochsenmarktflecken – noch immer keinen Henker brauchte. Nach wie vor rächte oder strafte der Geschädigte oder ein Verwandter das Verbrechen. Um 1470 ereignete sich hier ein Mord. Der Täter wurde vom ältesten Verwandten des Opfers geköpft.

In Hamburg übernahm zu etwa der gleichen Zeit Johann Hagedorn das Amt des Scharfrichters. Besondere Begebenheiten während seiner Tätigkeit wurden nicht überliefert.

In Ulm verurteilte das Gericht 1474 den eigenen Scharfrichter wegen Falschmünzerei zum Tode – es ist der erste uns bekannte, aber nicht der letzte Fall, daß ein Scharfrichter den anderen hinrichten mußte.

Im gleichen Jahr 1474 ereignete sich in Basel einer jener grotesken »Rechtsfälle«, wie sie sich später zu hunderten ereignen werden und die wegen ihrer Dummheit fast nicht wert sind, erwähnt zu werden. Doch als Beispiel sei der Fall aus Basel erzählt: Dort legte ein elfjähriger Hahn ein »langes« Ei. Entsetzt überlieferte ein abergläubisches Gericht diesen Ketzer aus der Vogelwelt (der gewiß mit dem Teufel in Verbindung stand, denn umsonst schmückt sich dieser ja nicht mit einer Hahnenfeder) dem Henker. Dieser köpfte ihn und fand in seinem Leibesinnern noch zwei weitere – offenbar teuflische – Eier. Daraufhin wurde die ruchlose Leiche auf dem Kohlenberg beim Haus des Henkers im Beisein vieler Männer und Frauen verbrannt. Hahnenfedrige Hühner kannte man damals offenbar noch nicht. Ein Jäger aber hätte es möglicherweise besser gewußt, denn hahnenfedrige Auerhennen waren damals schon bekannt.

Im darauffolgenden Jahr ließ Papst Sixtus IV., der Erbauer der berühmten Sixtinischen Kapelle, die ersten Hurenhäuser Roms errichten – und besteuern.

In Augsburg ging zwei Jahre später eine Prophezeiung durch einen zum Tode Verurteilten in Erfüllung. Der Bürgermeister Ulrich Schwartz hatte die Zimmerleute Johann und Leonhard

Wittel aus nicht überlieferten Gründen hinrichten lassen. Beide waren furchtlos in den Tod gegangen. Leonhard aber hatte dem Bürgermeister prophezeit, daß er übers Jahr am gleichen Galgen hängen werde. Und die Chronik aus dem Jahre 1478 berichtet wirklich, daß der Bürgermeister Ulrich Schwartz an dem erst vor kurzem auf seine Anordnung hin gesäuberten und ausgebesserten Galgen gehenkt wurde.

Viel Arbeit

Wie »gewissenhaft« Scharfrichter sein konnten, bewies im gleichen Jahr, 1478, der Scharfrichter von Konstanz. Er wurde nach Luzern geholt, um Peter Amstalder hinzurichten, der wegen Landesverrat nach dem Gesetz zur gleichen Strafe wie Wolfgang Holzer in Wien verurteilt worden war. Ausschneiden des Herzens aus dem lebendigen Leibe – es sollte unterm Galgen vergraben werden – köpfen und vierteilen. Der Kopf sollte auf einer Stange neben dem Galgen, die vier Körperteile an vier Stellen der Stadt ausgestellt werden. Als der Konstanzer Scharfrichter in Luzern an seine Aufgabe gehen wollte, eröffnete man ihm, daß der Delinquent der Verdienste seines Vaters wegen und auf Antrag seiner untadeligen Verwandtschaft, nur geköpft werden solle. Der Scharfrichter aber berief sich auf den Inhalt seines Eides, demzufolge er nur nach dem Gesetz zu richten habe (außerdem wurden einfache Enthauptungen viel geringer entlohnt). Dem auf seinen Eid pochenden Scharfrichter mußte aus den Urkunden der Stadtfreiheiten erst bewiesen werden, daß die Stadt Luzern auch das Recht besaß, Gnade walten zu lassen.

In dieser Zeit, Ende des 15. Jahrhunderts, wuchs die Zahl der Scharfrichter. Von 1479 bis 1671 hatte Hamburg 18 Scharfrichter, von 1479 bis 1691 hatte Braunschweig ebenfalls 18, zwischen 1483 und 1828 kennen wir neun Namen von Scharfrichtern in Eger. Wieviele unzählige Scharfrichternamen mögen noch in den Archiven mittlerer und kleiner Städte schlummern oder durch Krieg vernichtet worden sein!

Unter diesen vielen Scharfrichtern gab es immer auch solche, die selbst straffällig wurden. So z. B. Meister Hans von Nürnberg, der 1479 seinen eigenen Knecht wegen Gewalttat aus der

Stadt und »über den Rhein« – was in Nürnberg soviel wie »ganz weit weg« bedeutete – verweisen mußte. Der Knecht stieß während dieser Amtshandlung heftige Drohungen aus. Der Scharfrichter, der den Burschen gewiß kannte, kehrte sich nicht daran. Aber ein Zuschauer verriet diese wütenden Äußerungen dem Rat der Stadt. Statt sich den Burschen wieder zu greifen, was allerdings schwierig geworden wäre, hielt man sich an dem greifbaren Scharfrichter schadlos. Man warf ihm vor, er habe sich diese Drohungen ruhig angehört und nichts dagegen unternommen, sie nicht einmal zur Anzeige gebracht. Das wurde als Verräterei ausgelegt und das Todesurteil durch Enthaupten gefällt und vollstreckt.

Die Rostocker erschlugen 1483 den Dompropst Thomas Rohde. Er war auf Wunsch Herzog Magnus II., der die Kirche St. Jakobi zwecks eigenen Machtzuwachses in ein Domstift umwandelte, eingesetzt worden. Papst und Bischof standen auf Rohdes Seite, Volk und Rat der Stadt nicht. Unter dem Druck des Herzogs gab der Rat allmählich nach, das Volk nicht. Es unterbrach die Domweihe und erschlug den Domprobst auf dem Weg ins Gefängnis. Rostock wurde daraufhin von der ganzen Hanse boykottiert. Unter diesem Druck gaben viele auf. Das Volk spaltete sich in Harte und Weiche. Die Harten wurden durch den Verrat Bürgermeister Baldewan's isoliert und ihre Führer verhaftet. Am 9. 4. 1491 wurden sie im Turm auf dem Ramsberg hingerichtet (obwohl die offizielle Richtstätte Rostocks, der Rabenstein, vor dem Steintor lag).

Der Fürst hatte gesiegt. Die Rostocker mußten einen Sühnestein für den Erschlagenen errichten, 2000 Mark an die Kirche, 2100 an den Herzog, 1000 an die Herzogin zahlen und zwei Dörfer abtreten.

Hexenverfolgung

Die Zeit stärkster Beanspruchung begann im Jahre 1484, genauer am 5. 12. dieses Jahres. An diesem Tage erschien die berühmte Hexenbulle Papst Innozenz VIII., die drei Jahrhunderte des Hexenwahns mit Tausenden armer, bemitleidenswerter Opfer einleitete. Er beauftragte den um 1430 in Schlettstadt geborenen Dominikaner Heinrich Institoris als Hexeninquisitor, der mit dem berüchtigten Jakob Sprenger, einem Baseler, zusammen den furchtbaren »Hexenhammer«, Malleus maleficarum, verfaßte. Durch ihn wurde die Hexenverfolgung in ein System gebracht. Ihr Beschützer und Gehilfe war der Bischof von Straßburg, Albrecht von Bayern.

Im Jahre 1484 bewarb sich der bereits genannte Meister Konrad von Bozen um das abgebrannte und neugeplante Bordell. Er bot an, das neu zu erbauende »Frauenhaus« gegen Pachtzins zu übernehmen oder aber im eigenen Haus ein Bordell einzurichten.

Ein Jahr darauf begannen auch in Innsbruck die Hexenprozesse, deren erster von Heinrich Institoris persönlich geführt worden ist. Doch der Brixener Bischof Georg Golser, der diesen Prozeß als »kindisch« bezeichnete und für null und nichtig erklärte, wies den päpstlichen Inquisitor kurzerhand aus dem Lande und ließ es nicht zu Todesurteilen kommen.

Auf Johann Hagedorn war in Hamburg der Scharfrichter Michael Dannenberg gefolgt, der 1485 starb. In die Zeit nach seinem Tode, als noch kein Ersatz für den Verstorbenen gefunden war, fielen fünf Todesurteile. Was tun? Man kehrte zu einem alten Brauch zurück, der vor der Zeit der festangestellten, beeideten Scharfrichter gelegentlich angewandt worden war. Man ließ die armen Sünder würfeln. Wer die wenigsten Augen warf, hatte die anderen hinzurichten. Ihm selbst aber wurde das Leben geschenkt. Gewiß hatte der Ungeübte furchtbar gestümpert, so daß man ihn zu weiteren Exekutionen nicht mehr heranzog. Es fand sich noch im selben Jahr ein neuer Scharfrichter, Klaus Flügge, der der Stadt Hamburg bis 1488 diente.

Olivier le daim – der geborene Verbrecher

In Frankreich ereignete sich in dieser Zeit eine Hinrichtung, deren Geschichte berichtenswert ist: König Ludwig XI. beschäftigte als Barbier, später als Kammerdiener, den zu Tielt bei Courtray geborenen Oliver, einen niedrigen, gemeinen, gewinnsüchtigen Menschen, der zu allem zu gebrauchen war. Ludwig, der ihn zwar als skrupelloses Werkzeug schätzte, gleichzeitig aber wegen seiner rückgratlosen Unterwürfigkeit verachtete, belohnte ihn für die schmutzigen Arbeiten, mit denen er ihn beauftragt hatte, mit der Capitanerie von Meulant. Danach nannte sich Olivier prahlerisch »Graf von Meulant«. Ludwig gab ihm den Spitznamen »Damhirsch« (Olivier le daim). Das Volk aber sprach von ihm nur als »le diable« (der Teufel). Es war Olivier le daim gewesen, der im Auftrag des Königs versucht hatte, Maria von Burgund daran zu hindern, den Sohn des Kaisers, Maximilian, den »letzten Ritter« zu heiraten und sie dazu zu bringen, den erst achtjährigen, verwachsenen Dauphin zu nehmen. Zu diesem Zweck begab sich Olivier nach Gent, das damals burgundisch war, und versuchte bei Maria sein Glück. Aber er flog hinaus und erhielt noch eine Reihe von Schimpfnamen dazu. Es würde hier zu weit führen, alle die Schandtaten aufzuzählen, die dieser geborene Verbrecher, im Namen des Königs, beging. Als Ludwig XI. im Jahre 1483 61jährig starb, zählte zu einer der ersten Amtshandlungen der Regentin Anna von Beaujeu, der älteren Tochter des Verstorbenen, Olivier und einigen anderen, ähnlichen Kreaturen ihres Vaters, den Prozeß zu machen und sie hinrichten zu lassen. Olivier wurde 1485 auf dem Montfaucon gehenkt. Als aber der bucklige Dauphin als Karl VIII., der letzte Valois, den Thron Frankreichs bestiegen hatte, ließ er die Gebeine Oliviers aus dem kellerartigen Hohlraum herausholen und billigte ihnen ein Grab in geweihter Erde zu.

Bei der Suche nach den sterblichen Überresten Oliviers stieß man auf zwei Skelette, die einander innig umschlungen hielten. Das eine Skelett trug eine Halskette aus Adrezarachkörnern und -beeren mit einem Säckchen daran; offenbar das Gerippe einer jungen Frau. Es wurde von den Gebeinen eines buckligen Mannes fest umschlungen gehalten. Beide zeigten keinerlei Verletzungen, wie sie nach der Hinrichtung unvermeidlich gewesen wären. Welche Tragödie mochte hinter diesem Fund stecken?

Zwei Galgen für Wien

In einer Egerer Chronik wird unter dem 11. 1. 1486 berichtet: »... wird dem Mayster Peter von Eger, welcher etliche Zeit der Stat Züchtiger und Nachrichter gewest, die Berechtigung erteilt, hl. Almusen einzuheben, uf den heyligen Wegk nach Rom zu gen, in ein pußfertig Hauß zu treten ...« etc.

Wieder einer, den das fürchterliche Amt des Menschenquälers und Menschentöters über das von Menschen Ertragbare hinaus belastet hatte!

Wie weit der menschliche »Gerechtigkeitssinn« pervertieren konnte, zeigt auch die Geschichte Klaus Flügges in Hamburg: In Helgoland köpfte er einmal in einer Stunde 75 Mann – wahrscheinlich Seeräuber –, immer je 6 Köpfe auf einen Streich. Ein andermal richtete er in Hamburg 40 Mann auf gleiche Weise hin. Danach wurde es ihm verboten: Auf diese Weise ginge es zu schnell und die Zuschauer sähen zu wenig...

In Wien wohnte zur gleichen Zeit der Scharfrichter Jörg Carlhofer im Neuen Schergenhaus in der Wipplingerstraße. Ihm wurde angesichts der verstärkten Zahl von Verurteilten befohlen, auf dem Wienerberg einen weiteren Galgen zu errichten und den auf dem Rabenstein vor dem Schottentor auszubessern, was übrigens seit 1311 nicht mehr geschehen war. Damals fanden in Wien Hinrichtungen pünktlich um 10 Uhr vormittags statt. Der Scharfrichter hatte ein rotes Mäntelchen zu tragen.

Liebeszauber und anderer Aberglaube

Außer Olivier le daim hatte Ludwig XI. noch weitere Kreaturen. Ein anderer seiner ständigen Begleiter war Tristan l'Hermite. Dieser ließ sich vom obersten Scharfrichter von Paris, Henriet Cousin, ständig begleiten. Der trug ein großes Richtschwert und zeigte sich damit jederzeit zu einer Enthauptung bereit.

Der Hexenprozeß von 1485 in Innsbruck ergab, daß mit Holzsplittern vom Galgen und mit durchstochenen Wachsfiguren und ähnlichem viel Aberglauben getrieben wurde, u. a. auch den, daß einer einem Gehängten etwas nehmen müsse – etwa einen Zahn oder einen Finger – damit derjenige, den er damit berührte, ihn unweigerlich lieben müsse. Eine Radierung Goyas »A caza de dientes« – auf der Jagd nach Zähnen – zeigt einen solchen Vorfall.

In Tirol, das bis dahin kein kodifiziertes Recht kannte, hatte immer ein Scharfrichter genügt. Auch 1488, nach dem Tode Meister Konrads, wollte man mit einem auskommen, stellte Gilg von Rodem an – der aber trotz seines Namens wohl kein Niederländer war. Er sollte 100 Gulden rheinisch pro Jahr erhalten, dazu 10 Pfund Berner (= 2 Gulden) pro Hinrichtung, 2 Pfund Berner (= 24 Kreuzer) Taggeld und 6 Kreuzer pro Meile zurückgelegten Weges. Seinem Anstellungsdekret war schlau beigefügt, daß sich, für den Fall daß für Tirol ein zweiter Scharfrichter angestellt werden sollte, sein Gehalt auf 50 Gulden jährlich reduziere. Diesen Erlaß zeichnete Erzherzog Sigismund der Münzreiche.

Im Jahre 1493 gab es in Deutschland schon drei Fälle verbrecherischer Scharfrichter: In Frankfurt am Main wurde der Scharfrichter des Städtchens Braunfels als Mörder gerädert, in München verbrannten sie ihren Scharfrichter wegen Sodomiterei und auch den nächsten, weil er »mit einer Jüdin buhlte«.

Als in Frankreich Ludwig XII. den Thron bestieg, strich er alle, auch die letzten, ohnehin sehr spärlichen finanziellen Zuwendungen an die Ribauds, so daß diese nun wieder, ganz auf sich gestellt, von neuem raubten und brandschatzten. Reisende wurden überfallen, Postkutschen geplündert, staatliche Geldtransporte beraubt. Allerdings nannten sie sich nicht mehr »Ribauds«, sondern »mauvais garçons«, organisierten sich und wurden von verarmten Adligen oder desertierten Offizieren angeführt. Nur der Roi des Ribauds führte noch ein Schattendasein am Hof weiter mit einem kümmerlichen Gehalt.

In diesen Jahren – um die Wende des 15. und 16. Jahrhundert zog der Berliner Scharfrichter aus seiner bisherigen Behausung, dem Bödelhaus (vor dem Schloß gegenüber dem Dom am Spreeufer gelegen) aus und in sein neues Haus in der Bödelgasse, der späteren Heidereutergasse. Das Scharfrichterhaus trug die Nummer 8 und lag gegenüber der Synagoge. Die Nummern 9, 10 und 11 der Heidereutergasse gehörten ebenfalls noch zum Scharfrichter- und Abdeckereibetrieb.

In Tirol wurde schließlich doch noch ein zweiter Scharfrichter eingestellt: Lienhart von Grätz (Graz). Er sollte in Hall wohnen, sein Gehalt betrug 80 Gulden jährlich in vier gleichen

Raten, die vom Salzmairamt zu bezahlen waren. Ihm wurden die Amtsbezirke Nordtirols zugewiesen, ohne Kützbühel, Kufstein und Rattenberg, die damals bayrisch waren.

Kaiser Maximilian I. erließ 1499 die Maximilianische Halsgerichtsordnung, »das erste kodifizierte« Strafrecht in Tirol.

VIII

Die Bambergische Halsgerichtsordnung –
Die Constitutio criminalis Carolina –
Die Wiedertäufer – Michael Kohlhas –
Die Hugenotten und die Bartholomäusnacht

Auch im 16. Jahrhundert gibt es über es über unser Thema Vielfältiges zu berichten.

Während in Hannover Meister Vit seines Amtes waltete, wurde 1501 der Scharfrichter von Frankfurt am Main wegen Ungeschicklichkeit entlassen. Und auch der Wiener Scharfrichter hatte im selben Jahr bei einer Exekution auf dem Hohen Markt Pech. Es gelang ihm nicht, mit dem ersten Schwertstreich den Kopf des Verurteilten, eines stadtbekannten Einhändigen, den man den »einhantlosen Mann« nannte, vom Rumpf zu trennen. Die wütende Menge fiel über den ungeschickten Scharfrichter her, erschlug ihn, schleppte seine Leiche fast durch die ganze Stadt und verscharrte sie am Kreuz vor dem Neuen Turm in den Weingärten auf der Wieden.

In Nürnberg aber geriet zwei Jahre später der Scharfrichter mit seinem Gehilfen in Streit um die Gebühren für die Hinrichtung von fünf armen Sündern. Dabei schlug der Meister dem Gehilfen den Arm ab, so daß dieser in wenigen Minuten »ohne alles Gotzrecht« (d. h. ohne Beichte und Empfang der Sterbesakramente) starb.

Inzwischen rollte in Tirol die erste große Hexenprozeßwelle, bei der Todesurteile wie Verbrennen oder Ertränken gefällt wurden. Gilg von Rodem hatte soviel zu tun, daß man sein Gehalt auf 100 Gulden jährlich erhöhte, statt es zu kürzen. Diese Prozeßwelle dauerte bis 1505.

In dieser Zeit starb Lienhart von Grätz in Hall und wurde durch Stefan Ruef ersetzt (1503). Er erhielt jetzt ein vom Salzmairamt gekauftes Haus in Hall, im sogenannten Gritschenwinkel, das das ständige Domizil der Scharfrichter blieb.

Erbrecht der Wittelsbacher

Unter Stefan Ruef ereignete sich der Fall des Kufsteiner Festungskommandanten Hans Pienzenauer: Kaiser Maximilian I. hatte sich, reiche Beute erhoffend, im Erbstreit der beiden überlebenden Linien des Wittelbachischen Hauses, der Pfälzer und der oberbayerischen Linie, auf die Seite des Oberbayern, von Herzog Albrecht, geschlagen, der ihm dafür die drei lang ersehnten Städte Kufstein, Kitzbühel und Rattenberg überließ. Doch hatte sich der Festungskommandant von Kufstein eidlich für die pfälzische Sache verpflichten lassen und leistete dem Kaiser, als er Kufstein besetzen wollte, Widerstand. Die beiden größten Geschütze Deutschlands, die Maximilian in seiner berühmten Gießerei hatte herstellen lassen, »Weckauf« und »Purlepaus«, schossen 200 bis 300 Pfund schwere Kugeln. Die Mauern der bis dahin uneinnehmbaren Festung brachen schon nach kurzer Zeit. Die Besatzung wurde gefangen und zum Tode durch das Schwert verurteilt.

Als erster wurde Hans von Pienzenau, ein wittelsbachischer Adliger, hingerichtet, nach ihm noch 17 seiner Leute, der Rest wurde begnadigt. Die Hinrichtung, die im Oktober 1504 stattfand, ist auf einem Holzschnitt von Hans Burgkmaier in dem Buch »Weißkunig« dargestellt. Er zeigt, wie Pienzenauer vor Stefan Ruef kniend enthauptet wurde. Danach wurde Stefan Ruef auch das Exekutionsrecht über die genannten drei Städte zugewiesen. Die Hexenprozesse hatten dem Ruf der Scharfrichter sehr geschadet. Bis 1506 standen sie auf der untersten sozialen Stufe zusammen mit den Abdeckern, Hundefängern, Huren, Zuhältern und Totengräbern. Es gab kaum noch ein geschriebenes Recht für sie. Schutzlos waren sie dem Aberglauben und dem Dünkel ausgeliefert.

Allmählich, über Jahrhunderte hin, bahnte sich eine Besserung der sozialen Stellung an durch das von dem Freiherrn Johann zu Schwarzenberg 1507 verfaßte Strafrecht, die Bambergische Halsgerichtsordnung. Sie ordnete z. B. an, daß, um eine Entladung des Volkszorns an der Person des Scharfrichters zu verhindern, vor jeder Exekution Friede auszurufen war. Das bedeutete, daß der Scharfrichter nicht angegriffen werden durfte. Viel hat es nicht genützt. Den Scharfrichtern passierten immer wieder Kunstfehler, genannt »Butzen«, und das empörte Volk rächte sie an Ort und Stelle durch Steinigung und Totschlag, bevor noch bewaffnete Kräfte eingreifen konnten. Dennoch hielt sich der Brauch des Ausrufens des Scharfrichterfriedens bis in mariatheresianische Zeiten. Und – örtlich verschieden – fallweise oder ständig, mußte bei Hinrichtungen auch Militär zum Schutz des Scharfrichters aufziehen.

Die Bambergische Halsgerichtsordnung weist aber auch an, daß keinem Scharfrichter ein Sakrament gespendet werden darf. In naiver Verdrehung von Ursache und Wirkung begründete Freiherr zu Schwanenberg: weil das eine »sonderlich erhaltende Belohnung einer bösen unordentlichen Begierde in Vergießung von Menschenblut« sein würde.

Der Eid des Unehrlichen

Im Artikel 9 wurde dem Scharfrichter die Ablegung eines Eides vorgeschrieben und sein Einkommen geregelt. Er durfte bei den Zuschauern der Exekutionen Geld einsammeln oder aber sich aus den Einkünften der Frauenhäuser bedienen. Der Scharfrichtereid, bei Gott und den Heiligen zu schwören, obwohl ihm die Segnungen der Religion vorenthalten wurden, lautete:

»Ich sol und wil meines genedigen Herrn von Bambergk und seiner genaden Stifft schaden, warnen, frommen werben, in meinen sampt getreulich dienen, peynlich fragen und straffen, wie mir von seiner Gnaden weltlichen Gewalt jedesmal bevolhen wirdt, auch darumbt nit mer dann zymlich belohnung nemen, alles nach laut dieser Ordnung, was ich auch in peynlicher Frage höre und mir sunst in geheym zu halten bevolhen wirdet, dasselbige wil ich nymant ferner eröffnen, auch alle erlaubung genanntes meines gnedigen Herrn Hoffmeisters, Marschalks, oder Hauß woydts nyedert zyhm und derselben geschafften und gebotten gehorsam und willig sein, alles getreulich und one allerley geverd, also helff mir Gott und die Heiligen.«

Immerhin hatte diese Halsgerichtsordnung das Gute, daß der Scharfrichter nicht mehr völlig rechtlos war. Er konnte sich auf eine schriftlich niedergelegte Ordnung berufen. Er konnte verlangen, vereidigt zu werden. Er konnte gewisse Schwurformeln ablehnen, und er konnte auf sein Recht auf Einkommen pochen u.a.m.

Der Scharfrichter als Rektor

Während sich 1508 in Erfurt das peinliche Schauspiel ereignete, daß sich ein Scharfrichter als Graf von Henneberg ausgab und die Professoren der Universität derart täuschte, daß sie ihn zum Rektor magnificus wählten, machte in Berlin der Kurfürst Joachim I. Fehler seiner Vorgänger wieder gut. Er gab den Schwesterstädten Berlin und Cölln die obere und niedere Gerichtsbarkeit zurück und behielt sich nur die Halsgerichtsbarkeit vor. Für den Berliner Scharfrichter änderte sich dadurch nichts. Er unterstand nach wie vor dem Hausvogt.

In Tirol starb 1509 in Meran Gilg von Rodem. Franz Wagner folgte ihm, ein Scharfrichter aus Kaufbeuren, der am 21. 11. 1509 das Einstellungsdekret erhielt. In ihm war verzeichnet, daß sein Amtsbereich sich »auf unser Land an der Etsch, auch im Vinschgau bis Nauders, dazu am Eisack bis Steinach und Pustertal« erstreckte. Er wurde bereits im Juli 1510 abgelöst, zu einer Zeit, in der sich in Berlin ein furchtbares Ereignis abspielte.

Die gestohlenen Hostien

Einer der letzten Gerichtsfälle, die noch in die Zeit Peter Brackows fielen (von Brackow erbte Hans Tempelhof das niedere Gericht), war das furchtbare Strafgericht über den Kesselflicker Frohm, geboren in Pommern, wohnhaft in Bernau, und die 38 Juden. Frohm hatte in der Kirche des Dorfes Knobloch das Sakramentshäuschen erbrochen und die vergoldete kupferne Monstranz und die Messingbüchse mit konsekrierten Hostien entwendet und an Juden verkauft, die mit ihnen und geraubten Christenkindern angeblich Frevel trieben. Stücke der Monstranz fand man später im Bernauer Stadtgraben und anderswo. Alle 38 Juden wurden zum Tode auf dem Scheiterhaufen verurteilt. Man kettete sie auf einem dreistöckigen Holzgerüst an und befestigte sie so, daß die oberste Reihe hinab, die unterste hinaufschauen mußte, um die Todesqual durch den gegenseitigen Anblick zu erhöhen. Zwei der Opfer, die aus Todesangst zum Christentum übertraten, wurden aus christlicher Nächstenliebe zur Enthauptung »begnadigt«. Die übrigen wurden am 19. Juli 1510 auf dem Neuen Markt verbrannt.

In dieser Zeit sagte Martin Luther über das Verhältnis zwischen Obrigkeit und Untertanen: »Die Obrigkeit muß den Pöbel, Herrn Omnes, treiben, schlagen, würgen, henken, brennen, köpfen und radebrechen, daß man sie fürchte und das Volk also im Zaum gehalten werde.«

Fünf Jahre später (1515) wollte der Scharfrichter Ulrich Tucher etliche Nördlinger Bürger mit dem Richtschwert »überlaufen« und verletzen. Er kam »ins Loch«.

Im gleichen Jahr trat König Franz I. von Frankreich die Regierung an und entzog dem Roi des Ribauds seine letzte Aufgabe. Er ließ ihm zwar als niedrigsten Palastaufseher noch ein winziges Einkommen, das aber beim Nachfolger Franz', Heinrich II., völlig erlosch. Es gab keinen Roi des Ribauds mehr.

Zwei Jahre später hatte der uns nicht namentlich bekannte Scharfrichter von Worms große Probleme. Kurze Zeit vor Luthers Thesenanschlag an der Schloßkirche zu Wittenberg, bat er in einem Schreiben an Papst Leo X. inständig um die päpstliche Erlaubnis, jährlich zweimal das Abendmahl empfangen zu dürfen.

Die »mauvais garçons«

In Hamburg übernahm 1521 Meister Heinrich Penningk als einer der Nachfolger Klaus Flügges das Scharfrichteramt. In Frankreich organisierte ein tüchtiger Ex-Kapitän des königlichen Heeres die »mauvais garçons« neu und straff militärisch, so daß er es schon 1523 wagen konnte, mit 3000 Mann Paris zu überfallen. Plündernd und mordend drangen sie in die Stadt ein, wurden jedoch von rasch zusammengezogenen Truppen bald wieder hinausgedrängt und außerhalb von Paris in offener Feldschlacht geschlagen. Ihr Anführer wurde gefangen genommen und hingerichtet. Die Schlagkraft der »garçons« hatte aber derart imponiert, daß während der Exekution des Kapitäns durch den Scharfrichter Flureaux eine Befreiungsaktion erwartet wurde. Selten hatte daher ein Hinrichtungsplatz derart von Waffen gestrozt wie dieser. Aber nichts geschah. Die Disziplin unter den Räubern war so eisern, daß sie eine ganze Weile verstreichen ließen, bis sie sich rächten. Es gelang sogar in dieser Zeit noch, einige der Banditen zu schnappen und sie zu köpfen. Eines nachts jedoch drangen sie in Paris ein und überfielen das Haus des Oberscharfrichters Laurent Bazard, um ihn und seine Gehilfen zu massakrieren. Scharfrichter Flureaux flüchtete in ein Kellergewölbe und verschanzte sich dort. Da zündete die Bande vor der Kellertür ein Feuer an und schoben es immer tiefer in das Gewölbe vor, bis Flureaux bei lebendigem Leibe verbrannte. Es folgte eine gerichtliche Untersuchung. Doch konnte nur ein Herr Lostiere als Lieferant der Reisigbündel überführt werden. Er wurde durch den Nachfolger Bazards hingerichtet.

Die eiserne Disziplin des Kapitäns hielt die »garçons« noch eine Weile zusammen. 1525, als in Deutschland der Bauernkrieg tobte, wurden die Räuber in einer richtigen Schlacht von dem Comte Braine vernichtet. Nun erst zerfielen sie in kleinere Banden, die leichter zu bekämpfen waren. Die zu »garçons« gewordenen Ribauds waren ihrem Roi gefolgt. Es gab sie nicht mehr.

Während man in Memmingen dem Scharfrichter auf sein Ansuchen hin gestattete, zu eigenem Gebrauch in seinem Haus ein Badstüblein einzurichten, ereignete sich in Nürnberg eine andere Scharfrichtergeschichte:

Der Scharfrichter und die Kindsmörderin

Meister Gilg, der Scharfrichter, war erkrankt. Da ereignete sich ein Kindesmord und die Mörderin wurde zum Tode durch Ertränken verurteilt. Man holte den Scharfrichter von Rothenburg ob der Tauber, der noch ein junger Mann war, um an Meister Gilgs Stelle die Hinrichtung zu vollziehen. Der sah das arme, verzweifelte Mädchen und erklärte dem Rat der Stadt, er verzichte auf seinen Lohn, möchte aber die arme Sünderin zur

Frau haben. Und der Rat willigte ein, allerdings unter der Bedingung, daß sie Urfehde schworen und die Stadt für immer verließen. Welch ergreifende Geschichte verbirgt sich hinter diesen wenigen Worten der Überlieferung! Der Scharfrichter konnte sich nicht in der Kirche trauen lassen, da ihm kein Sakrament verabreicht werden durfte.

Am Montag, dem 30. 10. 1525 wurde in Hamburg auf dem Grasbrook Klaus Kniphoff, der Seeräuber, hingerichtet, 123 Jahre nach Klaus Störtebecker. Kniphoffs Hinrichtungsschwert wurde danach nie mehr als Richtschwert verwendet, sondern im Zeughaus aufbewahrt.

Revolutionär und Wiedertäufer

Drei Jahre später wurde in Wien Balthasar Hubmaier und, drei Tage nach ihm, seine Frau hingerichtet. Hubmaier, um 1490 in Friedberg bei Augsburg geboren, war katholischer Priester in Regensburg gewesen. Er begann dann mehr und mehr die bäuerlichen Interessen zu vertreten, wurde erst Agitator der Freiheitsbewegung der Bauern und schließlich glühender Revolutionär. Ihm wurde die Urheberschaft der berühmten »Zwölf Artikel« des Bauernkriegs zugeschrieben. Inzwischen Ingolstädter Universitätsprofessor geworden, schloß er sich hier der Wiedertäuferbewegung an. Aus Ingolstadt mußte er fliehen. Er begab sich nach Waldshut, floh von dort weiter nach Zürich. Doch auch hier konnte er nicht bleiben, weil er mit Zwingli Differenzen bekommen hatte. Er zog nach Nikolsburg (Mikulov) in Mähren, wo er unbekümmert seine religiös-revolutionären Ansichten weiter predigte, obwohl der Bauernkrieg längst verloren und die Wiedertäuferbewegung noch nicht organisiert war. Die Wiedertäufer traten erst sechs Jahre später in Münster hervor. – Auf Befehl Kaiser Ferdinands I. wurde er mit seiner Frau verhaftet und erst nach Wien und dann nach Burg Greifenstein gebracht, wo man sie vergebens zu bekehren versuchte.

Nach Wien zurückgeschafft, versuchten es seine Widersacher mit der Folter: diesmal mit Erfolg. Hubmaier ließ sich bekehren und wurde zum Feuertode verurteilt. Nun widerrief er seine Bekehrung. Dies änderte nichts an seinem Schicksal.

Er wurde auf dem auf der »Gänswaidt« am Donaukanal errichteten Scheiterhaufen gestellt und am Pfahl festgebunden. Der Scharfrichter wollte ihm mitleidig zu schnellerer Bewußtlosigkeit verhelfen und ihm einen Sack Schießpulver unter den Bart binden. Da sagte Hubmaier: »O salz mich wohl!« – Er starb mutig und gefaßt in den Flammen am 10. 3. 1528. Drei Tage später wurde seine ebenso tapfere und standhafte Frau ertränkt. Mit einem Stein um den Hals wurde sie von der mittleren Donaubrücke gestürzt.

Im gleichen Jahr wurde in der Rosenau – vor dem Schottentor – ein neuer Rabenstein errichtet, da der alte zu zerfallen drohte. Er wurde nach dem Montfaucon in Paris gebaut, nur etwas kleiner. Die Richtstätte auf dem Hohen Markt hatte sich als zu klein für das Blutgerüst erwiesen.

Ebenfalls im gleichen Jahr wurde in Memmingen dem Scharfrichter das Zechen in Wirtshäusern verboten. In Hamburg folgte auf Meister Penningks als neuer Fron und Carnifex Claus Rose.

In dieser Zeit erklärte Sultan Suleimann im Bündnis mit Johann Zapolya, dem Ungarnkönig, Kaiser Ferdinand I., den Krieg. Das wiederum hatte Folgen.

Schon ein Jahr später schloß sich – vom 22. 9. bis zum 15. 10. 1529 – der Belagerungsring der Türken um Wien. Tapfer verteidigten die Wiener unter Graf Niklas Salm die Stadt. Erfolglos stürmten die Türken. Die Belagerung wurde schließlich abgebrochen. Das Hochgericht auf dem Wienerberg allerdings war so stark beschädigt worden, daß es erst 1531 wieder hergestellt werden konnte.

Die peinliche Halsgerichtsordnung

Mit der Augsburger Ordnung von 1530 wurde eine besondere Kleidung für Scharfrichter, Abdecker, Nachtwächter, Huren und Juden eingeführt. Ebenfalls 1530 stellten die Dithmarschen – wohl zum ersten Mal – einen eigenen Scharfrichter an: »Anno domini vyffteinhundert in dem dertigsten (dreißigsten) Jare des Sonnauendes na Philippi et Jacobi Apostolorum ... also dat wy na düssen Tydt einen Scharprichter willen hebben ..«.

Und zwei Jahre später schien die Constitutio criminalis Caroli, die peinliche Halsgerichtsordnung Kaiser Karl V., genannt die »Carolina«. Sie kannte sieben verschiedene Arten des Vollzugs der Todesstrafe:

1. Verbrennen (für Brandstifter, Hexen, Zauberer, Sodomiter, Kirchenräuber und Ketzer)
2. Enthauptungen mit dem Schwert: für Totschläger, Räuber, Landfriedensbrecher, Aufrührer, Notzüchter und Abtreiber
3. Vierteilen: für Verräter
4. Rädern: für Mörder und Giftmischer
5. Erhängen: für Einbrecher und Rückfalldiebe
6. Ertränken: für Kindsmörderinnen
7. Lebendig begraben oder Pfählen: für Kindsmörderinnen, wenn nicht genügend Wasser zum Ertränken zur Verfügung steht

Diese Todesarten konnten noch verschärft werden durch Schleifen auf einer Kuhhaut zur Richtstätte oder durch Reißen (Zwicken) mit glühenden Zangen.

Die »Carolina« schaffte offiziell die Femgerichte ab. Aber deren Vertreter versuchten auch danach noch gegen das von der Kirche bevorzugte und geförderte römische Recht das altgermanische Volksrecht aufrechtzuerhalten. Das Verbot durch die »Carolina« führte zunächst nur dazu, daß die Femgerichte umso furchtbarer im Geheimen wirkten. Das allerletzte wurde erst fast dreihundert Jahre später – 1811 – von Napoleon aufgelöst.

In Artikel 28 der Carolina wird dem Scharfrichter vorgeschrieben, nach der Hinrichtung vor dem Richter zu salutieren und ihn vom Schafott herab zu fragen, ob er recht gerichtet habe. Der Richter hatte darauf hinzu antworten: »Du hast recht gerichtet, wie Urteil und Gesetz es geben und wie der arme Sünder verschuldet hat.« Der Scharfrichter sagte sodann: »Dafür danke ich Gott und meinem Meister, der mich diese Kunst gelehrt.«

In Artikel 98 der Carolina wird festgelegt, daß vor jeder öffentlichen Exekution der Friede des Scharfrichters auszurufen ist.

Wenn auch die Carolina zum Teil altes Brauchtum gesetzlich verankerte, so war sie doch als Fortschritt zu werten. Sie gab dem Scharfrichter, so unehrlich und verachtet er auch war, durch das schriftlich niedergelegte Gesetz einen gewissen Rückhalt, eine Möglichkeit, auch den Stärkeren gegenüber auf das geschriebene Wort zu verweisen. So war er nicht mehr, wie bisher, der Willkür der Auslegung alter Gebräuche ausgeliefert.

Die Wiedertäufer

Im Jahre 1528 begann in Tirol die Verfolgung der Wiedertäufer. Lienhard Schiemer und Hans Schaffer wurden als erste hingerichtet. Am 23. 4. 1529 schrieb das Wiedertäuferpatent vor, daß der Meraner Scharfrichter Hans Schwarzhuber, der auch die beiden Hinrichtungen vollzogen hatte, weitere 140 Exekutionen vollstrecken sollte. Zur gleichen Zeit vollzog der Scharfrichter in Hall, Johann Frey, weitere 225 Hinrichtungen an Wiedertäufern. Innerhalb von zehn Jahren fielen in Tirol 365 Wiedertäufer dem Gesetz zum Opfer. Das Merkwürdige dabei war, daß das Wiedertäufertum nicht als »gemeine malefizige Übeltat« angesehen wurde. Darum galt es als besondere Gnade, daß der Scharfrichter die übliche Exekutionsgebühr verrechnen durfte. Dennoch erbaten sich die Scharfrichter in Anbetracht der besonderen Belastung durch die große Zahl der Hinrichtungen eine Erhöhung ihrer Gebühren. Diese wurde ihnen gewährt – aus dem Nachlaß der Exekutierten. Bei einem dieser Hinrichtungsexzesse – in Rattenberg durch Johann Frey – mußte dieser von sechs Bewaffneten vor der Wut der anstürmenden Menge geschützt werden. Erst 1539 verebbte die Hinrichtungswelle. Die Wiedertäufer wurden jetzt nur noch zur Galeerenstrafe verurteilt.

Die Abdeckerei

In Wien wurde 1533 das eine Schergenhaus an Alexander Promauer verkauft, 1546 das andere. Der Scharfrichter zog in das »alte Dewpphaus« (Amtshaus) in der Himmelpfortgasse, in welchem sich auch das Untersuchungsgefängnis befand. In Berlin verpflichtete zu dieser Zeit der Kurfürst Joachim I. den Scharfrichter Benedict Barsch – der später den Juden Lippold und den Hans Kohlhaase hinrichten sollte – zur Körnung (Anlockung mittels Tierkadavern) von Wölfen. Der Kurfürst erledigte sie gern. Um Barsch die Aufgabe, regelmäßig und ausreichend Tierkadaver in die neu angelegten Wolfsgärten zu bringen, zu erleichtern, teilte der Kurfürst dem Scharfrichter die Abdeckereien in zahlreichen Ortschaften der Umgebung Berlins, nämlich in Angermünde, Neustadt, Eberswalde, Bernau, Strausberg und Nauen zu. Der dem Scharfrichter dadurch zufließende erhebliche, zusätzliche Gewinn veranlaßte wiederum den Kurfürsten, Verpflichtungen des Scharfrichters noch zu erweitern. Er verlangte von ihm, an jedem der genannten Orte drei englische Hunde (Bracken) für ihn aufzuziehen.

Durch die kurfürstliche, eigentlich nur der Jagd dienende Maßnahme kam der Berliner Scharfrichter zur Abdeckerei, die bis dahin in der Mark Sache der Totengräber gewesen war.

In die Jahre 1535 und 1536 fanden in England die Hinrichtungen zweier Prominenter statt, die des Thomas Morus und der Anna Boleyn, Gemahlin König Heinrich VIII. Ein Gerücht machte die Runde, Anna Boleyn habe mehr als nur die üblichen zwei Brüste besessen, was den König zunächst angezogen, später aber abgestoßen habe.

Das Königreich Zion

Nicht weniger grausam als Heinrich VIII. scheint zu jener Zeit Bernt Knipperdolling gewesen zu sein, Schwertträger und Henker Johanns von Leiden, der eigentlich Jan Bockelsohn hieß. Er errichtete in Münster als Prophet, messianischer Diktator und König ein christlich-kommunistisches, wiedertäuferisches »Königreich Zion«. Knipperdolling richtete zahlreiche Menschen völlig willkürlich und ohne Gerichtsurteil hin.

Die Meinung, daß die Kindertaufe, weil ein Säugling kaum bereits den alleinseligmachenden Glauben haben könne, eine frevelhafte Entweihung dieses Sakraments sei, kam 1521 auf. Verbreitet wurde sie von dem »Propheten von Zwickau«. Eigentlich handelt es sich um eine Wiederentdeckung dieses Glaubens, denn schon zu Beginn des 14. Jhds. hatte ein ketzerischer Mönch, Fra Dolcino, Anführer der Sekte der »Apostelbrüder«, mit der Idee der Güter- und Frauengemeinschaft ein wiedertäuferisches Reich Gottes auf Erden zu errichten versucht. Zweihundert Jahre später also breiteten sich diese Vorstellungen erneut aus. Einen wesentlichen Anteil daran hatten zwei Männer, die sich beide auf Scharfrichterart – der eine wirklich ein Scharfrichter – ihrer Mitmenschen entledigten.

Der Prediger und Ehebrecher

Das kam so: Um die Jahreswende 1532/33 hatten die Protestanten in Münster die Mehrheit erlangt, so daß sie mit dem Fürstbischof Graf Franz von Waldeck die freie Religionsausübung vertraglich vereinbaren konnten. Der protestantische Prädikant der Stadt war Bernhart Rothmann. Er hatte ein ehebrecherisches Verhältnis mit der schönen, aber leichtsinnigen Frau des Syndikus Wiggers. Als dieser früh starb – man munkelte von Gift – heiratete Rothmann die angebliche oder vermutliche Mörderin. Dies schadete seinem Ruf und seiner Stellung so sehr, daß er Zuflucht zu immer fanatischerem Glaubenseifer nahm und sich schließlich von der lutherischen Lehre mehr und mehr entfernte. Gegen Ende des Jahres 1533 war Rothmann bereits Vorkämpfer der Ideen der Wiedertäuferei, die aus dem Hause Bernt Knipperdollings kamen, der damals erster Wiedertäufer der Stadt war. Bis dahin hatte Knipperdolling keinen anderen Beruf gehabt als den, der Gatte einer reichen Frau zu sein. Als sich im Land der Ruf verbreitete, Münster werde von zwei wiedertäuferischen Propheten geführt, setzte ein Strom von Zuwanderern ein. Besonders viele kamen aus Holland und Friesland. Einer der ersten Zuwanderer war ein zu Leyden unehelich geborener Schneider, Jan Bockelson, der sich als Schauspieler, Handelsreisender und Wirt »Zu den drei Heringen« durchs Leben schlug. Er hatte sich, verleitet durch die Lektüre der wiedertäuferischen Traktate des Melchior Hofmann aus Schwäbisch-Hall, im Herbst 1533 von dem bekannten Wiedertäufer und Bäcker Jan Matthys in Harlem wiedertaufen lassen. Danach verließ er Frau und Kind und zog als dessen »Apostel« nach Münster, wo er am 13. 1. 1534 mit vielen anderen, Gläubigen und Mitläufern, eintraf. Ihm folgte sozusagen auf dem Fuße Jan Matthys selbst mit seiner zweiten Frau, einer junonischen blonden Schönheit, so wie sie Rubens hundert Jahre später gemalt hat, namens Divara. Seine erste Frau hatte er in Harlem zurückgelassen. Schon am 8. 2. 1534 bemächtigten sich die Wiedertäufer – in Münster noch in der Minderheit – der Waffenvorräte der Stadt.

Ein Versuch der Bürger, die Zugereisten mit Gewalt aus der Stadt zu vertreiben, endete mit einer Art Waffenstillstand und noch im gleichen Monat mit der Übernahme der Macht durch die neue Sekte. Viele angesehene und wohlhabende Bürger verließen nun die Stadt, und an ihre Stelle kam die dreifache Zahl an Zuwanderern, die sich die Errichtung des Reiches Gottes auf Erden versprachen. Klöster wurden geplündert, Kircheneinrichtungen zerstört. Am 23. 2. 1534 wurde der Rat der Stadt neugewählt: Der Bürgermeister hieß nun Bernt Knipperdollinck. Aber über ihm standen noch die beiden »Propheten« Jan Matthys und Jan Bockelson. Als sie die Macht in den Händen hatten, jagten sie alle Andersdenkenden aus der Stadt. Und außerhalb der Stadt fielen sie in die Hände des Bischofs, der sie einfach hinrichten ließ.

Während die bischöflichen Truppen allmählich begannen, die Stadt einzuschließen, rüsteten sich die Wiedertäufer zur Verteidigung und Abwehr. Jan Bockelson suggerierte seinem Mitpropheten Matthys, er sei der geeignete Mann, um die Stadt von der Umzingelung durch die Truppen des Bischofs zu befreien. Matthys fiel daher zu Ostern 1534 mit etwa 20 seiner Anhänger aus dem Ludgertor aus – und wurde von den bischöflichen Landsknechten buchstäblich in Stücke gehauen. Das aber hatte Jan Bockelson gewollt. Denn nun war er einziger und oberster Prophet und damit Herr und Gebieter der Stadt. Als erstes änderte er die Verfassung und ernannte Knipperdolling zum »Schwertträger in Israel«, das hieß zum Scharfrichter. Danach führte er die Vielweiberei ein, vor allem, weil er ein Auge auf des gefallenen Matthys Frau, der schönen Divara, geworfen hatte. Zwar erhob sich ein gewisser Möllenbock, ein Schmied, mit seinen Anhängern gegen diese Barbarei – doch machte er damit nur Knipperdolling Arbeit: Der erschoß 25 an Bäume gebundene »Rebellen«, weitere 66 köpfte Bernt Knipperdolling dann in den darauffolgenden Tagen. Einige davon enthauptete Jan Bockelson sogar persönlich.

Beinahe hätte Knipperdolling seiner eigenen Frau den Kopf abgeschlagen, als sie sich weigerte, ihre Kleider mit einer der neuen »Ehefrauen« ihres Mannes zu teilen.

Die Zahl der Frauen und mannbaren Mädchen reicht nicht aus – Bockelson allein hatte 15. So bemächtigten sich die Wiedertäufer der elf- bis dreizehnjährigen Kinder. Viele von ihnen starben an schweren Unterleibsverletzungen. Unterdessen schloß sich der Ring der Belagerer enger um die Stadt. Am 28. 8. 1534, nach einer dreitätigen Beschießung der Stadt, ließ sich der Schneider und »Heringswirt« Jan Bockelson auf eine angeblich göttliche Offenbarung hin zum König krönen und seine Frau Divara zur Königin. Goldmünzen wurden geprägt und Feste gefeiert – solange die Lebensmittel in der belagerten Stadt noch reichten. Auf einem seiner Feste köpfte der »König« eigenhändig und lachend einen gefangenen bischöflichen Landsknecht.

Allmählich zogen Hunger und Krankheiten in Münster ein. Der »König« erlaubte nun, daß jeder, der wollte, die Stadt verlassen konnte. Viele gingen und gerieten natürlich in die Hand des Bischofs, der sie hinrichten ließ. Nur die Frauen durften bei der bischöflichen Truppe Lagerdirnen werden. Mit steigender Hungersnot nahm der Schrecken der »königlichen Regierung« zu. Eifrig köpfte auch der »König« mit, Männer und Frauen. So vergingen der Herbst und der Winter.

In der Nacht zum 24. Juni 1535 fiel die Stadt endlich in die Hände der anstürmenden bischöflichen Truppen, nach einem harten Widerstand der Wiedertäufer. In der Schatzkammer des Königs fanden sie 100 000 Gulden. Der König selbst wurde aus seinem Versteck im Turm des Ägydientors gezerrt. Auch Knipperdolling und den »Kanzler des Königreichs«, Krechting, einen ehemals lutherischen Geistlichen, nahmen die Bischöflichen gefangen und schleppten sie in Ketten mit eisernen Bändern um Hals und Gelenke von Stadt zu Stadt.

Nach acht Monaten brachten sie die drei nach Münster zurück, noch waren sie ungebrochen und kühn. Jedoch als sie – am 22. 1. 1536 – zum Tode durch glühende Zangen verurteilt wurden, brach der König zusammen und wollte sich bekehren lassen – zu spät. Über eine Stunde lang wurde Jan Bockelson auf dem Markt zu Münster – wo ehemals sein Thron gestanden hatte – gemartert, bevor ihm der letzte Griff mit der glühenden Zange in die Kehle fuhr und ihn tötete. Ihm folgten Knipperdolling und Krechting. Der Fürstbischof sah zufrieden zu, weil nun seine Stadt nicht nur von den Wiedertäufern, sondern auch von den Protestanten befreit war.

Die Leichen der drei Toten wurden zum Lambertiturm geschleift und dort in aufrechter Haltung in eiserne Käfige geschmiedet, die am Turm hochgezogen wurden und dort hängenblieben »zum ewigen Gedenken«. Einer dieser Käfige hing noch in den fünfziger Jahren unseres Jahrhunderts am Lambertiturm.

Die Hexen von Tirol

1540 endete in Tirol die erste Hexenprozeßwelle mit der Hinrichtung der »Sarntaler Hexe« Barbara Pachler, die der Meraner Scharfrichter Wolfgang Helmschmied an der gewöhnlichen Richtstätte am Öttenbach lebendig verbrennen mußte, »bis ihr Leib zu Pulver und Asche« geworden war.

Und in Bernau wurde der Diebstahl von Silberzeug und Garn gemeldet, das sich bald darauf unter den Sachen der Magdalena fand. Der Dieb war ihr Bräutigam gewesen, der ihr die Beute zur Aufbewahrung gegeben hatte. Sie sollte als Diebin lebendig begraben werden. Das tapfere Mädchen leugnete die Schuld des Mannes bis zuletzt, bis man sie mit Erde bedeckte.

Die Enthauptungsmaschine

Wenn man in Florenz von der Loggia dei Lanzi aus rechts über die Piazza della Signoria, zwischen der Fontana, dem Neptunsbrunnen und dem Palazzo Vecchio durch zum Palazzo Gondi geht, so erreicht man die Piazza San Firenze. Überquert man diese in ihrer ganzen Länge, so sieht man an ihrer rechten Seite, wo die Piazza in die Via del Proconsolo übergeht, ein altes, finsteres Gebäude. Es nimmt die ganze Breite zwischen der rechts abzweigenden kleinen Via Vigna vecchia und der breiteren Via Ghibellina ein: Es ist die alte Festung der Florentiner Podesta, im 13. Jahrhundert erbaut und bis 1494 bewohnt. Der Innenhof dieser Festung diente als Richtplatz, und der Teil, der als Zeughaus verwendet wurde, war gleichzeitig die Folterkammer. Auch auf der in den Hof blickenden Loggia wurde gefoltert, seit längerer Zeit schon als im übrigen Europa. Auch mit Hinrichtungsmaschinen war Italien dem übrigen Europa weit voraus. Hatten sie dort doch längst vor der Zeit Ludwig XVI. ihre Enthauptungsmaschine, die sie »Mannaja« nannten. Die Deutschen gaben ihr den Namen »Falle«, »Köpfgalgen«, »welsche Falle«, und die Südfranzosen, die sie 1542 erstmals gebrauchten, nannten sie »doloire«.

Die Nachfolger der Podesta waren die Polizeihauptleute, die gleichzeitig die Scharfrichterei ausübten. Man nannte sie »Bargelli« und nach ihnen die alte Festung (Zitadelle) den »Bargello« – so heißt sie heute noch.

Von 1494 bis 1537 allerdings verlegten die Florentiner die Richtstätte und Folterkammer ihrer Stadt in ein Gebäude, das heute die Rückseite des Palazzo Vecchio gegen die Via di Ninna zu bildet. Hier – nicht im Bargello – wurde Bernardo del Neri am 21. 8. 1497 hingerichtet. Er war, als Medici-Anhänger, nach dem mißlungenen Versuch der damals ausgewiesenen Medici, gewaltsam das Stadtregiment zurückzugewinnen, mit vielen anderen angesehenen Bürgern von Florenz verhaftet, verurteilt und hingerichtet worden.

Erst als Cosimo I., dessen Denkmal auf der Piazza della Signoria steht, gewissermaßen als Gegenstück des Neptunbrunnens, 1537 den Bargello wieder dem Scharfrichter als Sitz anwies, wurde er endgültig Hauptgefängnis und Richtplatz der Stadt. Dort, wo sich heute im Innenhof der Brunnen befindet, erhob sich damals das Schafott. 1782 wurde es, mitsamt allen Foltergeräten, vom österreichischen Großherzog Peter Leopold verbrannt. Bis dahin hatten sich hier grausame Szenen abgespielt, das Ende des Dramas der Valori.

Der Tyrann von Florenz

Baccio Valori war Ratsherr von Florenz gewesen und hatte, wie viele seiner Kollegen, etwa die Guiccardini, Strozzi, Acciajuoli, geglaubt, mit Cosimo de Medici einen bescheidenen, leicht lenkbaren Jüngling an die Spitze des Florentiner Stadtstaates gewählt zu haben, Wachs in den Händen kluger, gewandter Ratsherren. Das Entsetzen dieser selbstzufriedenen Herren ist vorstellbar, als sich Cosimo dann als der furchtbarste Tyrann, der je Florenz beherrscht hatte, entpuppte. Die meisten der einflußreiche Bürger verließen die Stadt und stellten mit französischer Hilfe ein Heer auf, mit dessen Hilfe sie Florenz erobern und Cosimo stürzen wollten. Cosimo hingegen, von kaiserlichen Truppen unterstützt, zwang die Franzosen im August 1537 bei Montemurlo, nahe Prato, zur Schlacht. Die Franzosen, angeführt von den »Fuorusciti«, den Emigranten, speziell von Piero Strozzi, wurde von Cosimos Feldherrn Alessandro Vitelli vernichtend geschlagen. Die Zahl der Gefangenen überschritt fast das Fassungsvermögen des Bargello. Baccio Valori, sein Sohn, Albizzi, Filippo Strozzi und viele andere saßen in den Zellen des Bargello, und keiner verließ das furchtbare Gebäude lebend. Albizzi und die beiden Valori, Vater und Sohn, wurden hingerichtet, Filippo Strozzi fand man schwertdurchbohrt in seiner Zelle. Ob er ermordet worden war oder nach den grausigen Folterungen selber seinem Leben ein Ende gemacht hatte, weiß man bis heute nicht.

Wie viele Tyrannen war auch Cosimo ein Feigling. Er verließ das Stammhaus seiner Familie, den Palazzo Medici in der Via Largo und bezog das zweite Stockwerk des Palazzo Vecchio, der festungsartig und leicht zu bewachen war. Seine Leibwächter, Schweizer Lanzenträger, hielten sich in der von Orcagna erbauten Loggia auf, die seit damals Loggia dei Lanzi heißt.

Der Stadtgalgen von Florenz für kleine Diebe und Betrüger stand im Südosten der Stadt am Arnoufer, zwischen Porta Giustizia und der Porta Croce.

Jürgen Wullenweber und der Erzbischof von Bremen

Während zu Bamberg Franz, der älteste Sohn des Scharfrichters Schmidt, des Vaters Adjunkt wurde, endete am 29. 9. 1537 in Wolfenbüttel der Prozeß gegen Jürgen Wullenweber aus Lübeck damit, daß der Richter den während des Prozesses anwesenden Scharfrichter aufforderte, selbst das Urteil zu sprechen. Dadurch sollte Art und Höhe der Strafe noch schlimmer gestaltet werden. Selbstverständlich wählte der Wolfenbütteler Scharfrichter eine Strafe, die ihm die höchsten Einkünfte versprach: Vierteilen und aufs Rad flechten. So geschah es. Wullenwebers Verbrechen hatte darin bestanden, als Mitglied des Rats und als einer der vier Bürgermeister Lübecks, versucht zu haben, die aristokratische Verfassung der Stadt abzuschaffen, um dadurch den Einfluß Lübecks in der Hanse und in den skandinavischen Ländern wieder herzustellen. Lübeck war 1535 dem Erzbischof von Bremen und Herzog Heinrich von Braunschweig unterlegen, die sich verbündet hatten. Der Erzbischof lieferte den gefangenen Bürgermeister der seit sieben Jahren protestantischen Stadt, dem Braunschweiger aus, der ihn grausam foltern und schließlich auf die erwähnte Weise hinrichten ließ.

Meister Adelarius und seine Schwerter

Im gleichen Jahr heiratet der Scharfrichter Hans zu Wittstock seine Delinquentin Osche Geverds auf folgende Weise: Sie mußte ihm vor Zeugen versprechen, zeit ihres Lebens bei ihm zu bleiben. Dieses Versprechen wurde mit Hand und Mund besiegelt.

Aus dem Jahre 1538 stammt der älteste erhaltene Bestallungsbrief eines Scharfrichters, nämlich der für Meister Veit Stolz aus Augsburg.

Im Sommer des folgenden Jahres ereignete sich in Bremen eine unheimliche Geschichte: Der damalige Scharfrichter Bremens, Meister Adelarius, saß eines Tages in seiner Stube, als plötzlich die in einem Wandschrank aufbewahrten Richtschwerter zu klirren, ja, wie Glocken einanderzuschlagen begannen. Unwillkürlich zählte er mit: 81 Schläge; der letzte klang besonders schrill. Der alte Scharfrichter wußte, was das zu bedeuten hatte: Er würde 80 Todesurteile vollstrecken müssen, und das 81. würde an ihm selbst vollstreckt werden. Fromm entblößte er sein Haupt und betete ein Vaterunser. Bald darauf wurden 80 Seeräuber zum Tode verurteilt, unter ihnen ein Zauberkundiger. Als dieser als letzter an die Reihe kam, spiegelte er mit seiner teuflischen Kunst dem alten Scharfrichter sieben Köpfe, statt des einen vor, so daß dieser völlig verwirrt, jämmerlich drauflosschlug. Daraufhin wurde er der Zauberei beschuldigt und zum Tode auf dem Scheiterhaufen verurteilt.

Der falsche Heimkehrer

Noch vor der düsteren Vorahnung des alten Adelarius ereignete sich in Südfrankreich folgender Kriminalfall: In einem Ort namens Biscayen war der 11jährige Martin Guerre von seinen Eltern mit der gleichaltrigen Bertrande de Rols aus Artigat verheiratet und neun Jahre später war diese Ehe vollzogen worden. Bertrande hatte einen Sohn bekommen. Trotz sorgfältiger und liebevoller Erziehung entwickelte sich der Knabe negativ. Die Eltern deckten ihn, wo sie konnten. Aber als er – selbst schon verheiratet – einen großen Getreidediebstahl beging, mußten sie doch der Gerechtigkeit ihren Lauf lassen. Der Täter konnte fliehen und ließ seine Frau zurück. Acht Jahre vergingen.[8] Da tauchte ein Mann auf, der sich als der Entflohene ausgab. Seine Frau erkannte ihn zwar nicht wieder, seine Gesichtszüge hatten sich im Laufe der Jahre offenbar stark verändert, aber er erinnerte sich an Einzelheiten aus den ersten Jahren der Ehe, die eigentlich nur der eigene Mann wissen konnte. So erkannte sie ihn als ihren zurückgekehrten Mann an, der auch bald die Geschäfte erfolgreich übernahm und Wohlstand erreichte. Zwei Kinder wurden geboren. – Doch in der Umgebung von Biscayen wollten die Gerüchte nicht verstummen, daß der Heimgekehrte gar nicht der junge Guerre sei, sondern dessen Jugendfreund, Anton Tilh. Die Behörden wurden aufmerksam, nahmen sich des Falles an und erwirkten einen »Arrêt des Parlaments« (Gerichts) von Toulouse. Verhöre und Verhandlungen zogen sich über Jahre hin. Es kam zu Klagen und Gegenklagen, bis schließlich der angeblich Heimgekehrte zusammenbrach und gestand, daß er wirklich der Jugendfreund des jungen Guerre sei. Das Urteil lautete auf Tod durch den Strang, zu vollziehen vor der Haustür des verschollenen Guerre. Der Körper sollte dann verbrannt werden.

Es wird später noch einmal die Rede sein von dem Brauch der Urteilsvollstreckung vor Häusern, in welchem Straftaten begangen worden waren.

---

8 Vater Martin war inzwischen gestorben.

Michael Kohlhas

Im Jahre 1540 spielte sich in Berlin unter der Regierung Joachims II. Hektor, der ein Jahr vorher die Reformation in seinen Landen eingeführt hatte, jener durch Kleists Novelle berühmt gewordene Fall des Mannes ab, den Kleist »Michael Kohlhas« nannte, der aber in Wirklichkeit Hans Kohlhaase hieß und Kaufmann in Cölln, der Schwesterstadt Berlins, war.

Es sei hier ergänzt, daß die grausame Strenge, mit der der Kurfürst gegen den sich ursprünglich völlig im Recht befindlichen Kohlhaase vorging, dadurch erklärlich wird, daß damals die Mark Brandenburg entsetzlich unter Räubern und Strauchdieben zu leiden hatte. Gegen sie hatte Joachim seit seinem Regierungsantritt fast fünf Jahre lang einen erfolglosen Kampf geführt. Enteignete, geflüchtete Bauern aus den Bauernkriegen, desertierte oder verwundete Soldaten aus den Franzosenkriegen Karls V., entlaufene Mönche aus den sich unter Luthers Lehren auflösenden Klöstern, Volks genug, das in den damals noch ungeheuren großen Sumpf- und Heidewäldern der Mark untergetaucht war und als Räuber zu überleben suchte. Kohlhaase versuchte nicht nur, sich sein Recht mit Gewalt zu verschaffen, sondern er ließ sich auch zu Racheakten hinreißen, die ihn ins Unrecht setzten und den Kurfürsten berechtigten, ihn als einen von den vielen Raubmördern zu behandeln. Kohlhaase wurde auf der Richtstätte Berlins, die sich in der Gegend der Weberwiese vor dem Georgentor (heute Ecke Marchlewskistraße – Karl-Marx-Allee) befand, vom Scharfrichter Meister Dictus Barsch mit dem Rade hingerichtet.

Zwei Jahre später entstand in der Stadt Weißenhorn bei Ulm ein Umweltskandal. Der Kleemeister (Wasenmeister, Abdekker) wurde mit dem Schwert hingerichtet, weil er angeblich die Weiden 15 Jahre lang vergiftet hatte.

Das anatomische Werk

Im Februar des gleichen Jahres ließ der 51jährige König Heinrich VIII. von England seine fünfte Gemahlin Katharina Howard mit dem Beil hinrichten. Er hatte erfahren, daß er weder vor noch nach der Hochzeit der einzige Mann im Leben dieser Schönheit gewesen war. Sie war die zweite Katharina unter seinen bisherigen Gemahlinnen. Da aller guten Dinge drei sind, hieß auch die sechste Frau Heinrichs VIII. Katharina. Katharina Parr überlebte ihn.

Nicht viel später, 1543, erschien bei Oporinus in Basel ein bemerkenswertes Werk, das anatomische Riesenwerk des Andreas Vesalius. Zur Vorlage zu den Abbildungen hatten Vesalius die Leichen Hingerichteter gedient. Seine Beziehung zu den Richtern Paduas, wo er lehrte und dieses Buch verfaßte, war so gut, daß sie Zeitpunkt und Art der Hinrichtung nach seinen Wünschen festsetzten.

Etwa zur gleichen Zeit erschien in Frankfurt am Main ein Erlaß, demzufolge Scharfrichter einen rot-weiß-grünen Lappen am Ärmel und auf dem Mantel tragen sollten, damit sie sofort als solche zu erkennen waren. Aber auch deren Kinder mußten als Henkerskinder mit einem derartigen Abzeichen versehen sein. Die Diskriminierung des Scharfrichters nahm offiziellen Charakter an!

Beispiele der immer krasser werdenden sozialen Diffamierung des Scharfrichters häufen sich in den folgenden Jahren.

Die Ächtung der Scharfrichter

So sahen 1544 die Bauern des kleinen Ortes Thann im Elsaß untätig zu, wie der Scharfrichter Kester getötet wurde. Sie verfolgten auch den flüchtigen Täter nicht.

Am 19. Mai 1546 beging ein Handwerker Selbstmord, weil er im Zustande der Trunkenheit mit dem Scharfrichter gezecht hatte. Dieser hatte den hartnäckigen Trunkenbold erfolglos abzuwehren versucht. Tags darauf entzog ihm die Zunft die Arbeitserlaubnis, weil er durch die Vertraulichkeit mit dem Scharfrichter unehrlich geworden sei. Der Gemaßregelte verfiel in Traurigkeit und nahm sich schließlich das Leben.

1547 ersuchte der Scharfrichter von Worms um die besondere päpstliche Erlaubnis, das Abendmahl empfangen zu dürfen und – erhielt sie. Dies war einer jener Versuche einzelner Scharfrichter, die gesellschaftliche Ächtung abzuschwächen. Massivere Bemühungen waren mangels beruflicher Organisation offenbar nicht möglich. Immerhin gelang es ihnen mancherorts, das Bürgerrecht oder die Gewerbefreiheit zu erringen, stets aber nur für die reine Scharfrichterei, niemals für die Abdecker oder für Scharfrichter, die zugleich Abdecker waren. Scharfrichter, die die verfemten Arbeiten des Abdeckers von Knechten ausführen ließen, wurden ebenfalls in der sozialen Hierarchie besser eingestuft.

Sogar Martin Luther bemühte sich in seiner Postille, im Evangelium zum 4. Sonntag nach Trinitatis um eine Rehabilitation des Scharfrichters: »Darum ist Meister Hans (volkstümliche Bezeichnung für Scharfrichter ganz allgemein, D. Verf.) ein sehr nützlicher und dazu ein barmherziger Mann, denn er steuert den Schalk, daß er es nicht mehr thue, und wehret den andern, daß sie es nicht nachthun. Denn für ihn schlägt er den Kopf ab, den andern, hinter ihm, dräuet er, daß sie sich fürchten für dem Schwerdt und Friede halten; das ist eine große Gnade und eitel Barmherzigkeit«.

Erst viel später hat sich herausgestellt, daß diese Abschrekkungstheorie nicht haltbar ist. In Ländern mit und denen ohne Todesstrafe sind keine Unterschiede in der Häufigkeit der Kriminalität festzustellen. Dennoch gibt es auch heute noch Menschen, darunter Politiker, Juristen, Kriminalisten, die immer noch glauben und behaupten, daß die Androhung des Todes eine abschreckende Wirkung habe.

Damals aber, in der zweiten Hälfte des 16. Jahrhunderts, begann man drei soziale »Stufen der Unehrlichkeit« zu unterscheiden.

Schinder, Henker, Scharfrichter

Zur untersten Stufe gehörten die Schinder, Abdecker, Rasen- oder Wasenmeister, auch Feldmeister genannt. Das Wort Schinder kommt vom germanischen skin = Haut und bedeutet Abhäuter. Abdecken heißt, die Decke, die Haut also oder das Fell, abzuziehen. Die Bezeichnungen Rasen-, Wasen- oder Feldmeister leiten sich von der Tatsache ab, daß den Abdeckern stets in nicht zu geringer Entfernung von der Stadt eine große Wiese, ein Feld oder Ödland zugewiesen wurde, auf welchem die abgehäuteten Kadaver vergraben werden mußten. Andere Ausdrücke für diese Tätigkeit sind Kaltschlächter, Halbmeister, Racker (von rakken = ausfegen, säubern, rechen) oder Caviller (das kommt wahrscheinlich von caballus = Pferd) und Kafiller oder Filler. Diese Leute hatten nicht nur tote Tiere zu beseitigen, sondern auch Kloaken und Gefängnisse zu reinigen.

Diese Zusammenstellung von Tätigkeiten muß erklärt werden: Damals waren Gefängnisse kahle Mauerlöcher, oft unterirdisch gelegen, in denen – oft in drangvoller Enge – Menschen tage-, wochen-, monate- und jahrelang ohne Möglichkeiten sich zu waschen oder einen Abtritt aufsuchen zu können, dahinvegetierten. Man kann sich also das Entsetzen vorstellen, welches Menschen befiel, denen man drohte, sie »ins Loch« zu stecken. Die Schinder mußten nicht nur diese »Löcher« reinigen, sondern auch herrenlose, streunende, oft tollwütige Hunde fangen und erschlagen, Luder (Aas) an Wolfs- und Luchshütten auslegen und ähnliches, weil alle diese Arbeiten »schlechten Geruch« verursachten. Der üble Geruch war wahrscheinlich die Hauptursache für die soziale Ächtung.

Zur nächsthöheren Stufe der »Unehrlichen« gehörten die Meister oder Henker. Sie hatten die grausamen Arbeiten zu erledigen, mußten die Delinquenten anfassen und zur Folter entkleiden. Und weil diese oft die gräßlichste Angst hatten, beschmutzten sich die Henker dabei häufig an deren Exkremente. Sie mußten stäupen (mit Ruten, Stöcken oder Peitschen schlagen), Nasen oder Ohren abschneiden, Zungen ausreißen, Hände oder Füße abhacken, brandmarken (mit glühenden Zangen zeichnen), ersäufen, rädern, schleifen, vierteilen, verbrennen, Wappen, Degen und Schilde zerbrechen, Exekutionen am Bildnis vornehmen, Namen an Galgen anschlagen, Aussätzige oder Unfugtreibende aus der Stadt jagen, Leichen unterm Galgen verscharren und Schriften verbrennen. All dies oder wenigstens vieles davon geschah unter der Aufsicht von Angehörigen der dritten Stufe.

Zur dritten Stufe gehörten die Scharfrichter, Nachrichter, Freymann, Meister Hans, Meister Hämmerlein, Meister Fix, Femer, Angstmann, Peinlein, Rothbote, Fron oder Fronbote usw. Sie waren die scheu Gemiedenen, denen man respektvoll auswich, die abergläubisch Respektierten und Gefürchteten, denen geheimnisvolle Künste zugeschrieben wurden. Sie berührten niemals einen Verurteilten, sie enthaupteten nur mit dem Schwert, dem Beil oder dem Fallbeil. Alle anderen Tätigkeiten, die zur Vollstreckung des Urteils notwendig waren, vollführten die Geächteten der ersten oder zweiten Stufe.

Natürlich war unter den damaligen Verhältnissen des ewig von Fehden zerrissenen heiligen römischen Reiches deutscher Nation nicht überall diese Definition der drei Stufen der Unehrlichkeit gültig.

In Hamburg, wo damals die Richtstätte auf dem Köppelberg vor dem Steintor in der Vorstadt St. Georg lag, nahe beim Krankenhaus und beim Lübecker Tor, am nordöstlichen Ende der Bremer Straße, trat 1547 Heinrich Wendeborn als »Carnifex« sein Amt an.

Im Augsburger Reichsabschied von 1548 (wir würden heute etwa sagen: Schlußkommuniqé des Reichstages) oder auch Augsburger Interim genannt, wurde die Kleiderordnung für Scharfrichter ausdrücklich wiederholt.

Die ersten Scharfrichterdynastien

In Wien trat 1550 die erste große Scharfrichterdynastie, die Familie Schrottenbacher, ihr verfemtes Amt an und vererbte es vom Vater auf den Sohn mit gelegentlichen Unterbrechungen – bis 1802. 252 Jahre später übergab der durch den Verlust seiner Söhne gramgebeugte, letzte, alte Schrottenbacher sein Amt einem Fremden.

Am 7. 6. 1553 begann in Memmingen Meister Hansen Leycham mit seinem düsteren Amt. In seinem Bestallungsbrief wird ihm als erstem Scharfrichter in der Geschichte eine Kündigungsfrist gesetzt: Kündigt die Stadt, so hat er ein Vierteljahr Kündigungsfrist, kündigt er, so dauert sie ein halbes Jahr. Weiter wird ihm in der Bestallung erlaubt, vom Fugger ein Dienstgeld annehmen zu dürfen. In Religionssachen darf er aber gegen niemand persönlich oder tätlich handeln.

Fast zur selben Zeit wird in Kaufbeuren ein Zechverbot für die Scharfrichter erlassen.

1557 ereignet sich in Winterthur in der Schweiz der tragische Fall des Rittmeisters und Gastwirts »Zur Sonne«, Hegner. Hegner griff energisch und hilfsbereit zu, als vier gute Rösser in die angeschwollene Bulach gefallen waren. Weil er, ohne es zu wissen, beim Herausziehen der Pferde neben und mit dem Scharfrichter an einem Seil gezogen hatte, machte man ihm ein Gerichtsverfahren und erklärte den wackeren Mann für unehrlich. Sein Besitz wurde ihm entzogen, und er wurde ins Elend getrieben.

Im Jahre 1560 trat an die Stelle des alten Meisters von Berlin, Dictus Barsch, ein jüngerer Scharfrichter, Hermann oder Hartmann Ritter, ein, wie sich bald herausstellte, verbrecherischer und ungeschickter Mensch, der wegen einer schlecht durchgeführten Enthauptung bestraft werden mußte.

Etwa ein Jahr darauf wurde dem Hans Deibler, die Amtsgewalt als Scharfrichter außer für Memmingen, auch noch für Weißenhorn, Babenhausen und Kirchheim erteilt, mit vierteljährlicher Kündigungsfrist für beide Teile.

Der Scharfrichter als Mörder

Im gleichen Jahre beging der Meraner Scharfrichter Martin Vogl einen Totschlag. Er erschlug im Streit Martin Windisch von Meran. Da er wußte, was ihm als Mörder blühen würde, floh er, als Mönch verkleidet, nach Nordtirol. Er verstand es so gut, den frommen Wanderer zu spielen, daß er, ohne Verdacht zu erregen, im Zisterzienserkloster Stams Unterschlupf fand und sogar mit dem Abt speisen durfte. Trotzdem fühlte er sich nicht sicher und wanderte nach kurzer Zeit nach Hall, wo er bei seinem Schwager Johann Frey untertauchte. Dort wurde er von der Unhaltbarkeit seiner Lage überzeugt und veranlaßt, ein Gnadengesuch an die Regierung zu richten. Es wurde abgelehnt, und so mußte er – unter Zurücklassung seines Vermögens – Tirol verlassen. Sein weiterer Lebensweg ist unbekannt. Das beschlagnahmte Vermögen wurde nicht an die Hinterbliebenen des Erschlagenen überwiesen, sondern an die Kirche und zu einem Teil auch an das Siechenhaus Merans verteilt.

Aus den Jahren danach, etwa aus der Zeit von 1563 bis 1568, stammt die älteste schriftliche Hinterlassenschaft eines Scharfrichters, das Tagebuch des Meisters von Reutlingen, in welchem er seine Hinrichtungen ausführlich beschreibt. Aus dieser Zeit ist auch folgende Begebenheit bekannt. Dem Scharfrichter Melchior Frey, der die Meraner Scharfrichterei am 28. 5. 1563 von seinem Vater Johann Frey übernommen hatte, wurde es übel genommen, daß er mit dem Pfarrer von Meran eine enge Freundschaft unterhielt. Die Regierung sah sie vor allem nicht gern, weil es bei den häufigen Zusammenkünften der beiden nicht gerade trocken zuging.

Zwei Jahre später, 1565, ereignete sich wieder einmal ein Scharfrichtermord, Meister Conrat in Nördlingen wurde – wahrscheinlich wegen einer mißglückten Hinrichtung – ein Opfer des Volkszorns. An seine Stelle trat Meister Conrad Fischer.

Die Flucht vom Schafott

In Köln unter Meister Franz Joseph Wohlmuth ereignete sich 1566 folgende ergötzliche Geschichte: Tilman Iserhaupt wurde zum Tode verurteilt und sollte gehenkt werden. Er verweigerte die Henkersmahlzeit, weil er unschuldig sei. Da warb ein Mädchen um ihn. Das Gericht zeigte sich geneigt, falls Iserhaupt das Mädchen heiraten wollte, ihm das Leben zu schenken. Tilman aber lehnte ab: Sie würde ihm später vorwerfen, sie hätte ihn vom Galgen gebeten. Und überdies sei er unschuldig. Als er nun doch das Schafott besteigen mußte, fing er an, laut seine Unschuld zu beteuern. Und das versammelte Volk rief mit ihm um Gnade. Aber umsonst. Da hielt Tilmann den Scharfrichter Wohlmuth bei seinen Händen fest. Der weigerte sich daraufhin mehrmals, das Urteil zu vollstrecken. Das Volk begann schon mit Steinen und Erdklumpen zu werfen und Tilman stampelte mit den Beinen, um die Fesseln loszuwerden. Da hieb plötzlich ein Bauer – mit Sense, Sichel oder Axt – über den Rand des Schafotts hinweg, die Stricke des Gefangenen durch, und dieser entkam mit Hilfe des Volkes.

Gegen Ende des 16. Jahrhunderts, als überall vor den Städten bluttriefende Schafotte standen, endeten – etwa ein Jahr nach der stillen Verehelichung des Scharfrichters Joas Lemlers von Augsburg mit der Scharfrichtertochter Barbara Schochin von Weißenhorn (1567) – die seinerzeit berühmten, heute vergessenen Grumbachischen Händel mit einer mehrfachen Hinrichtung. Diese Geschichte ist ein Beispiel für die sozialen Umschichtungen vom Absolutismus zum Feudalismus, für die zunehmende Schwäche der Reichsritterschaft gegenüber dem stärker werdenden Landesfürstentum:

Gevierteilt und enthauptet

Herr Wilhelm von Grumbach, Reichsritter, geriet mit Bischof Zobel, dem Landesherrn von Würzburg in Fehde. Andere Reichsritter und Anhänger schlossen sich Grumbach an. Es kam zur Ermordung des Bischofs und zur Plünderung Würzburgs. Da griff der Kaiser ein und ächtete Grumbach. Dieser beschloß daraufhin, einen Reichsumsturz ins Werk zu setzen. Er gewann Herzog Johann Friedrich von Sachsen, Weimar und Gotha für seine Pläne. Als dies bekannt wurde, ächtete Kaiser Maximilian II. auch den Herzog. Er beauftragte Kurfürst Angart von Sachsen, die beiden Geächteten vors Gericht zu bringen. Natürlich wehrten sich die beiden, wurden aber von Ort zu Ort getrieben und schließlich in Gotha belagert. Am 4. April 1567 ergab sich die Stadt. Wilhelm von Grumbach und Johann Friedrich von Sachsen wurden vor Gericht gestellt und verurteilt, Johann Friedrich büßte – zu lebenslänglicher Haft verurteilt – zu Steyr in Österreich wirklich bis zu seinem Tode (1595). Wilhelm von Grumbach wurde zum Tode verurteilt und mit ihm vier seiner Anhänger. Am 18. April 1567 wurde zu Gotha das Schafott errichtet; sechs Scharfrichter und 8 Stockknechte wurden zugezogen. Diese trugen den gehunfähigen, gichtkranken Grumbach auf einem Tragestuhl zum Richtplatz. Dort wurde er entkleidet, niedergelegt, angebunden oder angenagelt, dann schnitt ihm der Scharfrichter das Herz aus dem Leibe und schlug es ihm mit den Worten: »Siehe, Grumbach, dein falsches Herz!« um den Mund. Der Körper wurde anschließend in vier Stücke gehauen. Dem zweiten Verurteilten, Kanzler Brück, geschah das gleiche, während der Dritte enthauptet, dann ebenfalls geviertelt, der Vierte nur enthauptet und der Fünfte gehenkt wurde. Während dieses zwei Stunden dauernden »Schauspiels« (so der Chronist), umgab »eine grausam große Welt Volkes, Fürsten, Grafen, Edelleute, Kriegsvolk, Bürger und Bauern« das Blutgerüst.

Egmont, Hoorne und die alten Scharfrichter

Ein Jahr später wurden in Brüssel am 5. Juni 1558 die Grafen Egmont und Hoorne auf Befehl Herzogs Albas enthauptet, während sich im Frankreich Karls IX., unter der Regentschaft der Katharina von Medici, stets 50–60 Gehenkte an dem Pariser Galgen im Wind bewegten.

Nördlingen verlor 1568 schon wieder seinen Scharfrichter – diesmal durch natürlichen Tod. Sohn Ulrich Fischer, bat um die Stelle seines Vaters, und legte dann ein Empfehlungsschreiben Meister Lienhard Liphardts vor, bei dem er zwei Jahre als Knecht gearbeitet hatte.

Im gleichen Jahr 1568 starb in Augsburg Meister Veit Stolz nach 30 Dienstjahren. Es soll hier auch verzeichnet werden, daß am Ende des Jahres 1571 in Hall der alte Johann Frey starb, der in 43 Dienstjahren wohl rund 300 Menschen ums Leben gebracht hatte. Zu ihnen gehörte eine große Zahl Wiedertäufer. In diesem Zusammenhang ist interessant, daß die Wiedertäufer, die inzwischen nicht mehr hingerichtet werden durften, zu Galeerenstrafe verurteilt und aus Sparsamkeitsgründen durch Agenten an Venedig verkauft wurden. Venedig brauchte sie nach der verlustreichen Schlacht bei Lepanto dringend, weil bei der Schlacht, bei der zwar die türkische Flotte vernichtet wurde, die vereinigten Flotten Spaniens, des Papstes und Venedigs 13 Galeeren verloren hatten.

Goldschmied und Abenteurer

In Brandenburg traten in den letzten Regierungsjahren Kurfürst Joachim I. Hektors, unabhängig voneinander, zwei Ereignisse ein, die hier erzählt werden sollten:

Unter den, nach Kurfürst Joachim I. Nestor aufgrund des oben berichteten Frohm'schen Falles (Seite 74) angeordneten Judenausweisung, allmählich wieder zurückgekehrten Juden befand sich auch ein gewisser Lippold ben Chluchim aus Prag, den der verschwenderische Joachim II. schon bald als Agent, Kammerdiener, Münzmeister und Rechnungsführer beschäftigte. Das prunkvolle Hofleben, der prächtige Ausbau des Schlosses und die Errichtung des Jagdschlosses Grunewald kosteten viel Geld. Lippold beschaffte es nicht zuletzt mit Hilfe der zahlreichen Wucherer, die sich in Berlin niedergelassen hatten. In Lippolds Händen, durch die soviel Geld floß, blieb immer wieder einiges hängen und wuchs zu einem Riesenvermögen an. Berlin war damals noch ein Ackerstädtchen mit wenig Handel und Verkehr. Die schlimmen Folgen dieser unvernünftigen Finanzwirtschaft des Kurfürsten sind daher vorstellbar.

Thurneisser in Berlin

Am Rande dieser Geschehnisse trat nun das zweite Ereignis ein: In Frankfurt/Oder ließ sich ein gewisser Thurneisser nieder. Dieser Mann mit Vornamen Leonhard, geboren 1530 zu Basel, gelernter Goldschmied, verließ, von der damals in vielen Köpfen spukenden Alchimie angesteckt, 1548 seine Vaterstadt. Zunächst leitete er die Silberbergwerke Tirols, die damals im Besitz der Fugger waren. 1559 ging er nach Innsbruck, wo er kurze Zeit als Anatom arbeitete, um dann für sechs Jahre zunächst ganz aus dieser Gegend zu verschwinden. Weitere Studienreisen erweiterten sein Wissen und prägten die Persönlichkeit dieses unruhigen Mannes. 1570 kehrt er von Münster aus nach Frankfurt an der Oder zurück. Die 1506 dort gegründete brandenburgische Universität und die seit 1502 dort arbeitenden Buchdruckereien hatten ihn angezogen. Hier schrieb er nun sein Buch über die Gewässer der Mark Brandenburg, das wie alle seine Werke ein seltsames Gemisch aus scharfer Beobachtung, wissenschaftlich fundiertem Urteil und unsinniger, abergläubischer, effekthascherischer Behauptungen wurde. So schrieb er u. a. über den Goldgehalt des Spreesandes, über die Rubine im Boden von Teltow und die Saphire in den Sumpfwiesen von Buchholz. Das Spreewasser wird in dem Buch sehr gelobt, Havelwasser hingegen als faul bezeichnet, denn es mache die Zungen der Weiber, die es tränken, »gar böse, scharf und lügenhaft, die den Leuten Arges nachreden!«

Dieses in Frankfurt an der Oder gedruckte Buch machte den soeben an die Regierung gekommenen jungen Kurfürsten Johann Georg auf den Abenteurer aufmerksam. Der Kurfürst reiste mit seiner kranken Frau zu ihm. Es gelang Thurneisser tatsächlich, die Kurfürstin zu heilen. Von da an war sein Weg vorgezeichnet. Er wurde als Leibarzt nach Berlin geholt und bezog ein hohes Gehalt. Bei allem, was er tat, konnte er mit der kurfürstlichen Unterstützung rechnen. In den Räumen des Grauen Klosters, eines verlassenen Franziskanerklosters, erhielt er Räume für Laboratorien und Werkstätten, für Aquarien, Vogelhäuser, Herbarien. Er richtete hier außerdem eine Alaunsiederei ein, eine Glas- und Flaschenfabrik, eine Manufaktur für Medikamente, für Gesundheits- und Schönheitsmittel, darunter kostspielige Goldtinkturen, Perlenelixiere usw. Er richtete eine eigene Druckerei mit Formenschneiderei für Typen fast aller morgen- und abendländischen Schriften ein und eine Schriftgießerei. Ohne Rücksicht auf die Kosten stellte er die besten Setzer und Drucker ein. Künstler arbeiteten für ihn. So kam es, daß die großen Buchhändler in Nürnberg, Wien und Prag jeden geforderten Preis für die Erzeugnisse dieses mit seinen 200 Angestellten größten Gewerbebetriebes von Berlin zahlten.

Der stattliche, lebhafte und prachtliebende Mann wurde vom Kurfürsten in den Adelsstand erhoben. Er nannte sich jetzt Thurneisser zum Thurn und trug nur schwarze Samtanzüge, auch alltags seidene Strümpfe (selbst hochgestellte Persönlichkeiten leisteten sich diese nur an Feiertagen), fuhr in vierspänniger Karosse vor oder wurde, wenn er zu Fuß ging, von zwei Edelknaben begleitet.

Thurneisser war ein »kommender« Mann, während jener Münzjude Lippold ein Mann war, der seine Zeit hinter sich hatte. Johann Georg klagte ihn der Zauberei an, mit der er den Verstorbenen sich hörig gemacht habe. Der Kurfürst glaubte fest daran und ließ Lippold daher foltern, bis ihm ein »Geständnis« erpreßt werden konnte. Im Januar des Jahres 1573 wurde das Urteil vollstreckt: Lippold wurde mit glühenden Zangen gezwickt, »von unten herauf« gerädert, so daß ihm erst das linke Bein, dann der rechte Oberarm, der linke Oberarm und schließlich das rechte Bein mit dem Rade zerschmettert wurden. Jetzt erst erhielt er die erlösenden drei Schmetterschläge auf die Brust. Der Körper wurde von vier Pferden zerrissen und seine Eingeweide zusammen mit dem »Zauberbuch« – wohl ein hebräisch geschriebenes Werk – verbrannt. Die Witwe Lippolds mußte mit ihren Kindern, wie übrigens

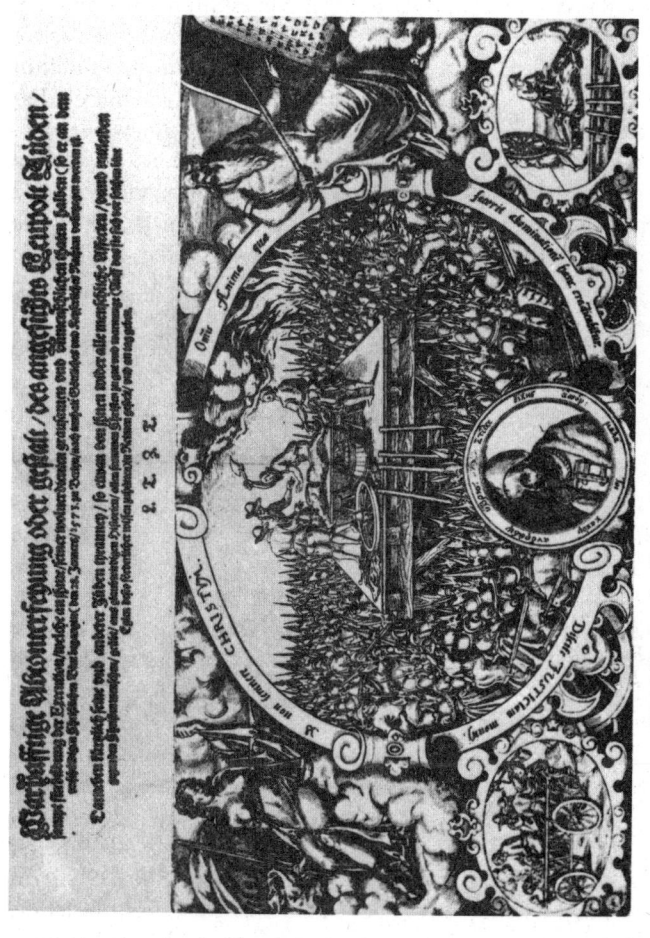

Hinrichtung des Juden Lippold. Kupferstich von 1573

wieder einmal alle Juden, die Mark Brandenburg verlassen. Durch ein Handschreiben Kaiser Maximilian II. erhielt die Witwe einen kleinen Teil des Vermögens ihres Mannes (nur ein paar tausend Taler) zurück.

Thurneisser kümmerte sich offenbar kaum um diese Vorgänge. Er stellte Talismane und Amulette gegen Krankheiten her und schrieb Kalender, die er in seiner Druckerei drucken ließ. Die Kalender fanden reißenden Absatz, denn sie enthielten politische Prophezeiungen, Wettervorhersagen, Deutungen zu »Constellationen«, und anderes mehr. Niemand purgierte oder ließ sich zur Ader lassen, oder entwöhnte sein Kind, der nicht zuvor Thurneissers Kalender zu Rate gezogen hätte. Selbst ausländische Potentaten schrieben ihm und baten um »Ausblicke in die Zukunft«, darunter König Friedrich II. von Dänemark, Stephan Báthory von Polen und Herzog Philipp II. von Braunschweig.

Scharfrichter als Verführer

Aber sein Erfolg hatte den Höhepunkt bereits überschritten. Neider erwuchsen ihm. Gegen ihn wurden Schriften veröffentlicht. Der Kurfürst drohte mit Entlassung, weil er sich hatte von ihm überreden lassen, Gold aus unedlen Metallen herzustellen. Aber das war auch Thurneisser wie den anderen Alchimisten mißlungen. Er verschwand aus Berlin und kehrte nach Basel zurück, wieder voll neuer Pläne. In Basel heiratete er 1580 zum dritten Mal, diesmal ein junges Mädchen aus dem Hause Herbott. Da traf Botschaft aus Berlin ein: Der Kurfürst wolle ihn wieder zurückhaben. Thurneisser ahnte, daß seines Bleibens in Berlin nicht lange sein würde, trotzdem versuchte er es und ließ seine junge Frau allein in Basel zurück. Die trauerte ihm nicht lange nach. Manch hübscher junger Mann fand ihre Zuneigung. Bald war ihr unziemliches Betragen Stadtgespräch. Aber zum Skandal kam es erst, als sich herausstellte, daß ihr neuester Geliebter, ein wohlgestalteter, kräftiger, junger Bursch mit braunem Haar, der Scharfrichter von Basel war.

Thurneisser erfuhr in Berlin von dem Skandal und schickte sein Weib zu ihren Eltern zurück. Die Eltern aber klagten, und er mußte einen kostspieligen Prozeß führen, der fast sein ganzes Vermögen verschlang. Zu allem Überfluß lud ihn der Basler Henker, der Ehebrecher, mit einem hohnvollen Schreiben vor das Henkergericht auf dem Kohlenberg. Aber Thurneissers Uhr in Berlin war ebenfalls abgelaufen. Er machte sich auf den Weg nach Italien auf Nimmerwiedersehen.

So endeten die beiden Ereignisse, die in den letzten Jahren des Kurfürsts Joachim II. begonnen hatten, beim Scharfrichter.

In der Zwischenzeit hatte Kaiser Maximilian II. seine »Fußknechtbestallung« herausgegeben, die dem Scharfrichter »die Freiheit gemeinen Rechts« zugestand. Das bedeutete, daß seine »Unehrlichkeit« aufgehoben war. Allerdings hafteten diesem fortschrittlichen Akt aus dem Jahre 1670 alle Nachteile einer »Revolution von oben« an. Das Volk nämlich dachte nicht daran, den Scharfrichter nun in seine Reihen aufzunehmen. Noch weniger erkannte der Klerus und der Adel den Scharfrichter als ehrlichen Bürger an. Er blieb der Geächtete, Verfemte, Ausgestoßene, dessen Unehrlichkeit nur in jedem einzelnen Fall durch ein besonderes kaiserliches Privilegium aufgehoben werden konnte. So blieb im Grunde alles beim Alten. Allerdings wagten nun einige Scharfrichter, mit größerer Selbstsicherheit und offenem Trotz aufzutreten.

Am 5. 10. 1571 schrieben die Memminger in ihren Bestallungsbrief für den Scharfrichter Jacob Teübler, daß man ihn zwar entlassen könne, er selbst aber von sich aus nicht gehen dürfe. Nebenbeschäftigungen seien ihm verboten, und in Religionsfragen dürfe er nicht verwendet werden.

Der Hugenotte im Schrank

In dem Jahr, als der erste Däubler Scharfrichter in Augsburg wurde, fielen in Frankreich in der Bartholomäusnacht (vom 24. zum 25. 8. 1572) unter den Streichen und Kugeln frommer Katholiken Tausende ihrer andersgläubigen Landsleute – die Hugenotten. Selbst vor dem verdienten Admiral Coligny machten die Mörder nicht Halt. Den hugenottischen Leibarzt König Karls IX., Ambroise Paré, entdeckten sie jedoch nicht. Während der König aus seinem Schlafzimmerfenster Pistolenschüsse auf seine eigenen hugenottischen Untertanen abfeuerte, die aus den Betten gejagt worden waren, und nackt oder nur spärlich bekleidet in panischer Angst flohen, versteckte sich ihr Glaubensgenosse Paré in dessen Schlafzimmer. Die Mordnacht und die beiden darauffolgenden Tage kosteten Frankreich tausende Menschenleben. Die nachfolgenden Kämpfe – die weiteren vier Hugenottenkriege – und die Massenauswanderung von 200 000 Franzosen fügten dann Frankreich unersetzliche Verluste zu.

Meister Frantz Schmidts Tagebuch

Etwa zur gleichen Zeit, als Papst Gregor XIII. mit fröhlichen Festen die Ausrottung der Ketzer feierte und fromme Christen durch die Straßen von Paris wandelten, um sich über die umherliegenden Toten zu mokieren und Überlegungen über deren Vermögensverhältnisse anzustellen, holte sich Nürnberg den bereits recht alten Bamberger Scharfrichter Schmidt und seinen Sohn Frantz als Hilfskraft, da sie einen tüchtigen Scharfrichter brauchten. Bereits im folgenden Jahr übernahm Frantz die Nürnberger Scharfrichterei und führte vom ersten Tage an gewissenhaft Buch über alle seine Exkutionen. Dieses Buch ist uns erhalten geblieben. Es umfaßt die Zeit von 1573 bis 1617, in welcher Frantz Schmidt 400 Hinrichtungen vollzog, neben den übrigen Urteilsvollstreckungen wie Auspeitschen, Brandmarkungen etc. Aus der einförmigen Aufzählung der einzelnen Fälle geht hervor, daß »Meister Frantz«, wie er gewöhnlich genannt wurde, das Muster eines braven, biederen Bürgers gewesen sein muß, der pflichtgetreu und ohne viel nachzudenken, aber auch nicht ganz ohne menschliche Gefühle seinen Beruf ausübte. So erfahren wir, daß Meister Frantz niemals trank, weder Bier noch Wein, und daß es ihm zu verdanken war, daß Kindsmörderinnen seit 1580 nicht mehr qualvoll ertränkt, sondern zum, wie er glaubte, humaneren Tode durch das Richtschwert verurteilt wurden. Seinem Beispiel folgten alle Scharfrichter in Westeuropa. Meister Frantz war es wohl auch zu danken, daß es in Nürnberg – wie übrigens auch in Frankfurt am Main – kein einziges Hexenopfer gab. Frantz Schmidt starb 1634 und erhielt ein ehrliches Begräbnis.

Im Gegensatz zu Frantz Schmidt war der geschäftstüchtigere Scharfrichter von Schongau in Bayern, Jörg Abriel, eifrig dabei, selber »Hexen« zu »entdecken«, das heißt sie durch Tratsch und gezielte Verleumdungen zu »machen«. Er brachte damit namenloses Elend über Bayern. Er machte damit auch so manche Schöne gefügig. Und wenn das nicht gelang, so verdiente er Geld, denn für Hexenverbrennungen gab es stattliche Summen.

Prophezeiung auf dem Schafott

1573 meldet die Memminger Chronik: »Den 6. 8. erstach sich des Müllers Sohn von Buxheim allhier beym Nachrichter, der ihn in der Chur hatte. Ist ein schändlich Ding, der den Nachrichter hin und wieder das curiren zugelassen wird.«

Aus Hamburg wird uns ein Fall von eingetroffener Prophezeiung auf dem Schafott berichtet: Im Jahre 1575 mußte Meister Hartmann Rüter einen gewissen Wolters enthaupten. Es war der 22. August. Auf dem Wege zum Schafott schrie ihm das nebenherlaufende Weib des Wolters, die an der Untat ihres Mannes nicht beteiligt war, er werde bald auch sie, danach aber niemand mehr hinrichten. Und wirklich mußte er sie am 3. Oktober des gleichen Jahres mit dem Schwert enthaupten, und auf dem Schafott prophezeite sie ihm noch einmal, er werde nach ihr niemand mehr richten. Am 24. 3. 1576 wurde Hartmann Rüter wegen eines Totschlags von seinem auswärtigen Kollegen, Meister Jürgen Böhme aus Itzehoe, enthauptet. Böhme wurde der Nachfolger Rüters in Hamburg. Und der mußte ein Jahr später seinen eigenen Knecht, Peter Wulff, hinrichten.

Im gleichen Jahr beantragte der Scharfrichter von Kaufbeuren, ein »Baad-Stüblen« in seinem Haus einrichten zu dürfen.

Daß die durchschnittliche Zahl der Hinrichtungen (400 in 44 Jahren, wie Frantz Schmidt in seiner Chronik notierte) nicht nur für Nürnberg galt, sondern auch für andere Orte zutrifft, beweist das von Meister Friedrich geführte Ansbacher Ordrebuch, das in 38 Jahren (1575–1613) 474 Hinrichtungen verzeichnet.

Der ehebrecherische Scharfrichter

Daß auch Scharfrichter nicht ungestraft Ehebruch begehen konnten, zeigt folgender Fall: Im Jahre 1577 wurde Melchior Frey, von dem schon die Rede war, beim Ehebruch mit der Frau des Haller Tuchscherers Hans Griesinger ertappt. Da es sich um die Angehörige eines angesehenen Geschlechts handelte, mußte der Fall so schnell wie möglich aus der Welt – wenigstens aus der Tiroler Welt geschafft – werden. Melchior Frey wurde des Landes verwiesen. An seine Stelle trat Christof Tollinger von Regensburg. Aber Melchior Frey wurmte es sehr, sowohl ertappt worden zu sein, wie auch sein einträgliches Amt verloren zu haben. Trotz und Rachegefühle trieben ihn nach Tirol und nach Hall zurück. Er überfiel seinen Nachfolger und verletzte ihn schwer am Arm. Nun muß er wieder fliehen und begab sich in das damals noch seinen Namen Ehre machende Pustertal – pusti dol – das wüste Tal. Von Steckbriefen der Regierung Erzherzog Ferdinands von Österreich verfolgt, warb Melchior Frey eine Räuberbande an, die bald auf den Märkten Nord- und Südtirols ihr Unheil trieb. Durch Verhaftungen dezimiert, verschwand sie jedoch bald von der Bildfläche.

Aber auch Melchior Freys Nachfolger hatte seine Schwierigkeiten mit dem anderen Geschlecht. Am 10. 7. 1578, nach einer gut verlaufenen Probehinrichtung in Kufstein, hatte er sein Anstellungsdekret erhalten und übersiedelte im Herbst dieses Jahres nach Hall. Wenige Monate später mußte Tollinger dienstlich verreisen. In dieser Zeit verkaufte seine Ehefrau heimlich den gesamten Hausrat und verließ ihren Mann. Das wurde Tollinger zum Verhängnis. Die Regierung gestattete ihm zwar eine Haushälterin, aber Tollinger umgab sich in kurzer Zeit mit mehreren zweifelhaften Frauen. Die Klagen, er wohne mit Vetteln zusammen, wurden immer lauter. Tollinger wurde entlassen und ein Nachfolger bestellt.

Der respektlose Scharfrichter

Ein Meilenstein in der sozialen Geschichte der Scharfrichterei war der Fall des selbstbewußten Meisters Philipp von Eger. Er wurde im Jahre 1581 angeklagt, das Gewerbe der Bader, Barbiere und Steinschneider (gemeint sind Blasensteine) zu stören. Der Rat entschied, der Scharfrichter dürfe nur »Pain- und Armbrüche und ausgerenkte Glieder« heilen, andere Patienten aber nicht annehmen. Meister Philipp scheint sich aber mit einer in seinem Stand ungewohnten Respektlosigkeit nicht viel um die Entscheidungen des Rats gekümmert zu haben. Schon 1584 wurden neue Beschwerden erhoben. Der Rat erkundigte sich darauf in Leipzig und Regensburg, wie man dort die Heilgerechtsame für den Scharfrichter handhabe. Offenbar gab es auch dort keine Sonderbestimmungen für den Scharfrichter, so daß der Rat der Stadt Eger auf die neuen Klagen hin seinen Entscheid von 1581 wiederholte. Aber er ging auch nicht weiter gegen Meister Philipp vor, obwohl die Baderzunft erneut Beschwerde erhoben hatte. Diesmal klagte sie, Meister Philipp stelle seine Leute an, vor den Wohnungen der Bader, Barbiere und Steinschneider laut zu schreien: »Frisch wider Frisch, aylff Bader gelten ein Arsch-Wisch.« Woraus hervorgeht, daß Meister Philipp nicht daran dachte, den Ratsentscheid zu respektieren.

Inzwischen registrieren die Städte neue Scharfrichternamen in ihren immer besser erhaltenen Archiven: Der Augsburger Meister Hans Däubler bewarb sich 1583 beim Hochstift um das Scharfrichteramt in Schwabmünchen. Er bekam es aber nicht, sondern mußte auch noch versprechen, dem statt ihm dort eingestelltem Jacob Stangel zu helfen.

Während der Rat der Stadt Eger sich mit dem widerspenstigen Meister Philipp herumschlug, schrieb Meister Frantz Schmidt in sein Tagebuch: »Zwey Hurn und eine Diebin gehenkt. Ist zu vorn nie gehört worden, auch nicht geschehen, daß man ein Weibsbild zu Nürnberg hatte mit dem Strang gerichtet.«

Meister Schmidt hatte damals durchgesetzt, daß die Frauen unter den Röcken in derartigen Fällen Mannshosen tragen mußten. Andernorts band man ihnen aus Schamgefühl bloß die Röcke um die Beine.

In Wien wurde am 29. 9. 1583 die Elisabeth Pleinacher als Hexe auf einem Scheiterhaufen auf der »Gänswaidt« verbrannt.

Die unbezahlten Kadaver

Scharfrichter unter sich: In einem Hohlweg bei Angelberg erschlug 1584 der Scharfrichter von Schwabmünchen den Scharfrichter von Eltringen. Der Mörder, der auf Ansuchen des Herrn von Rechberg gefangengenommen werden sollte, betrat das Gebiet des Hochstifts Augsburg, zu dem Schwabmünchen gehört, nicht wieder. Erst Jahre später bat er um Begnadigung und Wiedereinsetzung in seinen Dienst mit der Scharfrichterbegründung, er habe sich mit der Witwe des Erschlagenen verglichen und diese habe auch schon wieder einen neuen Mann.

Am 15. 11. 1586 ordnete Kurfürst Johann Georg zu Berlin an, dem Scharfrichter von Bötzow (heute Oranienburg), Dietrich Zeck, sollten alle gefallenen Tiere gemeldet werden, damit er die »Luderplätze zur Wolfsjagd« ordentlich beschicken könne. Der Hintergrund dieser Anordnung war, daß für die Abholung der Kadaver dem Scharfrichter ein kleines Entgelt zu entrichten war und daher viele den Anfall eines Tierkörpers verheimlichten und ihn besser selbst vergruben, um das Geld zu sparen.

Am gleichen Tage starb der Berliner Scharfrichter Caspar Spiegel. Kaum sechs Wochen später wurde Martin Heintze (Hintz, Hentz oder wie er sonst geschrieben wurde), der – eine Seltenheit – ein eigenes Siegel führte, in Berlin angestellt.

Mit grauem Kleid und roter Binde

In der Woche Esto mihi[9], der siebenten Woche vor Ostern (also Ende Februar – Anfang März) des Jahres 1587, erhielt Meister Martin Heintze seine Bestallungsurkunde. Da von diesem Jahr an der Scharfrichter Berlins zwar vom Kurfürstlichen Hof erwählt, aber vom Magistrat vereidigt und bestallt wurde, sei dieses Dokument hier z. T. im Wortlaut angeführt:

»Wir Bürgermeister und Rathmanne der Stadt Berlin und Cölln an der Spreew bekennen und thun kund, vor jedermänniglich, daß wir Martin Heintzen zu einem Scharfrichter bestalt

---

[9] Sei mir. Mit diesen Worten beginnt Psalm 71, Vers 3. Zu ergänzen: ... ein starker Hort.

und angenommen haben, auch seinen Eidt gethan, das er denselben Dienst mit allem getreuen Vleis bestellen und warten will und wan er Zutage oder Nacht gefordert wird, in Peinlichen oder anderen Sachen soll er, soferne er Zuhauße ist, vleißig auffwarten und erscheinen. Er soll auch ohne Vorwissen und Erlaubnis eines Erbarn Raths nicht außziehen noch verreißen, er haben den vorher darumb angelanget und gebeten. So soll er auch die Straßen in beyde Städten und vor den Thoren reine halten, seine Knechte umbherschicken und das Aß, ehe es stinkend wird, hinwegk, weit vor der Stadt bringen lassen, dazu ein Rath von beyde Städten die Karre haltet. Und wenn er vor den Rath gefordert wirdt, in der Rathsstuben, soll er allerwege sein Gewehr ablegen und vor der Stuben den Dienern lassen. Er soll sich auch mit seinen Knechten der Trinkstuben und des Bernau'schen Kellers äußern und allda unter den Bürgern sich nicht finden lassen, wenn er aber zechen will, soll er sich Bier in seinem Hauß holen lassen bei Vermeidung der gefenglichen Einziehung.«

Weiter verpflichtete sich der Scharfrichter, sich hellgrau zu kleiden, mit hellgrauem Hut mit roter Binde und Schwert, außerdem Selbstmörder zu beseitigen, von jeder außerhalb vorgenommenen Hinrichtung 1 fl. abzuliefern, lederne Eimer, Fett, Handschuhe, an den Rat zu liefern, Kindsmörderinnen sacken, Staupen; Verbrecher über die Stadtgrenzen zu verweisen, Diebe zu brandmarken, Gefolterte zu kurieren.

Maria Stuarts Hinrichtung

Etwa um diese Zeit wurde in Fotheringhay Maria Stuart mit dem Beil hingerichtet. Das geschah am 8. 2. 1587 um 8 Uhr morgens in der Schloßhalle. Sie war 44 Jahre alt, nach 20jähriger Gefangenschaft dick geworden und trug falsches Haar. Als der eine der beiden französischen Scharfrichter, die man ihr aus Rücksicht zugebilligt hatte, ihr den Kopf hochhob, fiel der Schleier samt ihrer kastanienbraunen Perücke herab und zeigte ihr kurzgeschorenes graues Haar. Einer ihrer kleinen Hunde, der sich unter ihre Kleider verkrochen hatte, kam nach der Enthauptung hervor und legte sich zwischen Kopf und Schultern in ihr Blut.

Mehr als zwei Jahre darauf ermordete der Dominikaner Jacques Clément König Heinrich III. von Frankreich. Er wurde an Ort und Stelle niedergestochen.

Ein Jahr später mußte Meister Jonas Fischer von Frankfurt am Main bei einer Hinrichtung zweimal zuschlagen. Das empörte Volk bewarf ihn mit Steinen und verletzte ihn schwer. Er wurde mit einem Karren in sein Haus gebracht. Dabei fiel das Richtschwert aus den Händen des Bewußtlosen. Der Frankfurter Bürger Urban Zimmmermann hob es mitleidig auf und machte sich dadurch unehrlich – und unglücklich. Meister Jonas Fischer erholte sich zwar wieder, wurde aber entlassen. An seine Stelle trat Hans Mothern, »weil er ein guter Pferds-Artzt seye«.

Lynchjustiz gegen Scharfrichter

Wie weit der Zorn des Volkes bei solchen Anlässen ging, zeigt ein Vorfall in Prag, der sich am 17. 9. 1591 zutrug und von dem der Chronist berichtet:

»Es hat sich am verschinen Freytag ein Lehrmen erhaben, nemlichen daß desselbigen Tags fünf Arme Synnder, die zwen mit dem Schwert vnd die drey mit dem Strang haben sollen Gericht werden. Als nun der Nachrichter mit den Zwayen, so er mit dem Schwerdt gericht, gar Jämerlich vmbgangen, der billich das Verstaynigen wol verdient, haben Sie jedoch, biß daß er die mit dem Strang auch hingericht, erwarten, daß er gewiß soll angegriffen werden, hatt sich im Galgen saluieret, der Pöfel aber, gegen Ime aber dermassen mit Stangen zugearbeit, daß er endlich darauf, sich mit einem Schuß erzaigt, zwen getroffen, der Ain alsbaldt vf dem Platz gebliben, Auf welliches der Pöfell noch hieziger worden, dergestalt, daß Irer Mayt. Richter mit etlichen geharnischten Leuten hinaus umb diesen Tumult zu stillen, wie dann der Züchtiger Alsbaldt gefangen vnd vf Morgen sollen gericht werden.«

Jesuiten als Ketzer

Um diese Zeit war ein Michael Teibler Scharfrichter zu Augsburg und 1594 ein Georg Aberellen Scharfrichter in Schongau. 1589 wurde wieder ein Attentat auf einen französischen König verübt und fünf Jahre später ein weiteres, und zwar am 27. Dezember: Als König Heinrich IV. in Paris einzog, stürzte sich ein ehemaliger Jesuitenzögling namens Jean Chatel mit einem Dolch auf in und verletzte ihn leicht im Gesicht. Er wurde gefaßt, verhört und gleich nach der Urteilsverkündung gevierteilt. Da damals gerade ein Buch des Paters Mariana S. J., erschienen war, in welchem die Beseitigung unerwünschter Staatsoberhäupter mehr oder weniger als zu rechtfertigen hingestellt wurde, beschuldigte man die Jesuiten als Anstifter zu diesem Mordversuch, verhaftete auch zwei ehemalige Lehrer Chatels und richtet einen von ihnen, Pater Guignard S. J., mit dem Strange hin. Das Haus Chatels aber wurde dem Erdboden gleichgemacht und an seine Stelle eine Schandsäule errichtet. Auf dem Sockel der Säule war das Urteil gegen Chatel und üble Worte gegen die Jesuiten eingemeißelt worden. Das Buch Pater Marianas aber wurde verbrannt und die Jesuiten als Ketzer, Rebellen und Mordanstifter geächtet und aus Paris verjagt.

Im Jahr darauf, 1595, gab es in Wien, auf dem schon erwähnten Platz Am Hof wegen der mißglückten Hinrichtung Niklas Berlins einen großen »Wirbel« und die Chronik berichtet: »Unter diesen Umständen gabs keine Scharfrichter mehr, mußten wieder die jüngsten Schöppen und Rathsburger heran.«

Aberglaube um Richtstätten

Zwei kuriose Beispiele für den Aberglauben im Volke Ende des 16. Jahrhunderts seien hier berichtet:

In Sexten (Tirol) stieß man bei der Verhandlung eines der Zauberei angeklagten Mannes namens Christof Hostner unter seinen Sachen auf fünf in einem Papier zusammengebundene »algenmandler« (Alraunenwurzel), denen zur Verstärkung der Zauberkraft je eine zuvor in einer Kirche in eine Öllampe getauchte Kreuzermünze beigebunden war. Alraunwurzeln, so glaubte das Volk damals, entstanden unter dem Galgen aus dem Samenabgang Gehängter.

Und ein Wirt aus Sexten legte sich damals Galgenholzsplitter ins Bett, weil das ein Mittel gegen Wanzen sein sollte. Eine Frau erzählte dem Richter, daß drei Stiche in das Gewand eines Mannes mit einer Nadel, mit der eine Leiche in einen Sack

Hinrichtung des Grafen Ferdinand von Hardeck und des Festungsbaumeisters Niklas Berlin (oder Perlin) am 15. Juni 1595. Hardeck hatte 1594 die Festung Raab den Türken übergeben. Es wird ihm erst die rechte Hand abgehauen und dann der Kopf genäht worden war, diesen von Trunksucht und Gewalttätigkeit gegen seine Frau heile.

Immerhin scheint bei gewissen Leuten der Beruf des Scharfrichters doch wohl ein erstrebenswerter gewesen zu sein. Und bei dem Mangel an geschulten Nachwuchskräften wurden auch schon mal gänzlich Ungeeignete ans Richtschwert gelassen, wie ein Ereignis aus dem Jahre 1596 beweist:

Ein Scharfrichter begab sich eines Tages zu dem Kaufmann, der ihm stets die Häute des gefallenen Viehs abkaufte. Doch dieser war verreist. Dessen zurückgelassene junge Frau weckte die Begierde des Scharfrichters.

Er stürzte sich auf sie, vergewaltigte sie, brachte sie um und schnitt ihr den Kopf ab. Es gelang ihm, ungesehen zu verschwinden. Als der Kaufmann heimkehrte die verstümmelte Leiche fand und voller Entsetzen das Verbrechen anzeigte, fiel der Verdacht auf ihn selbst. Er wurde verhaftet und verhört. Und da er nicht gestand, ließ man ihn foltern. Der Scharfrichter brachte ihn soweit, daß der arme Teufel gestand, was er gar nicht getan hatte. Nun konnte er wegen Gattenmordes zum Tode durch das Rad verurteilt werden. Triumphierend ließ der Scharfrichter das Rad über seinem Haupte wirbeln, bevor er dem Delinquenten langsam Glied für Glied zerstoßen wollte. Schon hatte er ihm ein Bein zerschlagen und wieder hob er das schwere Rad auf und ließ es über seinem Kopf in gekonnten und langgeübten Bewegungen tanzen, da rutscht ihm der Griff aus der Hand. Der Scharfrichter geriet selbst mit Kopf und Hals derart zwischen die Speichen, daß ihm fast die Wirbel dabei gebrochen wurden. In großem Schrecken und abergläubischer Angst gestand er nun doch seine grausige Tat.

Standesbewußte Scharfrichterdynastie

Zwei Jahre später wurde in Frankfurt am Main ein Henkersknecht, der seinen Meister ein Jahr zuvor umgebracht hatte, aufs Rad geflochten.

Solche Untaten und Verbrechen wurden nicht von »zünftigen«, also gelernten Scharfrichtern, sondern eher von durch besondere Umstände in das Henkeramt gelangten Leuten ausgeübt. Das führte dazu, daß sich die gelernten Scharfrichter, die selbstbewußten »Meister der hohen Werke«, wie sie sich in Frankreich nannten, durch Stolz, Festigkeit und untadeligen Lebenswandel von dem übrigen Gesindel abzuheben trachteten, die Tatsache ihrer Abgesondertheit von der Gesellschaft auf sich nahmen und sie nicht wie einen Makel, sondern eher wie eine Bevorzugung trugen. So entwickelten sich auch immer wieder neue Scharfrichterdynastien, die stolz auf ihre Familie und ihre Tradition waren, wie z. B. gerade damals um 1600 die Sippe der Heylands, die im Leipziger Kreis und im Altenburgischen die Scharfrichter und Abdecker stellten.

Leider ist ein wertvolles Dokument, das Tagebuch des Ohlauer Scharfrichters Andreas Tinel aus eben dieser Zeit verlorengegangen, das zu Beginn des 19. Jahrhunderts noch dem Tierarzt Dr. Lux, mit dem wir uns noch beschäftigen werden, bekannt war.

IX

Die »Passauer Kunst« – Gehängt werden nur
Frauen in Hosen – Wer begräbt den Henker?
Die Innsbrucker Anatomie und die
Scharfrichter – Angélique starb mit Grazie

In Wien waren die Überlegbäume an den gemauerten Galgensäulen auf dem Wienerberg verfault und mußten erneuert werden. In dieser Zeit – es war das Jahr 1601 – wurde in England Robert Devereux, Graf Essex, am 25. 2. 1601 mit dem Beil hingerichtet. Es lohnt nicht, die Geschichte dieses verwöhnten und eingebildeten jungen Mannes zu erzählen, dessen unsteter Charakter, dessen übersteigertes Geltungsbedürfnis ihn bis zum Hochverrat trieb. Seine Schönheit – leuchtende Augen, schimmernde, zarte Haut, ein kräftiger Bart – hatten ihn zum Liebling des Volkes gemacht. Als er an jenem Mittwoch im Februar im Hof des Tower den Kopf auf den Block legte, war er 34 Jahre alt. Der Scharfrichter wurde auf seinem Heimwege von Bewunderern des schönen Grafen überfallen und beinahe umgebracht, hätten ihn nicht die Sheriffs im letzten Augenblick errettet.

Prophezeiung am Schafott! Im gleichen Jahr ereignete sich ein solcher Fall in der Nähe von Berlin: Nach der Enthauptung zweier Notzüchter und Räuber namens Köhler und Kienast, wurde in Weißensee, einem Dorf bei Berlin, ein Mann zur Hinrichtung geführt. Die Frau des Delinquenten lief nebenher und stieß Flüche und Drohungen gegen den Scharfrichter aus. Sie schrie: »Du sollst keinen mehr richten, sondern dein Leben bei diesem da lassen!« Der Scharfrichter, wahrscheinlich ein abergläubischer Mann, ließ sich verunsichern. Er schlug bei der Exekution daneben und wurde sofort vom wütenden Pöbel erschlagen. Es war aber nicht der damalige Berliner Scharfrichter Heintze, der hier sein Ende fand, sondern der Bernauer oder Alt-Landsberger Scharfrichter, wenn es nicht ein Gehilfe war, der für eine dörfliche Hinrichtung für gut genug gehalten worden war.

Im Dienstvertrag des neuen Scharfrichters in Meran, Wolfgang Puechamer aus Dachau in Bayern aus dem Jahre 1601, der mit einer Scharfrichterstochter aus der Münchener Familie Aberell verheiratet war, stand ein bemerkenswerter Passus: Er habe sich in Städten und auf dem Lande, auch in Wirtshäusern allenthalben gegen jedermann bescheiden, schicklich und tadelfrei zu zeigen und niemanden in keiner Weise zu behindern, damit niemand über ihn zu klagen habe. Aber nach kurzer Zeit häuften sich dennoch die Klagen über sein grobes und brutales Verhalten gegen die Verurteilten.

Aus dem Tagebuch Meister Frantz Schmidts aus Nürnberg entnehmen wir unter der Jahreszahl 1602, daß »Georg Praun mit dem Schwerdt hingerichtet. Desn Kopf uffn Stain sich hin und wider gekehrt, als ob er sich umbsehen wolt, die Zungen bewegt, den Mund aufgetan, als ob er reden wolt, bey einer halben Viertelstund, dessen ich Niemals gesehen hab.«

Freiherr von Rußwurm

Am 20. November 1605 erschien um 6 Uhr in der Früh in Prag der Scharfrichter Wenzel Mydlář im Rathaus, in einem Saal mit schwarzem Teppich, samtene Polster und 4 Dienern mit Fakkeln, wohin der Freiherr von Rußwurm zur Hinrichtung geführt wurde. Der Edelmann verlangte die Beseitigung von Teppich und Polster. Er wollte auf der bloßen Erde sterben. Außerdem verlangte er eine öffentliche Hinrichtung. Dies wurde ihm verwehrt. Unter den Zuschauern befand sich der damals noch jugendliche Obrist Albrecht von Waldstein (Schillers späterer »Wallenstein«), der sicher nicht ahnte, daß er einmal – durch den Undank der Habsburger, höfischen Neid und Konflikt mit den Spaniern – ein ähnliches Schicksal würde erleiden müssen. Rußwurm kniete nieder und betete. Dann bat er den Scharfrichter, zuzuhauen, wenn er das drittemal den Namen Jesu und Maria ausgesprochen habe. Er tat es, sagte »Jetzt« und das Schwert Wenzel Mydlařs durchtrennte seinen

Hals. Der Körper des Feldmarschalls Christian Hermann von Rußwurm fiel so auf das vor ihm liegende Kruzifix, wie er zuvor lebendig kniend und betend darauf gelegen hatte. Der Kopf wurde wieder angenäht, der Leichnam in einen Holzsarg gelegt und auf einer Bahre im Rathauseingang zur Schau gestellt. Danach wurde er in der Neustadt in der Kirche »Unserer lieben Frau zum Schnee« bestattet. Sein Grab ist verschollen.

Die Vorgeschichte dieses Falles: Ein Graf Francesco Barbiano di Belgiojoso aus Mailand hatte in seiner Heimat die Gattin eines Rechtsgelehrten entführt und war zusammen mit ihr vermutlich entflohen. Die Mailänder Kriminalbehörden verfolgten ihn und verbreiteten einen Steckbrief, in welchem ein Kopfpreis von 12 000 fl ausgesetzt wurde. »Selbst ein Verbrecher könne mit der Beibringung des Belgiojoso Lohn und Straffreiheit verdienen.« Ein anderer, ebenfalls strafverfolgter Mailänder, Giacomo Furlani, baute darauf seinen Plan. Da Belgiojoso unter dem Schutz seines Bruders, General der kaiserlichen Truppen in Ungarn und Siebenbürgen lebte, wandte sich Furlani an die nächsthöhere Dienststelle, die Feldmarschall Rußwurm leitete, von dem er wußte, daß gegen ihn höfische Intrigen im Gange waren. Furlani erzählte Rußwurm, Belgiojoso sei der Urheber all seiner Schwierigkeiten und zwar im Auftrag seines Bruders, der selbst Oberkommandierender der kaiserlichen Truppen werden wolle. Rußwurm fiel auf die Intrige Furlanis herein. Als Belgiojoso ahnungslos am 29. Juli 1605 in der Wälschen Gasse auf der Kleinseite der Dame seines Herzens eine Fensterpromenade machte, eilte Furlani zu Rußwurm, der gerade als Gast im Palais des Grafen Herberstein weilte und machte ihm weis, daß Belgiojoso ihm in der Wälschen Gasse auflauerte. Wütend schickte Rußwurm Furlani mit einigen Bewaffneten voraus, wappnete sich selbst und folgte ihnen.

Belgiojoso kämpfte bei seiner Ankunft verzweifelt gegen die Übermacht. Es kam zum Zweikampf, bei dem Rußwurm, durch drei gefährliche Stiche verwundet, zu unterliegen drohte. Furlani verhinderte den Todesstoß, indem er von hinten drei Terzerolschüsse auf Belgiojoso abgab.

Auf die Nachricht von seines Bruders Tod bestürmte General Belgiojoso Kaiser Rudolf II., er möge ein Exempel statuieren.

Rudolf hätte zwar die Affäre lieber vertuscht, doch bestach der General den einflußreichen Kammerdiener des Kaisers, den Schurken Philipp Lang mit 20 000 Gulden, damit er dem Kaiser weismache, Rußwurm habe gegen ihn konspiriert und eigenmächtig mit den Türken verhandelt. Rußwurm, der gleich nach der Ermordung Belgiojosos seine Leute im Palais Kinsky versteckte, hatte versichert, er habe aus Notwehr gehandelt, wollte Zeugen bringen – vergebens. Er wurde ins Verlies des Altstädter Rathauses gebracht. Nun eilte Oberst Rußwurm, der Bruder des Gefangenen herbei, bat um Audienz beim Kaiser. Lang vereitelte sie. Oberst Rußwurm stellte Gnadengesuche – Lang vernichtete sie und veranlaßte des Obersten Ausweisung aus Prag.

Während Rußwurm nun verlassen im Kerker saß, ohne Verbindung mit der Außenwelt, ohne Schreibzeug, wurde der Intrigant Furlani auf der Flucht in Brandeis verhaftet. Sein Ränkespiel nützte ihm nichts. Er wurde verurteilt und gevierteilt.

Wenig später erlangte der Kammerdiener Lang, nachdem er noch eine Bittschrift der Freunde Rußwurms unterschlagen hatte, vom Kaiser die Unterschrift unter das Todesurteil, das Rußwurm am 27. 11. 1605 verkündet wurde. Er seufzte tief, beteuerte seine Unschuld und war überzeugt, daß er für seine treuen Dienste anderen Dank zu erwarten habe. Er nahm keine Nahrung mehr zu sich und betete ununterbrochen bis zu seinem Tode. Dem Schurken Lang wurde später der Prozeß gemacht. Er wurde dabei nicht nur mit seinen eigenen Schurkereien belastet, sondern auch noch mit denen des ganzen bestechlichen Klüngels am Hofe.

Die Scharfrichterdynastie von Prag, die Mydlařs, wohnten in Chrudim, wo man heute noch ihr Haus zeigt. Als einer von ihnen den Mörder Lecian hängte, sagte dieser zu ihm: »Mach schnell, du hast kalte Hände!«

In Prag gibt es heute noch die Henkergaststätte »Zum grünen Frosch« (»U zelena žaby«), in der man das mit einem Durchreichfenster versehene »Henkerstübchen« zeigt. Übrigens gibt es auch in Brno (Brünn) eine Henkergaststätte »Zum guten Henker« (»U dobreho kata«), in der Josefsgasse 15, in der man entweder im »Henkerstübchen« oder in der »Folterkammer« à la carte speisen kann. Da gibt es geschmackvollerweise Delinquentenrostbraten, Käsehandschellen, Henkerskubliny (gebackene Teigware), geräuchertes Eisbein für Scharfrichterknechte, einen »Letzten Imbiß« und einen »Henkerstrunk« (Juice mit Wodka) und anderes.

Ein randalierender Scharfrichter

In Urfahr bei Linz in Oberösterreich befand sich bei Heilsheim eine Richtstätte, an deren Stelle heute eine Säule mit der Darstellung der Geißelung Christi und der Jahreszahl 1606 steht.

Am 30. Oktober 1606 erhielt der aus Großmehring bei Ingolstadt stammende Sebastian Oberstetter sein Anstellungsdekret als Scharfrichter für Hall in Tirol mit 104 Gulden Jahresgehalt. Doch bald darauf fiel sein schlechter Lebenswandel auf. Schon am Tag seiner Anstellung zechte er mit dem befreundeten Sohn des Innsbrucker Wasenmeisters, randalierte während der Nacht in dem Dorf Zirl bei Innsbruck und versetzte dessen Bewohner in Schrecken. Darauf erhielt er einen strengen Verweis.

Am 24. Januar 1607 erhielt Bartholme Teubler seinen Bestallungsbrief für die Memminger Scharfrichterei. Darin wurde er verpflichtet, zwei Hetzhunde und vier Jagdhunde zu halten. Eine Kündigungsfrist wurde nicht festgelegt. Er konnte von heute auf morgen entlassen werden. Wollte er verreisen, so mußte er erst einen Antrag stellen. Als er später zu seiner Tochter nach Salzburg reisen wollte, deren Mann, der Scharfrichter von Salzburg, auf der Reise von Memmingen nach Hause ertrunken war, erhielt er die Reiseerlaubnis nur sehr zögernd.

Der bereits erwähnte Scharfrichter Sebastian Oberstetter und seine Frau waren wieder einmal mit dem Haller Pfarrer in Streit geraten. Die Regierung ließ beide gefangen nehmen und der Tortur unterwerfen. Am 23. August 1608 wurden beide des Landes verwiesen. Oberstetters Nachfolger in Hall wurde Jakob Kienle aus Leubus (heute Lubiaz) an der Oder. Auch er erhielt 104 Gulden jährlich. Sein Mitbewerber um die Haller

Stelle, Jakob Abrell von der Münchener Henker-Dynastie wurde abgelehnt.

Um 1609 gab es in Helmstedt, damals noch Universitätsstadt, einen Scharfrichter und Abdecker namens Ingermann. Sein Halbmeister in Vorsfelde bei Wolfsburg hieß Nicol.

Im Jahre 1611 mußten die wieder verfaulten Überlegbäume an den gemauerten Galgensäulen des Hochgerichts am Wienerberg abermals erneuert werden. Der Scharfrichter forderte energisch – was für die allmähliche besser werdende soziale Stellung der Scharfrichter spricht – eine zusätzliche Bezahlung für das Eingraben der Leichen von fünf armen Sündern, die so lange am Galgen gehangen hatten, bis sie abgefault und herabgefallen waren.

Nach diesen mehr marginalen Ereignissen wieder zu einem Fall von internationaler Bedeutung:

Das Attentat auf Heinrich IV.

Heinrich IV. von Frankreich plante mit dem Vorwand, sich am Jülich-Cleve'schen Erbfolgestreit beteiligen zu wollen, in den spanischen Niederlanden einzufallen und sie für Frankreich zu erobern. Da ihm daher eine längere Abwesenheit von Paris bevorstand, ließ er am 13. Mai des Jahres 1610 seine Gemahlin Maria von Medici zur Königin krönen. Tags darauf wollte er dem erkrankten Sully, seinem treuen und klugen Kanzler, einen letzten Besuch abstatten. Vor dem Louvre bestieg Heinrich IV. einen großen offenen Wagen. Neben ihm nahmen weitere 7 Personen Platz. Der Kutscher hatte die Weisung, ins Arsenal zu fahren. Auf dem Wege dahin, in der engen Rue de la Ferronnerie, kam der Wagen durch das große Gedränge nicht weiter. Diesen Augenblick benützte der Herzog von Epernon, dem König aus einem Brief etwas vorzulesen. Da sprang plötzlich ein Mann aus der Menge auf ein Hinterrad des Wagens und versetzte dem König mit einem Dolch zwei tödliche Stiche in die Brust. Dieser Mann war François Ravaillac aus Angoulême, ein Visionär und Größenwahnsinniger, außerdem Schullehrer, Schreiber, Laienbruder im Orden der Feuillants, einem Zisterzienserkloster, das 1577 vom Abt von Feuillant bei Toulouse reformiert worden war. Ihr Gebäude nahe den Tuilerien spielte später als Sitz der konstitutionellen Royalisten eine historische Rolle. Ravaillac wurde am 27. Mai 1610 hingerichtet, indem er mit glühenden Zangen gezwickt und in seine Wunden flüssiges Blei oder siedendes Pech gegossen wurde. Danach zerrissen ihn vier Pferde.

Kaum ein politisches Attentat war von so weittragender Bedeutung für die Situation in Europa wie dieses. Es spielte bei den damaligen Auseinandersetzungen zwischen Katholiken und Protestanten den katholischen Habsburgern die Trümpfe zu.

Die »Passauer Kunst«

Eine weitere, in die große Politik hineinspielende Geschichte aus dieser Zeit sei hier erwähnt: Der Scharfrichter von Passau, Kaspar Neithardt aus Hersbrück, erlebte es mit, wie sich in der Umgebung der Stadt mehr und mehr Gesindel versammelte. Es war das Gesindel, das der Erzherzog Leopold, Bruder Ferdinands, Erzbischof von Passau und späterer Kaiser, gegen seinen Onkel Matthias und die böhmischen Stände einsetzen wollte. Es hauste undiszipliniert, wie Räuber, Mörder, Notzüchter und Schänder im Lande. Neithard verkaufte dieser wüsten und abergläubischen Soldateska von ihm angefertigte Talismane gegen Hieb, Stich und Schuß. Solchen, von Henkershand angefertigten Amuletten wurde eine größere Wirksamkeit zugeschrieben, als denen von Heiligen. Diese Talismane waren lediglich etwa talergroße Zettelchen, auf die fremdartige, seltsame Zauberzeichen gestempelt waren. Damit sie ihre ganze Kraft entfalten konnten, mußten sie auf dem Herzen getragen werden.

Nachdem dieser Räuberhaufen lange genug das Land geplündert, die Menschen gequält und getötet, die nach Linz reisenden Kaufleute immer wieder überfallen hatte, zog er über Linz und Budweis nach Prag. Dort besetzte er zunächst die Kleinseite und trieb weiter sein Unwesen, plünderte, raubte und schändete. Auf dem Wege nach Prag hatte es kaum Widerstand gegeben. Der »Feldzug« verlief ohne größere Kampfhandlungen, so daß es nur wenig Verwundete und Tote gab. Das schrieb das abergläubische Volk allein der unheimlichen »Passauer Kunst« des Kaspar Neithardt zu.

Zwar widersetzte sich die Geistlichkeit diesem Unfug nach dem Motto: »Ist nichts dran, so ists Betrug, ist wirklich was dran, dann stammt es nicht von Gott, sondern ist mit des Teufels Hilfe verfertigt.« In beiden Fällen mußte dieses Übel ausgerottet werden.

Dennoch breitete sich die »Passauer Kunst« heimlich immer weiter aus und Kaspar Neithardt machte das Geschäft seines Lebens. Sogar noch seine Nachkommen, die diese geheimnisvollen Schriften noch weiter ausbauten, wurden damit reich. Erst die verbesserten Schußwaffen bei den Truppen – Gewehre mit Feuerstein- oder Schnapphahnschloß – vertrieben den Aberglauben und die »Passauer Kunst«.

Zu Jahresbeginn 1611 verließ Jakob Kienle wieder das Land Tirol. Er hatte nur wenige Hinrichtungen zu vollziehen, und das brachte ihm nicht genug ein. Ihm folgte ein anderer Jakob, Jakob Vollmar (auch Vollmair oder Fallmaier geschrieben) aus der Öttinger Dynastie, der bisher Scharfrichter in Bregenz gewesen war. Am 18. Mai 1611 wurde er eingestellt. Er erhielt 104 Gulden pro Jahr und hatte schon im Juli mehrere Verbrecher im Gericht Ehrenberg hinzurichten.

Am kaiserlichen Frauenzimmer vergriffen

Seit dem 12. Oktober 1576 war Rudolf II. Kaiser im Reich. Er vergrub sich in Prag, um sich seiner geliebten Alchemie, seinen Kunstsammlungen und seinen Büchern widmen zu können. Weltfremd, unverheiratet, waren ihm seine Neigungen, vor allem seine Astrologie, der er gläubig anhing, wichtiger als die Regierungsgeschäfte. Und das zu einer Zeit, als die Türken das Land überfielen, als die Ungarn aufstanden und als die religiösen Gegensätze und die Pest das Reich heimsuchten. Zwar war er Gönner und Förderer von Männern wie Tycho de Brahe und Johannes Kepler, aber er tat das weniger um deren wissenschaftlicher Verdienste willen, als wegen der von ihnen erstellten Horoskope.

Der Kustos seiner Sammlungen, der gelehrte Jacopo de Strada aus Mantua, gelehrter Numismatiker und Antiquar, war der Vater der Geliebten des Kaisers. Sie gebar ihm mehrere Kinder, die einzigen, die er zeugte, darunter einen Sohn, der in dem eigens für ihn gekauften Gut Krumau lebte. Diesen ließ Rudolf II. kurz vor seiner Abdankung hinrichten, weil er eine Bäckerstochter entehrt hatte. Sie hatte wegen unehelicher Schwangerschaft Selbstmord begangen. Dafür ließ der Kaiser den gewissenlosen Sohn enthaupten. Er hatte schon einmal einen bewährten und erprobten Feldobristen, der sich ahnungslos und unbekümmert der jungen und schönen kaiserlichen Geliebten genähert hatte, köpfen lassen, »weil er sich am kaiserlichen Frauenzimmer vergriffen« hätte.

Die Geschichten des Scharfrichters Graf

Auch dieses düstere Kapitel der Menschheitsgeschichte vermochte manchmal ein gewisser Humor aufzuhellen. Das zeigt die Figur des Hamburger Scharfrichters Max Graf (1612–1621): Die Hamburger nannten ihn »Marcus Grave«, und er war, im Gegensatz zu den meisten seiner gewöhnlich melancholischen und grimmigen Kollegen, gutmütig und vergnügt und trieb sogar bei der Tortur seine Späße. Durch lustige Erzählungen zerstreute er sowohl die Zuschauer als auch die armen Sünder auf dem Wege zur Hinrichtung. Ein zum Tode Verurteilter äußerte einmal, da es während des Weges zum Schafott regnete und schneite, wie schlecht doch das Wetter sei. Graf antwortete: »Du hast recht, verhenkert schlecht, aber du, Kerl, kannst lachen, bleibst draußen und fragst nichts danach, ich aber muß zu Fuß wieder in die Stadt zurück.«

Als der flüchtige diebische Rathausschließer Hinrich Kayser von einem Hamburger Schiffer namens König gefangen genommen worden war, ausgeliefert wurde und am 13. 3. 1617 durch den Strang hingerichtet werden sollte, scherzte der Scharfrichter: »Der Kayser ist durch einen König gefangen worden und wird durch einen Grafen hingerichtet.«

Übrigens war Marcus Grave auch ein geschickter Arzt, der die von ihm Gefolterten rasch und gut heilte, auch chirurgisch behandelte und sich sogar, soweit das damals überhaupt möglich war, mit Geisteskranken nicht ohne Erfolg befaßte!

Der Sommer 1613 war sehr heiß und wenn, wie in Wien, die Leichen der Gehenkten lange Zeit am Galgen hängen gelassen wurden, konnte es geschehen, daß die Würmer und die Hitze die Leichen bald zum Herabfallen brachten. Diesmal waren es gleich acht Leichen, die der Scharfrichter in diesem Zustand begraben sollte. Er verlangte wegen üblen Geruchs eine Zulage, doch der Wiener Magistrat verweigerte sie ihm.

In dieser Zeit fiel Jakob Vollmar wieder einmal übel auf. Nach einem üblichen Henkersmahl in Innsbruck zechte er mit seinen Gesellen gewaltig, randalierte und fluchte, stürmte zu Pferde mit gezücktem Richtschwert über die Innbrücke und erschreckte Passanten. Auf dem Heimritt versuchte er in der Haller Au Eva, die Tochter des Martin Fezis, zu vergewaltigen. Er trat ihr mit bloßem Schwert entgegen, konnte aber von zufällig des Weges kommenden Wanderern von seinem Vorsatz abgehalten werden. Bald darauf wurde er wegen Wilddieberei verhaftet und eingesperrt. Nach einer Strafe von mehreren Tagen Gefängnis durfte Vollmar sein Amt wieder ausüben.

Fettmilchs Bürgeraufstand

In Frankfurt am Main hatte 1616, im Todesjahr Shakespeares, der berühmte Fettmilch'sche Bürgeraufstand sein Ende gefunden, der gegen den Rat und die Juden gerichtet, vier Jahre gedauert hatte. Die vier Anführer, darunter Fettmilch selbst, wurden geköpft und ihre Häupter »für ewige Zeiten« am Brückenturm, jedermann deutlich sichtbar, angenagelt. Fielen sie herab, mußten sie wieder zusammengesetzt und neu aufgehangen werden. Den letzten dieser vier Schädel – er hing dort bis 1801 – sah Goethe noch als Kind.

In Nürnberg zog sich Frantz Schmidt 1617 ins Privatleben zurück, nach über 44 Jahren Scharfrichterei und 361 Hinrichtungen mit Schwert, Strang, Rad und Wasser, und 345 Leibesstrafen (Stäupen, Brandmarken, Ohrenabschneiden, Fingerabschlagen). Sein Tagebuch schloß er ab. Auf Antrag des Rats der Stadt Nürnberg wurde er vom Kaiser ehrlich gesprochen und bekam daher auch 1634 ein ehrliches, christliches Begräbnis. Sein Nachfolger wurde Bernhard Schlegel, Angehöriger einer uralten Scharfrichterdynastie. Ein Scharfrichter gleichen Namens begnete uns schon 1374.

Jakob Vollmar hatte sich in der Zwischenzeit nicht gebessert. Ende 1618 wurde er in der Nacht verhaftet und ins Gefängnis, in den Innsbrucker Kräuterturm, gesperrt. Er hatte trotz mehrfacher Ermahnung wieder gewildert. Nach einer Woche Haft wurde er gegen das Versprechen, nie wieder zu wildern, entlassen und verlor seinen Posten. Ihm folgte Hans Has, zunächst noch ohne Bestallungsurkunde. Jakob Vollmar aber versuchte, sein Brot durch Zauberei und Kurpfuscherei zu verdienen.

Übrigens wurden Nachkommen Jakob Vollmars Scharfrichter in Donauwörth, Dillingen (1639), Lauingen (1652), Öttingen (1644) und Nördlingen. Ein Johann Peter Vollmar war von 1694 bis 1723 Scharfrichter in Meran.

Hexenjagd und Dreißigjähriger Krieg

In den Jahren 1617 bis 1622 kam es in Bernau bei Berlin zu einer großen Hexenjagd, der 16 Einwohner zum Opfer fielen: 4 Männer und 17 Frauen wurden verhaftet und angeklagt. Zwei Männer und drei Frauen wurden freigesprochen, ein Mann und fünf Frauen starben im Gefängnis. Ein Mann und neun Frauen wurden zur Richtstätte geschleift, mit glühenden Zangen gerissen und lebendig verbrannt. Die Ursache dieses Exzesses war, daß die Karossenpferde des Kurfürsten Johann Sigismund, gerade als er durch das Berliner Tor fuhr, plötzlich niederfielen. Da es keine Ursache hierfür zu geben schien, mußte es wohl Zauberei sein.

Der Dreißigjährige Krieg und vier Pestepidemien dämpften in der Stadt Bernau dann aber das Hexenfieber erheblich. Ein Jahr nach dem Pferdeunfall, in dem mit der Schlacht auf dem Weißen Berg der Dreißigjährige Krieg begann, wurde auf Antrag – obwohl die Freiheit gemeinen Rechts schon längst auch für den Scharfrichter galt – der Wiener Scharfrichter Joachim Stein am 26. 9. 1618 »von allen infamiae nota befreyt«. Offenbar geschah das für langjährige treue Dienste.

Im gleichen Jahr goß der Pilsener Scharfrichter, dem Beispiel Kaspar Neithardts und seiner Nachfolger in Passau folgend, nie fehlende Freikugeln – aber täglich nur drei –, die gegen die Mansfeldischen Belagerer geschossen werden sollten. Dennoch erstürmte Mansfeld die Stadt und besetzte sie. Da fiel das enttäuschte und erzürnte Volk über den Scharfrichter her. Weil er sich als hieb- und stichfest erwies – was niemand wunderte – hing man ihn an einem eigens für ihn errichteten Galgen auf.

Inzwischen war es zum Prager Fenstersturz gekommen, und der Dreißigjährige Krieg war ausgebrochen. Eines seiner ersten Opfer war der angesehene Gelehrte, Arzt, Anatom und Rektor der Prager Universität, Johann Jessenius von Jessenitz, der als Angehöriger der böhmischen Stände und der Reformationspartei auf einer Reise in Wien verhaftet und in dem darauffolgenden Prozeß zum Tode verurteilt wurde. Ein Angehöriger der tschechischen Scharfrichterfamilie der Mydlař vollzog das Urteil, das ihm vorschrieb, dem Verurteilten zuerst die Zunge herauszuschneiden, ihn dann zu enthaupten und am nächsten Tag den Körper zu vierteilen und die Teile auf Pfählen in der Stadt auszustellen.

In Bernau bei Berlin hängten Soldaten während des Dreißigjährigen Krieges die Einwohner dutzendweise auf dem Markt auf.

Graf heilte Geisteskranke

Während die Mansfeldischen noch vor den Mauern Pilsens lagen und in Frankfurt am Main sich das Vorbild Frantz Schmidts, der die Kindsmörderinnen nicht mehr ertränkte, sondern enthauptete, Schule machte, behandelte der muntere Scharfrichter Max Graf zwei geisteskranke Mädchen, die ihm vom Rat der Stadt Hamburg anvertraut worden waren. Alle bisherigen ärztlichen Bemühungen waren gescheitert, so daß bereits von teuflischer Besessenheit die Rede war. Aber Max Graf kurierte sie soweit, daß sie ins neue Zuchthaus eingeliefert werden konnten, das damals eine Abteilung zur Unterbringung ungefährlicher Geisteskranker besaß. Über das weitere Schicksal der beiden Mädchen ist nichts bekannt. Kulturgeschichtlich interessant aber ist, daß man einem Scharfrichter zutraute, Geisteskranke zu heilen.

Im Jahre 1619 mutete der Rat der Stadt Hamburg zum ersten und einzigen Mal in der Geschichte der Stadt seinem Scharfrichter zu, eine Frau mit dem Strang zu richten. Auch hier zog man ihr, um der guten Sitten willen, ein paar Mannshosen unter die Röcke.

In Nürnberg hatte Meister Bernhard Schlegel von der Zurruhesetzung Frantz Schmidts an, seine Zeit ohne scharfrichterliche Tätigkeit verbracht. Erst 1620 kam es bei klirrendem Frost zu seiner ersten Hinrichtung mit dem Strang. Ihm war sogar »eine neue zwiefache Leiter aus frischem Eichenholz zu seiner ersten Prob' gemacht worden«, doch sollte ihm »diese nicht geraten«. Das Opfer starb eines langsamen Todes. Der Scharfrichter marterte den Verurteilten sehr. Er setzte sich auf den Galgen, schrie ihm dreimal überlaut »Jesus« in die Ohren, nahm ihn beim Schopf, drückte ihn »vielmals mit aller Kraft« nieder und sei gar unbarmherzig mit ihm umgegangen, würgte ihn gar. »So ist ihm seine erste Prob nit wol gerathen, denn Jedermann ein groß Mifallen an seinem Henker gehabt, uf ihn, den Henker gescholten, geflucht und alles Übels gewünschet, das nit viel gefehlet, man hätte ihn gar gesteinigt, wan man die gefroren Erdschollen hätte gewinnen können«.

Mord unterm Galgen

Ein geheimnisvoller Vorfall ereignete sich im Jahre 1621 bei der Hinrichtung eines ungetreuen Ratskämmerers durch Max Graf. Als sich die Zuschauer dichter um das Schafott drängten und auf den Scharfrichter und den Delinquenten starrten, fiel plötzlich ein Schuß, und ein junger Mann aus der Menge stürzte zu Tode getroffen nieder. Dann waren noch die Hufschläge eines wie rasend davongaloppierenden Pferdes zu hören. Der Erschossene war der Sohn des Senators Peter Röver. Der Mörder entkam und wurde nie entdeckt. Man vermutete, daß es sich um eine Eifersuchtstat gehandelt habe.

Im gleichen Jahr, am 21. Mai 1621, wurde in Augsburg eine junge und schöne Kindsmörderin zum Tode verurteilt. Am Tage vor der Hinrichtung bot der Kammerdiener eines in Augsburg wohnenden französischen Edelmanns an, die Delinquentin zu heiraten und mit ihr nach Frankreich zu ziehen. So wurde statt einer Hinrichtung eine Trauung vollzogen, und das Paar verschwand aus der Stadt.

Und gleich noch eine Trauung: Meister Dietrich Metz, Scharfrichter von Augsburg, heiratet die Scharfrichterstochter Barbara Däubler. Sein Trauzeuge war der Weber Balthaß Briger, der ihre war ihr Vater, Michael Däubler, gewesener Scharfrichter von Augsburg, der letzte dieses Namens in dieser Stadt.

Hain richtet eine Kuh

Ein paar Monate später, am 5. August 1621, hatte der Leipziger Scharfrichter Christoph Hain eine seltsame Hinrichtung zu vollziehen. In der Leipziger Umgebung war es Brauch, daß arme Leute, die zwar eine Kuh, aber nicht das nötige Winterfutter für sie hatten, sie gegen Bezahlung an solche vermieteten, die sie füttern konnten. Man nannte solche Kühe »Mietkühe«. Die damals hochschwangere Frau des Bauernhofbesitzers Hannss Fritzsche hatte eine solche Mietkuh zu betreuen. Ob diese wild war oder ob die Bäuerin sie roh behandelte, kurz, die Kuh versetzte der Frau einen derben Hornstoß, an dem diese starb. Der Erbsasse zu Möckern bei Leipzig, der später schlachtenberühmte Junker Friedrich von Lindenau, in dessen Bereich der Hof der Fritzsches lag, verklagte die Kuh bei der Juristischen Fakultät der Universität Leipzig, und diese fällte nach eingehender Beratung das Todesurteil über die mörderische Kuh. So kam es, daß Meister Hain an dem genannten Tage, abends zwischen 8 und 9 Uhr, die Kuh hinter die Schäferei führte und dort erschlagen und begraben mußte. An die armen Teufel, deren wertvollster Besitz diese Kuh war, hatten offenbar niemand gedacht.

In Hall in Tirol wurde dem ehemaligen Scharfrichter Jakob Vollmar und seiner Frau, von der Regierung wegen Zaubereiverdacht das Kurpfuschen verboten.

Im Jahr 1622 verschwindet der Name Max Graf aus den Annalen der Stadt Hamburg. An seine Stelle tritt Valtin Matz aus Duderstadt, der nicht so lustig, dafür aber mitleidig war.

Schon zwei Jahre später sollte ihm sein weiches Herz den ersten Streich spielen. In Hamburg wurden gewisse Strafgefangene zum Karrenziehen verurteilt, z. B. bei Erdarbeiten, wie sie bei Deichbauten, Kellerausschachtungen usw. notwendig waren. Die Eintönigkeit, die große körperliche Anstrengung, erschwert durch die unaufhörlichen boshaften, sadistischen Schikanen und Mißhandlungen durch die Gefangenenaufseher, machten diese Tätigkeit zur Marter. Um diesem entsetzlichen Dasein zu entkommen, mag so mancher sich den Tod gewünscht haben. Ein solcher Karrengefangener, wohl an sich schon melancholischer Natur, erschlug eines Tages einen Menschen – vielleicht einen der sadistischen Aufseher – einzig zu dem Zweck, wegen Mordes zum Tode verurteilt zu werden und so den unerträglichen Qualen zu entrinnen.

Als Valtin Matz den völlig apathischen, ausgemergelten, mit gräßlich eiternden Wunden, durch Kettenschellen an Armen, Beinen und Hüften verursacht, bedeckten Menschen vor sich sah und diesem Unglücksgeschöpf auch noch das bißchen Leben nehmen sollte, erfaßte ihn Mitleid. Was die amtlichen Verwalter der menschlichen »Gerechtigkeit« in ihrem Dünkel nicht empfanden, das überkam den berufsmäßigen Folterer und Töter. Er erblaßte und errötete abwechselnd, setzte mehrmals zum Schwertschwunge an, seufzte tief, schlug endlich mit umflorten Augen zu, fehlte, traf schlecht und tötete ihn schließlich nach ungewollter grausamer Marter. Nur mit Mühe entging Matz der Rache des Volkes. Noch im gleichen Jahr, am 13. Dezember, richtete Matz die letzten drei der insgesamt 600 Seeräuber – Nachfolger Störtebeckers – auf dem Grasbrook hin.

Damals wurde in Hamburg dem Henker genau vorgeschrieben, wie er sich in öffentlichen Gaststätten zu verhalten habe. Betrat er ein Lokal, mußte er den Hut lüften, sagen, wer er sei und fragen, ob er bleiben dürfe. War auch nur einer der anwesenden Gäste dagegen, mußte er wieder fort. Nur im Ratskeller durfte er ohne dieses Zeremoniell bleiben, solange er wollte. Daher wird in Hamburg die Trinkstube auch Henkersstube genannt.

Drei Ereignisse aus dem Jahre 1624 sollen noch erwähnt werden: Dem Geographen Sanson de Longval in Abbéville wurde in diesem Jahr der älteste Sohn namens Jean Baptiste geboren, von dem noch zu berichten sein wird.

Die Stadt Kaufbeuren verlor in diesem Jahr ihren evangelischen Scharfrichter. Für die freie Stelle interessierte sich der katholische Andreas Aberell, ein Nachkomme oder Verwandter des Schongauer »Hexenmachers«. Die Kaufbeurer lehnten ihn ab. Sie wollten nur einen evangelischen Scharfrichter.

Und drittens sei noch erzählt, daß Hans Has in Hall, der schon früher verhaftet worden war, weil er und seine Frau sich als Wunderheiler ausgegeben und dabei großen Zuspruch erzielt hatten, nunmehr das Gerücht verbreitete, er könne verlorene oder gestohlene Gegenstände hellseherisch wiederfinden.

Der Fall Hélène Gillet

Nicht viel später ereignete sich eine Scharfrichtergeschichte voller menschlicher Tragik, verursacht durch Bosheit, Niedertracht und hämische Schadenfreude. Nordöstlich von Lyon, am Westfuß des französischen Jura liegt eine kleine Stadt namens Bourg en Bresse. Dort lebte und wirkte in den Jahren 1624/25 der angesehene königliche Kastellan Gillet. Er wohnte in einem weitläufigen Hause, dessen dichtbewachsener Garten durch einen Zaun von der Straße getrennt war. Gegen die Nachbargärten wurde er durch je eine Mauer abgegrenzt. Der verwitwete Kastellan hatte mehrere Kinder. Das älteste war die 1604 geborene Hélène, die inzwischen zwanzigjährig, an ihren wesentlich jüngeren Geschwistern Mutterstelle vertrat. Sie war ein hübsches, bescheidenes, stilles und stets freundliches Mädchen, das in der ganzen kleinen Stadt bekannt und beliebt war. Im Oktober des Jahres 1624 wollten klatschsüchtige Nachbarsweiber von der Sorte, die offenbar nichts anderes zu tun haben als aus dem Fenster zu hängen oder an Straßenecken und Haustüren ihren bösen Zungen freien Lauf zu lassen, Zeichen der Schwangerschaft an Hélène bemerkt haben. Bevor der Stadtklatsch hierüber noch richtig in Schwung gekommen war, schienen diese Merkmale wieder verschwunden zu sein. Hélène ging, vielleicht doch einen Schein blässer und ernster, aber sonst ganz wie immer ihren täglichen Pflichten nach. Doch der Klatsch verstummte nicht. Die Gerüchte zogen immer weitere Kreise und schließlich schien dem Kriminalgericht wohl nichts anderes übrig zu bleiben, als sich einzuschalten. Hélène wurde vorgeladen und befragt – sie wußte von nichts. Zu allem Überfluß wurden Hebammen herbeigeholt, um Hélène zu untersuchen. Sie stellten eine etwa 14 Tage zurückliegende Geburt fest. Nun wurde Hélène verhaftet. Nach längeren Verhören gab sie schließlich folgendes zu: Ein junger Mann aus der

Nachbarschaft, der ihren Geschwistern Unterricht im Lesen, Schreiben und Rechnen erteilt hatte, sei zudringlich zu ihr geworden. Sie aber habe ihn energisch zurückgewiesen und wirklich einige Zeit Ruhe vor ihm gehabt. Er aber habe die Magd bestochen, daß diese ihn schon bei Tage unbemerkt in Hélènes Schlafstübchen, das weit abseits von den übrigen bewohnten Räumen des Hauses gelegen war, eingelassen habe. Hier habe er sie, als sie spät abends zu Bett gehen wollte, vergewaltigt. Ihre Schreie hätte niemand gehört. Von Schwangerschaft und Geburt aber wisse sie nichts.

Die gestrengen Richter schienen ihr zu glauben, der Prozeß neigte sich bereits zu einem für Hélène günstigen Ausgang, da ereignete sich der alles entscheidende Zufall: Ein Soldat ging spazieren. Er schlenderte auch am Gartenzaun des Kastellanhauses entlang. Da bemerkte er einen aus den Büschen aufflatternden Raben, der aber nicht weit wegflog, sondern sich in der Nähe niederließ. Dem Soldaten fiel auf, daß der Rabe sofort in den Garten zurückkehrte. Er kehrte um, und der Rabe verhielt sich genau wie vorher. Und bei einem dritten Mal ebenso. An der Stelle, die den Raben so magnetisch anzuziehen schien, schimmerte etwas Weißes durch die Zweige. An dem hatte der Rabe gezerrt. Der Soldat schwang sich über den Zaun, zerrte nun selbst an dem weißen Stoff, der aus der Erde hervorlugte, offenbar feine Leinwand, und schaffte ein Bündel zutage, das den Leichnam eines Neugeborenen enthielt.

Der Soldat erstattete Anzeige, der Stoff des Bündels wurde untersucht. Es war ein feines Frauenhemd, mit den Buchstaben H.G. gezeichnet. Hélène, mit dem Fund konfrontiert, leugnete standhaft. Doch die Daten des vermuteten Geburtstermines, der Zeitpunkt der Vergewaltigung und das Alter des toten Säuglings stimmten so genau überein, daß das Verfahren wegen Kindesmords gegen Hélène eröffnet werden mußte.

Am 6. Februar 1625 wurde das Urteil verkündet: Auf Grund eines Edikts König Heinrich II., das besagt, daß jedes Mädchen, das Schwangerschaft und Geburt verheimliche, als Kindesmörderin zu gelten habe, selbst wenn das Kind noch lebte, und das auf königlichen Befehl viermal jährlich von allen Kanzeln herab verlesen wurde, befand das Gericht Hélène Gillet der verheimlichten Schwangerschaft und des Kindesmords für schuldig.

Sie wurde verurteilt, mit dem Schwert vom Leben zum Tode gebracht zu werden.

Nun erst legte sie ein volles Geständnis ab: Wie sie nach der Vergewaltigung mit zunehmendem Entsetzen die Zeichen der Schwangerschaft an sich erkannte; wie sie sie zitternd vor Furcht, vor unsäglicher Scham, vor entsetzlicher Angst vor dem gestrengen Vater, vor der gehäßigen Umwelt, vor den Geschwistern zu verbergen trachtete; wie sie eines Nachts von den Wehen überfallen, in aller Verlassenheit unter quälenden Schmerzen und in Todesängsten das Kind zur Welt gebracht habe. Es sei bereits tot gewesen, hätte weder geschrien noch geatmet. So habe sie es in ihr ohnehin blutiges Hemd gewickelt und an der Gartenmauer weinend und voller Angst, entdeckt zu werden, vergraben. Dies Geständnis änderte jedoch an dem Urteil nichts.

Am 12. Mai des Jahres bestätigte das Parlament (Gericht) zu Dijon das ergangene Urteil, obwohl die öffentliche Meinung auf seiten Hélènes stand, eines bisher unbescholtenen, anmutigen und überall beliebten jungen Mädchens. Als der Scharfrichter von den Einzelheiten des Falles hörte, den Befehl zur Hinrichtung erhielt und Hélène schließlich im Gefängnis sah, erfaßt ihn immer tieferes Mitleid und eine zitternde Unruhe. Er beichtete und kommunizierte. Am nächsten Morgen sah er sie, blaß und unsagbar rührend in ihrer mühsamen Gefaßtheit das Schafott betreten. Er fühlte die erregte, murrende Menge hinter seinem Rücken, da verließ ihn die Fassung. Er zitterte, rang die Hände, hob die Arme zum Himmel, fiel auf die Knie, sprang auf, sank erneut nieder, betete, fluchte. Dann flehte er sein Opfer an, ihm zu verzeihen, bat dann den Geistlichen, ihm den Segen des unschuldigen Opfers zu beschaffen. Währenddessen hatte Hélène zum letztenmal gebetet, kniete jetzt vor dem Sandhaufen nieder, der ihr Blut aufsaugen sollte, und bot ergeben den kindlichen Nacken dar. Der Scharfrichter ergriff sein Schwert, rief laut, er wünsche an ihrer Stelle zu sein, holte mit Tränen im Auge weit aus, schlug zu und traf sie in die Schulter, schleuderte sie mit der Wucht des Hiebes weit zur Seite, wo sie blutüberströmt liegen blieb. Entsetzt warf er nun das Schwert von sich, bat schluchzend die Umstehenden, sie möchten lieber ihn töten. Da brüllte das Volk auf, Schreie,

Steinwürfe, einer traf den Scharfrichter am Kopf, der taumelte. Da tauchte das Weib des Henkers am Schafott auf. Sie hatte wohl erkannt, daß es für ihn hier um Amt und Brot ging, ja vielleicht sogar ums nackte Leben. So sprach sie ihm zu, hob Hélène auf, die sich mit den zurückgebundenen Händen, halbtot vor Schmerzen, Blutverlust und wahnsinnigem Entsetzen, nicht erheben konnte, überredete sie, sich in Ruhe zu fügen, reichte ihrem Manne das Schwert und sagte: »Nun tu deine Schuldigkeit!«

Der Scharfrichter ergriff das Schwert erneut, holte aus und führte den Streich zum zweitenmal – vielleicht mit geschlossenen Augen oder blind vor Entsetzen oder betäubt von dem Steinwurf – und fehlte wieder. Weit schleuderte er nun das Schwert von sich, sprang unter dem Gebrüll des empörten Volkes vom Blutgerüst herab und verbarg sich in einer danebenstehenden Kapelle.

Das hätte ihm am Ende das Leben retten können. Aber des Scharfrichters Weib brachte nun das Volk in Wut, indem es sich auf das halbbewußtlose Opfer stürzte, das von deren Handgelenken herabhängende Seilende packte und versuchte, es Hélène um den Hals zu schlingen, um sie zu erwürgen. Hélène wand und sträubte sich mit schwindenden Kräften. Das Weib schlug mit Fäusten auf sie ein, hieb auf Brust und Nacken, um sie ganz zu betäuben, und versuchte mehrere Male, die Schlinge zuzuziehen. Nun war das Volk zur Raserei gebracht. Ein Steinhagel ging auf das furchtbare Weib nieder. Dieses packte ihr Opfer, schleppte es, nun ebenfalls blutend und halb betäubt, an den Haaren zu dem vom Volke abgewendeten Rand des Schafotts, zog eine lange Schere aus der Tasche und versuchte, damit den Hals des Opfers zu durchtrennen. Da das nicht gelang, stach sie blindwütend auf Hélène ein, verletzte sie am Hals und im Gesicht. Jetzt war das Volk nicht mehr zu halten. Rasende kletterten von allen Seiten auf das Schafott, entrissen das arme Geschöpf seiner Peinigerin, schlugen mit Fäusten und Knütteln auf das elende Weib ein und traten und stampften sie zu Tode. Andere rissen den Scharfrichter aus der Kapelle und bereiteten ihm das gleiche Ende. Die ohnmächtige Hélène aber wurde in das nahe Haus eines Wundarztes gebracht. Keine der Wunden war tödlich. Unter seinen Händen erlangte sie das Bewußtsein wieder, und ihre ersten Worte waren: »Ich wußte wohl, daß Gott mir beistehen würde!« –

Da am folgenden Tag die Gerichtsferien begannen, wurde die verbundene und versorgte Hélène einem Gerichtsdiener zur Bewahrung übergeben. Nun war Zeit genug, sich bei Hofe für Hélène zu verwenden. Der Augenblick war günstig, denn gerade feierte man dort das Beilager der Königsschwester Henriette mit König Karl I. von England. Bereits Ende Mai 1625 erfolgte die Begnadigung, und nicht nur sie, sondern sogar die volle Absolution des ganzen Gerichtsverfahrens, einschließlich des Todesurteils, und die völlige Wiederherstellung der bürgerlichen Ehre Hélènes:

»Schwäche, Unerfahrenheit ihres Geschlechts und Alters, Todesangst und körperliche Leiden überwogen beinahe die Todesstrafe. Ihre Eltern von Ehre und guter Familie verdienen, von weiterer Schmach und Schande verschont zu bleiben. Es wird erwartet, daß sie ihr künftiges Leben mit Dank gegen Gott, Fürbitte für das königliche Wohlergehen und Ausübung guter Werke verbringe und aus besonderer Freude über die Vermählung der innigstgeliebten königlichen Schwester.« Gezeichnet: Ludwig XIII.

Hélènes Fürbitten konnten jedoch den jungvermählten Karl I. nicht vor dem Schafott bewahren, das er 24 Jahre später besteigen sollte.

Die Pest

Während in Donauwörth Marx Deubler die Scharfrichterstelle übernahm, war in Wien 1625 die Pest eingezogen. Wer konnte, verließ die Stadt, selbst der Scharfrichter, ein Schrottenbacher, verließ das alte Dewphaus (Amtshaus) in der Himmelpfortgasse und brachte sich in Sicherheit.

Der Scharfrichter von Hall in Tirol, Hans Has, hatte sich, ein Jahr später, nach alter, längst überholter Scharfrichterübung bei Abnahme einer in ihrer Behausung Erhängten soviel von deren Hinterlassenschaft angeeignet, »was er mit seinem Richtschwert erreichen konnte«. Dabei stand ihm nach neuerem Tiroler Recht für Abnahme und Begräbnis von Selbstmördern nur eine entsprechende Gebühr zu.

Im gleichen Jahr mußte in Berlin der Scharfrichter eine ungewöhnliche Hinrichtung vollziehen. Der Notar Alexander Gesner, bisher eine angesehene Persönlichkeit, wurde bei einem Diebstahl ertappt. Darauf stand unweigerlich der Tod. Um aber dem Mann und seiner Familie nicht noch mehr Schande zu bereiten, milderten die Richter die Strafe, in dem sie die Exekution nicht öffentlich, wie üblich, sondern zwischen den geschlossenen Toren des kurfürstlichen Schlosses vornehmen ließen. Gesner blieb erspart, durch die bevölkerten Gassen geführt zu werden.

Nach dem Abflauen der Pest in Wien wurde dort für ein bißchen mehr »Hygiene« gesorgt. Das störte aber das Schergengesindel, die Henkers- und Abdeckersknechte und die Kanalräumer, die die unterirdischen Abflußkanäle zum Wienfluß und zum Donaukanal zu säubern hatten, die z. T. als Pestleichenkärrner während der Seuchenzeit ungeniert und ohne auf Widerspruch zu stoßen, durch die Straßen flaniert waren. Sie stellten jetzt einen Schandfleck dar, und um sie aus der Stadt zu bekommen, wurde ihnen an der sogenannten Hirschpewnt, Hirschpeunt oder Hirschpoint, einem kleinen Hügel vor dem Carolinen-(Stuben-)tor, zwischen der Landstraßer Hauptstraße und dem Rennweg ein Haus gebaut. Von der darin untergebrachten Abdeckerei angelockt, sammelten sich dort ganze Scharen von Raben. Der an dem Haus vorbei hangaufwärts führende Weg wurde daher Rabengestätte, dann Rabengasse genannt. Heute heißt er Beatrixgasse nach der Erzherzogin Maria Beatrix von Este.

Etwa in dieser Zeit, 1627, starb in Schongau Scharfrichter Hans Kuisl an einer Kopfwunde, die ihm sein Kollege aus Steingaden beigebracht hatte.

Im Jahre 1627 erreichte die Welle der Hexenverfolgung in Tirol, während der Regierung der Herzogin Claudia von Medici, ihren Höhepunkt.

Im Jahre 1628 tauchte der Name Abrel wieder auf: Ein Hans Enderes Abrel (der Name wird verschieden geschrieben: Aberell, Abriel, Aprel, April), Scharfrichter zu Oberdorf, nahe Schongau, bewarb sich für einen männlichen Verwandten um die Scharfrichterstelle im benachbarten Kaufbeuren.

Wer begräbt den Scharfrichter?

Während in Wien 1630 wieder einmal das Hochgericht auf dem Wienerberg ausgebessert wurde, ergab sich in Husum ein bisher noch nicht erkanntes Problem: Dort starb nach langen Jahren treuen Dienstes der alte Scharfrichter Albert Möller. Sein einziger, unverheirateter Sohn und Nachfolger Philipp besorgte nach altem Brauch still und ohne Aufsehen das Begräbnis. Danach starb ganz plötzlich auch er – ohne Verwandtschaft, ohne Nachkommen. Nun tauchte das Problem auf: Wer sollte nun dem Geächteten das Totenkleid anziehen? Wer begräbt den unehrlichen Mann? Ein mitleidiger Schneider fand sich schließlich, der dem Scharfrichter das Totenkleid nähte, ja es sogar der Leiche überstreifte.

Aber sogleich zogen sich die Leute von ihm zurück. Er hatte sich unehrlich gemacht. Er war nun aus der Gesellschaft ausgestoßen. Was blieb ihm anderes übrig, als selbst das Scharfrichteramt zu übernehmen? Er überredete den Nachtwächter, ihm beim nächtlichen Verscharren der Leiche Philipp Möllers zu helfen. Der tat es. Und als sich nun der Schneider heimlich davon machte, da wußten bereits einige scharfe Beobachter – oder waren es scharfe Beobachterinnen – daß der Nachtwächter bei der Beerdigung des jungen Möller geholfen hatte. Was lag also näher, als den Nachtwächter zum Nachfolger des Schneiders im Scharfrichteramte zu machen?

Aber auch der Nachtwächter starb bald darauf, und wieder wollte keiner ihn begraben. Da griff die Tochter eines durchreisenden Schinderknechts hilfreich ein. Sie wurde überredet, das Amt des Nachtwächters als Scharfrichterin zu übernehmen. Sie sagte zu, kam aber nicht dazu, ihren Beruf praktisch auszuüben, denn auch sie starb bald darauf. Der Chronist berichtet leider nicht, wie sich der Rat der Stadt diesmal aus der Affäre zog.

Ein Enthaupteter läuft davon

Zu Anfang dieses Jahrhunderts muß es geschehen sein, daß sich der Dresdener Scharfrichter verwettete, Hand in Hand mit einem von ihm selbst Enthaupteten eine Strecke weit zu gehen. Kurfürst Johann Georg I. erfuhr davon und wollte das erleben.

Als bald darauf eine Frau geköpft wurde, legte ihr der Scharfrichter ein Stück Rasen auf den Halsstumpf, damit sie nicht zu rasch das Blut verlöre, nahm sie an der Hand und lief mit der Geköpften eine ganze Strecke weit. Der Kurfürst war derart erstaunt und erregt von diesem Erlebnis, daß er dem Scharfrichter das ganze Stück Land, auf dem dieser mit der Enthaupteten gelaufen war, schenkte. Es waren dreißig Acker. Er adelte den Scharfrichter, und gab ihm und seinen Nachkommen den Namen »von Dreißigacker«. Im Jahre 1631 folterte ein Meister von Dreißigacker in Dresden eine Hexe.

Im gleichen Jahr wurde in Berlin Hans Lissen als neuer Scharfrichter angestellt. Daß es sich um einen cholerischen Mann gehandelt haben muß, geht aus der Tatsache hervor, daß er bald nach seiner Anstellung wegen »Injurien zu 500 Taler Strafe« verurteilt werden mußte.

Die gerettete Kindsmörderin

In Basel war es Brauch, Kindsmörderinnen mit zwei Schweinsblasen voller Luft um den Hals in den Rhein zu werfen. Wenn sie sich, von der Strömung getrieben, bis in die Höhe des Thomasturms über Wasser halten konnten, schenkte man ihnen das Leben. So geschah es auch am 7. Mai 1634. Ein wegen Kindsmord zum Tode durch Ertränken verurteiltes Mädchen namens Madlen (Magdalena) Egerin, wurde gefesselt, bekam zwei Schweinsblasen um den Hals gebunden und wurde von der Rheinbrücke in den Strom gestürzt. Tatsächlich gelang es ihr, sich bis zum Thomasturm über Wasser zu halten und wurde hier von mitrudernden Fischern gerettet. Das Leben wurde ihr geschenkt, doch durfte sie nicht nach Basel zurückkehren.

Im darauffolgenden Jahr wurde dem Geographen Sanson in Abbéville ein zweiter Sohn geboren, der in der Taufe den Namen Karl erhielt.

Meister Hans Lissen war nur fünf Jahre in Berlin im Amt. 1636 schwor Meister Gottfried Zürck als neuer Berliner Scharfrichter den vorgeschriebenen Eid.

Zauber und Medizin

Der Dreißigjährige Krieg ermöglichte die außerordentlich schnelle Verbreitung des schlimmsten Aberglaubens. Talismane, wie sie die »Passauer« trugen (man nannte die Träger der Zettel Meister Neithardts und seiner Nachkommen und später überhaupt alle Talismanträger »Passauer«), machten gefeit gegen Hieb und Stich, aber nicht gegen Kugeln (soviel war also doch schon durchgesickert); Stücke und Splitter des über einen zum Tode Verurteilten gebrochenen Stabes ließen Missetaten ungestraft gelingen; wer einen noch warm vom Galgen geholten Diebsdaumen besaß, konnte ungehindert weiterstehlen; eine Wurzel aus der Erde des Rabensteins, gewachsen aus den Tränen unschuldig Gerichteter (wie oft mag das geschehen sein!) half gegen Epilepsie ebenso wie das noch warm getrunkene Blut Enthaupteter; durch Zaubersprüche der Scharfrichter konnte ein Mensch »gefroren« gemacht werden, das hieß »unverletzlich gegen Hieb, Stich und Schuß«. Aber es gab auch Mittel und Wege, solchen Zauber zu brechen. Das zeigt die Geschichte des Profosen (Militärscharfrichter) der Hatzfeld'schen Armada 1636.

Dieser Profos war von mehreren befreundeten Scharfrichtern »ganz und gar gefroren« gemacht worden. Der Ruf seiner Unverletzlichkeit war bis ins feindliche Lage zu den Schweden gedrungen. Eines Tages geriet er in schwedische Gefangenschaft. Neugierig probierten die Schweden die verschiedensten Hinrichtungsarten an ihm aus – alle vergebens. Sie zerbrachen sich nun den Kopf, was sie noch tun könnten, da kam einer auf die Idee festzustellen, ob dieser Profos wohl auch gegen geworfene Äxte gefeit sei. Daran hatten die zauberkundigen Scharfrichter offenbar nicht gedacht: Der Profos starb getroffen von heransausenden Äxten.

Die Memminger Chronik berichtet unterm 21. Juli 1637, dem Scharfrichter werde gekündigt, »weil er sich des Arzneiens nit enthalten kann«. Er mußte innerhalb von vier Wochen die Stadt verlassen. Bald darauf äußerte sich eine ebenfalls medizinierende Scharfrichterin: »Es sey nicht eins jeden gelegenheyt, umb eins kleins Zustandts willen gleich zu ainem Barbier zu laufen!«

Wenzel Hollar: Hinrichtung Laimbauers und seiner Leute 1636 auf dem Hauptplatz von Linz

Bald nachdem die Entlassung des Memminger Scharfrichters bekannt geworden war, bewarb sich der Biberacher Scharfrichter Barthel Deubler um die freigewordene Stelle.

Ein Jahr darauf zog König Ludwig XIII. von Frankreich bei seinem Einzug in Abbéville das Quartier seines »untertänigsten« Geographen Sanson de Longval allen anderen vor. Er blieb dort zwei Nächte. Der Stolz und die Freude Sansons und seiner Frau sind verständlich. Sie brauchten von dieser Freude nicht lange zu zehren. Der Tod ereilte sie noch im selben Jahre. Ihre beiden Söhne Jean Baptiste und Karl wurden von einem Gönner ihres Vaters, Peter Brossier, des Herrn von Limeux, aufgezogen.

Im gleichen Jahr verkaufte Hans Has in Hall in Tirol »Armesünderfett« und Galgenstrickstücke, rühmte sich wiederholt hellseherischer Fähigkeiten, wollte damit verlorene oder gestohlene Gegenstände wiederfinden und wurde schließlich von Erzherzogin Claudia von Medici ernstlich verwarnt.

Im Jahre 1639 wurde Michel Schiller, Scharfrichter und Abdecker zu Holzen von seinem Gevatter, Johann Vollmar in Dillingen im Scherz derart verletzt, daß er kurz darauf starb. Zur Verhandlung erhielt Vollmar freies Geleit. Er erschien mit seinem Beistand Michael Businger, Stadtschreiber zu Höchstädt und wurde zu einer Zahlung von 100 fl. verurteilt und verpflichtet, sich künftig »vor Trunckenheit vnd andern Lasten zu hüten«. 1652 war er wieder Scharfrichter und zwar in Lauingen.

Katholische und evangelische Scharfrichter

Um etwa die gleiche Zeit – in den vierziger Jahren des 17. Jahrhunderts – bewarb sich Jacob Bickhle, Scharfrichter von Donauwörth, vergebens um die Scharfrichterstelle zu Öttingen und um die Witwe des Scharfrichters Caspar Vollmar. Besagte Witwe Apollonia Vollmar aber schrieb an Albrecht Ernst, Graf zu Öttingen, und bat ihn, ihrem künftigen Schwiegersohn die Stelle ihres verstorbenen Gatten zu übertragen. Sie selbst könne bei ihren katholischen Freunden in der Pfalz unterkommen, aber nicht ihre Töchter, denn sie waren doch nach dem Willen ihres verstorbenen Vaters »aale beede zu seiner gehabten evangelischen Religion gebracht und bewegt worden«. Sie selbst hätte ja auch vorgehabt, evangelisch zu werden, denn schließlich seien ihre Eltern und Voreltern das schon gewesen. Sogar evangelische Geistliche seien unter ihnen gewesen. Schon damals also wurden religiöse Bekenntnisse zum eigenen Vorteil geschickt ausgespielt.

Am 5. Juni 1642 tat Hans Has in Tirol einen schweren Sturz und starb an dessen Folgen. Ihm folgte Heinrich Hödl, dessen Mitbewerber um die Haller Stelle. Hans Leonhard Heppl hatte auf dem Weg nach Hall in Zell am Ziller den dortigen Abdecker Josef Stainer ermordet. Leonhard wurde in Hall gefangen genommen und zum Tode verurteilt. Seine Exekution war Heinrich Hödls erste Amtshandlung in Hall. Hödls späterer Lebenswandel entsprach dann allerdings nicht den Vorstellungen seiner Vorgesetzten.

Im Jahre 1643 bewarb sich der Nördlinger Scharfrichter Philipp Deubler um die Stelle in Öttingen, wobei er angab, er habe dem Grafen zu Öttingen früher schon mal 4½ Jahre gedient. Nördlingen habe ihm die Ausbildung der Arzneikunst verboten. Darum wolle er dort weg.

Erst in diesem Jahr, später als vielen anderen, wurde dem Kaufbeurener Scharfrichter der Wirtshausbesuch verboten.

Offenbar ließen sich die Öttinger Zeit mit der Besetzung der freien Scharfrichterstelle, die sehr begehrt war. 1644 bewarb sich Andreas Soden von Frankenstein im Lande Schlesingen um sie. Und auch Georg Follmar (Vollmair), bis dahin Scharfrichter zu Burglengenfeld mit der einschlägigen Erfahrung von 32 Hinrichtungen, bot seine Dienste an und machte darauf aufmerksam, daß er auch ein guter Pferdearzt sei. Gleichzeitig machte er seinen Mitbewerber Span von Dinkelsbühl derart schlecht, daß der Rat der Stadt Öttingen, der sich bereits für Span entschieden hatte, es sich anders überlegte und Follmar die Stelle gab.

Follmar hatte an den Öttinger Stadtrat geschrieben, Span sei ein »junger Mensch, der von der Tortur und dem Examen der Malefikanten nichts verstehe, »... auch »bekanntermaßen jüngsthin er und sein Vater zu Marcktoffingen mit dem Malefikanten so langsam und unerhöret procedirt, welches sein Lebtag niemals erhört noch gesehen, da sie ihme das Haar anfänglich abgeschnitten, wie auch das Hembd, auch mit einem Schermeßer in den Hals geschnitten, mit dem Finger umb den Hals gegangen, der Vater alsdann das Schwert genommen und etlichmal gezihlet, nachmals dem Sohn in die Hand gegeben, daß inzwischen der arme Sünder, wo er nicht ganz berauscht gewesen, hatte verzweifeln mögen«.

Valten Matz »butzt«

In der Zwischenzeit erfüllte sich in Hamburg im Jahre 1639 das Geschick Valten Matz'. Er verlor sein Amt durch sein »schlechtes Richten«, und das kam so:

Ein junger Mann namens Johann Körner gestand, von seinem Gewissen gequält, einen vor sieben Jahren von ihm verübten Mord und bat um die Todesstrafe. Sie allein könne ihn von den schrecklichen Bildern seines Verbrechens erlösen. Sein Wunsch wurde erfüllt, und er betrat eines Tages die Richtstätte, fast freudig. »Lieblichen Angesichts, blond wie ein Engel«, beschrieb ihn der Chronist. Johann Körner dankte Meister Matz im voraus für das, was er an ihm verrichten werde und sah ihn dabei treuherzig an. Das genügte, um Valten Matz' weiches Herz völlig dahinschmelzen zu lassen. Noch glaubte er, durch rauhes Gebaren und barsche Worte seine ins Wanken geratene Fassung wieder festigen zu können. Er stieß den Delinquenten grob zurück, schrie ihn an und drückte ihn auf den Armesünderstuhl nieder, auf welchem damals in Hamburg die Verurteilten zur Enthauptung sitzen mußten. Ruhig ohne Gegenwehr ließ sich Johann Körner das gefallen und erwartete laut betend den Todesstreich. Da zerfloß Valten Matz' Herz. Verwirrt schwang er die furchtbare Waffe, die Augen voller Tränen, schlug zu und fehlte zweimal. Erst beim dritten Hieb sprang der Kopf über die Klinge. Valten Matz aber warf schluchzend das Schwert weit von sich und verfluchte sich, falls er es je wieder höbe. Apathisch ließ er sich von seinen Leuten fortschleppen und von der bewaffneten Eskorte in Schutz nehmen, denn das empörte Volk stürmte heraus, um den schlechten Scharfrichter zu töten. Es entwickelte sich ein Gefecht zwischen den Soldaten und der mit Steinen, Äxten und Knütteln bewaffneten Menge. Erst die herangezogene

Reiterei vermochte die Diener der Justiz vor dem Volkszorn zu retten. Der Rat der Stadt aber enthob Valten Matz seines Amtes – nicht, weil er zweimal fehlgeschlagen, sondern weil er das Richtschwert so verächtlich weggeworfen habe.

Valten Matz aber blieb auch nach seiner Entpflichtung weiterhin in Hamburg, baute sich in der Vorstadt vor dem Millerntor – dort, wo jetzt die Schlachterstraße im St. Michaels-Kirchspiel ist – ein Haus. Hier betrieb er eine ausgedehnte, einträgliche ärztliche und chirurgische Praxis für Mensch und Vieh und erwarb sich wieder Anerkennung und Respekt.

An seine Stelle trat der aus Ruppin gebürtige Scharfrichter Gebhart, ein Vorfahre jener späteren weithin bekannten Scharfrichterfamilie gleichen Namens, die aus Halle stammte. In Hamburg bewährte sich der neue Scharfrichter, der »Gevert« statt »Gebhart« genannt wurde, so gut, daß der Rat später seinen Sohn Jakob zu seinem Nachfolger machte.

Im Jahre 1640 erteilte der Rat der Stadt Günzburg dem Stadtschreiber und einem anderen Bürger einen »starken Verweis«, weil sie mit den Scharfrichtern von Weißenhorn und Augsburg, den Brüdern Metz, getafelt, und der Stadtschreiber die beiden Brüder sogar in seinem Hause beherbergt hatte.

Zwei Jahre später, 1642, heiratete in Abbéville der ältere der Söhne des Geographen Sanson de Longval Colombe, die Tochter des Vormunds Brossier. Der jüngere Sohn, Karl, ging auf Reisen und später zum Militär.

Im gleichen Jahr wurde in Nürnberg der Scharfrichter Valentin Deusser »wegen üblen Richtens vom Dienst geschafft«, obwohl er gerade erst angestellt worden war.

Zur selben Zeit starb in Görlitz der uralte Scharfrichter Kühn. Er war so lange im Dienst gewesen, daß niemand mehr wußte, welche Regeln beim Begräbnis eines Scharfrichters eingehalten werden mußten.

Thou und Molière

Am 12. September 1642 »butzte« ein französischer Scharfrichter in Lyon bei François Auguste de Thou, einem Mitwisser der Verschwörung des Cinq-Mars. Erst nach dem elften Hieb fiel der Kopf. Der 19jährige Molière, der damals noch Poquelin hieß, hat es mit angesehen.

Nach dem Tod des Scharfrichters Georg Aberellen 1643 in Günzburg erhielt die Witwe in jedem Quartal 30 Kronen vom Rat der Stadt ausgezahlt. Eine Witwenpension im 17. Jahrhundert, noch dazu für eine Scharfrichterswitwe, war ein Kuriosum.

Im gleichen Jahr wurde Max Deubler, Stadtarzt und Scharfrichter von Donauwörth, auf Befehl des Kurfürsten Maximilian I. als Bürger aufgenommen und wirkte dort bis zu seinem Tode »weilen er vermög Churf. Befehl die erlangten attestationes von Ingolstadt von der Medicinischen Facultät examiniert, ihme auch sein Chyrurgicum und erlernte Arztney-Kunst zu yben und zu gebrauchen gnädigst bewilligt werden und er schon 18 Jahre im Dienst der Stadt.«

Den Nürnbergern gelang es nach der erwähnten Absetzung Valentin Deussers lange Zeit nicht, einen neuen Scharfrichter zu finden. Bis 1645 mußte man sich fallweise aus benachbarten Orten den »Meister« entleihen, bis man in Matthäus Perger einen geeigneten Mann gefunden hatte.

Im gleichen Jahr folgte in Rodeneck in Tirol ein Wirt dem Aberglauben, daß die Schamteile eines Gehängten, in ein Faß Wein gehängt, Gäste anzögen und zu großen Zechen verleitet würden.

Im gleichen Jahr wurde der Haller Scharfrichter Heinrich Hödl wegen erwiesenen Ehebruchs entlassen. Er verließ am 19. März 1645 das Scharfrichterhaus. Acht Monate später stellte die Stadt Othmar Krieger aus Bregenz in Vorarlberg ein. Er erhielt zwei Gulden pro Woche, 8 Fuder Brockenholz und freie Wohnung im Scharfrichterhaus.

Auch in Berlin gab es eine Neubesetzung: 1647 wurde dort Hans Rudolff Scharfrichter. In Dresden starb Meister von Dreißigacker.

Hans Rudolff führte in Berlin ein ruhiges Dasein. Laut Überlieferung fanden dort in der zweiten Hälfte des 17. Jahrhunderts jährlich nur zwei bis drei Hinrichtungen statt (in der Zeit von 1648–1701 66 Enthauptungen, 47 Hinrichtungen durch den Strang, 2 Verbrennungen auf dem Scheiterhaufen, 1 Räderung und 11 Ersäufungen von Kindesmörderinnen). Damals wurde vor dem Berliner Tor in Bernau der »Galgenberg« als Richtstätte eingerichtet. Sie lag 800 Meter vor diesem Tor, an der

Nordseite der Zepernickerstraße und wurde bis ins 19. Jahrhundert hinein benutzt. Noch 1820 konnte man dort den Pfahl mit dem Rad sehen. Der Pfahl fiel erst bei einem Sturm 1855 um. Später wurde der Galgenberg abgefahren und ein Schuttabladeplatz daraus gemacht.

Am 30. Januar 1649 enthauptete in England auf einem neu errichteten Schafott in London ein maskierter, bis heute unbekannt gebliebener Edelmann, König Karl I. mit dem Beil – jenen Karl, dessen Hochzeit mit der Schwester König Ludwig XIII. der Anlaß zur Begnadigung der armen Hélène Gillet gewesen war.

Es war in England nichts Außergewöhnliches, daß ein Edelmann das Scharfrichteramt übernahm. Es soll dort Gentlemen gegeben haben, die gegen ein Stück Geld anstelle des Schlächters auch Ochsen niederschmetterten. Jedenfalls scheinen sie ihre Sache immer »ordentlich« gemacht zu haben.

Ich will dich heirathen!

An dieser Stelle sei ein merkwürdiger Rechtsfall berichtet, der sich im Juli 1650 in Wien abspielte: Zwei Soldaten, die sich in ihrer Freizeit als Räuber betätigt hatten – das rohe Soldatenleben des Dreißigjährigen Krieges hatte sie wohl verdorben – sollten vor dem Kärntner Tor mit dem Strang gerichtet werden. Einer davon war noch jung, kaum 22, mit hübschem Gesicht, weißblond, krausen Haaren. Ihn hatte offenbar der ältere Komplize verführt. Auf der Galgenleiter, als er zum letztenmal die Sonne und die Welt sah, schrie er schluchzend: »Ist denn gar niemand da, der sich meines jungen Lebens erbarmet?« Der Chronist berichtet weiter: »Da rief eine Zuschauerin: O, mein Kind, ich will dich heurathen! Er hierauf: »Mein Schatz, es ist mir schon recht!« Sie fiele zu Füßen und bate mit aufgerekten Händen um Aufschub, sie wölle gleich zu Ihrer Maytt., dem Römischen Khayser lauffen usw.« Aber der Kaiser – es war Ferdinand III. – war schon frühmorgens auf sein Schloß nach Laxenburg gefahren, und das Gericht konnte sich nicht entschließen, bis zu seiner noch unbestimmten Rückkehr die Exekution hinauszuschieben. So mußte der junge Räuber trotz aller Tränen sein Leben lassen.

Der schon erwähnte Haller Scharfrichter Othmar Krieger, der wegen ausgesprochen schlechter finanzieller Lage – die Hinrichtungen wurden immer seltener – 15 Gulden extra erhalten hatte, mußte am 17. Juli 1651 eine historische Exekution vollstrecken: Der berühmte »Kanzler von Tirol«, Wilhelm Biener, der den Intrigen der Höflinge um Erzherzogin Claudia von Medici zum Opfer gefallen war, sollte enthauptet werden. Sitzend, mit zum Gebet erhobenen Händen, bot er sein Haupt dem Scharfrichter dar. Der schlug Kopf und betende Hände mit einem Hieb ab.

Wenige Jahre später, 1656, wurde in der österreichischen Landesgerichtsordnung, später im Strafgesetz Kaiser Josef I. für Böhmen, und schließlich noch, nach weiteren hundert Jahren, in der Halsgerichtsordnung Maria Theresias 1768 das Recht des Fürbittens, besonders das »von Weibspersonen, die Männern das Leben retten wollen« aufgehoben.

Aus der zweiten Hälfte des 17. Jahrhunderts sind uns mehrere große Scharfrichterdynastien bekannt. In Celle waren die Sührs über hundert Jahre im Besitz der Scharfrichterei. In Holstein »herrschten« die Stoeff's über das Richtschwert und versorgten auch die Nachbarländer mit Scharfrichtern. In Oldesloe liegen 75 von ihnen begraben. Aus Halle kamen die Gebharts und besetzten die Scharfrichterstellen nicht nur des ganzen Saalekreises, Angehörige dieser Dynastie zogen bis nach Hamburg, der Stadt, die durch ihre zahlreichen Seeräuberhinrichtungen geradezu zu einer Ausbildungsstätte für Scharfrichter geworden war. Daher wandte sich die Stadt Reval, als sie einen Scharfrichter brauchte, an den Rat der Stadt Hamburg. Dieser sandte auch gleich einen, vielleicht sogar einen Gebhartssohn. Mit ihm waren die Revaler so zufrieden, daß sie beschlossen, den nächsten Scharfrichter ebenfalls aus Hamburg zu holen.

100 Taler Reisegeld

Die Hamburger selbst aber hatten mit ihrem Gebhartssohn, Jakob Gevert, kein Glück. Er verwundete 1653 bei einem Privatstreit seinen Gegner mit einem Messer schwer und floh. Seine Stelle wurde ihm daraufhin sofort aberkannt. Die Hamburger sandten ihm aber auch seine alte Mutter nach – mit 100 Talern Reisegeld.

Auf diesen Gevert folgte im Hamburger Scharfrichteramt der erste aus dem Geschlecht der Asthusen. Während dessen Amtszeit starb 1654 Valten Matz' Frau und wurde – als Zeichen der Achtung, die ihr Mann sich erworben hatte – auf einem mit schwarzem Tuch behangenen Wagen von geistlichen Liedern begleitet, zum Friedhof gefahren und dort feierlich begraben.

Ein paar Jahre später – 1655 – passierte dem Berliner Scharfrichter Meister Gottfried ein »Butzen«. Der Schmied Sprenger sollte wegen Diebstahls gehenkt werden. Alles war schon vorbereitet, da kam im letzten Augenblick die Begnadigung zum Tode durch das Schwert. Dem alten Scharfrichter – vielleicht durch die rasche Umstellung nervös geworden, vielleicht auch schon zu schwach zu schwungvollem Hieb – mußte zweimal schlagen; erst beim dritten Hieb fiel der Kopf. Normalerweise hätte das den Aufruhr des Volkes zur Folge gehabt. Aber diesmal geschah nichts. Hatten die Massen Mitleid mit dem alten Mann, oder waren sie der blutigen Szenen endlich müde?

Frieden für den Scharfrichter

Es ist bemerkenswert, daß nach dem Dreißigjährigen Krieg und seinem unbeschreiblichen Grauen eine Welle der Menschlichkeit einsetzte: So schrieb auch die bereits erwähnte Landesgerichtsordnung Kaiser Ferdinand III. die Ausrufung des Friedens für den Scharfrichter noch einmal vor und sicherte ihm ausdrücklich Unverletzbarkeit zu. Während bisher ähnliche Vorschriften unbeachtet ad acta gelegt worden waren, bekamen sie jetzt ein Echo. Der dadurch von persönlicher Haftung Befreite wurden nun in weiten Gebieten Deutschlands »Freymann« genannt, und auch er selbst nannte sich am liebsten so. Die Befreiung der Leineweber und Müller von der »Galgenarbeit« (Herstellung, Aufrichtung und Ausbesserung der Richtstätten) liegt auf der gleichen Ebene, ebenso daß nach der Hinrichtung eines österreichischen Obristen am Hohen Markt in Wien 1651 durch bisher ehrliche Leute, diese nach der Hinrichtung wieder ehrlich gesprochen wurden.

In vielen Ländern gab es übrigens damals noch keine festangestellten Scharfrichter. War eine Hinrichtung fällig, griff man sich den nächstbesten Zigeuner oder Juden und ließ ihn die Exekution vollziehen. So in Bulgarien, England, Marokko, Rußland, Serbien, Sizilien, Türkei, Venezien und noch im 19. Jahrhundert in den Ortschaften der westlichen Grenze der Vereinigten Staaten im sogenannten »Wilden Westen«. Oder die Menschen übten gleich Lynchjustiz aus, eine Art Kollektivhinrichtung, wie in den Frühzeiten der Scharfrichtergeschichte.

In Memmingen übernahm 1656 ein Mattheiß Fux die Scharfrichterstelle. Die Luzerner vertrauten im gleichen Jahr ihre Verwundeten aus der Schlacht bei Villmergen (die katholischen Kantone Luzern, Uri, Schwyz, Unterwalden, Zug, Freiburg und Solothurn siegten über die protestantischen) ihrem Scharfrichter, Meister Baltzer Mengis, (ein Angehöriger einer bis in die neueste Zeit tätigen Scharfrichterdynastie) an. Von dreißig Behandelten starb ihm nur einer. Für das 17. Jahrhundert war das eine großartige Leistung. »Zum Dank« wurde ihm später die an die Stadtkasse eingereichte Rechnung für Krankenbehandlung von den Ärzten der Stadt stark zusammengestrichen. Der »unehrliche« Scharfrichter konnte sich ja nicht wehren. In Berlin war inzwischen der alte Meister Gottfried gestorben. Sein Nachfolger wurde der 41jährige Caspar Götze. Er sollte Zeuge der großen Umbauten werden. Berlin wurde zur Festung ausgebaut mit Mauern, Basteien und wassergefülltem Graben. Jeder neue Stadtteil erhielt seinen eigenen Richter und sein eigenes Gericht.

Die Witwe des Scharfrichters Bertlin Aprel von Günzburg bat 1659 um Verleihung des Amts, weil sie drei Söhne habe, von denen bestimmt einer tauglich sei, Nachfolger des Vaters zu werden.

Im gleichen Jahr wurde dem Meister Hans Abril zu Kaufbeuren das Jagdverbot erteilt. Der Rat fügte hinzu, er solle ihm (dem Rat) »nicht ursach geben, daß man an die straff wegen deßen, den er erstochen wie auch daß seine Tochter ein vneheliches Khindt gehabt, gedenckhen müeße«. In Kempten saß zu der Zeit ebenfalls ein Abrell.

In Stuttgart begann 1660 eine neue Scharfrichterdynastie. Von 1660 bis 1691 folgten einander die Brüder Markus, Jacob,

Andreas und Johannes Bickel (Bückhel, Bickhel, Pickel und ähnlich geschrieben), die insgesamt 315 Hinrichtungen allein mit dem Schwert vollstreckten.

Zwei Jahre später fing in Dieppe eine andere Scharfrichterdynastie an: Jean Baptiste Sanson starb und sein Bruder Karl heiratete dort Marguerite, die Tochter des Scharfrichters Peter Jouanne. Damit war er unehrlich geworden und erlernte darum bei seinem Schwiegervater den Scharfrichterberuf.

Das »Wunder« beim Rädern

Am 27. Juli 1663 ereignete sich eine legendäre Hinrichtung. Ein gewisser Thomas Hans hatte zu Heinfels die Wirtschafterin des Schloßkaplans getötet und den Kaplan Jakob Miller selbst durch zahlreiche Messerstiche schwer verletzt. Das Gericht verurteilte den Täter zum Tode durch das Rad. Eine Räderung ging damals so vor sich: Ein auf der Brust des Verurteilten befestigter Nagel wurde durch das Rad ins Herz getrieben. Nun hatte aber der Gefängnisgeistliche dem Delinquenten ein geweihtes Skapulier um den Hals gehängt, das der Scharfrichter Othmar Krieger nicht zu entfernen wagte. Dieses verhinderte das Eindringen des Nagels. Die Hinrichtung mißlang daher. Der Verurteilte kam mit einem gebrochenen Schienbein davon. Das Volk redete von einem Wunder. Die Richter konnten sich diesem Glauben nicht entziehen und begnadigten den »armen Sünder«.

Im Oktober 1664 wurde in Hamburg Ismael Asthusen, der erste seiner Dynastie, bestattet. Ihm folgte zunächst Hans Berthold Deutschmann aus Glückstadt, wo er Fron gewesen war. Im gleichen Jahr tat der Scharfrichter Karl Sanson unter Anleitung seines Schwiegervaters den ersten Hieb mit der Eisenstange auf den zur Räderung verurteilten Martin Eslau und wurde ohnmächtig.

Meister Matheus Fux in Memmingen bewarb sich 1665 für seinen Stiefsohn Georg Stäpelin um die erledigte Kaufbeurener Scharfrichterstelle, für den Fall, daß ein evangelischer Scharfrichter gewünscht werde. Um die selbe Stelle bewarb sich ein Andreas Aberell (wohl ein Sohn des verstorbenen Hans Aberell) und der Augsburger Scharfrichter Max Philipp Hartmann.

Ein Kalb wird hingerichtet

Der Meraner Scharfrichter Leonhard Oberdorfer, Schwiegersohn des verstorbenen Hans Has, mußte 1665 ein Todesurteil wegen Sodomie vollstrecken – aber nicht an dem Schuldigen, der zu Galeerenstrafe verurteilt worden war, sondern an dem Kalb, das der Betreffende mißbraucht hatte. Der Scharfrichter bekam dafür freilich nur eine kleine Entschädigung.

Meister Johann Fuchs in Öttingen sollte 1666 wegen des Lebenswandels seiner Frau abermals entlassen werden. Sie hatte mehrfach Selbstmordversuche gemacht, die von ihrem Mann mit schwerer Krankheit entschuldigt wurden. Da sie deswegen schon einmal 6 Wochen Gefängnis bekommen hatte, sollte sie nun gefoltert werden. Weil aber der Scharfrichter 5 Kinder und sonst nur Schulden, auch dem Grafen von Öttingen 24 Jahre in Krieg und Frieden gedient hatte, durfte er bis Pfingsten bleiben. Er bat um ein Entlassungsschreiben (einen »Abschied«), da er »sein Fortun bey der Heydelbergischen Armee suchen könne ...« (Übrigens beschwerte sich auch der Diakon Conrad Hofmann bei den gräflich Öttingen'schen Consistorialen, über den Scharfrichter Fuchs, weil er, sein Weib und seine Kinder, Gottesdienst und Abendmahl versäumten.) Als schließlich doch Fuchs' Entlassung ernstlich in Erwägung gezogen wurde, weil keine Besserung mehr zu erwarten war, starb er in Öttingen nach 27jährigen Scharfrichterdiensten.

Ebenfalls um 1666 nahm der Kaufbeurener Scharfrichter Hans Conrad Näher (Neher, Nejer) Dienst in Ulm und bat den Kaufbeurener Rat um Verzeihung und ehrlichen Abschied. Er bekam ihn, aber mit der Rüge, daß er den Dienst nicht gebührlich aufgekündigt habe.

Der Abdecker wird lästig

Mit zunehmender Bevölkerung wurden die Städte immer größer, und die bisher außerhalb der Stadtmauern gelegenen Scharfrichtereien und Abdeckereien rückten immer mehr in ihr Weichbild. Nun mehrte sich die Zahl derer, die sich dadurch belästigt fühlten. Sie erhoben immer heftigere und dringlichere Beschwerden. So gelangte z. B. 1668 in Wien eine Klage gegen den Scharfrichter in der Himmelpfortgasse vor die Fakultätssitzung der medizinischen Fakultät. Er wurde beschuldigt, Hunds- und Roßschmalz auszulassen, was einen derartigen Gestank verbreite, daß die Leute erkrankten. Die Fakultät untersuchte den Tatbestand und bestätigte ihn. Abhilfe aber konnte nicht sie, sondern nur der Stadtrat schaffen.

Im gleichen Jahr, 1668, schlug die evangelische Linie des Fürstenhauses Öttingen einen evangelischen Scharfrichter, Georg Vollmer, vor. Der nächste Scharfrichter war dann wieder katholisch.

Ein Jahr darauf, starb in Berlin Meister Caspar Götze. Kurz zuvor beantragte er noch schriftlich, seine Stelle nach seinem Tode seinem Eidam, Hans Müller, bisher Scharfrichter zu Landsberg an der Warthe, zu übertragen:

»Durchlauchtigster Churfürst, gnädigster Herr! Euer Churfürstl. Durchlaucht haben mich vor 11 Jahren allhier vor einen Scharfrichter bestellt und angenommen, darfür ich mich nochmals zum Höchsten bedanke und erbötig bin, das meinige bis an mein ende mit trew und Vleiß zu versehen, hatte aber nicht gemeint, daß ich meine Jahre allhier endigen würde. Ob es von Gott kömbt, oder böße Leuthe schuldt haben, weis ich nicht, stelle es aber dahin, indem ich langer denn ein Jahr Krank und Siech gelegen, zuletzt gar nicht außen hette kommen können. So habe ich Euer Churfürstlichen Durchlaucht, meinen gnädigsten Herrn hiermit in Untertänigkeit fürschlagen wollen, meinen Eydam Meister Hans Müllern, Scharffrichter zu Landzberg an der Warthe, welcher, wenn der anhero befördert würde, nicht allein mier in meiner Krankheit, sondern auch meiner alten abgelebten frowen nach meines Tode gutes thun und unterhalten würde, weil daß feuer mein armuth Zu Oranienburg alles verzehret, und gelanget dem nach ahn E. Ch. Durchl. mein unterthenigstes und flehentliches Bitten, Sie wollen mier so Gnädigst geruhen, und wegen meiner treuen dienststellung auch meiner armen gebrechlichen frown Zu trost damit Sie noch einigen Schutz und anhalt haben möge, Obgedachten Meister Zu Landzberg an d. Warthe an meine Stelle zu befördern und anhero zu sezen, solches wird Gott der Allmächtige umb E. Ch. Durchl. mit Reichem Segen hohem Churf. aufnehmen und langem leben ersetzen, darumb ich mit meinem andächtigen Gebeth Zu Gott Stets seuftzen werden. Und verbleibe Euer Ch. Durchl.

    unterthänigst gehorsambster
    Meister Caspar Götze,
    Scharffrichter in der Resid.
    Berlin und Cölln
    11. Oktober 1669

Am 28. Oktober 1669 wurde Götzes Gesuch bewilligt und Meister Hans Müller angestellt. Am 11. November wurde Caspar Götze begraben. Er war 52 Jahre alt.

Das Jahr 1670 brachte in Berlin u. a. die Vereidigung Meister Müllers. Kurz darauf wurden durch einen Erlaß die Juden in Berlin wieder zugelassen.

Im gleichen Jahr auch bewarb sich Barthel Abrael von Günzburg (Fürststift Kempten) um die Wasen- und Scharfrichterdienste zu Sulzberg, mit dem Hinweis, daß Vater und Vorväter ebenfalls schon Scharfrichter gewesen seien. Er selbst habe in Kriegsdiensten schon mit dem Strang, aber nicht mit dem Schwert gerichtet. Die Sulzberger empfahlen ihm, erst sein Meisterstück nachzuholen, bevor er sich um eine Meisterstelle bewerbe.

Scharfrichtergebühren

In Hamburg traf 1670 eine Botschaft aus Reval ein. Der dort seinerzeit empfohlene Hamburger Scharfrichter sei gestorben und man möge doch bitte ein »in seiner Charge capables Subject« senden. Es wurde geboten:

– Für das Scharfrichteramt 50 Taler Salarium, Amtswohnung und Feuerung, 8 Tonnen Malz, 8 Tonnen Roggen, 4 Tonnen Hafer, 5 Taler Heugeld, alle 4 Jahre komplette Bekleidung von Kopf bis Fuß, 1 Scharlachmantel, 1 Taler für jeden Fall der Hinrichtung.

– Für die Abdeckerei 1 groß Aas wegzubringen – ½ Taler, 1 klein Aas wegzubringen – ¼ Taler, Nachtarbeit (Cloakenreinigung mit zwei Pferden und Karren) à 4 Taler, dazu ein Stübchen (3–4 l) spanischen Wein und genugsam Hafer. Dazu für den Turmdienst (Feuerwache) 30 Taler Silber.

Der Hamburger Scharfrichter stand sich besser. Er bekam freie Wohnung (winters in der Fronerei am Marktplatz, »Berg« genannt, sommers in der Abdeckerei auf dem Galgenfeld, mit Garten, 6000 Mark Gehalt, reichlich Kostgeld für die ihm bereits überantworteten Malefikanten, meist in nicht geringer Zahl, fürs Wegschaffen aller Viehkadaver aus Gassen und Kanälen 600 Mark, dasselbe aus Privathäusern pro Stück 1 Taler, reichliche Bezahlung für Nachtarbeit und Haussammlungen waren gestattet.

Es ist nicht überliefert, ob der Wunsch aus Reval erfüllt wurde.

Ebenfalls noch um 1670 mußte der »Schwiger« des Scharfrichters Matheuß Fux von Totengräbern zu Grabe getragen werden, nicht von den Nachbarn, die Lodner und Weber waren.

In Tirol gab der alte Othmar Krieger altersbedingt sein Amt auf und starb bereits ein Jahr später. Er wurde »hinterrücks mitten unter ehrlichen Leuten begraben«, wie es in einer bürgerlichen Beschwerde hieß. Um späteren ähnlichen Beschwerden den Boden zu entziehen, richtete der Rat der Stadt Hall in der Nähe der ehemaligen St. Veitskapelle eine Begräbnisstätte für Scharfrichter ein. Othmar Krieger hatte übrigens in den 25 Jahren seines Dienstes in Hall 70–80 Hinrichtungen zu vollstrecken gehabt. Ihm folgte im Februar 1671 Jakob Zäch. Im gleichen Jahr wurde auch der Meraner Scharfrichter Leonhard Oberdorfer von seinem Dienst entbunden – ebenfalls aus Altersgründen. Er hatte die meisten Dienstjahre von allen Scharfrichtern hinter sich gebracht und 100 Todesurteile vollstreckt.

Verschwörung und Verrat

Im Jahre 1671 kam es in Österreich-Ungarn zu einer großen Adelsverschwörung. Das damals protestantische Ungarn befand sich Ende des 17. Jahrhunderts in einer Zwickmühle: Im Osten saß der Türke, der ganz Südosteuropa einschließlich Siebenbürgen unterworfen hatte – im Westen versuchte Kaiser Leopold I. mit Hilfe der Jesuiten Ungarn zu rekatholisieren.

Gegen die Türken hatten die Ungarn einen bewährten, alten Helden, Nikolaus Zrinyi, zu der Zeit Ban von Kroatien. Zrinyi hatte – allerdings mit kaiserlichen Truppen – 1664 zweimal einen großen Sieg erfochten, der zum Frieden von Eisenburg führte. Kaiser Leopold dagegen benützte die Anwesenheit seiner Truppen in Ungarn dazu, seine Jesuiten dort einzuschleusen. Dagegen lehnten sich Zrinyi und die anderen ungarischen Magnaten auf und forderten die Zurückziehung aller deutschen Truppen und der Jesuiten. Da endete Zrinyi durch einen Jagdunfall und eine jüngere, draufgängerische Generation kam zum Zuge: Peter Zrinyi, der jüngere Bruder des alten Türkenhelden, Ferencz Nádasdy, der reichste aller ungarischen Magnaten, Franz Christoph Frangipani, Graf von Tersat, der Schwager Peter Zrinyis und der junge Ferencz Rákóczi Obwohl bereits seit 4 Jahren die Welt von diesen Verschwörern wußte, gab es keinen gerichtsnotarischen Beweis gegen sie. Zuguterletzt stieß zu den Verschwörern noch der Statthalter der Steiermark, Trettenbach. Er war ihnen trotz seines üppigen, ausschweifenden Lebenswandels willkommen, weil er als Deutschmeister (oberster Verwalter der Angelegenheiten des Deutschen Ordens) das Recht besaß, die Hilfe des Reichs gegen den Kaiser anzufordern. Mit ihm wäre das Ziel der Verschwörer, Ungarn von Habsburg-Österreich ein für allemal zu trennen, gewiß gelungen, wenn nicht Trettenbach, nach Art der meisten Wüstlinge, einen minderwertigen Menschen als Vertrauten an seiner Seite gehabt hatte. Dieser »Vertraute« bestahl ihn derart frech und massiv, daß sich Trettenbach schließlich veranlaßt sah, ihn ins Grazer Gefängnis werfen zu lassen. Kaum im Kittchen, ließ dieser Mensch den Stadtrichter von Graz zu sich bitten und lieferte ihm gegen Zusicherung der Straflosigkeit wichtige Briefe und andere Schriftstücke der Verschwörer aus. Das waren die fehlenden Beweise. Trettenbach wurde sofort verhaftet, Peter Zrinyi und Frangipani flüchteten in eine Festung. Als diese belagert wurde, entwichen sie zu einem »Freund«. Der lockte sie nach Wien und verriet sie an die Polizei. Nádasdy, auch im ersten Zugriff geschnappt, zeigte sich sofort bereit, seine Haut durch Verrat zu retten. So war der Ausgang des Prozesses gegen die Verschwörer vorherzusehen: Vier Todesurteile, nur Ferencz Rákóczi wurde begnadigt.

Peter Zrinyi starb 1671 auf dem Schafott in der Wiener Neustadt, bleich und gefaßt. Frangipani, der mit ihm hingerichtet wurde, weinte und jammerte und schlug heulend um sich. Nádasdy wurde – die Gnade für seinen Verrat – nicht wie die anderen öffentlich, sondern in der Bürgerstube des Rathauses in der Wipplingerstraße enthauptet. Ein Kreuzzeichen auf dem Fußboden der Bürgerstube des »Stadthauses« erinnert heute noch an die Stelle, an der sein Haupt fiel.

Und auch Trettenbach wurde noch im Dezember des gleichen Jahres in Graz enthauptet.

Über Zrinyis Hinrichtung berichtete der Chronist: »Die hierzu verordnet geweste ehrliche Person haben den todten Körper vnd den Kopff auf der Seithen zusammengelegt vnd mit dem schon bestellten schwarzen Tuch gestrags (gestracks = schnell) bedeckt.« Das besagt, daß auch die Wiener Neustädter Hinrichtungen nicht durch einen bestallten Scharfrichter, sondern offenbar durch Gleichgestellte vollzogen wurden. Das beweist die nicht scharfrichtergemäße Lagerung des Leichnams und des Kopfes im Sarg. Frangipanis Familie mußte den Adel ablegen.

Drei Jahre später, 1674 starb in Hamburg Meister Berthold Deutschmann aus Glückstadt, dem Jacob Stoeff folgte.

Begehrter Scharfrichterposten

Im gleichen Jahr bewarb sich Nikolaus Schmidt, Scharfrichter und eines Scharfrichters Sohn, gebürtig in Windsheim, um die Stelle in Öttingen. Er glaubte sich hierfür besonders geeignet, da sein Vater schon dem schwedischen Feldmarschall Horn gedient hatte, sein Ahn 30 Jahre Scharfrichter zu Windsheim gewesen war und er selbst 15 Jahre beim Markgrafen zu Fürth gedient hatte. Drei Jahre später bat Hans Jerg Defner, Scharfrichter zu Nördlingen, für Hans Fux, der seine älteste Tochter heiraten wollte, um die freie Stelle in Öttingen.

Auch Carl Fuchs zu Wassertüdingen bewarb sich energisch um den Öttinger Posten, weil ihn sein Vater 27 Jahre innegehabt habe und weil außerdem alle seine Mitbewerber Straßenräuber seien.

Im gleichen Jahr machte die Stadt Augsburg Meister Marx Philipp Hartmann zu ihrem Scharfrichter. Im Bestallungsbrief verpflichteten sie ihn, den Dienst nicht von sich aus aufzugeben. Nur der Rat besitze das Recht der Entlassung. Somit war der Bestallungsbrief nur eine einseitige Verpflichtungserklärung des Scharfrichters, von der Stadtkanzlei ausgestellt und mit dem Siegel des Stadtvogts versehen. Meister Hartmann mußte, den Finger auf dem Bestallungsbrief, seinen Amtseid schwören.

In der gleichen Zeit vergaß der Kufsteiner Landrichter, den zuständigen Scharfrichter Zäch aus Hall zu verständigen, daß sich im Hintersteinersee eine Frau ertränkt hatte, so daß Zäch erst nach 13 Wochen diese Leiche bergen und bestatten konnte. Sie trieb die ganze Zeit über im See. Bald darauf wurde Zäch Gegenstand der Klage des Dekans von Matrei am Brenner, der ihn beschuldigte, er hätte sich vergangen, indem er die Leiche einer Selbstmörderin widerrechtlich, d. h. ohne Scharfrichtergebühren, auf einem Friedhof beerdigen ließ. Die Klage verlief offenbar im Sand. Dennoch bat Scharfrichter Zäch am 16. Oktober 1677 wegen schlechter Verdienstmöglichkeiten um seine Entlassung. Er schlug einen Andreas Leiner mit Erfolg als Nachfolger vor.

Kaiserliches Privilegium

Am 23. Juni 1678 heiratete der Bürger und Bäcker von Burgau eine Scharfrichterstochter. Dadurch kam es zwischen ihm und den Zünften der Bäcker und der Müller zu Streitigkeiten, weil diese ihn und seine Kinder »solcher obhabend seiner Macul halber in der Zunft und Handwerk nicht passieren lassen« wollten.

In Berlin hatte, ebenfalls 1678, die Bürgerschaft dringend nach einer Verlegung der Scharfrichterei verlangt, aber so schnell ging das nicht.

Meister Marx Philipp Hartmann blieb trotz der einseitigen Verpflichtung nur zwei Jahre auf seinem Posten in Augsburg. Seine letzte Hinrichtung war die des Hans Hellmuth aus Ulm am 17. Juni 1679. Diesem war aus besonderer Gnade der Tod durch das Schwert zugestanden worden, weil er seine wiewohl großen Diebstähle ohne Folter zugegeben hatte. Meister Hartmann suchte bald darauf das kaiserliche Privilegium an, »ohne einigen Vorwurf als andere« Medizin praktizieren zu dürfen – und erhielt es.

Da die Verlegung der Scharfrichterei in Berlin nicht so schnell in Angriff genommen wurde, starb Meister Müller darüber. Ihm folgte sein Sohn Heinrich, der 1681 vereidigt wurde.

Um die gleiche Zeit suchte die Stadt Memmingen dem unausrottbaren Medizinieren der Scharfrichter einen Hemmschuh anzulegen, indem sie verordnete, daß der Scharfrichter »zur Cur sein salb hergeben, aber bei beederseitiger Straf nit selbs Hand anlegen« darf.

Der aufgetaute Hingerichtete

Am 24. Januar 1681 herrschte in Hamburg eine fürchterliche Kälte. Dennoch wurde die Hinrichtung eines Missetäters durch den Strang nicht verschoben. Nachts darauf nahm man die Leiche ab, weil sie am nächsten Tag »anatomiert« werden sollte. Sie war natürlich steif gefroren. »Wie nun dieser todte Kerl«, berichtet der Chronist, »in die warme Stube kommbt und aufgedauet, da ist er wiederumb aufgelebet und also, nach seinem ausgestandenen Recht, davongegangen.«

Wenige Monate später, im August, passierte ebenfalls in Hamburg noch einmal etwas Merkwürdiges: Bei einer Wirtshausrauferei hatte einer einem andern mit dem Bierkrug den Schädel eingeschlagen. Der Täter wurde zum Tode durch Enthaupten verurteilt. »Wie nun also der Scharfrichter Stoeff ihn geköpft, hat er ihn nicht recht getroffen, sondern ihm nur die Platte des Schädels abgehauen. Da sind schnell des Justifizierten seine Freunde hinzugetreten und haben ihn sich zu sich genommen, mit dem Vorwenden, er habe ja nun sein Recht ausgestanden. Als er nun von ihnen in sein Haus zurückgeleitet wird und in die Stube kommt, da ist seine Frau darüber in Ohnmacht gesunken, bis man ihr erzählet, warumb ihr Mann noch lebte. Dem nach ist ihm die Platte auf dem Kopf hin wiederumb gäntzlich angewachsen und vom Chirurg wohl geheilet worden«, berichtete der Chronist.

Der neugierige Weber

Im Jahre 1680 machte die Ulmer Scharfrichterdynastie der Deigentesch erstmalig von sich reden. Es war am 30. August, als Dietrich Deigentesch an der 16jährigen Schneiderstochter Anna Gassnerin sein Meisterstück gelang. Sie war in der Stadt als »Unholdenmädle« oder »Hexenmädle«, auch »Teufelsbuhlerin« bekannt. Sie soll Soldaten und andere leichtfertige Gesellen bei sich gehabt haben. Man munkelte, sie hätte sich mit eigenem Blut dem Teufel verschrieben. Als das Todesurteil gegen sie ergangen war, bekehrte sie sich, was aber an ihrem Schicksal nichts ändern sollte. Der junge Deigentesch machte seine Sache so gut und so schnell, daß etliche Handwerksleute neugierig wurden und das Opfer genauer sehen wollten. Besonders der Weber Jonas Kinkelin war so neugierig, daß er auf das Schafott hinaufstieg. Er mußte seine Neugier mit dem Verlust des Handwerks und Sperrung der »Dunck«, des Weberkellers, also der Werkstatt, bezahlen. Später ließ man ihn gnadenhalber wieder als Weber zu, jedoch durfte er keinen Knappen (Gesellen) mehr halten und keinen Jungen mehr lehren.

Inzwischen begann in Tirol die dritte Welle der Hexen- und Zaubererverfolgung. Da der Meraner Scharfrichter Konrad Leonhard Krieger, der Sohn Othmars, bei einem Streit mit einem Soldaten erschlagen worden war, mußte sein Nachfolger, Hans Jakob Müller aus Feldkirch, 1679 als eine seiner ersten Amtshandlungen drei der Wettermacherei und Zauberei beschuldigte Männer und einen 14jhrigen Hirtenbuben aus dem Zillertal hinrichten. Bereits ein Jahr später sollte er wieder drei zum Tode verurteilte Zauberer und Wettermacher aufs Schafott bringen, doch brauchte nur der Thomas Jöchl und der Valentin Ramler hingerichtet zu werden. der dritte, Nikolaus Doggel wurde begnadigt, weil er erst sieben Jahre alt war.

Andreas Leiner und sein Knecht mußten 1681 »strengstens verwarnt« werden, weil sie in Kufstein bei der Hinrichtung von Zigeunern stark alkoholisiert waren.

Am 9. Januar 1682 wurde Hans Conrad Näher in Kaufbeuren wegen Zechens über die Zeit (Überschreitung der Sperrstunde) mit 45 kr. bestraft.

Im gleichen Jahr bewarb sich Dietrich Deigentasch um die – offenbar noch immer oder schon wieder – offene Stelle in Öttingen. Fürst Wallerstein lehnte ihn ab. Er wollte einen katholischen Scharfrichter. Der Rat der Stadt aber nahm ihn trotz des fürstlichen Vetos – weil er evangelisch war.

Enthauptung des Helden

In Hamburg ereignete sich 1683 folgende Geschichte: Der Rittmeister Johann Sonnenbach sollte wegen Bigamie enthauptet werden. Im roten Soldatenrock mit dem Lorbeerkranz des Helden auf der Stirn, betrat er beherzt den Richtplatz, legte den Kranz ab, hielt den Hals steil aufrecht empor und wurde, von den Fronleuten unberührt, »in solch unerschrockener Gemütsverfassung vom Scharfrichter Stoeff justifiziert«.

Währenddessen wurde Wien 1683 wieder vergeblich von den Türken belagert, die wiedereinmal das Hochgericht auf dem Wienerberg zerstörten. Es sollte erst 1685 wiederhergestellt werden.

Scharfrichter Hans Jakob Müller in Meran wurde Mitte 1684 entlassen. Ihm folgte Johann Georg Wacker am 7. Dezember, der bald darauf den Lukas Platter aus Passeier wegen Zauberei foltern mußte. Dann hatte er den armen Teufel zu enthaupten und zu verbrennen und seine Asche in den Fluß zu werfen. Es folgten drei Giftmörder, so daß Wacker in diesem Jahr wacker verdiente. Aber er gefiel seinen Vorgesetzten nicht so recht.

In Berlin enthauptete 1684 der Scharfrichter eine Edelfrau, eine geborene von Hake, vor dem Rathaus. Sie hatte als Witwe ein Verhältnis mit einem Edelmann namens Röbel gehabt, der aber selbst Weib und Kind besaß. Sie wurde schwanger, gebar ein Kind, zerhackte es auf dem Tisch ihrer Wohnung und mengte es unter die Schweinetreber. Eine Magd fand im Schweinetrog ein Fingerchen und zeigte ihre Herrin an.

Im Jahr darauf verzog Meister Näher aus Kaufbeuren nach Ulm, doch bat seine Frau, die Kaufbeurener Stelle noch nicht zu besetzen, da ihr Mann in Ulm seine »Kunst« noch nicht ausüben dürfe. An seine Stelle setzten indessen die Kaufbeurener Stadtväter seinen Schwager, den Scharfrichter Christoph Seitz. Diesem traten bald der Stadtphysikus und die beiden

Apotheker entgegen, »wegen des Arzeneyens«. Der Rat selbst aber wollte erst eingreifen, wenn »sich der neue Scharfrichter des Arzneyausgebens allzuviel anmaße«.

Das hübsche Weib des Schinderknechts

Ebenfalls 1685 ereignete sich in Husum folgende Begebenheit: Das hübsche rothaarige Weib eines Schinderknechts stand vor ihrer Niederkunft. Die Wehen setzten ein, es schien eine schwere Geburt zu werden. Der Knecht lief in Sorgen und Ängsten zu Hebammen und Ärzten, aber niemand half, da etliche alte, häßliche, aber »hochhinaufgeheiratete« Weiber in ihrem Haß auf das hübsche junge Weib mit Repressalien drohten. Der Rat der Stadt wollte nun die Hilfeleistung erzwingen und ordnete an, »wofern sich nicht binnen 24 Stunden eine Frau fände, die der Bewußten beispränge, so würde E. E. Rat überall keine Bademütter weiter dulden, sondern dafür sorgen, daß künftighin Mannspersonen des Barbieramts den Frauen die benötigte Hilfe leisten sollten«. Auch das nützte nichts. Endlich half ein armes altes Weiblein, das von Almosen lebte. Des Schinderknechts Weib gebar ein gesundes Kind. Das alte Weiblein aber ließen die Honoratiorenweiber einfach verhungern, indem sie jedem, der ihr Almosen spenden wollte, mit Klatsch und Tratsch und Schande drohten. Die rachsüchtigen Frauen entzogen ihr jede Pflege und »Guttat« und ließen sogar ihre Leiche tagelang unbesorgt, bis der Rat endlich den Nachtwächter bewegen konnte, sie zu bestatten.

Ebenfalls noch 1685 zog der inzwischen verwitwete Scharfrichter Karl Sanson (50) mit seinem neugeborenen Sohn nach Paris. Hier war durch das Ausscheiden des Scharfrichters Nicolas Levasseur, genannt La Rivière, die Stelle des »Meisters der hohen Werke« (maître des hautes œuvres) freigeworden, und Sanson zog in das düstere Haus, das die Pariser »Hotel du bourreau«, Haus des Scharfrichters, nannten. Rund um das Haus standen Bretterhütten, die teils vermietet, teils als Pferdeställe, Gerteschuppen und Kammern für die Leichen der Hingerichteten verwendet wurden. In einer dieser Hütten trieb Sanson nachts Anatomie und schaffte sich – sozusagen als Gegengewicht zu seinem menschenvernichtenden Handwerk

– die Grundlagen dafür, Leiden der Menschen zu lindern. Die Heilmittel, die er herstellte, gab er den Armen umsonst und verkaufte sie den Reichen. Damals bestand das Einkommen der Scharfrichter zu Paris vorwiegend aus dem »havé«, dem Recht, von jedem auf dem Markt verkauften Sack Getreide soviel wegzunehmen, wie er auf Händen zu tragen vermochte. Immer wieder gab es darüber Streitigkeiten. Und da das »Hotel du bourreau« gerade an den Getreidemarkt stieß, wurden diese Auseinandersetzungen langsam unangenehm und störend. Darum zog Karl Sanson bald in den Faubourg Poissonière, einen damals wenig bebauten Vorstadtteil, in ein Haus nur wenig südlich der Porte St. Martin neben der Armenkirche, die zum Kirchspiel von Notre Dame de bonnes nouvelles gehörte und später in eine Brauerei umgewandelt wurde. Das alte Haus mit dem Schandpfahl konnte er immerhin für 600 Livres vermieten.

Am 3. November 1685 machte sich in Hamburg Scharfrichter Jacob Stoeff schuldig: Er hatte einen »ehrlichen« Bauern aus Privatgründen nach allen Regeln der Scharfrichterkunst ausgestäupt. Aus Furcht vor den Folgen floh er in die weite Welt.

Der Fall Manecke

Ein Jahr später wurde Meister Johann Adam Hartmann Scharfrichter in Augsburg, und in Hamburg ereignete sich die Geschichte um den Obristleutnant Heinrich Manecke: Hamburg war 1618 durch Kammergerichtsspruch Reichsstadt geworden. Dennoch belästigte König Christian V. von Dänemark die Stadt mit Forderungen. Schließlich zahlte sie, im Hinblick auf die zerrütteten Finanzen Dänemarks, 200 000 Taler, um Ruhe zu haben. Aber nun begannen innere Streitigkeiten über Verfassung und Regierung, die Bürgermeister Meurer durch einen Schiedsspruch vom Wiener Hofe schlichten lassen wollte. Ihm widersetzten sich zwei heißblütige, möglicherweise von Dänemark bezahlte Demagogen, Kord Jastram und Hieronymus Snitger oder Schnitger. Dadurch ermutigt, setzte sich König Christian V. mit 6000 Mann in Marsch und belagerte Hamburg – natürlich, um neue Forderungen durchzusetzen. Der Druck von außen brachte im August 1686 die streitenden Parteien zur

Vernunft. Hamburg verbündete sich mit dem Herzog von Celle und durch diesen mit Brandenburg und Schweden. Christian versuchte noch, durch einen Sturm auf die Sternschanze den Gegnern zuvorzukommen. Das mißlang, und der Dänenkönig mußte einen Monat später das Hamburger Abenteuer abblasen. Bei den Kämpfen um die Sternschanze soll der Obristleutnant Heinrich Manecke Fehler in der Kriegsführung gemacht haben. Er war ein Anhänger Meurers, und das war wohl der eigentliche Grund, warum ihn die Snitger-Jastram'schen Machthaber hinrichten ließen. Er sollte im Hornwerk »arkebusiert« werden. Manecke ging beherzt und gefaßt in den Tod. Er sagte allen umstehenden Offizieren, Soldaten und Bürgern Adieu, bat sie um Verzeihung und hielt eine Ansprache, in der er der Stadt Hamburg Heil und Glück wünschte und seinen Freunden dankte. Dann ging er zu den drei Unteroffizieren, die er sich selbst ausgesucht hatte, ermahnte sie zur Herzhaftigkeit, stellte sie selbst in Reih und Glied und wies ihnen das Zeichen auf seiner Brust darauf sie zielen und schießen sollten, sobald er die Hände würde sinken lassen. Dann stellte er sich ohne Pfahl zum Anlehnen freihin, mit offenen Augen und rief: »Herr Jesu, dir leb ich, dir sterb ich, dein bin ich, tot und lebendig!« Worauf er die Hände sinken ließ und die drei Schüsse augenblicklich fielen. Er sank, mitten ins Herz getroffen, entseelt zu Boden. Bald darauf wurden auch Jastram und Snitger als Landesverräter hingerichtet. Diese Hinrichtung wird wohl schon der Nachfolger des geflohenen Jacob Stoeff, Ismael Asthusen II., der Sohn des ersten, vollzogen haben. Er kaufte den Frondienst von der Stadt um 6000 Mark, starb aber schon nach kurzer Zeit.

Ein Jahr nach der Erschießung Maneckes beschwerten sich die Berliner zu wiederholten Malen darüber, daß die durch die Stadt fahrenden Abdeckerkarren so lässig gelenkt würden, daß sie die Klinken von den Haustoren rissen und die Haustüren beschädigten. Sie verbreiteten überdies einen unerträglichen Gestank. Die Bürger Berlins richteten einen Brief an den Kurfürsten Friedrich III. und baten, er möge die Scharfrichterei verlegen lassen, weil der Gestank so entsetzlich sei, daß sich »schon frembde, reißende Leute« wunderten, wieso in einer »weitberühmbten Residenz« dergleichen geduldet und gelitten werde. Der Kurfürst antwortete ablehnend, die Bürger schrieben abermals untertänigst dagegen. Das ganze dauerte noch 36 Jahre. Für eine neue Scharfrichterei war kein Geld da. Die in diesem Jahre errichtete »Bastille Preußens für Frauen«, das berüchtigte Spandauer Spinnhaus, war dem Kurfürsten wichtiger als der einige Berliner Nasen belästigende Gestank der Abdeckerei.

Kurfürst Friedrich III., der spätere König Friedrich I. von Preußen, hatte damals, Ende der achtziger Jahre des 17. Jahrhunderts die Idee – wahrscheinlich aus Frankreich übernommen –, jeden Dieb vor dem Haus hinrichten zu lassen, in dem er gestohlen hatte. Dazu bedurfte es ambulanter Galgen, der sogenannten Schnappgalgen. Sie wurden jedoch in Berlin, wie noch berichtet werden wird, nur zweimal verwendet.

Vogelsangers Leiche

Wie wichtig in diesen Zeiten das »richtige« religiöse Glaubensbekenntnis – sogar bis in die Schicht der Scharfrichter – war, zeigt das Beispiel des Sohnes des Lindauer Scharfrichters. Er erhielt nur deshalb die Stelle in Kaufbeuren, weil seine Frau evangelisch war und weil die katholischen Stadträte dort in der Minderheit waren. Von den verschiedenen Meisterstücken, die er mit dem Schwert verrichtet hatte, war nur nebenbei die Rede. Der Bürgermeister der Stadt Lindau erwähnte in seinem Befürwortungsschreiben ausdrücklich, daß der Bewerber zwar katholisch, aber seine Frau evangelisch sei. Es sei »vilmehr zue hoffen, wann er ein beständig dienst hett, auch nach vnd nach recht vnderricht würde, das er zur evangelischen Religion treten möcht«.

Die von Kaiser Leopold I. gegründete Universität zu Innsbruck eröffnete am 22. April 1689 als letzten Lehrstuhl der medizinischen Fakultät das anatomische Institut, besetzt mit Prof. Theodor Friedrich Stadtlender. Bald danach begannen die Beziehungen dieses Instituts zu den Scharfrichtern.

Der »Wardein« der Münzstätte in Halle, Johann Vogelsanger, wollte durch Brandlegung am Amtsgebäude die Rechnungsbelege vernichten und hoffte, so seine Unterschlagungen zu verschleiern. Aber alles brannte, Dachstuhl, Türen, Fensterstöcke, sogar ein Mädchen fiel dem Feuer zum Opfer, die Rechnungsbelege aber blieben erhalten. Wenige Wochen nach Prof. Stadtlenders Berufung wurde Vogelsanger zum Tode durch das Schwert und Verbrennen der Leiche verurteilt. Nun baten die Professoren der medizinischen Fakultät den Herzog Karl von Lothringen, damals Gubernator von Tirol, um Überlassung der Leiche, was auch genehmigt wurde. In Innsbruck fand eine große öffentliche Sektion statt, worauf dem Prof. Stadtlender die bisher gratis gehaltenen Vorlesungen mit jährlich 300 Gulden bezahlt wurden.

Mit der Lieferung der Leiche Vogelsangers an das anatomische Institut begannen die 100 Jahre währenden Leichenlieferungen der Scharfrichter an die Universität zu Innsbruck. Vergebens hatte Scharfrichter Leiner 1690 die Regierung noch um Bezahlung der Leiche – sie bedeutete für ihn ja einen wesentlichen Teil seiner Einkünfte durch Verkauf von »Armesünderfett« und andere Leichenteile – gebeten. Die Fakultät bezahlte ihm lediglich die Transportkosten.

Im März 1690 verließ nach zehnjähriger Tätigkeit Meister Heinrich Müller Berlin. An seine Stelle trat Meister Martin Koblentz aus Belzig. Er war vier Jahre im Dienst, als die Richtstätte für Enthauptungen von der Gerichtslaube des Berliner Rathauses in die Krausnickstraße verlegt wurde.

In Schwäbisch-Hall tat um diese Zeit Meister Andreas Brückh Scharfrichterdienste. Franz Klingensteiner, Wasenmeister zu Kemnat, bat den Rat dort, seinen Sohn als Scharfrichter einzustellen. In Öttingen amtierte zu dieser Zeit endlich wieder ein Scharfrichter, Meister Georg Schöpelen. Und in Dresden zog die Affäre Neitschütz den dortigen Scharfrichter Melchior Vogel ins Verderben. Diese Tragikomödie spielte sich folgendermaßen ab:

Der 23jährige Kurfürst Johann Georg IV. von Sachsen, Vorgänger und älterer Bruder Augusts des Starken, erklärte 1691 die damals 16jährige Sibylle von Neitschütz, Tochter Rudolphs von Neitschütz und seiner Ehefrau Ursula Margareta von Haugwitz, zu seiner Mätresse. Die Mutter hatte ihm Sibylle persönlich zugeführt. Als der Kurfürst aus dynastischen Gründen auf Drängen seiner Mutter, der die Neitschütz-Geschichte – die erste Mätressengeschichte Sachsens übrigens – gar nicht gefiel, heiraten sollte, sah »Billchens« Mutter Gefahr im Verzug. Sie setzte sich mit zauberkundigen Leuten, wie dem Dresdener Scharfrichter Melchior Vogel, der Margarete aus dem Spreewald, der »Traummarie« in Verbindung. Diese fabrizierten ein Pulver, das, einer Person auf den Kopf gestreut, diese unfähig machen sollte, jemals auf den Streuer oder die Streuerin böse zu sein. Dieses Pulver wurde aus einer Muskatnuß zubereitet, die Billchen dreimal verschluckt und durch sich hatte durchgehen lassen. Ferner flochten die »Zauberer« aus des Kurfürsten Haaren ein Armband für die junge Mätresse und ähnlichen Unsinn mehr. Als Billchen schwanger wurde, ließ sie der Kurfürst 1693 von Kaiser Leopold zur Gräfin von Rochlitz ernennen. Sie bekam im fürstenbergischen Haus an der Elbbrücke einen eigenen Hofstaat. Dieses Haus war durch einen unterirdischen Gang (»schwarzer Gang«) mit dem Schloß verbunden. Während des Feldzugs gegen den dritten Raubkrieg Ludwigs XIV., an dem auch Sachsen teilnahm, brachte Billchen ihre Tochter in Frankfurt am Main zur Welt. Sie trug – wohl durch mangelnde Pflege und ungünstige Umstände – ein chronisches Leiden davon. Zwar veranlaßte dies die alte Neitschütz zu allerhand Machenschaften, aber es war zu spät. Im März 1694 erkrankte Billchen an den Blattern und starb einige Wochen später, 17 Jahre alt. Kaum war sie tot, führte die alte Neitschütz dem untröstlichen Kurfürsten, der nicht vom Krankenbett seines Billchens gewichen war, eine neue Mätresse zu. Kurfürst Johann Georg jedoch hatte sich an Billchen infiziert und starb 23 Tage nach ihr. Auf Grund des Gerüchts, die Neitschützin hätte den armen Kurfürsten behext, strengte der Nachfolger Johann Georgs, August der Starke, auf Wunsch der Mutter einen Prozeß gegen diese und ihre Helfershelfer an und besserte gleichzeitig die schwächliche kurfürstliche Kasse durch die Einziehung des Neitschütz'schen Vermögens auf.

Am 30. April 1694 begann der Prozeß. Die »Traummarie«, der Scharfrichter Melchior Vogel, die Margarete aus dem Spreewald – alle wurden verhaftet und gefoltert. Die »Traummarie« überlebte selbst den dritten Grad, so daß man sie im Januar 1695 noch an den Pranger stellen konnte. Scharfrichter Vogel hingegen, von einem ungenannten Kollegen derselben Prozedur unterzogen, starb im Februar 1695 an deren Folgen. Kurz darauf erging es der spreewäldischen Margarete ebenso. Auch der alten Neitschütz wurde der erste Grad – die Daumenschrauben – verpaßt. Doch sie blieb standhaft. Nach eineinhalb Haftjahren ließ man sie laufen. Sie starb auf ihrem Gut bei Bautzen 1713.

Die einzige Schuld von Scharfrichter Vogel, wenn man in diesem Fall überhaupt von Schuld sprechen kann, war, daß er die zur Herstellung der »Zaubermittel« notwendigen Ingredienzien geliefert hatte, wie er es für viele unglücklich Verliebte, Eifersüchtige, Schüchterne und andere seit jeher getan hatte: die Fasern vom Strick eines Gehenkten, Blut eines Enthaupteten, Fledermausfett und Alraunwurzeln, an einem Freitag bei Mondschein um Mitternacht unter dem Galgen ausgegraben.

In dieser Zeit war in Innsbruck Andreas Leiner von dem neuen Scharfrichter Kaspar Pöltl abgelöst worden, der die Leichenlieferungen an die Anatomie der Universität fortsetzte. In Dresden trat an die Stelle des verstorbenen Vogel Meister Kuntze. Der war es wohl auch, der Vogel gefoltert hatte.

Damals begann in der Leipziger Gegend die Scharfrichterdynastie Polster ihre jahrhunderte währende Tätigkeit.

Die Sackträger und die Leiche

Am 26. Oktober 1694 starb Meister Matheuß Fux in Memmingen. Er hatte testamentarisch verfügt, daß »die Herren Musicanten ihme nauß singen vnd ihne 4 Gerber aufnehmen sollten«. Der Rat aber ordnete an, »daß wol die Musici ihn nauß singen sollten, aber statt der Gerber Sackträger«. Diese aber beschwerten sich, weil das ihnen und ihren Kindern nachteilig sei. Es seien im »Kornhaus auch Salzstadel vnd Werkhaus noch mehr dienstleüth, man soll alle dazu ziehen oder vnder alle Zünfften vertheilen«! Der Rat äußerte sich dazu: »Indem aber dieser Mann ehrlich gelebt vnd Christlich gestorben vnd sein dienst mit dieser seiner begräbnis nicht zu confundieren, so solle es bei gegebenem bescheid verbleiben, doch nur vor dißmahl vnd ohn consequenz; man ihnen deßhalber solte was gedencken an weeg zu legen, woll man ihnen schutz halten; möcht ein oder andere an seine Stelle erbitten, daß mans auch geschehen.« Erneute Vorstellung der Sackträger. Der Rat antwortete diesmal: »Die Totengräber sollen den Schragen holen, die Sackträger nehmen die Leiche erst auf der Gasse auf.« Schließlich erklärten sich acht Nachbarn bereit, die Leiche des Scharfrichters zu Grabe zu tragen, wenn die Totengräber den Sarg holen und die Leiche vors Haus stellen würden.

In der Schweiz, in St. Gallen, begannen die schon mehrfach erwähnten Vollmair (Vollmar, Vollmer, Follmar etc.) seßhaft zu werden. Über Generationen stellten sie die Scharfrichter der Stadt. Ihr Siegel zeigt ein Richtschwert, das aus einer Mondsichel hervorragt. Unter dem Mond ist rechts und links vom Schwert je ein Stern zu sehen. Die Helmzier des Wappens ist ein Mann mit verbundenen Augen und Richtschwert.

Im Jahre 1694 wurde Meister Hansen von Siegburg, wegen seiner weltbekannten Heilkunst »Doctor Hansen« genannt, als Zauberer verbrannt.

Wie verfilzt die Scharfrichtersippen untereinander waren, zeigte sich beispielhaft anläßlich des Todes des Leipziger Scharfrichters Meister Christoph Heintze: Er war der Sohn des Scharfrichters von Torgau und hatte die Tochter des vorhergehenden Leipziger Scharfrichters Heyland zur Frau genommen und durch diese das Amt in Leipzig erlangt. Seine zweite Frau war die Tochter des Scharfrichters Einbeck. Seine beiden Söhne wurden ebenfalls Scharfrichter, der eine in Bitterfeld, der andere in Lentzen. Beide heirateten Scharfrichterstöchter. Heintzes drei Töchter waren ebenfalls alle mit Scharfrichtern verheiratet.

Im Jahre 1696 folgte auf Hanns Jacob Khuißl in Schongau dessen Sohn Hanns, der bis 1711 dort Scharfrichter war. 1697 heiratete er die Scharfrichterstochter Katharina Hiblerin aus Steingaden.

Der verurteilte Tote

Anfang April 1698 duellierten sich in Berlin zwei nicht mehr ganz junge Unteroffiziere aus dem Regiment Barfus. Einer wurde dabei getötet, der andere lebensgefährlich verletzt. Der Tote wurde sogleich beerdigt, dem Überlebenden wurde 14 Tage später der Prozeß gemacht. Beide Duellanten wurden dabei zum Tode durch den Strang verurteilt. Für die Vollstrekkung wurde der Getötete exhumiert, aus dem Sarg geholt und mit dem blutigen Duell-Hemd bekleidet und auf dem eigens für militärische Hinrichtungen aufgestellten, sogenannten Soldatengalgen auf dem Neuen Markt gehenkt. Der Schwerverwundete, der noch mit dem Tode rang, mußte während dieser Prozedur auf einem Stuhl unter dem Galgen sitzen. Sobald der Tote hing, hängte man den noch Lebenden daneben, Brust an Brust, Gesicht an Gesicht. Die Garnisonsregimenter mußten alsdann unter dumpfem Trommelwirbel an den beiden Toten vorbeimarschieren. Danach blieben sie bis zur Verwesung dort hängen.

Fünf Monate später starb Kaspar Pöltl in Innsbruck, und sein Sohn Hans bewarb sich um die Nachfolge. Die Regierung aber lehnte ihn wegen »Unruhe und nicht genügender Tauglichkeit« ab. Er ging nach Bayern, hatte dort vorübergehend eine Scharfrichterstelle, beging einen Mord und floh mit seiner Lebensgefährtin. Sein weiteres Schicksal ist unbekannt.

In Innsbruck wurde Sebastian Waldl am 30. Juni 1699 angestellt.

Kirchenräuber List

Am 23. Mai 1699 wurde Nickel List in Hannover hingerichtet, ein intelligenter Junge, Tagelöhnerssohn aus Waldenburg bei Zwickau. Er war erst Diener gewesen, dann Soldat und schließlich Reiter des Prinzen von Homburg, desselben, der unter dem Großen Kurfürsten die Schlacht bei Fehrbellin gegen die Schweden entschied und Titelfigur von Heinrich von Kleists Schauspiel wurde. Nickel List kämpfte dann im Elsaß gegen die Franzosen und in Ungarn gegen die Türken, wo er unter Karl von Lothringen an der Belagerung und Eroberung von Ofen (Buda) teilnahm. Nachdem er zurückgekehrt war, heiratete er und übernahm ein Wirtshaus. Seine freie Zeit benutzte er zunächst zum autodidaktischen Studium der Medizin. Er las Paracelsus u. a. Doch er geriet durch einige Gäste, die in seinem Wirtshaus verkehrten, in falsche Kreise. Nickel wurde Mitglied, dann Kopf einer weitverzweigten Bande. Er war ein geschickter Schlösserknacker und Schlüsselnachfeiler und spezialisierte sich auf Kircheneinbrüche. Zunächst brach er im Dom zu Hamburg ein, danach in der Braunschweiger Katharinenkirche, und schließlich bemächtigte er sich der Goldenen Tafel, die im Kloster St. Michael zu Lüneburg aufbewahrt wurde, einer 7 Fuß, 7 Zoll (etwa 2 m 30 cm) langen, 3 Fuß 8 Zoll (115 cm) breiten Tafel aus arabischem Goldblech mit 18 getriebenen Bildern darauf. Lists Räuberleben dauerte fünf Jahre lang. Als Nickel gefaßt wurde, gestand er 29 große Diebstähle. Er wurde zur Räderung von unten herauf verurteilt, die mit eisernen Keulen vollstreckt wurde. Sein Kopf wurde auf einem Pfahl ausgestellt, sein Körper verbrannt.

Angélique

Wenige Tage später vollzog Karl Sanson in Paris seine erste aufsehenerregende Hinrichtung. Bei seinen bisherigen sechs Amtshandlungen ging es nur um die üblichen Verbrechen wie Mord, Diebstahl, Giftmischerei und Meineid, sein neuer Fall aber wurde Tagesgespräch von Paris:

In Metz lebte die 1657 geborene Tochter eines reichen Buchdruckers, Angélique Nicole Carlier. Ihr Vater hatte ihr und ihrem Bruder eine Million Francs hinterlassen. Angélique, schön wie ein Engel, verbrachte die ersten Jahre nach des Vaters Tod in einem Kloster. Als ihr Bruder sie zu sich nach Paris holte, war sie alsbald von einem Schwarm von Bewerbern umringt. Sie aber wartete auf einen Mann von besonders hoher Stellung. Der Parlamentsrat Pierre Tiquet schließlich schien der Geeignete zu sein, wenigstens waren Bruder und Tante davon überzeugt. Sie bemühten sich, Angélique den älteren, steifen und wenig anziehenden Mann näher zu bringen. M. Tiquet tat das Seine dazu und machte Geschenke, die weit über seine Verhältnisse gingen. So gewann er schließlich Angélique, die ihm in den ersten drei Jahren zwei Kinder, einen Sohn und eine Tochter schenkte. Sie begann nun, sich mit Pracht und Luxus zu umgeben. Dabei mußte sie bald erkennen, daß es mit dem Einkommen ihres Mannes nicht weit her war und daß alle von ihrem Gelde lebten. Dadurch schwand das einzige Gefühl, das sie für ihren Gatten empfand, die Achtung, und verwandelte sich in Abneigung und Haß.

Ein Freund ihres Bruders, der junge Offizier de Montgeorges eröffnete den Reigen ihrer Liebhaber. Da sie keinerlei Vorsichtsmaßnahmen traf, klatschte bald ganz Paris über die Affaire und schließlich – wie so häufig als letzter – erfuhr ihr Gatte davon. Er machte Szenen. Sie antwortete mit einer Klage auf Gütertrennung, da M. Tiquet ihretwegen bis an den Hals in Schulden steckte. Er reagierte auf Angéliques Klage mit der Beschaffung eines Haftbefehls für sie. Mit diesem in der Hand hoffte er, sie zur Trennung von Montgeorges und zur Einschränkung ihrer Ausgaben zu zwingen. Bei einer ihrer Auseinandersetzungen stürzte sie sich auf M. Tiquet, entriß ihm das Papier und verbrannte es hohnlächelnd im Kamin. Tiquet war nun zum Gespött von Paris geworden. Angélique setzte die Gütertrennung durch und leitete die ersten Schritte zur »Trennung« ihrer Ehe ein. Da katholisch geschlossene Ehen nicht geschieden werden, hieß das, sich gewisser Menschen zu versichern, die bereit waren ihren Gatten zu beseitigen. Das waren ihr Portier Jacques Moura, ihr Diener Claude Roussel, zwei ihrer Kammerfrauen und einige Soldaten. Als der vereinbarte Abend nahte, schwand ihr Mut und sie gab Gegenbefehl. Tiquet schöpfte Verdacht gegen Moura, der als männlicher Komplize Angéliques von ihr mit Liebe belohnt wurde. Er entließ diesen und begann nun selbst, das Kommen und Gehen in den Gemächern seiner Frau zu kontrollieren und einzuschränken. Zu diesem Zweck versteckte er den Haustorschlüssel unter seinem Kopfkissen. Nun wollte Angélique Ernst machen. Ein Vergiftungsversuch mißlang. So wurde der Plan eines Überfalls wieder aufgenommen und nun auch durchgeführt. Auf dem Heimweg wurde Tiquet von fünf Schüssen getroffen, aber nicht getötet. Sein Kammerdiener durfte ihn nicht nachhause, sondern mußte ihn zu einer nahewohnenden bekannten Dame bringen, wo ihm die erste Hilfe zuteil wurde. Als Tiquet sich weigerte, heimzukehren, verhaftete man Angélique und brachte sie ins Chalet. Da meldete sich ein gewisser Auguste Catelain oder Chatelain und sagte aus, Moura habe ihm 1696 Geld für die Ermordung Tiquets geboten. Daraufhin wurde auch Moura verhaftet.

Im Juni 1699 wurde Angélique zum Tode durch Enthauptung und Jacques Moura zum Tode durch den Strang verurteilt. Auch der Denunziant wurde mit lebenslänglicher Galeerenstrafe bestraft. Begnadigungsversuche blieben erfolglos. Angéliques Vermögen wurde konfisziert. Am Tage nach Fronleichnam erfolgte die Exekution Mouras und Angéliques auf der Place de Grève. Sie war weiß gekleidet und mit ihren 42 Jahren noch immer schön. Ein Hagelsturm verzögerte die Hinrichtung um eine halbe Stunde. Jacques Moura nahm rührenden Abschied von der geliebten Herrin und wurde dann rasch gehenkt. Angélique sah zu, äußerlich völlig ruhig. Dann ließ sie sich von Sansons Hand die Stufen zum Schafott hinaufgeleiten, steckte ihr Haar selbst auf, setzte die Haube fester und entblößte den Hals. Das alles geschah mit Anmut und Grazie. Sanson war von der schönen und gefaßten Frau derart beeindruckt, daß er fünfmal zuschlagen mußte, bis der Kopf fiel. Er wurde auf den Block gestellt, dem Rathaus zugewandt, so daß ihn das Volk sehen konnte. Ihr Antlitz blieb unverändert schön.

Bald darauf heiratete Karl Sanson zum zweitenmal, und zwar die Tochter eines Pariser Drechslermeisters.

Auch einem anderen Scharfrichter wurde in dieser Zeit die Heirat bewilligt: Meister Conrad Fux aus Memmingen nahm die Tochter des Regensburger Scharfrichters zur Frau. In der Bewilligung hieß es: »Ihr Vater vnd sie waren zwar Catholisch, die Mutter aber lutherisch vnd hette der Vatter kein bedenckhen das die Khünder mann- und weiblichen Geschlechts auf unser Religion möchten erzogen werden auf absterben deß Vatters werde die Tochter zu annemmung unserer Religion gleich zu disponieren.«

Um 1699 wurde dem Meister Matheus Fux in Memmingen – wohl als Altenteil – eine Schenke bewilligt.

X

Scharfrichter als Ärzte und Tierärzte – Aufhebung der Folter – Die letzten Hexen – Die Guillotine – Der Henker als Chronist

Im 18. Jahrhundert gab es in Berlin für den Vollzug einer Hinrichtung keine staatliche Behörde. Der Magistrat setzte einfach den Dienstag oder Freitag dafür fest, ließ die Schöffenbänke vor dem Rathaus aufstellen und noch einmal in Kürze die Gerichtsverhandlung bis zum Verlesen des Urteils ablaufen. Dann brach der Richter den Stab, die Schöffenbänke wurden umgestürzt und der Delinquent zum Richtplatz geführt.

Der Scharfrichter hatte damals in Berlin freie Wohnung und Heizung, eine kleine Besoldung (mehr eine Kostenerstattung) und erhielt für jede Exekution 16 Groschen und eine Kanne Wein. Für Hinrichtungen, die der Scharfrichter außerhalb Berlins vollzog und bezahlt bekam, hatte er dem Berliner Magistrat 18 Groschen abzuliefern. Den eigentlichen Lebensunterhalt verdiente er sich mit der Abdeckerei.

Wurde ein neuer Scharfrichter angestellt, mußte er sich zunächst durch den Hausvogt prüfen lassen und dafür noch 4 Taler Prüfungsgebühren zahlen. Danach hatte er vor dem Jägerhof seinen Eid zu leisten.

Im Wien des 18. Jahrhunderts stand das Scharfrichterhaus in der Spittelberggasse 3 und hieß »Zum goldenen Luchsen«. Der Spittelberg war ein verrufenes Stadtviertel mit schmutzigen Schenkstuben voller Gesindel. Kaiser Joseph II. besichtigte das Scharfrichterhaus einmal inkognito. Noch um 1800 war die ganze Gegend und bis zum Beginn des ersten Weltkrieges waren noch einzelne Gassen verrufen und gefürchtet. Der Scharfrichter, der zu dieser Zeit das Haus »zum goldenen Luchsen« bewohnte, hieß Johann Hamberger.

Die Entlohnung der Scharfrichter in Paris

In Paris bestand ursprünglich die Entlohnung des Scharfrichters in dem »droit du havage«, dem schon erwähnten »Getreiderecht«. Um 1530 erteilte ihm das Châtelet, die oberste Gerichtsbehörde, auch noch das gleiche Recht auf Früchte, Eier, Heu, Wolle, überhaupt auf alles, was durch die »Passage du Petit Pont« ging. So hatte er eigentlich auch ein »Recht« auf jeden Kranken von St. Ladre, auf Besen, Kohlen, Austern und Fische sowie auf die Kuchen des Dreikönigstages, auf Brunnenkresse und auf umherlaufende Schweine – übrigens liefen damals alle Schweine in Paris frei herum. Wurde von den Henkersknechten ein solches Schwein gefangen, so brachten sie es vor das Hôtel Dieu, wo sie von dem Besitzer entweder den Kopf des Tieres oder 5 Sous bekamen. Dem Scharfrichter gehörten außerdem die Kleider der Hingerichteten, zunächst nur die vom Gürtel aufwärts, später alle.

Der Meraner Scharfrichter Johann Peter Vollmar »butzte« im Jahre 1700 bei der Hinrichtung des Peter della Capicola im Pustertal. Er brauchte fünf Streiche, bis Capicolas Kopf fiel. Die Regierung bezahlte diesen stümperhaften Vollzug nicht und Vollmar mußte vor dem zornigen Volk flüchten.

Am 17. 3. 1700 erhielt der Memminger Scharfrichter Conrad Fuchs seine Bestallung, in der er verpflichtet wurde, alle Handwerker, die er brauchen würde, aus eigener Tasche zu bezahlen und einen Stellvertreter zu benennen, wenn er verreiste.

Noch unter Meister Martin Koblentz wurde 1701 in Berlin der Galgen vom Neuen Markt an den Spandauer Heerweg verlegt – die heutige Oranienburger Straße, Ecke Krausnickstraße, wo sich ein flacher Hügel erhebt, der die Synagoge trägt. Eine der letzten Amtshandlungen Koblentz' war im September 1701 die Hinrichtung eines aus Bernau gebürtigen Malefikanten, der viermal Kirchenraub begangen hatte und der außerdem beschuldigt wurde, in Polen einen Menschen mit dem Deckbett erstickt zu haben. Er sollte stehend enthauptet werden, was für den alten Koblentz so ungewohnt war, daß er zweimal zuschlagen mußte.

Am 28. 11. 1702 erhielt Hans Michael Eichfeld die Bestallung als Scharfrichter in Berlin und schwor:

»Ich Johann Michael Eichfeld schwere Zu Gott dem Allmächtigen einen leiblichen Eid, Nachdem mich Hl. Rath in Berlin und Cölln Zu einem Scharff Richter in beyden Residenzen angenommen, daß ich mich nach der besagten Bestallung richten und was darin enthalten in allem nachkommen wil was meines amtes ist, So war mir Gott helffe durch seinen Sohn JESum ChRISTum.« Dieser kurze Eid beschränkte die Leistungen des Scharfrichters ausdrücklich auf das, was die Bestallung sagt, bzw. auf das, »was seines Amtes« ist. Im Gegensatz zu anderen Eidesformeln unterwarf er sich mit dieser völlig seinen Vorgesetzten.

Der Kampf am Sarg des Scharfrichters

In Hamburg erstach der Gärtner Jochim Braksiek 1703 auf dem Valentinskamp seine Ehefrau. Er wurde wegen Mordes zum Tode durch das Schwert verurteilt. 20 Tage später stand er bereits auf dem Hochgericht, und Meister Ismael Asthusen II. schlug zweimal fehl. Als gebrochener Mann kehrte Asthusen heim, legte sich nieder und starb kurz darauf. Seine Witwe beanspruchte das für Hamburg traditionelle Recht, nach dem die Kranzieher den Scharfrichter zu bestatten hatten. Diese weigerten sich jedoch, da keiner von ihnen bisher einen Henker bestattet hatte – die letzte derartige Bestattung war 40 Jahre her. Frau Asthusen wandte sich darauf hin an die Bootsleute des Hafens, von denen sich etliche bereit erklärten, völlig vermummt eine Stunde vor Mitternacht die Leiche auf dem St. Petri-Friedhof, am Beinhof, zu begraben.

Auf dem Wege zur Begräbnisstätte kam es zwischen herbeigeschlichenen Kranziehern und den Bootsleuten zu einer Rauferei. Die Kranzieher wollten die Kopfvermummung herabreißen und sich überzeugen, »ob es nicht doch Kranzieher« wären. Witwe Asthusen reichte danach beim Rat der Stadt eine Unkostenrechnung ein, die auch das Flicken der bei der Rauferei zerrissenen Mäntel enthielt und bekam sie bezahlt.

Nun setzte die energische Frau Himmel und Hölle in Bewegung, um die durch den Tod ihres Mannes erledigte Fronerei ihrem Sohn zuzuschanzen. Sie führte für ihn an, er sei als Sohn und Enkel von Scharfrichtern, die der Stadt treu gedient hätten, von Kindesbeinen an gut geschult in alle Geheimnisse der Scharfrichterei eingeweiht und habe auch schon im Jahr zuvor »selbständig mit dem Schwert enthauptet«.

Der Rat der Stadt gab daraufhin die Fronerei nicht dem Meistbietenden, einem »reichen Stümper«, wie Frau Asthusen in ihrem Antrag geschrieben hatte, sondern für »nur« 3000 Mark ihrem Sohn, allerdings mit der Maßgabe, seines Vaters Schulden zu bezahlen und seine beiden unverheirateten Schwestern ebenso auszustatten, wie es der Vater mit der bereits verheirateten ältesten Schwester getan habe. So übernahm also Ismael Asthusen III. 1703 das Hamburger Scharfrichteramt.

In Paris erhielt am 8. September 1703 Karl II. Sanson, Sohn der Marguerite Jouanne, der ersten Frau seines Vater, nach fünfjähriger Gehilfenzeit das Patent als Scharfrichter.

In Sonthofen übernahm Joh. Mich. Kopp das Amt des Scharfrichters.

In Berlin wurde am 20. Februar 1705 der gerade erst vereidigte Meister Hans Michael Eichfeld exmittiert und Augustin Conrad Walter als neuer Scharfrichter immittiert. Meister Eichfeld muß sehr selbstbewußt und eigenwillig gewesen sein und schärfstens darauf geachtet haben, auch nicht eine Fingerbewegung mehr zu tun, als »seines Amtes« war – es sei denn, man bezahle ihn gesondert dafür.

Sole deo gloria

Ebenfalls im Jahre 1705 ließ Scharfrichter Fuchs von Kaufbeuren in die Klinge seines Richtschwertes das Wort »Soli Deo gloria« einätzen, doch hatte der Schriftätzer »Sole« statt »Soli« verstanden, und so kann man heute noch auf dem Kaufbeurener Richtschwert »Sole Deo gloria« lesen.

Im gleichen Jahr bewarb sich der Wasenmeister Johann Jakob Scheller um das Nachfolgerecht für seinen Sohn im Augsburger Scharfrichteramt, der »im werkh sattsamb bewiesen, das er nun mehro vor ein qualificirten Maister gar wol vnd sicher auffgestellt vnd gebraucht werden khönde«.

In Tirol wurde ein neuer Tarif für Selbstmörderbestattungen erlassen: Der Scharfrichter erhielt generell aus dem Besitz des

Eine Richtstätte. Kupferstich von Daniel Chodowiecki (1774)

Selbstmörders 45 Gulden. Falls nicht vorhanden, hat die Gemeinde 20 Gulden zu bezahlen: eine großzügige Regelung. Am 10. Oktober 1700 teilte die Regierung dem Rattenberger Bannrichter mit, »daß Sebastian Waldl, Freimann zu Hall, von dem nächsten alldort durch das Schwert vom Leben zum Tode hinzurichtenden Malefikanten die Fette nehmen dürfe«, worum dieser in Unterwürfigkeit gebeten hatte.

Das Gebot, daß der Scharfrichter von Amtswegen bei verstümmelnden Strafen eine Heilsalbe mitzubringen hätte und den Verstümmelten sofort nach Vollzug verbinden sollte, hat sicher die Kurpfuschereien der Scharfrichter unterstützt.

Der alte Johann Adam Hartmann, bisher Scharfrichter zu Augsburg, wurde nun öfter krank und war nicht mehr dienstfähig. Zwanzig Jahre lang hatte er im Dienst der Stadt gestanden. Am 12. Juni 1706 erhielt er zu seinem Abschied das Insiegel der Stadt. Darin wurde bestätigt, daß er jederzeit »treu, fleißig und gehörig« seinen Dienst versehen, und »allein wegen seiner abnehmenden Leibskräften resigniert worden seye«.

Im Pfarrbuch zu Oberbeuren ist unterm 21. März 1706 eingetragen: Johannes Klingensteiner, Chyrurgus de Civitate Imperiale Biberach (wahrscheinlich Scharfrichterssohn!) hatte große Schwierigkeiten zu überwinden gehabt. 1705 wollte man ihm den Eintritt in die Chirurgenzunft zu Biberach verwehren, weil er nicht »zünftig« gelernt habe.

Um 1701 war ein Andreas Klingensteiner Scharfrichter zu Kempten. Dessen Sohn Johann Michael heiratete 1707 die Witwe des Scharfrichters Barthlome Abrell zu Günzburg und erhielt so das dortige Amt.

Arme und reiche Scharfrichter

Am 15. Februar 1706 heiratete Sebastian Waldl die Tochter des Scharfrichters von Immenstadt, Anna Katharina Neuner. Er bat einige Jahre später um höheren Lohn, »da ich mit Weib und vier Kindern mich ehrlich halten und nicht im Alter, wie meine Vorfahren, von Almosen leben möchte«.

Etwas später heiratete ein anderer Scharfrichtersohn: Am 30. 4. 1707 fand die Hochzeit Karl II. Sansons in Paris mit der jüngeren Schwester seiner Stiefmutter statt. Sein Beruf brachte ihm damals 60 000 Livres ein, so daß er ein großes Haus mit Garten in derselben Gegend (Faubourg Poissonnière) für 6000 Livres kaufen konnte.

Im Jahre 1708 bat die gewesene lutherische Scharfrichterin Barbara Deigentesch (hier schreibt sie sich »Degendäsch«) in Kempten für ihren Mann um den Bezirk Sulzberg und begründete ihr Ansuchen damit, daß sie erst vor drei Wochen das wahre katholische Glaubensbekenntnis getan habe. Ihre vier Kinder habe sie im Luthertum gelassen, möchte aber, daß auch sie katholisch werden. Dies sei aber nicht so leicht, wenn sie mit ihrem derzeit dienstlosen Mann wegziehen müsse. Schon damals nutzte das Volk die ihm im Grunde völlig gleichgültigen Glaubensbekenntnisse zur Verbesserung der materiellen Lage.

Kurz nach der Einrichtung der sechs Stadtgerichte in Berlin – es waren dies die Gerichte Berlin, Cölln, Friedrichswerder,

Friedrichsstadt, Dorotheenstadt (von der Kurfürstin Dorothea von Brandenburg, Gattin Friedrich Wilhelms, des Großen Kurfürsten, zur gleichen Zeit errichtet, wie die Straße Unter den Linden) und Spandauer Vorstadt – vereinigte der König (Kurfürst Friedrich III. von Brandenburg war seit 1701 König Friedrich I. von Preußen) am 1. Januar 1710, dem das zuviele, kostspielige Gerichte waren, mit einem Federstrich Berlin und Cölln samt allen Vorstädten zur »Stadt Berlin« und die sechs Stadtgerichte zu einem einzigen, das im Berliner Rathaus seinen Sitz hatte.

Dreieinhalb Monate später tauschte der Rat der Stadt Berlin den erst kürzlich eingestellten Scharfrichter Walter wegen übler Verwaltung und schlechter Verrichtung der Exekutionen gegen Scharfrichter Eichfeld aus.

Um 1711 hatten die Webergesellen Kaufbeurens berufliche Schwierigkeiten, weil sie das Töchterchen des Scharfrichters zu Grabe getragen hatten. Doch da stellte sich der Rat der Stadt auf den fortschrittlichen Standpunkt, daß es ehrlichen Bürgern weder verwehrt noch befohlen werden könne, sich als Leichenträger des Scharfrichters oder seiner Angehörigen zu betätigen.

Im Jahre 1712 stellte Schongau den Scharfrichter Jacob Kuisle ein, der 1711 die Scharfrichterstochter Salome Rüzerin von Neuburg geheiratet hatte. Nach deren Tode nahm er die Candida Fischerin von Babenhausen zur Frau, ebenfalls eine Scharfrichterstochter. Kuisle diente bis 1734.

Ein ruchloses Leben

Übrigens legten 1711 die Kaufbeurer Meister Conrad Fux in den Block, bei Wasser und Brot, weil er auf seine Frau mit zwei Pistolen geschossen hatte und überhaupt ein gott- und ruchloses Leben führte.

In Berlin bat Meister Eichfeld vier Jahre nach seiner Anstellung, an einem der ersten Oktobertage 1714 »wegen zunehmender Blödigkeit des Gesichts« um seine Entlassung. Sie wurde ihm gewährt und schon wenige Tage darauf Christoph Stoff aus Arendsee an seine Stelle gesetzt. Vermutlich war er ein Nachfahr jenes aus Hamburg geflüchteten Jacob Stoeff.

Im März des gleichen Jahres war in Markt Oberdorf (Hochstift Augsburg) der Scharfrichter Wilhelm Kober gestorben. Ihm folgte sein 37jähriger Sohn Nikolaus. Im Juli des gleichen Jahres erhielt in Augsburg ein gewisser Franz Trenckhler das Bewilligungsdekret, Anna Maria, die Tochter des alten Scharfrichters Kuisle, zu ehelichen und den Augsburger Scharfrichterdienst zu »genießen«, unter der Bedingung, daß er den noch lebenden alten Kuisle und seinen zukünftigen Schwager samt dessen Frau »und etwa noch habenten noch unerzogenen Kindern ad dies vitae vnderhalten« müsse.

Medizinbücher

Im Jahre 1715 schrieb Johannes Seitz handschriftlich das »Buch der Medicie« mit 500 Arzneiverordnungen für alle denkbaren Krankheiten und Schäden, Kosmetika und Tintenrezepten. Im Anhang befinden sich aus fremder Feder 86 Rezepte. Der zweite Teil des Buches enthält 27 Verordnungen über Erkrankungen der weiblichen Brust, der Gebärmutter, der Wochenbettkrankheiten, der Schwangerschaftskrankheiten und der Kinderkrankheiten. Nach dem Tode des Verfassers ergänzten seine Nachfolger das Buch. Auf dem Buchdeckel steht: »Daß Buch kert der fugsin auß Kaufbeiern« (fugsin = Witwe des letzten angestellten Kaufbeurener Scharfrichters Johann Georg Fux aus Kempten). Das Titelblatt lautet:

Johannes
Seitz
Nachrichter

Anno
1.7.1.5.

Daß Walth Gott Vater Sohn und Heiliger Geist

Ammen.

Es beginnt so: »Allhier hebt sich an das Buch der Medizie. Darin gefunden wird guether Rat und Mitel für allerley gebrechen. Und Krankheiten deß Münschen.

Erstlich ist zu wüßen, daß ein jedes Münsch erschaffen ist von den vier Elementen, alß von Feühr, von Lufft, von der Erden und vom Waßer; doch hat ein Münsch, von einem Elljmenth, mehr Eigenschafften alß vom andern, deßwegen muß man in deß Münschen Harn, daßselbig wüßen zu erklären ... Volget, wie man die Purgationes zurüsten soll: «(zahlreiche verschieden darreichbare Abführmittel).» Die recht Chur anzurüsten = Franzosenkhur. Hernach volgend andere gebrechen von dem Kopf biß uf die fußsolen. Erstlich dem die Hirnschalen yn gebogen ist.«

Es werden folgende Ingredienzien als Medikamente angegeben: Blüten, Blätter, Kräuter, Früchte, Samen, Wurzeln, Knollen, Zwiebeln, Ingwer, Muskat, Nelken, Pfeffer, Senf, Quecksilber, Antimon, Alraun, Silberglätte, Schwefel, Bolus alba und rubra, Gold, Herzen von Störchen, von Hasen, Hirn von Hasen, Leber vom Hund, von Ziegen, Hasen, Böcken, ganze getrocknete und gepulverte Schnecken, Regenwürmer, Mauerasseln, Krebse, Kröten, junge Elstern, junge Raben, Fische, Kot von Pfauen, Tauben, Hunden, Rindern, Hengsten, Harn von Hasen, Eseln, Pferden, Blut von Schwalben, Gänsen, Rehen, Hasen, katzen, Ebern, Stieren, Geißböcken, Aalen, Katzenohren, Hühnerdarm, Hühnerfüße, Hechtköpfe, Schlangenhaut, Frauenmilch, Aderlaßblut, eigener Harn, Harn eines Knäbleins, eigener Speichel, Kinderkot, Ohrenschmalz, Finger- und Zehennägel, eines Toten Zahn und Totenbein.

»Nimm eine junge Schwalbe aus dem Nest, wenn der Mond im Wachsen ist und im Zeichen der Jungfrau, schneid ihr den Kopf ab und laß das Blut auf ein Loth weißen Weihrauch fallen, rühr es fest durcheinander, bis es dick wird und die Schwalbe zu bluten aufhört, dann teile es in vier Teile, gibs dem Kranken in abnehmendem Mond in 4 Tagen in Maientauwasser, doch soll sich der Mensch vor Zorn hüten.«

»Fange eine Kröte im März, hänge sie auf und trockne sie. Wenn die Pest den Menschen anfällt, nimm die Kröte, lege sie eine Stunde in Essig, danach binde sie auf die Beulen, lasse sie 1 Stunde oder zwei liegen, danach nimm sie ab und wirf sie in fließendes Wasser. Du mußt sie aber vor dem Aufbinden aufschneiden. Dazu ein Glas voll Angelika-, oder Meisterwurz- oder Baldrianwasser, dazu ½ Quintel Tiriaz und 1 Quintel

Faulhans wird in Tyburn gehängt. Kupferstich von William Hogarth

Die darunter angeführten Sprüche Salomons lauten: »Wenn über euch kommt wie ein Sturm, was ihr fürchtet, und euer Unglück als ein Wetter, wenn über euch Angst kommt, dann werden sie nach mir rufen, aber ich werde nicht antworten; sie werden mich suchen und nicht finden«

G. Chr. Lichtenbergs Kommentar dazu: Bald ist es vorüber! Faulhans fährt dem Galgen schnurstracks entgegen. Der Henker wartet schon sein, das Pfeifchen munter schmauchend; der Galgenprediger repetiert schon die letzten Stoßseufzer, die er dem Halbtoten vorsagen will und ein Methodist mit Wesleys Trostbuch macht dem Armen noch nach Möglichkeit die Hölle heiß oder wer weist ihn auf die Tröpfchen Lammesblut hin, womit alle Sünde weiß gewaschen werden kann. Welch ein Galgenfest sehen wir da. Ist auch unter allen den Tausenden nur ein Gesicht, das Schmerz, Teilnahme, Reue zeigte? Hier spotten sie, dort prügeln sie sich untereinander, weil vielleicht gestohlen werden sollte, wo es nichts zu stehlen gibt, da oben scheint der Branntwein mehr Eindruck zu machen, als die ganze Hinrichtung und nur ein Wesen empfindet menschlich, wie es scheint, die arme, im Karren stehende, das Gesicht verhüllende Mutter! Die letzte Rede wird von ihrem Faulhans nimmer gehalten werden, aber schon auch ohne das Käufer finden.

Angelikapulver. Das zusammen warmgemacht und drei Morgen nacheinander getrunken, so ist er genesen.«

Nachrichters Roßarzneybüchlein

Im Jahre 1716 begegnen wir in Freiburg in der Schweiz wieder einem Scharfrichter namens Deigentesch, Autor eines Werkchens, mit dem Titel: »Nachrichters nützliches und aufrichtiges Roßarzneybüchlein«. Ein paar Jahre später erschien von ihm sogar eine zweite Auflage.

Im Jahre 1715 teilte die Behörde – offenbar vom Scharfrichter beeinflußt – der medizinischen Fakultät mit, daß der Scharfrichter ein Anrecht auf die Leichen der Verurteilten habe. Wenn er sie der Fakultät übergeben müsse, entgehe ihm »das Menschenfett und was weiters pro publico Nutzbares hievon verwenden könnte.« Die Fakultät zahlte von nun an für die Leichen, aber für Scharfrichter Waldl zu wenig. Im gleichen Jahr sollte Waldl ein Ehepaar aus Steinach am Brenner hinrichten. Der durch die Tortur geschwächte Ehemann mußte mit einem Wagen zur Richtstatt gefahren werden und wurde dort, auf einem Stuhl sitzend, enthauptet. Seine schwangere Frau, Mutter von zwei Kindern, wurde erst nach der Geburt ihres dritten Kindes hingerichtet.

Scharfrichter Sebastian Waldl hatte 1716 eine Unterredung mit seinen Vorgesetzten über seine Einkünfte, die in einen Streit ausartete. Waldl beschimpfte seine Vorgesetzten und benahm sich »unsittlich«. Dafür wurde er bestraft.

Daraufhin quittierte Waldl 1718 nach Vollstreckung einer Exekution in Tirol – es handelte sich um ein Urteil der Militärdirektion Innsbruck – seinen Dienst als Scharfrichter und Abdekker. Sein Nachfolger hieß Marx Philipp Abrell.

Wenn aber der Strick reißt?

Im Jahre 1719 sollte Marx Philipp Abrell den Jakob Summerer in Innsbruck mit dem Strang richten. Der Strick riß jedoch, und der Verurteilte fiel vom Galgen. Nun wurde er vom Kaiser zu fünf Jahren Ruderbank begnadigt. Summerer floh von der Galeere und lebte fortan als Dieb und Räuber. Marx Philipp

Abrell gelang es im Jahre 1723, seinem Sohn Johann Jakob die Scharfrichterstelle in Meran zu verschaffen. So waren beide Tiroler Scharfrichterämter mit Abrells besetzt.

Wieder zwei Jahre später entlockten in Paris die »chambres ardentes«, die Folterkammern, den 60 Großkapitalisten Frankreichs das Geheimnis der Herkunft ihres Reichtums. Die von ihnen abgegebenen Riesensummen flossen vorwiegend in die Taschen der ungetreuen Richter und nur zum kleinen Teil in die Staatskasse. In der gleichen Zeit erlebte England ein außergewöhnliches Schauspiel: Ein Scharfrichter wurde hingerichtet, John Price von Bunhillsfield, der in Schuldhaft geraten war. Damals wurden in England zahlungsunwillige oder unfähige Schuldner in den Schuldturm geworfen, so lange, bis sie ihre Gläubiger befriedigen konnten, die übrigens für die täglichen Bedürfnisse – einschließlich der sexuellen – ihrer Schuldner zu sorgen hatten, Bunhillsfield brach mit anderen Gefangenen ein Loch in die Mauer, entfloh und verübte alsbald einen grauenhaften Lustmord. Die Verletzungen seines Opfers zu beschreiben weigert sich der Chronist aus Gründen des Anstands. Price wurde gefaßt und zum Tode verurteilt. Als man ihn zur Hinrichtung führte, stand er unter Alkohol und nahm die religiösen Tröstungen nicht mehr wahr.

Etwa um diese Zeit etwa bewarb sich Meister Johann Adam Scheller, Sohn des Augsburger Scharfrichters Johann Jacob Scheller, um die Stelle in Pfaffenhausen. Die Stelle seines Vaters hatte er 1705 offenbar nicht erhalten. Für die Pfaffenhausener Stelle empfahl er sich durch seine Bereitwilligkeit, die Witwe seines Vorgängers zu heiraten und durch seine große Erfahrung in der Medizin.

Offenbar hatten die Berliner eine Zeitlang keine gute Hand bei der Auswahl ihrer Scharfrichter. Erst der abgesetzte Eichfeld, dann das Zwischenspiel mit Walter, dann wieder Eichfeld, dann Stoff. Stoff muß auch nicht der Richtige gewesen sein, denn ihm folgte bald der Scharfrichter Neumann aus Jerichow. Aber auch dieser wurde bald abgesetzt.

Der Henker wartet schon sein, das Pfeifchen munter schmauchend
Detail aus dem Kupferstich von William Hogarth

Das Halseisen

Während in Bernau bei Berlin die Rote Ruhr furchtbar hauste, wurde in Paris dem »Meister der hohen Werke« Karl II. Sanson ein Sohn geboren, den er Karl Johann Baptist taufte. Im gleichen Jahr ordneten die Juristen den Vollzug einer neuen Strafe an; die des Halseisens. Sie bestand darin, den Delinquenten mit einer eisernen Schelle, die um den Hals gelegt wurde, an eine Mauer zu fesseln.

Aus der Zeit um 1720 noch ein paar Scharfrichternamen: Leonhard Tallhover (Talhofer?) zu Schwabmünchen (zum Hochstift Augsburg gehörig); Meister Matheß Fux zu Kaufbeuren; Johann Michael Kober von Donauwörth; Jakob Bayr von Füssen und Johann Fuchs von Regensburg. Fuchs erbat für seinen Sohn den Dienst in Memmingen, indem er betonte, er könne ein Schreiben des Regensburger Magistrats vorlegen, in welchem es heißt: »Er hätte sich wider den sonsten gewöhnli-

chen Gebrauch dergleichen Leuthe sich erbar und Christlich aufgeführet und ein solche Kinder Zucht gehalten, daß hiesig wollöbl. Magistrat darob ein sattsames Vergnügen gefunden.«
Die Chirurgen des Fürststifts Kempten verfaßten in dieser Zeit ein Memorial, in dem sie sich darüber beschwerten, daß in den letzten Jahren vor allem in den Reichsstädten Barbiere und Bader, die im Fürstentum gelernt hatten, nicht eingestellt worden seien, weil sie der Sohn des Scharfrichters Klingensteiner auf Befehl des Fürsten examinierte.

Die »glückliche« Richtung

Joh. Conrad Nejer oder Neuer, Stiefsohn des Stuttgarter Scharfrichters Adolph Großholz, bewarb sich ebenfalls um die Memminger Stelle. Er konnte zahlreiche Empfehlungsschreiben vorlegen:

1. Das vom Kammerrat, Vogt, Bürgermeister und dem Gericht zu Marktgröningen im Herzogtum Württemberg, das ihm bescheinigte, die Exekution mit dem Schwert »ganz glücklich und wol vollzogen« zu haben, »so daß nicht allein Wir Uns, sondern auch der große und volkreiche zuschauende Umstand sich über dises junge Menschen Nejern so herzhaft und sehr glücklich vollbrachte richtung und Decollation sehr verwundert«.
2. Das vom Vogtamtsverweser, Bürgermeister und Gericht zu Göppingen 1710. »Er hat sein Meisterstück mit dem Schwert mittelst abschlagung des Haubts in einem eintzigen ganz glücklich geführten streich hie dergestalten wol gerichtet, daß man von seiten der Justiz damit wol vergnügt gewesen und mithin ermeldter Neuer hiebey sein Meisterstück dergestalt ... abgelegt, daß er inkünftig vor einen guten Scharpfrichter wol passiere.«
3. Das Attest des Majors der Gardegrenadiere des Fürsten zu Württemberg über drei vollzogene Kriegsgerichtsurteile mit Schwert und Strang vom 5. Dezember 1713.
4. Das vom Vogt, Bürgermeister und Gericht zu Kirchheim, die ihm attestierten, er habe »ohne einige Zagheit auf einen Streich den Kopf vom rumpf ohne berührung eines anders-

wertigen glieds oder im geringsten gehabten anstands feliciter hinweg geschlagen«.

Nejer war außerdem bereit, die Witwe des Vorgängers zu ehelichen. Er erhielt die Stelle mit der Bedingung, daß er nach einem halben Jahr des Dienstes kein Recht auf Urlaub habe und keine Tätigkeit gegen Personen in Religionssachen ausüben dürfe.

Nejers Wappen zeigt einen stehenden Mann, der in der rechten erhobenen Hand ein Schwert, in der linken eine Waage hält.

Maria Elisabeth Fuchs in Memmingen, die Witwe, bat den Memminger Stadtrat »um Belassung im Amt für 1 Jahr«, bis sie oder ihre Tochter verheiratet seien. Ihre Bitte wurde mit der Begründung bewilligt, sie habe ein Vermögen mit in die Ehe gebracht, das ihr verstorbener Mann zum großen Teil verbraucht hatte.

Im gleichen Jahr setzten die Berliner einen neuen Scharfrichter ein, und zwar aus der verbreiteten Dynastie der Kleine: Georg (Jürgen) Wilhelm Kleine. Bald darauf wurde die alte Richtstätte auf der Weberwiese, wo damals Hans Kohlhaase gerädert worden war, aufgelassen.

Eine neue Tortur

Ebenfalls 1720 fand in Wien eine Scharfrichtertagung statt, die zweite, von der wir wissen und die einzige, die störungsfrei verlief. Auf der Tagung wurde eine, diesmal nicht von einem Juristen, sondern wirklich von einem Scharfrichter erfundene neue Tortur bekanntgegeben. Zufällig saß gerade ein armer Teufel in einem Wiener Gefängnis, der bisher alle anderen Torturen ohne Geständnis ausgehalten hatte. An diesem probierte man die neue Marter aus und – o Triumph der Menschlichkeit – diesmal hat er »alsbald seine Missetat bekennet«.

Am 1. Oktober 1721 hob der Regent in Frankreich das bereits beschriebene »droit du havage« auf und ordnete an, dem Scharfrichter dafür – was diesem bestimmt auch lieber war – 16 000 Livres jährlich aus dem Staatsschatz, später aus der Kasse der Domänen- und Forstverwaltung, zu zahlen.

Am 27. November räderte Karl II. Sanson den berüchtigten Pariser Räuber und Bandenhäuptling Louis Dominique Bourguignon, genannt Cartouche, auf der Place de Grève.

Wenige Wochen später begann in Hamburg die Scharfrichterdynastie der Hennings, die 108 Jahre lang Scharfrichterdienste in dieser Stadt und durch weitere Söhne auch in den benachbarten Ländern versah.

Der Meraner Scharfrichter mußte 1721 seine Tochter, die der Prostitution überführt worden war, auf behördliche Anordnung öffentlich bestrafen.

Im gleichen Jahr war der alte Ismael Asthusen III. gestorben. Sein 1717 geborener Sohn war zur Nachfolge noch zu klein. So bewarb sich Scharfrichter Pickel (Bickel, Bickhel, Bückhel) aus Kiel, einer ebenfalls alten Scharfrichterfamilie, um die freie Stelle. Ihm sagte man nach, daß er »so artlich mit dem Rade spielte, zu vornehmer Zuschauer höchsten Contentement«, und überdies war er der Bruder der Witwe Asthusen. Aber sein Mitbewerber, Franz Wilhelm Hennings, war ebenfalls ein geschickter Scharfrichter, der sich außerdem noch bereit erklärte, die Witwe mit ihren fünf Kindern zu heiraten. Und das war ausschlaggebend, weil es der Stadtkasse jegliche Zahlungsverpflichtungen gegenüber der Witwe und den Waisen ersparte. Hennings Opfer »ermäßigte« den Kaufpreis für das Amt auf 1000 Taler. Franz Wilhelm Hennings bezahlte diesen Preis und erfüllte seine Pflichten treu und brav 50 Jahre lang.

1722 verbot der Memminger Stadtrat zum wiederholten Male »den Underthanen, die Scharfrichter und andere Stümpler zum Mediciniren nicht zu gebrauchen«. Der Scharfrichter durfte nur noch Menschen- und Hundeschmalz verkaufen.

Ein »gehorsames Pfarrkind«

Im gleichen Jahr erhielt Johann Trenkler (Tränckhler, Drenckler, Trinkler) die Stelle zu Schönegg, die zum Hochstift Augsburg gehörte. Er hatte seine alten Eltern 20 Jahre lang durch seine »Chirurgi und medizinische Wissenschaft« erhalten und war »ein frey, fromm und gehorsambes Pfarrkünd«, gehörte dem ledigen Stand mit Ehrbarkeit an, besuchte die Gottesdienste an Sonn- und Feiertagen und benahm sich tadelfrei. Sein

Mitbewerber und Verwandter, Franz Trenkle, war abgewiesen worden, weil er sich mit »wiltpredt schiessen« und mit Beherbergung »verdächtiger Leuthen« abgab.

In Borna, wo einer aus der Familie Polster als Scharfrichter diente, mußte dieser 1723, wie es Tradition war, eine öffentliche Rede halten. Er beendete sie mit folgendem Vers:

> Kurz, ich wünsche, daß ein jeder also lebe,
> Damit er nicht an diesem kalten Eisen klebe.

In Berlin trugen 1723 die langjährigen Beschwerden der Bürger endlich Früchte: Die Scharfrichterei in der Heidereutergasse wurde aufgelassen und auf ein Grundstück zwischen Oranienburger- und Hamburger Tor verlegt, in der Höhe der heutigen Nummern 24–27 der Oranienburgerstraße (nahe der Krausnickstraße). Dort steigt das Gelände etwas an. Es wurde bald »Schinderberg« genannt. Aber auch hier wurde die Scharfrichterei von der wachsenden Stadt bald eingeholt und umbaut, so daß bereits 25 Jahre später an eine neue Verlegung gedacht werden mußte.

In Augsburg erhielt in diesem Jahr Scharfrichter Johann Georg Tränckler seinen Bestallungsbrief, in welchem ausführlich dargelegt wurde, was der Scharfrichter für seine Verrichtungen zu bekommen habe: ein jährliches Salarium, einen Wochensold, freie Wohnung und Beheizung, steuerfreie Lebensmittel. Für jede im Bestallungsbrief einzeln angeführte Arbeit erhielt er eine Extravergütung, wie z. B. für jeden Zangenzwick 1 Gulden, den »Galgen auf dem Buggel zu brennen« 1 Gulden, eine Person zu besichtigen einen Kreuzer usw.

Im Jahre 1725 warfen die Schuhmacher zu Crossen an der Oder einen der ihren »aus dem Gewerk«, weil er auf des Scharfrichters Pferd geritten war. Einem anderen Schuhmacher in Sommerfeld (Lausitz) ging es ebenso. Er hatte mit dem Scharfrichter gezecht. Vermutlich hatten sich in beiden Fällen die Scharfrichter nicht vorschriftmäßig gekleidet, so daß sie nicht sofort zu erkennen waren, denn bald darauf wurde eine neue Kleiderordnung für Scharfrichter erlassen, derzufolge sie eine graue Bekleidung zu tragen hatten.

In Hamburg hatte Hennings im gleichen Jahr mehrere Räuber hinzurichten, u. a. den berüchtigten Kranichsfeld und jene

Missetäter, die eine Mühle in Quilitz nicht nur völlig ausgeraubt, sondern auch angezündet hatten. Um ihnen ihr Schicksal ganz bewußt zu machen, wurde die Hinrichtung dreimal kurz vor dem Abtransport zur Richtstatt verschoben.

Karl III. Sanson

Ein Jahr später starb 45jährig in Paris Karl II. Sanson. Er wurde in der Kirche St. Laurent beigesetzt. Sein Sohn Karl III. Johann Baptist, erst 7 Jahre alt, wurde sein nomineller Nachfolger. Zunächst vertrat ihn aber George Hérisson, der ein paar Jahre später die Scharfrichterei Melun übernahm. Danach übernahm Prudhomme die Vertretung des jungen Sanson.

Im gleichen Jahr erhielt Joh. Chr. Jeck die Scharfrichterstelle in Bernau bei Berlin.

Ein Jahr später erließ der König von Preußen eine neue, diesmal genau spezifizierte Kleiderordnung für Scharfrichter, weil diese sich offenbar an die bisherige kaum gehalten hatten: »An alle Scharfrichter und Abdecker in Berlin und allen königlichen Landen! Nicht die blaue abgelegte Militäruniform ist zu tragen, sondern dunkelgraue Kleidung, dazu ein roter, spitzer Hut. Das Degentragen ist verboten. Danach ist bei Strafe des Karrens zu verfahren.«

1728 verließ Georg Wilhelm Kleine heimlich die Stadt Berlin und das Land Brandenburg. Er hatte im Juli 1727 morgens zwischen 7 und 8 Uhr den Bernauer Töpfermeister Johann Daniel Bethlehem auf dem Marktplatz in Bernau enthauptet. Bethlehem hatte seine Ehefrau nach einem Streit mit einem Tonschlägel auf den Kopf gehauen, so daß sie noch am selben Abend starb. Bei ihrem Begräbnis weinte der Mörder. Zu seiner Hinrichtung holte man Meister Kleine aus Berlin, wohl weil der Bernauer Scharfrichter Jeck ein guter Freund Bethlehems war. Nach der Hinrichtung bekam Kleine anscheinend Differenzen mit dem Berliner Magistrat, so daß er einige Monate später fliehen mußte.

Der Pfleger des Fürststifts Kempten »zu Sulz- und Wolkenberg« meldete damals, daß die Amtsknechte, Meister und Scharfrichter anfingen, Hirschfänger zu tragen und mit Gewehren (Flinten) übers Feld zu gehen. Daraufhin verbot der

Hofrat dies und erlaubte nur das Tragen einer krummen, gesäbelten Klinge und einer Pistole.

Meister Marx Philipp Abrell in Hall in Tirol quittierte 1728 altersbedingt seinen Dienst und sein Sohn wurde aus Meran nach Hall versetzt. Der alte Abrell erhielt ad dies vitae 25 Gulden und 5 Fuder Brennholz und blieb bei seinem Sohn im Gritschenhäusl wohnen. Es ist dies wohl der erste Fall einer Altersversorgung für einen Scharfrichter.

In Meran folgte auf den jungen Abrell Johann Georg Kober, zwar Sohn und Bruder von Scharfrichtern, aber selber eigentlich Bader, Kurpfuscher und Abtreiber.

Die Freundin des Kronprinzen

Als der Sohn des Scharfrichters von Augsburg, Johann Adam Scheller, 1729 in einem Wirtshaus einen fremden Mann mit dem Degen verletzt hatte, wurde der Scharfrichter geholt, der die Fleischwunde verband. Der Verwundete wurde danach noch in der Pflege des Scharfrichters belassen.

Als Ersatz für den geflüchteten Scharfrichter Kleine stellten die Berliner im April dieses Jahres Meister Martin Hennings ein, der bisher in Stettin vollstreckt hatte und zu der bereits erwähnten Hamburger Scharfrichterdynastie gehörte. Ihm wurde 1730 auferlegt, die junge, unschuldige Schulrektorstochter Doris Ritter grausam auszupeitschen. Sie hatte nichts anderes getan, als daß sie die Freundin des Kronprinzen, des späteren »Alten Fritz«, gewesen war. Der Kronprinz selber hatte sich der dummen, grausamen und sinnlosen Tyrannei seines Vaters durch die Flucht ins Ausland entziehen wollen, war aber ertappt und ins Gefängnis gesteckt worden. Mit ihm mußten alle, die zu ihm in Verbindung gestanden hatten, unsäglich leiden: Leutnant Katte, sein Freund, wurde vor den Fenstern des in Küstrin gefangenen Kronprinzen enthauptet; Leutnant von Ingersleben erhielt sechs Monate Festung, weil er Doris Ritter den Schlafrock und kleine Abschiedsgeschenke des Prinzen überbracht hatte; und Doris Ritter selbst wurde auf Befehl des Königs öffentlich ausgepeitscht und kam ins »Spinnhaus« (Frauengefängnis) in Spandau. Quidquid delirant reges ...

Scharfrichter Johann Georg Trinckhler wurde 1730 in der Augsburger heiligen Kreuzkirche bestohlen. Seine silberne Tabaksdose hatte es einer Diebin angetan. Sie verkaufte sie für fünf Gulden, 30 Kreuzer, wurde erwischt, kam an den Pranger, erhielt von dem Bestohlenen 20 Schläge, mußte Urfehde schwören und wurde aus der Stadt gewiesen.

Vielleicht war Meister Martin Hennings schon alt, oder es gefiel ihm in Berlin nicht mehr, jedenfalls übernahm am 18. Mai 1731 ein anderer Martin sein Amt: Meister Martin Weydemann.

Die Unehrlichkeit erlischt

1731 war für die Scharfrichter ein bedeutungsvolles Jahr: Am 14. August wurde ein Reichsgesetz erlassen, das Kaiser Karl VI. zuzuschreiben ist; Artikel 4 lautete:

»Die Unehrlichkeit bei den Nachkommen des Schinders erlischt in der dritten Generation. Diese und alle ferneren sollen zu allen und jeden ehrlichen Handwerkern und Erwerbsarten zugelassen werden. Hat sich aber schon die erste Generation 30 Jahre lang in ehrlicher Profession bewährt, so kann schon die zweite in die obigen Rechte eintreten«. Alle anderen Ehrlosen und Ausgeschlossenen waren nach diesem Gesetz ab sofort zunftfähig. Nach seiner Verkündung gab es manche namhaften, promovierten Doctores medicinae, deren Väter oder Großväter noch Scharfrichter gewesen waren.

Wer aber glaubt, daß es bloß eines Gesetzes bedurfte, um den Makel von den Scharfrichtern und ihren Nachkommen zu nehmen, der kennt die Menschen nicht. Zahllose Tragödien spielten sich noch ab, bis es mit der Ächtung der Scharfrichter vorbei war. Wirklich vorbei? Wir werden sehen.

1732 wollte ein Henkersknecht aus Württemberg, Johann Michael Weydenkeller, die Witwe seines Meisters Seitz in Kaufbeuren heiraten.

Ebenfalls in diesem Jahr bat Scharfrichter Johann Conrad Näher (Nejer, Neher, Neüer) in Memmingen die Stadtväter von Kaufbeuren, seiner Schwägerin, einer verwitweten Seitz, geborenen Fux, die Scharfrichterstelle dort zu verleihen. Ein gewisser Andreas Klingensteiner, Scharfrichter zu Kaufbeuren, schloß nämlich zu dieser Zeit einen Ehe- und Erbvertrag mit der Maria Josepha Koberin ab, deren Vater ihm sein Gewerbe abtrat. Klingensteiner war offenbar ausgelernter Schüler des verstorbenen Seitz gewesen.

Im gleichen Jahr noch antwortete Scharfrichter Johann Conrad Neher auf die Frage des Rates, warum er trotz obrigkeitlichen Verbots, die Bürgerschaft mit Medikamenten beliefere: Er »recomandire sich nirgends bey einigen Patienten«, jedoch werde er zu Haus so stark von Kranken überlaufen, »daß ihme Gewissen halber unmöglich fallen wolle, nach denen ihm von Gott verliehenen Gaben diese ohne Hülff zu lassen«.

Die »Hetz« um das Hochgericht

1733 wurde Doris Ritter aus dem Spinnhaus entlassen. Sie heiratete später den Berliner Droschkenpächter Schomer, da sich der Kronprinz nie wieder um sie gekümmert hat.

In Wien ereignete sich ein grotesk-makabres Spiel, als dort die Handwerker Auftrag erhielten, das Hochgericht auf dem Wienerberg wieder einmal auszubessern. Sie versammelten sich am 6. Juli in der »Goldenen Gans« und veranstalteten von dort einen »Auszug zum Hochgericht auf dem Wienerberg. Maurer, Zimmerer, Steinmätz, Schlossermeister zogen mit Gesellen und Lehrlingen, mit Gericht, Trommeln und Pfeifen um die Stadt herum, damit aus der Hochgerichtsreparatur eine Hetz wird«.

Ebenfalls noch 1733 mußte an der Innsbrucker Anatomie an Schweinen, Vögeln und Hunden gelehrt werden, weil es zu Preisstreitigkeiten mit den Scharfrichtern Joh. Jak. Abrell und Kober gekommen war.

1734 starb Jakob Kuisl in Schongau. Seine Witwe Candida heiratete bald darauf den Scharfrichter Georg Vollmair von Burgau, der daraufhin 17 Jahre lang als Scharfrichter in Schongau wirkte.

Eine ähnliche »Hetz« wie für die Wiener die Hochgerichtsreparatur war für die Berliner die Hinrichtung des Ehepaars Tornow 1736. Die Tornows hatten einen Tag vor Heiligabend Hausgenossen und Verwandte ermordet, die Eheleute Hakotz und deren Tochter. Da sie geständig waren, konnte schon am 30. Dezember 1735 das Todesurteil gefällt werden. Am 3. Januar 1736 holten 200 Mann Bürgerkommando die Delinquenten vom Kalandshof (Klosterstraße 29) ab und führten sie durch die Königsstraße und Spandauerstraße zum Rathaus. Dort waren die Schöffenbänke aufgestellt. Um diese und die beiden Missetäter bildeten 50 Mann einen Kreis. Darin wurde das Urteil verlesen und der Stab über die Mörder gebrochen. Danach wurden die Bänke, wie es Brauch war, umgestürzt und der große Zug formierte sich: Zwölf Mann in vier Dreierreihen marschierten voran, dann kamen die Verurteilten, von je einer Reihe von 12 Mann flankiert, dahinter wieder 12 Mann in Dreierreihen. Es ging durch die Spandauerstraße zum Molkenmarkt, den Mühlendamm entlang, an der Petrikirche vorbei, über die Gertraudenbrücke und Friedrichswerder in die Leipzigerstraße bis zur Hauptwache am Leipziger Tor, dann durch die Mauerstraße und Schützenstraße zum Haus der Ermordeten. Hier bildeten wieder 50 Mann einen Kreis um die Verurteilten und der Hauptangeklagte, der Ehemann, wurde mit der glühenden Zange gezwickt. Danach ging es über die Friedrichstraße und Unter den Linden über die Schloßbrücke und Schloßfreiheit zur Langen Brücke (Kurfürstenbrücke am Marstall), wo er zum zweiten Mal die glühende Zange zu spüren bekam. Nun bewegte sich der Zug über Königsstraße und Spandauerstraße zum Neuen Markt, wo der letzte Zangengriff erfolgte und danach die Hinrichtung auf einem besonderen Schafott stattfand. Der ganze Zug wie der Hinrichtungsplatz waren von einer großen Zuschauermenge umgeben.

Ein folgenreicher Mord

Im gleichen Jahr ereignete sich der folgenreiche Mord an der Witwe Fuchs in Berlin. Diese Witwe bewohnte das obere Stockwerk der Sandschäferei (heute Alexanderstraße 47, Ecke Neue Königsstraße), in deren Erdgeschoß sich ein Gasthaus, der Stelzenkrug, befand. Die Witwe Fuchs hatte als Untermieter einen Lehrer. An einem Winternachmittag wanderte dieser über die Heide in das Dorf Weißensee, wo er sich einen gemütlichen Abend machte. Recht spät brach er wieder auf, verlor aber im Schneegestöber die Orientierung und fand erst gegen Morgen den Weg nach Hause. Erstaunt sah er das

Menschengedränge vor dem Stelzenkrug, wollte fragen, was passiert sei und wurde sofort unter dem Verdacht, die Witwe Fuchs in der Nacht ermordet und beraubt zu haben, verhaftet. Sein Alibi schien nicht glaubhaft. Da er nicht gestand, sollte die Anordnung zur Folter eingeholt werden. Der damalige Kammergerichtsdiener und Justizminister Samuel von Cocceji erteilte derartige Anordnungen höchst ungern. Er ließ sich zunächst die Akten geben und studierte sie. Da fiel ihm im Bericht des Polizisten, der als erster das Mordzimmer betreten hatte, die Bemerkung auf, der Strick, mit dem die Witwe erdrosselt worden war, sei zu einem »Henkersknoten« geknüpft gewesen. Sofort ließ Cocceji den Berliner Scharfrichter Brand, den Nachfolger Valentin Weydemanns fragen, ob das wirklich ein Henkersknoten sei. Brand bestätigte das nicht nur, sondern behauptete sogar, daß dieser Knoten nur von einem Henker geknüpft worden sein könne. Daraufhin ließ Cocceji nachforschen, ob in der Verwandtschaft der Witwe nicht vielleicht Scharfrichter seien. Dabei stellte sich heraus, daß die Scharfrichtergesellen Müller in Brandenburg Neffen der Ermordeten waren. Verhaftet, gestanden sie, ihre Tante wegen des Geldes umgebracht zu haben.

Der Lehrer wurde sofort entlassen, hatte aber durch die Verhaftung und das Verfahren offenbar einen derartigen Schock erlitten, daß er später Selbstmord beging.

Und Meister Brand, der die beiden Müllers hingerichtet hatte, mußte noch jahrelang um die Hinrichtungskosten kämpfen. Immer wieder versahen Bürokraten seine Rechnungen mit Fragezeichen und Reduzierungen, bis er sich schließlich mit einem Bruchteil der Summe seiner ersten Rechnung begnügte.

Der Fall der Witwe Fuchs aber war Anlaß für den damals als Regenten eingesetzten Kronprinzen Friedrich, am 3. Juni 1740 in seinen Landen die Folter abzuschaffen. Nur in der Militärgerichtsbarkeit blieb sie erhalten.

Leichenstreit

In Meran hatte 1736 Joh. Georg Kober, der ungestraft kurpfuschte und sogar kleine Operationen ausführte, bei einer Abtreibung Pech. Die Patientin starb an inneren Blutungen.

Der Fall wurde vom Meraner Stadt- und Landgericht untersucht, hatte aber für den Kurpfuscher keine schwerwiegenden Folgen. Es wurde lediglich das Kurpfuschen verboten.

Im gleichen Jahr mußte Joh. Jakob Abrell auf drei Wochen in den Innsbrucker Kräuterturm, weil er den Verurteilten widerrechtlich Schmuckstücke abgenommen hatte. Überdies stritt er sich immer noch mit der medizinischen Fakultät um die Bezahlung der Leichen. In seiner Beschwerde gab er an, daß die Fakultät nur 4 Gulden bezahle, obwohl ihm eigentlich 8 Gulden zustünden. In Wirklichkeit lautete die vorgeschriebene Gebühr aber auf 6 Gulden.

Im Jahre 1738 sollte diesen Streitereien ein Ende gesetzt werden. Die neue Leichengebühr für Innsbruck lautete: Der Scharfrichter bekommt pro Leiche 6 Gulden, wenn die Leiche aus der Nähe stammt. Muß sie aber von weiterher geholt werden, gebühren ihm 8 Gulden.

Im gleichen Jahr starb der alte, pensionierte Haller Scharfrichter, Marx Philipp Abrell.

Der »Schnellgalgen«

Noch vor der Thronbesteigung Friedrichs II. hatte sein Vater nach französischem Muster angeordnet, Diebe seien vor dem Haus ihrer Missetat auf einem dort zu errichtenden Schnapp- oder Schnellgalgen aufzuknüpfen. Einer der ersten, wenn nicht überhaupt der erste dieser Fälle ereignete sich 1738 im Hause des Geheimrats Truzettel, Markgrafenstraße 108. Die Magd des Geheimrats wurde beschuldigt, einen silbernen Löffel gestohlen zu haben. Auf die Anklage erfolgte sofort das Todesurteil und die Errichtung des Schnellgalgens. Die laut schreiende, sich festklammernde und ihre Unschuld beteuernde Magd wurde hingerichtet. Später, als man eine im Hause gehaltene Ziege schlachtete, fand man in deren Magen den silbernen Löffel. Der Volksmund behauptete noch lange danach, die Vertiefung auf dem Bürgersteig, die durch den Galgen entstanden war, ließe sich nicht beseitigen, sondern entstünde immer wieder neu.

Ein zweiter Fall – bald danach – betraf den Bedienten des Ministers Happe, der in der Breitestraße 10 wohnte. Auch er wurde des Diebstahls bezichtigt, angeklagt, verurteilt und hingerichtet. Dem Minister aber war das Haus, vor dem der Galgen gestanden hatte, verleidet. Die Erinnerung an den Galgen vor seinem Haus störte ihn derart, daß er es bald zum Verkauf anbot. Aber es fand sich niemand, der das Haus wollte, auch als Happe mit dem Preis heruntergⅰng. Daher beschwerte er sich beim König, und dieser zwang den Magistrat, das Haus für teures Geld anzukaufen. Nun saß der Magistrat auf dem unverkäuflichen Haus. Die drohende Grundstücksentwertung veranlaßte den König, den Schnellgalgen schleunigst wieder abzuschaffen und die Hinrichtungen, sofern sie durch den Strang erfolgen sollten, wieder auf dem gewöhnlichen Galgen am Neuen Markt vollziehen zu lassen.

Im gleichen Jahr sollte in Stuttgart der Jude Süß Oppenheimer auf neuartige Weise in einem Käfig gehenkt werden. Das rief die berufliche Neugier vieler Scharfrichter hervor, so daß neben dem Scharfrichter Franck von Straßburg noch 20 weitere mit ihren Knechten dieser Hinrichtung beiwohnten. Es ist aber nicht bekannt, daß diese neue Art des Henkens irgendwo Schule gemacht hätte.

Der beinahe gehenkte Pastor

Ebenfalls 1738 genehmigte König Friedrich Wilhelm I. von Preußen die heimliche vorherige Erdrosselung der zur Räderung Verurteilten. Jedoch sollte diese vom Volk unbemerkt durchgeführt werden.

Ein Jahr später wurde in Berlin die letzte »Sackung« vollzogen. Bis dahin war allein an Kindsmörderinnen diese Tötungsart vollzogen worden, indem sie in einen Sack gesteckt und von der Langen Brücke in die Spree gestürzt wurden.

In London sollte zu der Zeit ein gewisser Bill Summers und ein gewisser Tipping wegen Einbruchs am Galgen zu Tyburn (heute Wohnviertel Tyburnia nördlich des Hydepark) gehenkt werden. Ein Geistlicher stand zwischen den beiden unterm Galgen, um ihnen die letzte Tröstung zu geben. Da näherte sich der stark alkoholisierte Scharfrichter und warf dem erblassenden Diener Gottes die Schlinge um den Hals. Es bedurfte

Das Frankfurter Hochgericht während einer Räderung
Darstellung von 1741

langen Zuredens durch den Kerkermeister, um den hartnäckigen Henker endlich dazu zu bewegen, dem Richtigen die Schlinge überzuwerfen.

Im gleichen Jahr wurde Joh. Jakob Abrell in Innsbruck auf dem »Köpflplatz« bei der Hinrichtung des Bankraz Jordan von so vielen Medizinstudenten bedrängt, die bis auf die Richtstätte gekommen waren, daß er sich behindert fühlte und die Hinrichtung nur unvollkommen vollziehen konnte. Die Regierung wollte ihn deswegen verwarnen, doch rechtfertigte er sich. Daraufhin wurde ein strenges Verbot, die Richtstätte zu betreten, erlassen.

1740 schaffte am dritten Regierungstag König Friedrich II. von Preußen die Folter ab. In diesem Jahr trat in Paris Karl III. Johann Baptist Sanson (21) das ererbte Amt an.

In Bernau bei Berlin wurde ein gewisser Michaelis, der noch im gleichen Jahr Martin Gottlieb Koch ablöste, Scharfrichter.

Verbot der Todesstrafe

Im Jahr 1741 verbot Kaiserin Elisabeth von Rußland die Vollstreckung der Todesstrafe für die nächsten 20 Jahre. Wieder ein Jahr darauf wurde dem Haller Scharfrichter Joh. Jakob Abrell, das Recht zur Hinrichtung im Bezirk Sterzing erneut bestätigt. Sein Kollege Kober hatte sich nämlich darüber beschwert. Diese Bestätigung wurde nur zögernd erteilt, weil ihm, Joh. Jakob Abrell die Hinrichtungen mit dem Strang nicht besonders gut gelangen. Er quälte die Verurteilten unnötig und erhielt deswegen mehrere Verwarnungen.

Meister Widemann in Memmingen wollte sich 1743 – und 1775 noch einmal – einen Kirchenstuhl in der Martinskirche kaufen. Da er kein Bürger war, bedurfte er dazu des Consenses der Stadt, der ihm jedoch beide Male verweigert wurde.

Fünf Jahre später wurde in Berlin ein zweiter Weydemann Scharfrichter der Stadt.

In Innsbruck wurde die Regierung ungeduldig: Joh. Jakob Abrell war einfach nicht in der Lage, eine glatte Hinrichtung mit dem Strang zu vollziehen. 1746 quälte er schon wieder einen Soldaten des Egg'schen Regiments peinlich zu Tode. Abrell mußte entlassen werden. Sein Antrag auf eine Pensionszahlung, den er mit seinem hohen Alter und einer großen Familie begründete, wurde abgewiesen. Er erhielt ein Zeugnis, in dem stand, daß er mit dem Schwert jederzeit glücklich, mit dem Strang aber meistens »unglücklich« war. Ihm folgte Josef Langmayr aus Graz. Abrell sollte das Gritschenhäusl deshalb im Juni 1746 innerhalb von 14 Tagen räumen. Er zog aber seinen Umzug bis in den Juli hinaus. Bald darauf beging Josef Langmayr einen Mord in Hall. Und so mußte die Haller Stelle wieder neu besetzt werden.

Die baumelnden Leichen

Die junge, häufig schwangere Kaiserin Maria Theresia (sie gebar 16 Kinder) mochte 1747 auf ihrer fast täglichen Fahrt von der Favorita (später Kadettenschule Theresianum) nach Schönbrunn den Anblick der baumelnden Leichen auf den Galgen des Wienerbergs nicht länger sehen. Sie ordnete daher an, daß alle Hinrichtungen in Zukunft vor dem Schottentor auf dem

Rabenstein vollzogen werden sollten. Zu diesem Zweck ließ sie den Richtplatz dort vergrößern und erneuern. Außerdem befand sie, daß alle Leichen und Vollstreckungsgeräte sofort nach der Exekution zu entfernen seien. Nach der Renovierung bestand der Rabenstein aus einer aus Ziegeln aufgeführten Terrasse, die völlig frei stand, und auf ihr eine ebenfalls gemauerte viereckige Säule.

Ebenfalls 1747 ereignete sich in Bernau bei Berlin ein grotesker Fall. Der Scharfrichter und Abdecker Andreas Kleine aus einer großen Scharfrichterfamilie, die noch bis ins 20. Jahrhundert existierte und vollstreckte, wurde »wegen Auspeitschung eines hypererotischen Weybes« zu einem Jahr Leistungsarbeit in Spandau verurteilt. Das kam so: Die 30jährige Tochter des Torschreibers Brose am Mühlentor zu Bernau verführte den minderjährigen Sohn des auf der anderen Seite dieses Tores außerhalb der Stadtmauer wohnenden Scharfrichters Kleine »zur Hurerey«. Sie hatte auch noch andere junge Leute dazu angestiftet. Der Scharfrichter verwarnte sie mehrmals, sie solle seinen Jungen in Ruhe lassen. Vergebens. Eines Nachts erwachte das Scharfrichterehepaar durch sonderbare Geräusche auf dem Dachboden. Beide nahmen sich je eine Peitsche und kletterten leise hinauf. »Als ich sie«, gab Kleine später zu Protokoll, »bey meinem Sohne in fast unbekleidetem Zustande in voller Buhlerey fand, so übereilete mich und meinem Weib die Furie dergestalt, daß wir sie dichtig Peitscheten und so dann aus unserem Hause stießen. Sie aber darauf ein Zötergeschrey hören ließ und wodurch Magistratus wider uns in Eifer gesetzt wurde«.

Sieben Wochen nach erfolgtem Urteil richtete Kleine ein Gnadengesuch an den König, das abschlägig beschieden wurde. Zwei Wochen später erreichte den Kammerpräsidenten und Justizminister von Cocceji ein weiteres Gesuch um Freilassung des Scharfrichters Kleine, unterstützt von 4 Attesten des Schulzen von Schwanebeck, Gottfried Lange, des Schulzen von Zepernick, Johann Schulze, des Schulzen von Blumberg, Michael Juist und des Schulzen von Krümmensee, Jürgen Noack, die alle vier bezeugten, Kleine sei der beste Tierarzt weit und breit, und eine längere Abwesenheit würde den Tierbestand ihrer Gemeinden drastisch schädigen. So blieb dem Minister Cocceji nichts anderes übrig, als Kleines Freilassung zu verfügen, der somit der erste unabkömmliche Tierarzt der Geschichte war.

1747 starb in Brno (Brünn) Scharfrichter Martin Neumeister, der in der Krengasse (Křenova ulice) wohnte, die heute hinter dem Bahnhof gelegen ist. Ihm folgte Meister Ignaz Pič, der in der Česka ulice 15, neben dem von ihm zu beaufsichtigenden Bordell und neben einem häufig von ihm besuchten Gasthaus wohnte. Heute heißt die Česka ulice Josefsgasse.

Um die freigewordene Haller Stelle bewarb sich Bartholomeus Putzer. Er sollte in Kufstein eine Probehinrichtung vollziehen, die ihm sein Stiefvater Kober überlassen hatte. Sie gelang und Putzer erhielt die Stelle, doch mußte zuvor das Todesurteil an dem Vorgänger und Mörder Josef Langmayr vollstreckt werden. Das übernahm noch der für die Vakanz in Hall zuständige Meraner Scharfrichter Kober. Die Hinrichtung mit dem Schwert erfolgte am 20. Februar 1747. Putzer erhielt sein Anstellungsdekret am 29. März.

In dieser Zeit wurde in Preußen angeordnet, daß die Abdekker und Scharfrichter das Privilegium der Schweineschneiderei und Pferdelegerei (d. h. des Kastrierens von Schweinen und Pferden) zwar grundsätzlich besäßen, aber doch stets persönlich damit belehnt werden müßten. Und beim Tod des Landesherrn mußte die Belehnung vom Nachfolger erneut erbeten werden.

»Clöster- und Apothäckenlieferant«?

Der Augsburger Scharfrichter Johann Georg Tränckhler richtete 1747 ein Schreiben an den Rat, in dem er darauf hinwies, daß in der ganzen Stadt bekannt sei, er habe »erweißlichermaßen mit Vermischung des Menschen-Schmalzes unter die Schwind-Salb haubtsächlich in nerfen, gichteren manischen Menschen geholfen, dann eine Mänge Leüthen in zerschiedenen besonderß vor den Krampf, Kröpf und Schwinden, glieder- und anderen leibs Schmerzen, wie auch deren gebehrenden frauen durch applicirung der menschen haut sehr gute hilfe gelaistet«. Er bemerkte auch, daß es zu diesem Zwecke überall erlaubt sei, »wie auch meiner Zeit zu Ottobayhren innerhalb

8 Tagen 8 Personen justificirt, und von allen diesen das Cranium und fetten um einigen Theil in die clöster und apothäcken zu liefern abgenommen«.

In Halle/Saale wurde im gleichen Jahr der Scharfrichter Fritz angestellt. In Kempten nahm ein Wirt den Schinderkarren eines Wasenmeisters in Zahlung, der das Stiftsgebiet verließ. Der Wirt entfernte die Eisenteile für eine spätere Verwendung und verbrannte den Rest. Daraufhin wurde er und alle, die er beherbergte, bzw. die die Handwerkslade bei ihm hatten, auf ärgerliche Weise verspottet. Die Handwerker wollten ihre Laden abziehen, aber der Hofrat verbot es und bedrohte die Spötter mit Strafen. 1748 starb Johann Georg Kober in Meran. Es folgte ihm Martin Putzer, Bruder des Haller Scharfrichters Bartholomeus Putzer. Eine neue Gebührenordnung stellte den Haller Scharfrichter wesentlich besser als den Meraner. Darum übernahm Martin Putzer noch die Meraner Abdeckerei.

Nach der neuen Gebührenordnung bezahlte in Hall nicht mehr das Salzamt bzw. das Zollamt an der Töll in Meran die Scharfrichter, sondern das Repräsentations- und Hofkammerzahlmeisteramt. Das erhöhte die Gebühren für den Haller Scharfrichter, der von Meran aber wurde in vielen Punkten auf den Stand von 1708 reduziert. Insgesamt allerdings standen sich die Tiroler Scharfrichter besser als beispielsweise die Augsburger.

In Berlin trat 1748 Jakob Kratzel den Scharfrichterdienst an, wurde aber erst ein Jahr später darin bestätigt. Während seiner Zeit wurde die Scharfrichterei von der Oranienburgerstraße an die nördliche Stadtperipherie gelegt, auf das Gelände zwischen dem späteren Stettiner Bahnhof und der Liesenstraße.

In Würzburg fand in diesem Jahr die letzte Hexenverbrennung des Heiligen Römischen Reiches Deutscher Nation statt. Das Opfer war die 70jährige Subpriorin des Klosters Unterzell, Maria Renate Sängerin.

In Bernau wurde 1751 der aus Zerbst gebürtige Tischlergeselle Johann George Knöpler hingerichtet, weil er die Witwe Grapen, geborene Gotzen, durch 15 Messerstiche tödlich verwundet hatte. Er wurde am Marktplatz vom ältesten Sohn des Scharfrichters Andreas Kleine in »geschickter Weise« enthauptet. Er starb standhaft.

In Schongau verschaffte die Witwe Candida Kuisl ihrem Sohn Josef Benedikt durch Bittschrift die Stelle ihres verstorbenen Mannes. Er hatte in Schrobenhausen bei Meister Schmidt gelernt und dessen Witwe geheiratet. Josef Benedikt Kuisl versah das Schongauer Scharfrichteramt 30 Jahre lang.

Klage über die Witwe Kratzelin

In Berlin heiratete der Scharfrichter Meyer die Witwe Kratzel und wurde dadurch Berliner Scharfrichter. Aber schon wenige Monate später schrieb er an den Magistrat, daß sich seine Ehefrau, die »vormahlige Witwe Kratzelin auf Anstiften böser Leute auf die Eh-Scheidung zu klagen hat beykommen lassen und auf Interdiction meines officii und meiner Administration der jurium maritalium angetragen« hat ... »Es schmerzet mich nur allzu sehr«, schrieb er weiter, »daß der Herr Kammergerichtsrath Haag mich am 15. hujus aus der activitaet meines Dienstes, meiner Eh-Rechte und der administrationis rerum matrimonialium et uxoriarum de facto gesetzet und ohne mich vorher zu hören, den Scharfrichter aus Cöpenick mir zum Sequester bey der Scharfrichter – und Abdeckerey bestellet hat. ... Solange ich noch Eh-Mann bin, kan ich der administrationis bonorum et negoziorum matrimonialium nicht entsetzet werden, es wäre denn, daß ich vollkommen erweißlich pro prodigo zu erklähren wäre. Nun finden sich in praesenti zwey besondere Umstände, nemlich die Scharf-Richterey und die Pacht der Abdeckerey. Die erstere ressortiret schlechterdings von dem Rechte und Eigenthum E. Hochlöbl. Magistrats, gestalten diesem hohen Colligio so wohl der ganze Fundus der Scharfrichterey und die Gebäude allein gehören, als denselben das onus der Besoldung des Scharf-Richters oblieget. Die letzere hingegen ist nur deßhalb mit der Scharf Richterey connex, weil zur Abdeckerey kein besonderes Gehäuse von jeher erbauet werden wollen; mithin ist es von je her eine Notwendigkeit gewesen, daß der jedesmahlige Berlinische Scharf Richter zugleich auch Pächter der Abdeckerey hat werden müssen. Solchem nach bin ich theils als bereits angenommener Scharf Richter theils als Eh-Mann meiner Frauen, als welche Letztere mir den Pacht-Contract ihres vorigen Mannes continuiret, ipso iure auch Pächter der Abdeckerey. Diese Pacht und derselben Administration kan mir nur salva justitia und unerhörter Sache umso weniger genommen werden, als man sonst, wenn die pension nicht richtig erfolgen sollte, sich schlechterdings auch an mir halten würde, verfolgsam muß ich bey der Pachtung, so lange solche währet, nothwendig auch ein Worth mitzusprechen haben. Es scheinet man praevalire sich des Umstandes, daß mir noch keine Bestallung expediret ist und daß mithin meinem Weibe die Wahl frey bleibe, nicht allein einen Scharf-Richter sondern auch einen Eh-Mann und Mit-Gehülfen bei der Pacht nach ihrem Willkühr zu erwehlen und daß ich mithin nur ein interims-Scharf-Richter und interims Eh-Mann seyn solle. Allein wie Beydes lächerlich ist und gleichwie nicht mein Weib sondern ich Bewehrtermaaßen zum Scharf-Richter capable, ich auch allenfalls vor die Pacht der Abdeckerey eine den Rechten nach erforderliche Caution, welche jedoch das quantum der Pacht nicht übersteigen muß, zu bestellen vermögend bin; So bitte meine gnädige und Hochgebiethende Herren, ich unterthänig gehorsamst,

> die vorhin gebethene Bestallung als hiesiger Scharf-Richter nunmehro nach dem formular meines Vorfahren Kratzels vom 26. Marty 1748 nicht allein des fördersamsten expediren zu lassen, sondern auch an das Hohe General – Directorium vor mich dahin zu referiren, daß die inseparable Abdeckerey Pacht nunmehro mir vor die Bisherige Pacht und gegen zu Bestellende tüchtige Caution nicht aber solche meinem Weibe fernerhin überlassen werden solle. Ich ersterbe in tiefster devotion Meiner Gnädigen und Hochgebiethenden Herren
> unterthänig gehorsamster
> Meyer
> hiesiger Scharf-Richter.«

Meyers Gesuch wurde in »wohlwollendem Sinne« an den König weitergeleitet. Trotzdem erging an den Scharfrichter Meyer 1752 die königliche Anordnung, daß der Kontrakt der Witwe Kratzel bis 1754 auszulaufen habe. Dem Ehemann stehe frei, »die Nothdurft wieder seine Frau in dem Foro der gesuchten Ehescheidung mit zu beobachten«.

»Convertitin, ehrbar und fridsam«

Das Pflegeamt Sonthofen des Hochstifts Augsburg erteilte der Johanna Bayrin, Scharfrichterstochter, Witwe des Scharfrichters Johann Michael Kopp, der 50 Jahr Scharfrichter gewesen war, den Dienst, weil sie sich »mit ihrem Mann seel. und Kindern jederzeit ihrem Stand nach ehrbar, fridsamb und eingezogen, besonders aber als ein convertitin in der Religion euffrig vnd exemplarisch aufgeführt hatte und 4 z. T. noch unerzogene Kinder besaß«. Ihr Sohn Johannes Georg übernahm später des Vaters Stelle.

In Memmingen bedrohte 1753 ein Erlaß den Beleidiger bzw. Verleumder des Scharfrichters mit Gefängnis und im Wiederholungsfall mit Stadt- und Landesverweisung.

In Paris bekam 1754 Karl III. Johann Baptiste Sanson einen Schlaganfall, der ihn dienstunfähig machte. So kam es, daß er die Hinrichtungen des Attentäters von Ludwig XV., Robert François Damiens (45), seinem jüngeren Bruder Nikolaus Gabriel Sanson und seinem Neffen Karl Heinrich Sanson überlassen mußte. Sie fand am 28. März 1754 statt, in ähnlicher Weise wie seinerzeit die Ravaillacs: nach Folterung, Vierteilung durch Zerreißen mittels vier Pferden bei lebendigem Leibe. Dieses gräßliche Schauspiel, dem übrigens Casanova mit zwei Damen und einem Begleiter von einem eigens zu diesem Zweck gemieteten Fenster beiwohnte, veranlaßte Nikolaus Gabriel, seinen Beruf als Scharfrichter aufzugeben. Vielleicht stammen einige gegen Ende des 18. Jahrhunderts erwähnte Ärzte in Paris mit Namen Sanson von ihm ab. An die Stelle des »maître des hautes œuvres« trat nun Karl IV. Heinrich. 1755 wurde Bartholomeus Putzer in Hall (Tirol) vorgeworfen, so nachlässig gebrandmarkt zu haben, daß das Zeichen in kurzer Zeit nicht mehr zu sehen war. Noch im gleichen Jahr hatte er eine Hinrichtung durchzuführen. Das Urteil gegen drei Kirchenräuber lautete auf Abhauen der rechten Hand, dann des Kopfes und schließlich Verbrennung der Leiche. Die Asche sollte in den Inn geworfen werden.

1756 wurden dem Schongauer Scharfrichter ärztliche Tätigkeiten wie Kuren an Menschen und Verabreichen von Medizin verboten, aber Johann Michael (Benedikt?) Kuisl führte dennoch – und mit ihm seine Basen – Aderlässe und ähnliches durch.

In Königsberg (Preußen) übernahm 1756 Johann Christoph Neumann das Scharfrichteramt. In Salzburg vollzog 1757 Franz Joseph Wohlmuth, neunzehnjährig, seine erste Hinrichtung mit dem Schwert.

In Nürnberg bat Meister Johann Michael Widmann nach der Hinrichtung von Nikolaus Fortmann mit dem Schwert noch auf dem Rabenstein um seine Demission und »bedankte sich vor weiteren dergleichen Verrichtungen«. Der Rat der Stadt willfahrte seiner Bitte, eingedenk 17 Jahre lang geleisteter treuer Dienste. Er hatte in dieser Zeit 14 Hinrichtungen mit dem Strang, 15 mit dem Schwert und 2 mit dem Rand vollzogen.

In Linz an der Donau wurden im gleichen Jahr dreizehn Soldaten eines schlesischen Regiments im Weerd beim Kaplanhof hingerichtet, obwohl es am Freinberg oder Lützlbringer Berg nahe dem Linzer Schloß einen Galgen gab, zu dem die Lessinggasse führte, die früher Henkergasse genannt wurde.

In München amtierte 1760 noch immer der »Alte Martin«. In Hall erhielt Scharfrichter Bartholomeus Putzer »wegen vieler Kinder 36 Kreuzer« pro Woche Zulage, und man bezahlte ihm für die Militärhinrichtungen ebensoviel Gebühren wie für zivile. 1762 war Maria Theresia mit dem Aktenvermerk »Bin in allem einverstanden« bereit, dem Bartholomeus Putzer wegen seiner vielen Kinder und den wenigen Exekutionen eine erneute Zulage zu gewähren.

Die Witwe des Meisters Johann Michael Weidenkeller in Kaufbeuren behielt die Scharfrichterstelle. Den Wasen machte der Knecht, die Scharfrichterei der Schwager aus Kempten. So blieb es bis 1762.

Die Dubarry

In Paris spielte in den letzten fünfziger und ersten sechziger Jahren des 18. Jahrhunderts das kurze Verhältnis Karl IV. Heinrich Sanson mit Marie Jeanne Rançon (de) Vaubernier, Hure, Bordellinsassin bei der berühmten Gourdan, später Gräfin du Barry und Geliebte Ludwig XV.

In Augsburg wurde der Scharfrichter Johann Georg Tränckler von dem Bedienten des Barons von Spet, Christoph Miedel, verklagt, wegen »vielmals« begangenen Ehebruchs mit Frau Miedel. Tränckler beansprucht das Armenrecht. Und die Scharfrichterin führte sich auf, daß sie für dreimal 24 Stunden bei Wasser und Brot in ein »Gewölblein« gesperrt werden mußte. Auf Bitten des Scharfrichters entließ man sie vorzeitig.

In Kaufbeuren wurde danach das Zechen mit dem Scharfrichter mit 24 Stunden Gefängnis bestraft. Einer aus der Zimmerleute-Zunft trank mit einem Scharfrichterknecht Brüderschaft, weil er ihn nicht als »Unehrlichen« erkannt hatte, so gut war der angezogen. Der Zimmermann wurde angewiesen, »nicht zu denen Bürgern zu dringen«. In dieser Zeit verbot der Rat der Stadt den Scharfrichtern auch, Bürgerkinder zu ihren Hochzeiten zu laden. Der Scharfrichter und sein Weib durften auch nicht zu den bürgerlichen Hochzeiten geladen werden.

In Hamburg entschied um diese Zeit der Rat, daß dem Scharfrichter auch die Abdeckerei und der Lederhandel zustünde, von deren Profiten er die bei Dienstantritt zu erlegenden 1000 bis 2000 Taler zu bezahlen hätte. Dazu erließ man ihm die bürgerlichen Lasten wie Steuern und Kopfgeld, ja selbst das in der »Carolina« für Henker, Huren und Hebräer vorgeschriebene Tragen einer kennzeichnenden Kleidung.

Zeitenwende

Diese Ereignisse, der Rücktritt des alten Widmann in Nürnberg und die wenigen Exekutionen, die er vollziehen mußte, kündigten eine Zeitenwende an. Die Abschaffung der Folter in Preußen, weniger Todesurteile und eine zwar langsame, aber deutlich spürbare Zunahme der Menschlichkeit im öffentlichen Leben – all dies begann die Existenzgrundlage der Scharfrichter zu erschüttern. Damit sie den Stadtkassen nicht zur Last fielen, genehmigte man ihre Demissionen, genehmigte man Stellvertretungen, erweiterte man ihre Dienstbefugnisse und damit ihre Einkommensquellen.

In Salzburg erhielt Franz Joseph Wohlmuth 1761 die feste Anstellung als Scharfrichter. Er war 23 Jahre alt und damit gerade großjährig geworden. Er diente der Stadt 60 Jahre.

Am 3. Januar 1761 wurde in Brüx Karl Huß, der Sohn eines Scharfrichters, geboren. Von ihm wird noch zu berichten sein. In Markt Oberdorf starb 1763 der Scharfrichter Nikolaus Kober 76jährig. Ihm folgte sein 53jähriger Sohn Wilm.

In Haigerloch im Hohenzoller'schen besaß die Scharfrichterfamilie Steinmeyer ein Richtschwert mit zahlreichen Kerben, für jede Hinrichtung, die mit ihm vollzogen wurde, eine. Der vorletzte der Familie, Jakob Steinmeyer, der 1764 sein Amt antrat, machte in einem von seinem Vater ererbten Arzneibüchlein regelmäßig Eintragungen über seine Exekutionen. Das Büchlein ist bisher nicht veröffentlicht worden.

In Meran war es zu einem Aufstand gekommen. Ihm folgte die seit den Bauernkriegen übliche Massenhinrichtung, diesmal in Innsbruck. Der Rädelsführer Josef Tschaupp wurde geköpft, geviertelt und die Teile drei Tage lang zur Schau gestellt. Adalbert Hahn wurde ebenfalls geköpft, Martin Bernmeister sollte erst nach der Exekution der beiden Komplizen erfahren, daß er zu 6 Jahren Festungshaft, Brandmarkung und ewiger Landesverweisung verurteilt worden war.

Cesare Beccaria

Im Jahre 1764 erschien die erste Kampfschrift gegen die Todesstrafe, die die Geschichte kennt: von Cesare Beccaria, »Dei delitti e delle pene« (Über Verbrechen und Strafen). Der Großherzog von Toskana ließ ab 1766 Todesurteile nicht mehr vollstrecken.

In Günzburg wurde 1765 der Scharfrichter Johann Klingensteiner wegen ehrloser, verschwenderischer und liederlicher Aufführung auf acht Tage ins Gefängnis gesteckt und ihm außerdem nach einem Vierteljahr gekündigt. In Hamburg wurden 1765 erstmals Grundankaufskonsense an Scharfrichter vom Senat bewilligt. Bisher durften diese keinen Grund und Boden erwerben.

Bartholomeus Putzer in Hall erhielt eine Verwarnung, weil die Tortur der Katharina Perchinger unglücklich ausgefallen war und der Zweck nicht erreicht wurde. Putzer entschuldigte sich damit, daß er mit Torturen, die ja gewöhnlich von den Gerichtsdienern ausgeführt wurden, nur wenig Erfahrung habe. In seinen 18 Dienstjahren habe er nur selten gefoltert. Daraufhin sollte er auf Staatskosten zur »Fortbildung« ins Ausland geschickt werden; aber das geschah anscheinend nicht, denn er wurde 1767 abermals wegen Ungeschicklichkeit gerügt.

In Paris heiratete Karl IV. Heinrich Sanson 1766 die Gärtnerstochter Marie Anne Jugier in der Kirche S. Pierre de Montmartre. Im gleichen Jahr wurde in Paris der bewährte Indiensoldat Thomas Arthur von Lally-Tollendal hingerichtet, weil er Pondichéry an die Engländer verloren hatte. Die Exekution fand am 9. Mai 1766 statt und sollte von dem jungverheirateten Karl IV. Heinrich Sanson vollstreckt werden. Da erzählte ihm sein alter Onkel, Karl III. Johann Baptiste, der sich halbgelähmt auf sein Altenteil in Brie-Comte-Robert zurückgezogen hatte, eine Geschichte: Vor 35 Jahren war Lally mit einigen jungen, übermütigen Leuten zufällig zur Hochzeit des Scharfrichters gekommen. Scherzend vereinbarten damals Sanson und Lally, falls einer der jungen Edelleute das Schicksal haben sollte, mit dem Schwert hingerichtet zu werden, würde das Karl Johann Baptiste eigenhändig mit einem einzigen Hieb des Schwertes, auf dessen einer Klingenfläche das Wort »Justitia« und dessen anderen ein Rad eingraviert war, tun.

Darum trat am Hinrichtungstag der halbgelähmte alte Mann mit schneeweißem Haar und gekrümmtem Rücken auf das Schafott, um sein Versprechen einzulösen. Der Neffe versuchte es ihm auszureden. Der alte Herr bestand darauf, wenigstens die Leitung der Exekution zu übernehmen, wenn er schon die Hinrichtung selbst dem Neffen überlassen müsse. Dieser ergriff das alte Richtschwert »Justitia«, das Lally damals in der Rue d'Enfer eingehend besichtigt hatte, schwang es hoch – und schlug fehl. Da nahm ihm der alte Johann Baptiste das Schwert aus den Händen und vollzog nun eigenhändig und mit einem einzigen Hieb das Schicksal des einstigen Freundes. Zwölf Jahre später hob man das ungerechte Urteil gegen Lally wieder auf.

Im Jahre des Justizmordes an Lally-Tollendal setzte die Kirche Cesare Beccarias Werk auf den »Index librorum prohibitorum«.

Eine Intrige

Ebenfalls im gleichen Jahr mußte Karl IV. Heinrich Sanson den Chevalier de la Barre im Stehen köpfen. Der Verurteilte war das Opfer einer gemeinen Intrige. De la Barre (20) hatte sich mit einer reichen Erbin verlobt, die der Polizeileutnant (Criminalleutnant) Duval de Soicourt seinem eigenen Sohn zugedacht hatte. Der Zufall wollte es, daß das Christusbild auf dem Calvarienberg von Abbéville beschädigt worden war. Ein Arm war abgebrochen, die Dornenkrone abgerissen, das Gesicht mit Kot beworfen worden. Der Criminalleutnant nützte die Gelegenheit und beschuldigte den Chevalier. Es wurde Klage gegen ihn und einige angebliche Helfershelfer erhoben und allen das Todesurteil verkündet. Als Karl Heinrich Sanson die Verurteilten besuchte, um, wie es seine Pflicht war, vor der Exekution die körperliche Beschaffenheit seiner Opfer in Augenschein zu nehmen, erinnerte ihn de la Barre an den Fehlschlag, den er bei der Hinrichtung Lally-Tollendalls getan hatte. Sanson versprach ihm, diesmal Besseres zu leisten. Und in der Tat, der Hieb Sansons auf den Hals des stehenden de la Barre war so kraftvoll, daß der Kopf auf dem Rumpf stehenblieb und erst fiel, als der Körper sich neigte.

In Hamburg starb 1767 der Scharfrichter Ismael Asthusen IV. Die Angehörigen faßten sich ein Herz und baten den Rat der Stadt, den Sarg des alten Vaters wenigstens einmal durch eine Kirche tragen lassen zu dürfen. Aber das wurde abgelehnt. Überlieferte Tabus lassen sich eben nicht durch ein paar gedruckte Zeilen im Gesetzbuch beseitigen.

In Memmingen übernahm im gleichen Jahr die Witwe des Scharfrichters Widmann, Maria Juditha, mit Hilfe des Ulmer, Lindauer und Ravensburger Scharfrichters das Amt ihrs verstorbenen Mannes. Sie schrieb: »Dieweilen bey dem Scharf-Richter-Amte es eine ganz andere Beschaffenheit hat als wie bei anderen Ämtern, wo sich die Witwen leichter wieder verheuraten und ihre Kinder eher versorgen können, so hat die selbstredende Billigkeit die fast allgemeine Observanz eingeführt, daß auf ... Bitten sogar denen Töchtern Pensionen gegeben und der Witwe zu zahlen, wie hier bey noch unerzogenen Kindern der dienst ist gelaßen worden«. Ihren ältesten

Sohn schickte sie auswärts in die Lehre und forderte ihn auf, sich besondere Kenntnisse in den »Pferd- und Vieh-Kuren« anzueignen. Erst fünf Jahre später wurde ihr der inzwischen zurückgekehrte Sohn Heinrich beigeordnet und ihre Amtserlaubnis um weitere 6 Jahre verlängert.

Theresiana

Am 31. Dezember 1768 wurde in Wien die Constitutio criminalis Maria Theresiana erlassen. Sie löste das alte Strafrecht ab. An Todesstrafen sah sie weiter vor: Verbrennen, Vierteilen, Rädern, Hängen und Köpfen mit dem Schwert, verschärft durch Hinausschleifen auf die Richtstatt auf einer alten Kuhhaut, Zangenreißen, Verstümmelungen und Riemenschneiden aus der Haut.

Der alte Bartholomeus Putzer wurde wegen seiner Ungeschicktheit beim Foltern und Hängen – seine 40 Hinrichtungen mit dem Schwert hatte er dagegen fehlerlos vollstreckt – mehrfach gerügt. Er sollte entlassen werden, sein Sohn Johann Georg wurde als Nachfolger ins Auge gefaßt und zur Vorbereitung auf Wanderschaft geschickt, um das Scharfrichterhandwerk zu erlernen und zwei Meisterbriefe zu erwerben. Als staatliche Unterstützung erhielt er 80 Gulden. Der junge Mann erfüllte seinen Auftrag. Nach drei Jahren kehrte er zurück und hatte den Meisterbrief von Schwabmünchen (Hochstift Augsburg) und den von Szegedin in Ungarn in der Tasche.

Während in Salzburg 1768 Meister Franz Joseph Wohlmuth einen unbekannten Selbstmörder nachts, mit nach unten gekehrtem Gesicht, im nächsten Moor vergraben mußte, bezog in Augsburg Meister Johann Georg Tränckhler das Scharfrichteramt.

In Frankfurt am Main wurde in der gleichen Zeit Dr. med. Michael Hofmann, weil er Scharfrichterssohn war, von den übrigen Ärzten und Physici der Stadt nicht geduldet. Dabei hatte er in Marburg studiert und promoviert, zu Neukirchen in der Grafschaft Ziegenhain eine gute Praxis geführt und in eine ansehnliche Familie hineingeheiratet. Dr. Hofmann jedoch ließ sich das nicht bieten. Er prozessierte und legte dem Gericht 24 weitere Fälle vor, in welchen ebenfalls Ärzte, die Scharfrichterssöhne waren, die Zulassung zu einer Stadtpraxis bekommen hatten. Das Gericht konnte sich seiner Beweisführung nicht entziehen. Dr. Hofmann gewann seinen Prozeß. Wie es ihm weiter erging, verschweigt leider der Chronist.

Das Martyrium des kleinen Huß

1769 wurde in Berlin Johann Daniel Brandt als Scharfrichter angestellt. Er hat der Stadt 36 Jahre lang gedient.

Im gleichen Jahr bereitete sich der neunjährige Scharfrichterssohn Karl Huß auf den Besuch des Brüxer Piaristengymnasiums vor. Im Zeitalter der Aufklärung, so glaubten die Eltern, könne auch ein Scharfrichterssohn eine solche Schule besuchen. Mutter Ludmilla, geb. Nemetzki, wünschte sehnlich, den Sohn als Geistlichen zu sehen. Zunächst ging die Sache auch gut. Karl war fleißig und machte gute Fortschritte. Die Lehrer, besonders einer, wollten ihm wohl. Aber bald begannen einige Eltern gegen den kleinen Karl zu hetzen. Die Mitschüler begannen nun auch mit hämischen Bemerkungen und hinterlistigen Streichen, und dann sprang der Geist der Mißgunst auch auf die Lehrer über. Der Junge wurde gequält, verhöhnt, beschimpft, mißhandelt. Bei geringstem Anlaß schlugen sie ihm ins Gesicht und zerrten ihn an den Ohren. Huß reagierte nicht auf die Klagen des Sohnes. Er war ja selbst ein Geächteter. Was hätte er auch tun können?

Während im spießigen Brüx in den Köpfen von Eltern und Lehrern noch tiefstes Mittelalter herrschte, wurde in Hamburg 1771 nach Erteilung eines zweiten Grundankaufskonsenses erstmalig in der Geschichte der deutschen Scharfrichterei vom Hamburger Senat ein »Heiratskonsens« für einen Scharfrichter zur Eheschließung mit einer Bürgerlichen gegeben. Gleichzeitig schaffte er die Kruggerechtigkeit (Ausschankerlaubnis) des Scharfrichters für landstreichendes Gesindel ab. Im gleichen Jahr verbot König Christian VII. von Dänemark in Schleswig-Holstein das Hängen. Viele deutsche Staaten folgten diesem Beispiel.

Im gleichen Jahr aber auch wurde in Bayern der 30jährige Räuber Matthias Klostermeyer aus Kissingen, genannt der »Bayerische Hiesl«, in Dillingen auf den Richtplatz geschleift und auf dem Andreaskreuz gerädert und geviertelt. Der Kopf mit dem einen Körperviertel wurde am Ort auf dem Galgen aufgesteckt, der zweite Teil in Lammendingen, der dritte in Schwabminchingen und der vierte auf dem Lechfeld ausgestellt.

Im Oktober kehrte Johann Georg Putzer von der Wanderschaft zurück, nachdem er weitere 50 Gulden für die Rückreise erhalten hatte.

Wer macht die Arbeit?

Ein Jahr später ordnete ein kaiserliches Patent (§ 5) an, daß Wasenmeisterskinder, die die »verwerfliche« Arbeit ihres Vaters noch nicht getrieben haben und auch nicht treiben wollen, für ehrlich zu achten und von den Handwerken nicht ausgeschlossen seien. So gut das auch gemeint sein mochte, diese »verwerfliche« Arbeit war unerläßlich. Was würde wohl passieren, wenn plötzlich niemand mehr diese Arbeit verrichten wollte. Diejenigen, die dieses Patent erdacht hatten, machten ja schließlich auch Tag für Tag durch ihre eigenen Körperfunktionen diese »verwerfliche« Arbeit erforderlich.

In Tirol tauschten die Brüder Putzer, Bartholomeus und Martin die Posten. Bartholomeus ging nach Meran, Martin nach Hall, aber nicht als Scharfrichter, sondern als Wasenmeister, weil dort der junge Johann Georg die Scharfrichterei übernahm.

1773 starb in Hamburg der eingeheiratete Scharfrichter Hennings, Nachfolger des vierten Ismael Asthusen. Er hinterließ seine dritte Frau mit 10 Kindern (acht weitere waren jung gestorben) und 50 000 M. Von seinen Söhnen waren mehrere Scharfrichter geworden und arbeiteten an anderen Orten. Einer von ihnen hatte sich in Hamburg als medicinae practicus – mit Genehmigung des Senats – niedergelassen. Seine Geschicklichkeit »in puncto artis chirurgiae« wurde selbst von den alteingesessenen Barbieren, Wundärzten und Badern anerkannt. Von den Töchtern heirateten viele nach auswärts, eine davon, Hanne Elisabeth, sogar einen Adjunkten.

Vater Hennings war unter militärischem Schutz auf der alten Ashusen'schen Begräbnisstätte an der Südseite der Mauer des

Petrikirchhofs – also außerhalb des Friedhofs – am »Beenhause« begraben. Ihm folgte zunächst ein Neffe, der bisher in Glücksstadt und Mölln tätig gewesen war, als Hennings II. Er starb noch 1773 und auch sein Nachfolger, ein anderer Neffe, genannt Hennings III. Diesem folgte Hennings Sohn, als Hennings IV., noch im gleichen Jahr.

Zu Hennings IV. Zeiten ereignete es sich, daß der Praetor der Stadt die Gebühren der Scharfrichter auf das gesetzliche, inzwischen aber längst überholte und viel zu gering gewordene Maß zurückschrauben wollte. Hennings schrieb ihm: »E. Hochweisheit möge doch bedenken, daß eine von Nahrungssorgen freie Subsistenz das Allereinzige ist, was ein Scharfrichter von seinem, aller Freude baren Leben haben kann; daß ferner ein kleiner Sparpfennig desgleichen das einzige ist, was er seinen Kindern zu hinterlassen vermag, da bekanntlich der Segen eines ehrlichen Vaternamens denselben versagt ist. E. Hochweisheit möge dahero geruhen, die schlimme Condition meines traurigen Standes, welcher ja doch durch das Vorurteil des Publikums verachtet genug ist, nicht noch unglücklicher zu machen durch hinzukommende Armuth.«

Unerwünschte Gäste

Wenn auch wohl Grundstückskäufe und eine reiche Hinterlassenschaft Hennings I. Anlaß für die plötzliche Sparsamkeit der Stadtverwaltung gewesen waren, so darf nicht übersehen werden, daß es den Scharfrichtern keinesfalls leicht gemacht wurde, ein kleines Vermögen zu ersparen. Das Faß ohne Boden in ihren Haushaltungen waren die Knechte, rohe, verbrecherische, betrügerische Gesellen, die auf und davongingen, sobald versucht wurde, sie zur Rechenschaft zu ziehen. Sie verlangten hohen Lohn, für jeden außergewöhnlichen Handgriff Extrabezahlung und, wenn ihre Forderungen nicht ausreichend erfüllt wurden, desertierten sie im peinlichsten Moment. Die Mägde waren nicht besser. Ein weiterer Kostenfaktor war die berufs- und standesbedingte, überlieferte Gastfreundschaft der Scharfrichter untereinander – eine eiserne Notwendigkeit, denn wo sonst sollte ein reisender Scharfrichter unterkommen außer in Diebeshöhlen oder Bettlerspelunken?

Hennings IV. klagte einmal, als er zu einer nächtlichen Galgenreparatur befohlen war und bat das Lübecker Tor offen zu halten, damit er in dem Abdeckerhaus Unterkunft beziehen konnte: »Mich oder meine Leut nimmt ja niemand auf, auch nur für eine Nacht.«

So mußte auch den reisenden, stellensuchenden Scharfrichterssöhnen mit ihren Pferden – sie waren stets beritten – Kost, Logis und kostenlose Aufnahme gewährt werden. Besonders in Hamburg, wo es für Scharfrichter viel zu sehen und zu lernen gab, häuften sich die Gäste, die untergebracht und verpflegt werden mußten.

Reisende Knechte mußten ebenfalls, so wollte es die ungeschriebene Standesvorschrift, drei Tage umsonst beherbergt, beköstigt und mit einem Zehrpfennig zur Weiterreise versehen werden. Das waren die Ehrengesetze der Ehrlosen. Auch Hennings IV. hinterließ 50 000 Mark, z. T. in Grundstücken, denn er hatte auch die Scharfrichterei zu Bergedorf und mehreren weiteren holsteinischen Ortschaften zu verwalten gehabt. Bevor er starb, verteilte er das Geld an seine Söhne.

Im fortschrittlichen Hamburg gab es für die Scharfrichter sogar »Fronerei«. Das war die Seelsorge durch Geistliche, die ins Haus kamen. Alljährlich am 2. Dezember zu St. Thomas mußte der Hamburger Scharfrichter vor den Rat treten, abrechnen und Fragen beantworten – etwa die, ob er mit Gesinde und Gefangenen morgens und abends singe und bete. Danach wurde er ermahnt »Fron, der E. H. ermahnt dich, daß du am bevorstehenden Weihnachtsfeste, dich mit deinem Hause fleißig zur Kirche und Gottes Wort haltest, überhaupt aber, daß du mäßig und nüchtern lebest, deine Gefangenen in guter Aufsicht habest, sie gut haltest und auch andächtig mit ihnen singest und betest.« Diese Ermahnung wurde 1740 abgeschafft.

Im Winter, wenn viel Schnee und Eis auf den Straßen lag, mußten die Leute des Hamburger Scharfrichters an jeder Straßenecke dreimal rufen: »Haar (auch Haer oder Har geschrieben) von den Straaten edder myne Herren wardt ju panden laten!« Das hieß, der Unrat solle von den Straßen verschwinden oder die Herren würden Verschmutzer pfänden lassen. Zu den Aufgaben des Scharfrichters gehörte auch das »Hundeschlagen« (Hundefangen), damit herrenlose Hunde von den

Straßen kamen. Für den Hundefänger wurde das ein einträgliches Geschäft, wenn er gefangene Haus- oder Familienlieblinge gegen entsprechende Auslösung wieder zurückgab.

Keine Chance

1772, nach dreijährigem Martyrium, entfloh der kleine Karl Huß dem Brüxer Piaristengymnasium[10]. Nach Hause traute er sich nicht. Bei Laun, zwischen Brüx und Prag wurde er erwischt und heimgebracht. Er schilderte nun offen seine Qualen und zeigte sich fest entschlossen, nie wieder ins Gymnasium zurückzukehren. Er durfte daheimbleiben, bekam verschiedene Hauslehrer, half bei der Feld- und Gartenarbeit und bemühte sich um eine Lehrstelle. Aber für Scharfrichterkinder gab es offenbar trotz liberalerer Gesetze keine Chance. Ihm blieb nur der Scharfrichterberuf. Vier Jahre lernte Karl beim Vater, allerdings nicht nur Foltern und Töten, sondern auch besonders aufmerksam die Behandlung und Heilung kranker Menschen und Tiere. Mit 15 Jahren bereits machte er sein erstes Gehilfenstück: Die Hinrichtung eines vom Brüxer Kriminalgericht zum Tode verurteilten Kirchenräubers.

1773 bot der Scharfrichter Johann Georg Fux der Stadt Kaufbeuren alle möglichen Dienste an – also nicht nur die der Scharfrichterei oder Abdeckerei. Er verwies auf eine bereits zu Kaufbeuren von ihm vollstreckte geglückte Exekution und legte seinen Meisterbrief nebst Attesten vor.

Im gleichen Jahr versprach die Stadt Memmingen einem gewissen Johann Stunz die Scharfrichterstelle des zu der Zeit noch lebenden und wirkenden Jakob Bickel. In Memmingen bat die verwitwete Scharfrichterin Maria Juditha Widmann 1774 um die Ernennung ihres dritten Sohnes Heinrich zum Scharfrichter. Diese Bitte wurde unter der Bedingung erfüllt, daß er 6–8 Jahre unverheiratet bleiben und seiner Mutter seinen ganzen Verdienst geben solle. Und die Mutter wurde verpflichtet, ihren Sohn dafür zu unterhalten.

---

10 Piaristen: Väter der »frommen Schulen«, Angehörige eines Ordens, der in Österreich, Ungarn und Polen unentgeltlich Unterricht erteilte.

Zum guten Henker

1775 starb in Brünn Scharfrichter Ignaz Pič. Ihm folgte im gleichen Jahr sein Sohn Philipp Pič, der ein großer Säufer war. Durch ihn wurden die Besitzer des Gasthauses in der Česka ulice (Josefsgasse) reich und dankten es ihm, indem sie es »Zum guten Henker« (U dobrého kata) nannten.

In Günzburg lebte die Scharfrichterswitwe Anna Maria Klingensteiner. Sie bat den Hofrat des Fürststifts Kempten, die Stelle ihres verstorbenen Mannes ihrem ältesten Sohn zu übertragen. Das geschah. Und der zweite Sohn der Klingensteinerin, Joseph Anton, wurde durch einen Comitem Palatium legitimiert, als Lehrjunge gegen ein Lehrgeld von 20 Gulden zu einem Strumpfwirker in die Lehre zu gehen. Aber die Strumpfwirkerzunft war dagegen und setzte es durch, daß der Hofrat seine Zustimmung wieder zurücknahm und Joseph Anton an einen »Baurendienst« verwies.

1777 gestattete die Stadt Memmingen dem Scharfrichter Johann Michael Widemann die Tätigkeit als »Pferd- und Vieh Arzt«, jedoch mußte er sich »aller Arzney bey Menschen« enthalten.

Ebenfalls 1777 bat Voltaire, nach Montesquieus Vorbild, Ludwig XVI. um Abschaffung der Folter, jedoch ohne Erfolg. Bartholomeus Putzer in Meran wurde in diesem Jahr pensioniert. In Meran folgte ihm sein zweiter Sohn Franz Michael, so daß beide Tiroler Scharfrichterstellen von Putzers besetzt waren. So war es auch schon in der vorigen Generation gewesen.

Am 1. Januar 1778 schaffte Kaiserin Maria Theresia, veranlaßt durch Prof. Dr. Leber und Joseph von Sonnenfels, gegen den Willen der Juristen, die Folter in Österreich ab.

In Günzburg wurde dem Scharfrichter Joseph Anton Klingensteiner und seinem Eheweib gestattet, Patienten anzunehmen, wenn sie mit »alten Schäden behaftet« und von den Chirurgen schon aufgegeben waren. Ebenfalls in diesem Jahr wurde gegen ein Meister Stunz gegebenes Versprechen Heinrich Widmann als Scharfrichter angestellt. Widmann erhielt die Stelle unter der Bedingung, noch 6–8 Jahre ledig zu bleiben und seiner Mutter Maria Juditha seinen ganzen Verdienst abzutreten.

Im August dieses Jahres starb in Paris der gelähmte Karl III. Johann Baptiste Sanson. Er wurde unter eine Platte ohne Inschrift im Schiff der Kirche von Saint Laurent bestattet. Ihm folgte sein 34jähriger Sohn Karl IV. Heinrich. Er verkaufte aus Erbschaftsgründen das Haus im Faubourg Poissonnière an die Herren Papillon und Riboutte, die anliegenden Straßen ihre Namen gaben. Dafür kaufte Karl Heinrich in der Rue Château d'Eau (früher Rue neuve St. Jean Nro. 16) eine neues Haus.

Im November 1778 mußte der 17jährige Karl Huß in Teplitz einen Soldaten hinrichten. Bald darauf starb seine Mutter. Sie hatte es nicht verwinden können, daß ihr Karl nun doch dieses blutige Gewerbe ausüben mußte.

In Kastelreuth in Tirol vollstreckte Johann Georg Putzer – anstelle seines Bruders Franz Michael – eine der letzten Hinrichtungen in Tirol. Er mußte einen Brandstifter verbrennen.

König Gustav III. von Schweden beschränkte 1779 die Todesstrafe auf Vatermord und Majestätsverbrechen.

Der »Schinderhannes«

Im Jahre 1779 wurde dem Abdeckermeister Bückler (Bickler, Pickler), in Nastädten ein Sohn Johann geboren, der als »Schinderhannes« Anführer einer Räuberbande wurde und das Rheinland in Angst und Schrecken versetzte. Er starb später unter einer französischen Guillotine zu Mainz am 21. November 1803. Die Hinrichtungsstelle befand sich dort, wo in früheren Zeiten das kurfürstliche Favoritschloß stand: Am Rheinufer, gegenüber der Mainmündung. Heute ist dort eine Parkanlage mit Kinderspielplatz. Damals standen dort 19 Pappeln im Halbkreis und eine in der Mitte. Die mittlere Pappel bezeichnete den Ort, wo der Kopf des Schinderhannes und die seiner 19 Gesellen in den Korb fielen.

In diesem Jahr richtete Karl Huß in Teplitz einen zweiten Soldaten hin, kurz darauf in Eger einen dritten, der seine Geliebte ermordet hatte. Diese Exekution hatte ihm sein alter Onkel, Scharfrichter zu Eger, abgetreten, weil er eine Probe von seinem Neffen sehen wollte. Die Probe fiel so gut aus, daß der Onkel aus Freude darüber in der alten Scharfrichterei beim Mühltor ein Fest gab, bei dem bis zum Morgen gezecht wurde.

Ebenfalls 1779 mußte Huß noch zwei weitere Soldaten, einen Husaren vom Regiment Gräfen und einen Infanteristen vom Regiment Ritt in Eger, enthaupten.

1779 hat Meister Xaver Steinmeyer (30), der letzte der Steinmeyersippe, das erstemal »gedilt« – und erfolgreich, wie der Vater in Großvaters Arzneibüchlein eintrug (Dile, Dille, Diele – ein altes Köpfungsinstrument, Vorläufer der Guillotine). Das Opfer war die Theresia Wiederin, geboren bei Gengenbach. Die Genoveva Burbacherin mußte Steinmeyer mit »Ruthen ausstreichen«. Außerdem mußte sie »gebrendt« werden, sie war 44 Jahre alt.

Goethes Herzog und der Schinderknecht

Irgendwann in den siebziger Jahren des 18. Jahrhunderts wohnte Karl August von Weimar der Sektion seines Lieblingspferdes in Goethes neugegründeter Veterinäranstalt in Jena bei. Nach beendeter Sektion befahl der Herzog seinem Leibjäger, dem Scharfrichterknecht einen Laubtaler zu geben. Der hochnäsige Leibjäger legte das Geldstück nicht in die Hand des Knechtes, sondern auf den Karren, der den Kadaver abtransportieren sollte. »Albernheit!« schimpfte der Herzog, nahm den Taler vom Karren und legte ihn selbst in die Hand des Mannes. »Hier, Landsmann, nimm ein Trinkgeld von mir!« und ließ sich vom Schinderknecht die Hand drücken. Der sagte: »Ich bin nur ein sehr armer Kerl, aber dieser Taler soll in meiner Familie vererbt und niemals kleingemacht werden!«

Dem neuen Bernauer Scharfrichter August Heinrich Kaufmann war 1780 gegen 3275 Taler ein königliches, erbliches Privilegium erteilt worden: »Der Scharfrichter soll frey sein von aller Beschwerde, von Einquartierung, Servis, Contribution, Anlagen u. a. Oneribus, auch der Mahlziese in der Accise von denen Karren – Pferden und deren Futter ... Dahingegen aber soll er und seine Mitbeschriebenen gehalten sein, uns jährlich gewisse Hunde zu Schweine-, Hetz- und anderen Jagden zu halten, oder nach Einhalt der Hunderolle am Gelde 10 Taler erlegen; und drei Stück tüchtige lederne Eimer auf Michaelis jeden Jahres in unserer Haus – Voigtey allhier zu entrichten, auch die Thier- und Wolfsgärten, insgleichen Fuchs – Körnungen, sowie der Orten haben oder anlegen lassen möchten, mit Luder fleißig zu versorgen, nicht minder die ihm zum Heilen oder Auferziehen hingegebenen Hunde wohl zu warten und nicht abhanden zu bringen.« Ein Jahr später schaltete sich noch der Magistrat ein. Der wünscht jährlich außerdem noch: »12 Paar lederne Handschuhe (das Dutzend zu 2 Taler 12 Gr. gerechnet) an die von Adel und an die Schultzen in denen Dörfern zu liefern.«

Im Herbst 1780 kehrte Karl Huß nach seinem Egerer Aufenthalt nach Brüx zurück. Dort hatte inzwischen der Vater wieder geheiratet. Sohn und Stiefmutter vertrugen sich nicht. Und Karl war froh, als sein Onkel aus Eger schrieb, er wolle sich altershalber in sein Haus bei Joachimstal zurückziehen und biete dem Neffen das Egerer Amt an. Karl griff sofort zu.

Im gleichen Jahr geschah es, daß sich ein Candidatus theologiae in eine junge Scharfrichterswitwe verliebte. Allen Mahnungen, Ratschlägen, Elternfluch und Enterbungsdrohung trotzend, verlobte er sich mit ihr. Als ihm deshalb die Kanzel verboten werden sollte, konsultierte er den berühmten Juristen Knorrius, der ihm 1784 ein Gutachten darüber ausstellte, daß ein mit einer Scharfrichterswitwe verlobter oder verheirateter cand. theol. keineswegs rechtlich unfähig sei, ein geistliches Amt zu erlangen. Ob er daraufhin sein geistliches Amt ausüben konnte und unter welchen Umständen, wird nicht berichtet.

Keine Todesstrafe in Tirol

1780 richtete Johann Georg Putzer in Innsbruck das »Vinschger Moidele« hin, ein Dienstmädchen, das ein Halsband gestohlen hatte. Dieses Urteil erregte großes Aufsehen und wurde wegen seiner Strenge kritisiert. Das hatte zur Folge, daß in Tirol keine Todesurteile mehr ausgeführt wurden.

In Kaufbeuren herrschte in diesem Jahr beim Vieh der Lungenbrand. Metzger Niggel und Scharfrichter Fuchs wurden auf die Ratskanzlei gerufen. Sie sollten raten und helfen.

1781 gelang es dem Burgauer Scharfrichter Johann Georg Kuisl endlich für 6 Gulden einen Kirchenstand zu kaufen.

Die verwitwete Scharfrichterin und Kleemeisterin Maria Kuisl bat 1782 für ihren Enkel Johann Michael Kuisl um das Amt in

Schongau. Dem Enkel wurde daraufhin geraten, erst sein Meisterstück zu machen.

Es wird – was möglicherweise nur eine Legende ist – berichtet, daß es im Heiligen Römischen Reich Deutscher Nation vier »Standesgerichte« für Scharfrichter und ihre Gesellen gegeben habe, in Augsburg, Hamburg, Basel und noch einem Ort, der nicht genau bezeichnet wird. In Basel gab es auf jeden Fall eins, und zwar auf dem Kohlenberg (eigentlich »kahlen Berg«), auf dem auch, unter einer Linde, das Scharfrichterhaus stand. Unter dieser Linde tagte das »Kohlenberger Gericht«. Ehrliche Leute, die gegen Scharfrichter zu klagen hatten, mußten ihre Klage dort erheben. Das Gericht setzte sich aus »Gespannen« zusammen. So nannten sich die Gerichtsmitglieder. Zu diesen gehörten die Totengräber für Pestleichen und die von der Stadt abgeordneten Sackträger. Diese Runde nannte sich »Die Sieben«, die da sitzen, und die »Fryetsknappen«, letzteres waren die Beisitzer und Urteilsfinder. Der Älteste der Scharfrichter war der Richter. Er saß allein auf einer Bank. Beiderseits dieser Bank standen wieder je eine Bank, auf der jeweils drei Männer Platz nahmen. Des Richters rechter Unterschenkel mußte Sommers wie Winters nackt sein und der Fuß in einem Zuber voll Wasser stehen. Zwar mußte für jede Gerichtssitzung ein neuer Zuber beschafft werden, aber das linderte das körperliche Unbehagen des Richters – besonders bei Kälte – nicht. Die sechs Beisitzer mußten ebenfalls ihre rechten Schenkel nackt zeigen, das kalte Fußbad aber blieb ihnen erspart. Mitanwesend waren stets geschworene Amtsleute und Prokuratoren der Stadt Basel, die die Klagen und Einreden der Parteien vorzutragen und dem Richter zu raten hatten. Ein »Ordinary« (Gerichtsschreiber) mußte protokollieren. Leider sind uns protokollierte Gerichtsverhandlungen nicht überliefert.

Henker-Bräuche

Jede vom Henker vollzogene Strafe entehrte, jede Berührung durch die Hand des Scharfrichters oder Henkers ebenfalls. Daher berührte der Scharfrichter sein Opfer nicht. Und das war auch der Grund dafür, warum Scharfrichter in der Öffentlichkeit gemieden wurden. Wenn es allerdings darum ging, Medi-

Das Scharfrichterhaus in Eger

kamente zu holen oder sich behandeln zu lassen, dann schlichen sich die Bürger nachts vermummt zu ihnen.

Aus den gleichen Gründen mußten Scharfrichter sich auch durch ihre Kleidung für jedermann kenntlich machen. Und ihr Platz in der Kirche – wenn sie überhaupt einen hatten – war abgesondert von den anderen. Das Abendmahl erhielten sie – wenn überhaupt – als Letzte. Stürzte einer von ihnen, hob ihn niemand auf. Fiel ein Scharfrichter ins Wasser, zog ihn niemand heraus. Starb er, mußten seine Angehörigen sehen, wie und wo sie ihn unter die Erde brachten. Begingen Scharfrichter in ihrem Amt einen Fehler, verfielen sie als Vogelfreie der Volksjustiz.

Wer unter diesen Umständen Scharfrichter oder Henker wurde, brauchte entweder ungewöhnliche Charakterstärke oder mußte sehr abgebrüht sein, aber auch körperliche Kraft und Gewandtheit, kaltes Blut, festen Sinn und ein ruhiges Auge haben.

Wenn Menschen töten, geschieht das selten ohne Gemütsbewegung, höchstens bei psychisch Kranken. Viel häufiger löste menschliches Erbarmen beim Scharfrichter Fehlleistungen oder Mißgriffe aus. Mitgefühl kam bei Scharfrichtern verhältnismäßig häufig vor; seltener – fast nie – bei den Richtern.

Nicht um des Delinquenten willen, sondern um den Ausführenden zu helfen, wurde der Brauch des Augenverbindens vor der Exekution eingeführt. Nicht die Furcht vor dem »bösen Blick«, sondern vor dem erschütternden Ausdruck der geängstigten, zitternden Seele, vor den flehentlich bittenden, verzweifelten Augen des Menschen, war es, die den Scharfrichter zur verhüllenden Binde greifen ließ. So geschah es ja auch bei militärischen Exekutionen – außer es handelte sich um heroische Sterbensbereite, wie z. B. im Fall des Obristleutnants Manecke in Hamburg 1686.

Im April 1781 zog Karl Huß mit seiner Schwester als Haushälterin in das Egerer Scharfrichterhaus dicht unter den Mauern der alten Kaiserburg, zwischen Ameneigasse und dem Mühltorturm. Es war ganz aus Fachwerk und besaß außer einer Eingangshalle, einem sogenannten »Vorhaus« noch zwei Stuben. Später, nachdem Karl Huß weggezogen war, wurde es ein Waisenasyl und noch später zerstört. An seiner Stelle entstand ein Blumengarten.

Im gleichen Jahr ersetzte Kaiser Joseph II. die Todesstrafen der Theresiana durch das »*Schiffsziehen*«, was ebenfalls eine sehr grausame Art gewesen sein muß, Menschen zu töten.

Am 18. Juni 1782 wurde die 45jährige Anna Göldi, Köchin des Dr. Tschudi zu Glarus, als letzte Hexe des deutschen Sprachgebiets von Scharfrichter Vollmer enthauptet. Der 19jährige Sohn des Scharfrichters mußte zusehen, damit er lernte, wie so etwas gemacht wurde.

Karl Huß heiratet

Einige Monate später heiratete Karl Huß in Eger. Karl, der sehr bescheiden im Scharfrichterhäuschen gelebt hatte, fing sein selbständiges Dasein mit einem Vermögen von 6 Gulden an. Sein Lohn als Scharfrichter betrug jährlich 54 Gulden, 6 Strich Korn als Deputat und dazu die immer seltener werdenden Hinrichtungsgebühren. Karl Huß mußte sich daher zunächst nach anderen Erwerbsquellen umsehen. Das war in seinem Stand nur auf dem Gebiet der ärztlichen und tierärztlichen Praxis möglich. Da er ein hübscher Mann mit guter Figur war, sich gewandt benahm und sich gut auszudrücken verstand,

Karl Huß und Gattin Sophie in Eger

hatte er bald einen guten Ruf bis ins Sächsische und Bayrische hinein. Er wurde allerdings befehdet von Ärzten und Apothekern. Eines Tages holte man ihn zu der schwer erkrankten Egerer Bürgerstochter, Sophie Eberl, die er mit Erfolg behandelte. Sie verliebte sich in ihn und traf sich heimlich mit ihm, bis es entdeckt wurde. Huß wurde das Haus verboten und Sophie mit bitteren Vorwürfen überhäuft. Sophie aber ließ sich in ihrer Liebe zu Huß nicht beirren und zu einem befreundeten Revierförster bringen. Dort wurden die Vorbereitungen für die Hochzeit getroffen. Am 1. September heirateten die beiden, er 21 Jahre alt, sie 42.

Im Jahre 1783 wurde endlich das Gesuch der verwitweten Scharfrichterin Maria Kuisl um Anstellung ihres Enkels Johann Michael – Sohn des Scharfrichters von Angelberg, vorher zu Tussenhausen – in Schongau bewilligt. Er war der letzte Scharfrichter dieser Stadt und starb 20 Jahre später auf der Straße an Cholera.

Ein merkwürdiges Gesuch ist uns aus Memmingen überliefert, wonach im gleichen Jahr der Veterinarius Johann Michael

Widemann den Rat der Stadt aufforderte, seine Mutter zu veranlassen, ihm 200 Gulden zu geben, damit er die Scharfrichterei Rödenhausen kaufen könne. Am 28. November erhielt Franz Xaver Igel, Sohn des Scharfrichters Johann Georg Igel von Waale, vom Pflegsverwalter von Buchloe und Helmishofen, Konstanz Maria Anton Federle, den Richtbrief.

Ebenfalls noch in diesem Jahr wurde der seit urdenklichen Zeiten in Tyburn bestehende Galgen beseitigt.

In Hamburg verloren die Scharfrichter im Zuge der Zivilisierung des Strafvollzugs 1784 ihr »Gassenrecht«. Das war das Recht, das, wenn in den Gassen ein Ermordeter gefunden wurde, den Scharfrichtern erlaubte, mit gezogenem Schwert danebenzustehen und dreimal das offizielle Zetergeschrei zu erheben. Der Mörder war von ihnen in alle vier Winde zu »eschen«.

In Hamburg war damals der höchsten Instanz für die Urteilsverkündung vorgeschrieben, sie vor versammeltem Rat in der großen Ratshalle vorzunehmen. Da aber auch noch die Erinnerung an das alte germanische Recht des Blutgerichts, das unter freiem Himmel abgehalten werden mußte, eine Rolle spielte, gab es eine Öffnung in der Decke der Ratshalle mit einer Dachluke, durch die Sonne und Luft hereingelassen wurden. Das Urteil verlas der Protonotarius barhaupt und stets am Freitag. War der Verurteilte Bürger der Stadt, so mußte er in Bürgertracht, mit schwerem Bürgermantel und ohne Fesseln vor dem Gericht erscheinen. Nach der Urteilsverlesung und der Stabbrechung wurde ihm sodann der Mantel von den Schultern genommen. Damit wurde der Verlust des Bürgerrechts symbolisiert. Dann trat der Scharfrichter auf den Verurteilten zu, legte bedeutsam die Hand auf dessen Arm und murmelte: »Das Urteil ist gesprochen, der Stab ist gebrochen, die Untat wird gerochen.« Dann wurden ihm die Hände gebunden, und der Scharfrichter rief: »Gebunden ist der Gefangene.« Während nun die Knechte den armen Sünder abführten, sagte wiederum der Scharfrichter: »Damit, daß der Gefangene erfahre, was das heiße, so ihm von. E. H. Rat zuerkannt ist, so will ich ihn am nächsten Mondtage hinausführen und will ihn mit dem Schwerte (Strange) vom Leben zum Tode bringen, damit daß meiner Herren Recht gestärkt werde und

Verbrennung des Hausdiebes und Mordbrenners Johann Christian Höpner aus Landsberg a. d. Warthe am 15. August 1786 im Alter von 28 Jahren. Er war Bediensteter bei Kriegsrat Fäsch, dem er am 15. März 1786 1000 Taler stahl und Feuer legte. Es wurde bald gelöscht und Höpner aus Verdachtsgründen verhaftet. Er gestand am 25. März 1786 seine Tat und wurde zum Tode durch Verbrennen verurteilt. Die Berliner Garnison schloß einen Kreis um den Scheiterhaufen (anonyme Radierung)

nimmermehr geschwächet.« So wie Hamburg hatte jede Stadt ihr eigenes Verfahren.

Der »blaue Stein«

In Köln wurden die Urteile im Dom verkündet, und der Scharfrichter mußte die Verurteilten dreimal an den »Blauen Stein« stoßen, der an der Seite der vormaligen Hofpfarrkirche eingemauert war, und sagen: »Wir stoßen dich an den Blauen Stein, du kommst deinem Vater und Mutter nicht mehr heim.« Darauf folgten die Fahrt auf dem Karren zum Richtplatz und die Exekution.

In Paris ereignete sich 1785 die berühmte Halsbandgeschichte. Karl IV. Heinrich Sanson war daran insofern beteiligt, als er die Lamotte-Valois auspeitschen und ihr ein V auf beide Schultern brennen mußte.

Im gleichen Jahr arbeitete in Oberdorf der Scharfrichter Baptist Trinkler (Trenkler, Tränckhler). Er hatte diese Stelle nur bekommen, weil er in seinem Bewerbungsschreiben erklärt hatte, daß er sich »auch auf Pferdt, Vieh und Hund-Curen wohl verstehet, annebst erbiethig ist, eine Tochter des alten Kleemeisters (Wasenmeisters) Kober zu ehelichen und überhin beede Schwieger Eltern samt deren noch vorhandenen übrigen Koberischen Kinder lebenslänglich im Hause zu behalten«.

In Berlin fiel 1785 auf dem Neuen Markt der uralte »Soldatengalgen« ohne ersichtliche Ursache aus Altersschwäche um. Er war schon lange nicht mehr benutzt worden.

Ein Jahr später wurde in Wien das Todesurteil an dem Magistratssekretär und Mörder Franz von Zahlheim, der ein haltloser Spieler und Falschspieler war, vollstreckt. Er hatte einer älteren Dame die Ehe versprochen und sie damit betört. Eines Tages ermordete er sie mit einem Küchenmesser. Das Gericht fällte das Urteil: Tod durch das Rad, verschärft durch Zwicken mit glühenden Zangen auf dem Wege zum Hochgericht. Insgeheim aber wurde dem Scharfrichter Adam Korzer gesagt, daß er vor der von unten herauf vorzunehmenden Räderung erst den Gnadenstoß zu geben habe. In die Wohnung des Mörders zog später die Wiener Hetäre Henriette Rothmann ein, die u. a. auch die Geliebte des Königs von

Portugal war. Im gleichen Jahr schaffte Großherzog Leopold in der Toskana durch ein Gesetz die Todesstrafe ganz ab, nachdem er schon 10 Jahre lang kein Todesurteil mehr hatte vollstrecken lassen. Der letzte Haller Scharfrichter, Johann Georg Putzer, starb im Alter von 37 Jahren am 1. November 1786. Er hatte keinen Nachfolger. Im darauffolgenden Jahr wurde in Berlin zum letztenmal der Soldatengalgen neu errichtet. Man verwendete dazu Eichenholz aus der Jungfernheide und bemalte es in den Landesfarben mit schwarzer und weißer Ölfarbe. Am 12. Mai dieses Jahres erhielt Jakob Igel von Weißenhorn seinen Richtbrief von der »Reichshofgräfl. Schenk – von – Kastell'schen Oberamtskanzley«. Im September wurde die letzte öffentliche Hinrichtung in Bremen vollzogen: Auf dem Koppenberg in Walle wurde Nikolaus Junge enthauptet, der aus Not einen Raubmordversuch begangen hatte. Im gleichen Jahr starb der 72jährige Scharfrichter Wilm Kober in Markt Oberdorf.

Die »Josephina«

In Freiburg in der Schweiz erschien des Scharfrichters Johann Deigentesch Büchlein »Nachrichters nützliches und aufrichtiges Roßarzneybüchlein« in zweiter Auflage.

In Wien ersetzte Kaiser Joseph II. die »Theresiana« durch die neue Gerichtsordnung »Josephina«, durch die die Todesstrafen durch Freiheits- und andere Strafen ersetzt wurden, wie Anschmieden mit einem eisernen Ring um den Körper, oder Kerker mit hartem Lager bei Wasser und Brot oder Brandmarkung, die entweder geheim, auf einer normalerweise von Kleidern bedeckten Körperstelle, oder »öffentlich«, auf dem Gesicht oder auf der Hand, vorgenommen wurde. Am 2. April 1787 war mit der Josephina in Österreich die Todesstrafe abgeschafft, und länger blieb auch Franz Michael Putzer, der letzte Scharfrichter Tirols, nicht im Amt.

Genau 11 Jahre nach Voltaires erster Mahnung schaffte nun endlich auch Ludwig XVI. am 1. Mai 1788 die Folter in Frankreich ganz ab. Am 3. August dieses Jahres wurde in Frankreich zum letztenmal gerädert, und zwar Jean Louis Auguste Louschart, Sohn eines Hufschmieds, der seinen Vater während eines Familienstreits erschlagen hatte. Das Urteil lautete: Der Vatermörder solle auf dem Platz des heiligen Ludwig in Versailles lebendig gerädert und auf das Rad geflochten, die Leiche auf einem Scheiterhaufen verbrannt werden. Aber sogar bei dieser Räderung ersparte man sich die schlimmsten Grausamkeiten: Das bei derartigen Urteilen übliche Abhauen der Hand, die Kirchenbuße im härenen Hemd und auch, daß der Verurteilte barfuß auf den Stufen vor der Kirche stehen mußte. Das Rädern bei lebendigem Leibe unterblieb ebenfalls. Sanson erhielt kurz vorher das »Retentum« für den Delinquenten, die Anordnung, ihn mit dünner Schnur vor der Räderungsprozedur zu erdrosseln.

Besonderes historisches Gewicht hatte diese Hinrichtung insofern, als es schon bei der Errichtung des Schafotts zu geheim gelenkten Unruhen kam, so wie zuvor schon in der Normandie, in der Bretagne, in Béarn und in der Dauphiné. Obwohl die Hinrichtung sehr früh angesetzt worden war, um Menschenansammlungen zu vermeiden, stand bereits um ½ 5 Uhr morgens der Richtplatz voller Menschen. Als der Verurteilte das Schafott betrat, wurde es von der Menge erstürmt. Sie befreite Louschart und verbrannte das Blutgerüst mit allen Hinrichtungswerkzeugen. Die erregte Menge tanzte bis tief in die Nacht um das Feuer: eine der »Generalproben« für die Ereignisse der Jahre 1789 bis 1793.

1788 erhielt Karl Huß in Eger – im sechsten Jahr seiner glücklichen Ehe – sein Entlassungsschreiben. Der Magistrat teilte dem völlig Überraschten mit, daß mit der Abschaffung der Todesstrafe auch keine Scharfrichter mehr benötigt werden. Der schon erwähnte Pflegsverwalter von Buchloe und Helmishofen, Konstanz Anton Maria Federle, stellte 1789 auch dem schon in Schongau tätigen Scharfrichter Johann Michael Kuisl den Richtbrief aus.

Schutzbrief statt Geld

In Frankreich nahm der finanzielle Zusammenbruch groteske Formen an. Der König konnte seinen Scharfrichter nicht bezahlen. Statt des ihm zustehenden Salärs ließ er ihm einen Schutzbrief ausstellen, der Sanson vor seinen ungeduldigen Gläubigern retten sollte. 1789 trat ein weiteres Gesetz Joseph II. in Kraft, das anordnete, die Brandmarkungen seien von den Scharfrichtern vorzunehmen. So kam es, daß Karl Huß nach neunmonatiger Arbeitslosigkeit ein Wiederanstellungsschreiben des Egerer Magistrats erhielt.

Seine Feinde, die Ärzte und Apotheker, hatten diese neun Monate der Schutz- und Wehrlosigkeit genutzt. Gleich nach seiner Entlassung erhoben sie gegen Huß Klage, veranlaßten eine Hausdurchsuchung und eine Beschlagnahme aller jener Gegenstände, die auf »Kurpfuscherei« deuteten, wie Pflaster, Salben, Tinkturen etc. Sie erwirkten einen schweren Verweis gegen ihn mit der Drohung, ihn mit schweren Strafen im Wiederholungsfalle zu belegen. Nach seiner Wiederanstellung, aber auch schon vorher, setzte Karl Huß seine Kuren fort, erwarb damit einiges Vermögen und fand auch durch sein sorgfältig gepflegtes Äußeres und durch seine guten Umgangsformen Zutritt in die besseren Bürgerhäuser. Nach Abschaffung der Todesstrafe und damit der eigentlichen Scharfrichterei, eine Brandmarkung hatte er wohl nie durchzuführen brauchen, stieg sein Ansehen, und er galt als erfahrener und gebildeter Mann. So unterhielt sich beispielsweise der Egerer Gymnasialprofessor Anton Grassold öfter mit ihm und lehrte ihn alte Schriften zu lesen, zeigte ihm Hilfsmittel zur Geschichtsforschung und ließ ihn sein Buch der vaterländischen Geschichte abschreiben. Huß begann auch zu sammeln. Zuerst waren es alte Münzen, die er in Bauernhäusern und bei Patienten entdeckte und erbat. Die Sammelleidenschaft erfaßte ihn derart, daß er sogar mitten in der Nacht aufbrach, um in Bayern oder Sachsen Münzen einzutauschen. Danach wandte sich sein Interesse den Mineralien zu. Er beschaffte sich Eisenerzstufen von Arzberg und Neualbenreut, Bleispate von Bleistädt, Schwerspate von Mies usw. und benutzte dazu Professor Succows Handbuch der Mineralogie. Schließlich erstreckte sich sein Sammeleifer auch auf alte Waffen, Gewehre, Schwerter, Lanzen und Harnische. Zuletzt ergänzte er seine Sammlungen durch alte Krüge, Lampen, Gläser, Hausgeräte, durch Holzarten und Sämereien, so daß das alte Scharfrichterhaus in Eger im Schatten der Kaiserburg ein richtiges Museum wurde. Überdies verwandte Huß sein zeichnerisches und malerisches Talent zur Darstellung und Sammlung der Wappen der Egerer Adels- und Patriziergeschlechter und kopierte alte Ölgemälde, wie z. B. eine Ansicht von Eger aus dem Jahre 1495.

In Augsburg wurde 1789 der Scharfrichter Joseph Pflügler wegen hohen Alters, Gebrechlichkeit und verschiedener Krankheiten entlassen. In Wien stellte man um die gleiche Zeit fest, daß das an Stelle der Todesstrafe eingeführte »Schiffsziehen« in fünf Jahren bei 1173 Verurteilten 721 Todesopfer gefordert hatte.

Werkzeug des Wahnsinns

In Frankreich schaffte die Nationalversammlung die Strafe des Räderns ab, von der Gregor von Tours (540–594) das erste Beispiel berichtet hatte.

In Rochefort umarmte der Volksvertreter Lequinio den Scharfrichter der Stadt namens Ance und in ihm alle Scharfrichter Frankreichs. Ance wurde zur Tafel der Volksvertreter geladen und ihm statt der üblichen Bezeichnung »Bourreau« (Henker, Scharfrichter), der offizielle Titel »Vollstrecker des Kriminalgerichts« verliehen. Sanson äußerte hellsichtig dazu: »Die Revolution machte den Scharfrichter zum Menschen, aber auch zum willenlosen Werkzeug des Wahnsinns.« Am 22. Juli 1789 wurde Joseph Foullon, Finanzintendant nach Necker, vom empörten Volk an die Laterne gehängt. Zweimal riß das Seil, erst beim drittenmal gelang der Mord. Und am 1. Dezember des gleichen Jahres hielt vor der französischen Nationalversammlung der später so berühmte Dr. Guillotin seine berühmte Rede von der Gleichheit der Todesstrafe für alle. Gleiche Taten erforderten gleiche Strafen, meinte er, und unter dem Beifall des Hauses plädierte er für eine mechanische Exekutionseinrichtung.

Im Januar des folgenden Jahres nahm die Nationalversammlung den Antrag Dr. Guillotins hinsichtlich der Gleichheit der Todesstrafe an. Über den Vollzug der Todesstrafe durch eine Maschine konnte man sich jederzeit einigen.

Scharfrichter Karl IV. Heinrich Sanson hatte im neuen Haus Rue Château d'Eau 16 einige Räume an den Buchdrucker Roze vermietet. Gegen dessen Veröffentlichungen – er war gemäßigter Fortschrittler –, zeterte die Gegenpartei. Sanson wurde als Mitwisser verleumdet. Er wehrte sich, indem er beim Polizeitribunal gegen die Journalisten Gorsac, Desmoulins u. a. klagte. Am 27. Januar 1790 fand die Verhandlung statt. Die Journalisten wurden zum Widerruf verurteilt. Der abwesende Gorsac, ein wegen Knabenschändung bereits mit 2 Jahren Bicêtre bestrafter ehemaliger Pensionsdirektor, erhielt außerdem eine Geldstrafe. Bald darauf starben die beiden Verleumder – aus anderen Gründen – auf dem Schafott. Am 8. Februar mußte Sanson die Brüder Agasse, die aus angesehener Familie stammten, wegen Fälschung königlicher Schatzscheine hinrichten. Wenige Tage später folgte ihnen der Marquis de Favras, der den König mit Hilfe von 30 000 Royalisten hatte befreien wollen.

Der geächtete Bauer

Im gleichen Jahr beging der »resignierte« Scharfrichter von Augsburg, Franz Anton Pflügler, Selbstmord aus Melancholie. Er erhielt nachts ein ehrliches Begräbnis auf dem Friedhof.

In Hamburg wurde Hennings V. nach Ritzebüttel bei Cuxhaven geholt, um am nächsten Tage zwei Räuber hinzurichten. Er nahm zwei Knechte mit, die sich am Vorabend der Exekution am Strand erholen wollten. Darauf vertrauend, daß ihn dort niemand kannte, betrat der eine ein Gasthaus und trank mit einem angeheiterten Bauernburschen. Aber weil er ein Fremder war, fiel er auf, und die Gedankenverbindung zur bevorstehenden Exekution ergab sich von selbst. Hennings merkte das auch bald und empfahl sich rasch. Der Bauernbursche aber war von diesem Augenblick an geächtet; niemand wollte mehr etwas mit ihm zu tun haben.

Lange Zeit später – die beiden Räuber waren längst hingerichtet und vergessen – hörte der Amtmann von Cuxhaven von einem Mann, der im Moorgestrüpp wohnte und sich von Muscheln und Krabben ernährte. Der Amtmann forschte nach und entdeckte, daß es sich um den geächteten Bauernburschen handelte. Er erklärte daraufhin diesen wieder als ehrlich. Aber das war dem Bauernvolk zu einfach. Erst als Militär geholt wurde, um den armen Teufel aus seinem Moorgestrüpp zu befreien, benahmen sich die Leute menschlicher. Der arme Bursche begriff überhaupt nicht, was geschehen war, hatte es vielleicht überhaupt nie begriffen, warum er so plötzlich gemieden worden war. Nun glaubte er, er solle zur Hinrichtung geführt werden. Erst nach und nach konnte er »aufgeklärt« werden.

Im Dezember 1790 erlebt es Hennings noch, daß er, als er nachts außerhalb der Stadt einen der von ihm entwickelten, aufstellbaren Galgen errichten sollte, von niemanden in der Nähe anschließend aufgenommen wurde. Er mußte zusammen mit seinem Gehilfen in der eisigen Dezembernacht unter freiem Himmel kampieren. Er bat den Rat der Stadt erneut dringend, daß in solchen Fällen das Stadttor offengehalten werden solle – vergebens.

Die Guillotine

1791 wurde in Frankreich der Artikel über die »Gleichheit der Todesstrafe« in das Gesetzbuch aufgenommen. Er besagte, daß bei Verhängung der Todesstrafe jeder Angeklagte »gleich« behandelt werden sollte und die Strafe in der gleichen Form ausgeführt werde, nämlich durch Enthaupten. Die Durchführung der Todesstrafe sollte durch einen Mechanismus bewirkt werden. Über die Art der Maschine hatten jedoch die Gesetzgeber noch keine klare Vorstellung. Karl IV. Heinrich verfaßte eine Denkschrift, in der er eine Maschine vorschlug, die den Körper des Verurteilten in eine horizontale Lage bringe, den Hals frei lasse und »mit Sicherheit« enthaupte. Nach dieser Maschine hatte Dr. Guillotin gesucht. Er sprach mehrfach mit Sanson darüber. Die beiden konnten sich jedoch nicht einigen. Drei deutsche Kupferstiche von Pentz, Aldegrever und Lukas Cranach sowie eine italienische Radierung von Achille Bocchi aus dem Jahre 1555 gaben zwar Anregungen, waren aber im ganzen unbefriedigend. Bocchis Radierung zeigte die Mannaja, mit der in Genua schon ein Giustiniani hingerichtet worden war. Aber sie und die anderen Bilder zeigten den Delinquenten kniend. So war z. B. auch der Marschall Henri von Montmoreney 1632 in Toulouse durch ein zwischen zwei Balken emporgezogenes und herabfallendes Messer gestorben. Sanson aber wollte ein unbewegliches Opfer in horizontaler Lage. So kamen sie zu keiner Lösung.

Karl Heinrich Sanson war ein guter Geiger und Violoncellist, der häufig musizierte. Sein Partner war häufig der deutsche Musikinstrumentenbauer und Klavierspieler Tobias Schmidt. Eines Abends, zwischen einer Arie aus »Orpheus« und einem Duett aus »Iphigenie in Aulis«, sprach Karl Heinrich mit dem Deutschen über sein Problem. Schmidt entwarf daraufhin mit ein paar Strichen die Enthauptungsmaschine und fertigte dazu noch ein Modell mit einer halbkreisförmig ausgeschnittenen Klinge an. Sanson zeigte es Dr. Guillotin und dieser führte es am 30. April 1791 der Nationalversammlung vor. In seiner Begeisterung versäumte aber Dr. Guillotin, seine Worte sorgfältig zu wägen. So sagte er: »Der Delinquent empfindet nicht mehr als eine leichte Kälte am Hals ...«, oder: »Mit dieser Maschine lasse ich Ihnen den Kopf in einem Augenblick fallen, ohne daß Sie etwas fühlen ...« Die aufkommende Heiterkeit brachte das Projekt zunächst zu Fall. Aber Dr. Guillotin gab keine Ruhe. Er korrespondierte so lange, bis er es durchsetzte, daß die Nationalversammlung den königlichen Leibarzt Dr. Anton Louis beauftragte, ein Gutachten über diese Methode der Enthauptung abzugeben.

Während Dr. Louis sich noch mit dem Gutachten beschäftigte, führte die Nationalversammlung die Strafe der bürgerlichen Degradation (als Gegenstück zu der beim Adel gebräuchlichen Strafe des Wappenzerbrechens) ein.

Am 2. März 1792 fand eine Unterredung zwischen Dr. Louis, Dr. Guillotin, Karl Heinrich Sanson und dem König in den Tuilerien statt. Sanson sah den stark gealterten, sorgenvollen König zum zweitenmal in seinem Leben. Er zeigte ihm die Skizze des mit einem halbkreisförmigen Ausschnitt versehenen Fallmessers: Der König, der sich bekanntlich gern in einer eigens für ihn ausgestatteten Werkstatt mit Schlossern und ähnlichen mechanischen Arbeiten beschäftigte, verbesserte die Fallklinge durch einen schrägen Strich. Fünf Tage später lieferte Dr. Louis sein Gutachten der Nationalversammlung und schlug vor, mit beiden Messerformen Versuche anzustellen. Die Nationalversammlung nahm die Vorschläge des Dr. Louis an und beauftragte ihn, die Maschine in natürlicher Größe

Charles Henri Sanson, Paris

aufstellen zu lassen. Der Zimmermeister Guidon erhielt den Auftrag für 5500 Francs.

Einen Monat später fanden im Hofe des düsteren Gefängnisses Bicêtre in Anwesenheit des Dr. Louis, des Dr. Pinel, des Dr. Cabanis und der von den Fenstern herabschauenden Gefangenen die Versuche mit dem neuen Fallbeil an drei Leichen statt. Die beiden Versuche mit der schrägen Klinge »à la Louis XVI.« befriedigten mehr als die mit der halbkreisförmig ausgeschnittenen Klinge von Schmidt.

Bereits am 25. April 1792, so eilig hatten es die »Verkünder der Menschenrechte« mit dem Töten, wurde die Massenmordmaschine zum erstenmal eingesetzt. Jacques-Nicolas Pelletier, ein Raubmörder, wurde auf der Place de Grève, von einer Menschenmasse umringt, enthauptet.

Im August des gleichen Jahres verlangte das Volk, daß der Assignatenfälscher Collot statt auf der Place de Grève auf der Place du Caroussell hingerichtet werden sollte. Dieser Platz war von den Fenstern der Tuilerien einzusehen. Sanson ließ also das Fallbeil dort aufstellen. Für einige Monate blieb es hier stehen. Der König sollte das »Vergnügen« haben, aus einem seiner Fenster zuschauen zu können.

Bald darauf, am 21. Januar 1793, wurde er selbst mit dem Fallbeil hingerichtet. Inzwischen stand es auf dem Place de la république bzw. révolution, die man später Place de la concorde nannte. Bei dieser historischen Hinrichtung, der zweiten und letzten Königshinrichtung in der Geschichte, waren alle drei Brüder Sanson auf dem Schafott, Karl Heinrich, Charlemagne und Louis Martin. Ihre Gehilfen waren Gros und Barré. Gros zeigte den Kopf des Königs dem Volke.

Im April wurde die neue und verbesserte Guillotine vorübergehend wieder auf dem Carousselplatz errichtet und wenige Tage später für längere Zeit auf der Place de la révolution aufgestellt, vor dem Marineministerium. Im Juni entschied der Convent, daß jedes Department Frankreichs einen eigenen Scharfrichter haben sollte, jeder mit zwei Gehilfen – für Paris waren vier Gehilfen gestattet. Der Scharfrichter selbst wurde in alle gesellschaftlichen und bürgerlichen Ehrenrechte eingesetzt und erhielt Offiziersrang.

Der errötete Kopf

Im Juli wurde die Mörderin Marats, Marie Anne Charlotte de Corday d'Armont aus Caen, enthauptet. Ihr Kopf errötete und zeigte einen Ausdruck der Entrüstung, als ihn der Zimmermann Legros, der das Blutgerüst ausbesserte, ohrfeigte als ihn der Scharfrichter an den Haaren hochhielt. Am 16. Vendémiaire (7. Oktober) fand die Hinrichtung des Girondisten Gorsac statt, von dem schon die Rede war. Etwa um diese Zeit mußte eine der Töchter Karl Heinrichs einen Scharfrichter Roch geheiratet haben. Die Rochs bewahrten das Fallbeil auf, mit dem Ludwig XVI. hingerichtet worden war. Am 21. Brumaire (11. November) wurde die Guillotine auf das Champ de fédération verlegt, das heutige Champ de Mars, blieb aber nur einen Tag dort und kam dann wieder auf den Revolutionsplatz zurück.

Am 17. Frimaire (6. Dezember) wurde Mme. Marie Jeanne Dubarry, als Prostituierte »l'Ange« (der Engel) genannt, hingerichtet. Sie schrie, weinte, wehrte sich und versuchte, zu beißen.

Es würde zu weit führen, alle oder auch nur die prominentesten Opfer der Guillotine aufzuzählen. Es genügt, darauf hinzuweisen, daß in den Jahren 1793 und 1794 allein in Paris 15 000 Köpfe rollten.

Die Noyades

In Nantes wurde nicht das Fallbeil, sondern eine andere mechanische Vorrichtung zum Massenmord verwendet. Der dortige Machthaber Carrier, Mitglied des Convents, erfand die »republikanischen Hochzeiten« oder auch »Noyades« genannt. Er ließ Kähne mit einer automatisch wirksam werdenden Versenkungseinrichtung bauen und füllte sie mit paarweise zusammengebundenen (je eine männliche und eine weibliche Person) Verurteilten und ließ sie die Loire hinabtreiben, wo sie versanken. Die Polizei mußte später den Genuß des Loirewassers und der Loirefische verbieten, so verseucht war es durch die vielen Leichen. Carrier wurde 1794 in Paris guillotiniert.

Aber noch vor ihm starb Karl IV. Heinrich Sanson. Sein Nachfolger wurde 1793 sein Sohn Heinrich, der bis 1840 das

Amt des Pariser Scharfrichters versah. Er war es, der die Königin Marie Antoinette, die Königsschwester Mme. Elisabeth, den Herzog von Orléans, den weinenden Camille Desmoulins, Danton, Robespierre, Fouquier-Tinville und St. Just hinrichtete. Mit ihnen fanden die Massenmorde der Französischen Revolution ein Ende.

Die Guillotine wurde übrigens weder in einem der angelsächsischen Länder noch in Österreich eingeführt. Nur im Episkopat Brixen in Südtirol benutzte sie der bischöflich-brixensche Scharfrichter seit geraumer Zeit. Der Bischof von Brixen hatte die oberste Justizbehörde in Wien um dieses Gerät gebeten.

In Preußen wurde 1794 ein Allgemeines Preußisches Landrecht veröffentlicht. Es sah noch immer die Strafe des Vierteilens vor. In Tirol gab es keinen Scharfrichter mehr. Die Witwe des letzten Haller Scharfrichters Johann Georg Putzer war schon 1793 gestorben, und Todesurteile wurden vom Prager oder Wiener Scharfrichter vollstreckt. In Innsbruck, Bozen, Trient und Rovereto geschah das nur noch durch Erhängen.

Der mittlere Kopf

Am 11. Oktober 1796 um 16.30 Uhr wurde in Bernau bei Berlin dem dreijährigen Sohn des Johann Friedrich Beerbaum von dem bei ihm im Hause einquartierten Soldaten Wassermann hinter der Haustür der Hals durchgeschnitten. Wassermann hatte beim Exerzieren Ärger mit seinem Vorgesetzten bekommen. Er beging den Mord aus Wut darüber und stellte sich danach selbst. Er wurde von dem jungen, ungeübten Sohn des Scharfrichters Kaufmann hingerichtet. Zuerst wurde dem Delinquenten in die Schulter gehauen, so daß er laut schrie. Daraufhin wurde das Militärspalier unruhig. Der junge Scharfrichter entschuldigte sich. Der Satan habe ihm drei Köpfe vorgegaukelt. Der alte Vater rief ihm zu: »Mein Sohn, wenn du wieder drei Köpfe siehst, schlage auf den mittelsten, der ist immer der richtige.«

Der Rat der Stadt Kaufbeuren hob 1796 die Bestrafung dreier Webergesellen auf, die mit Scharfrichterstöchtern getanzt hatten. Nach dem Reichsschluß von 1772 war dies nicht mehr strafbar. Die Zunft mußte sie als »honette und ehrliche Pursche« erklären.

Der fortschrittliche Scharfrichter von Eger, Karl Huß, schrieb 1797 eine heute noch lesbare »Chronik der Stadt Eger«. Durch sie wurde der 36jährige berühmt, von den Zeitungen erwähnt, von den Gelehrten mit Korrespondenz geehrt und von Prinzen, Fürsten und von Karlsbader, Marienbader und Franzensbader Kurgästen besucht. Ihnen zeigte er sein kleines, aber reichhaltiges Museum: Von der Eingangstreppe des alten Scharfrichterhauses kamen sie ins »Vorderhaus«, in welchem die Schränke mit den Mineralien, präparierten Vögeln und Conchylien standen. Von der Decke hingen konservierte Fische herab. Im Zimmer rechts befanden sich die alten Waffen, Harnische und Helme sowie der Schrank mit der Münzsammlung, daneben in einem Glasschrank Karl Huß' Richtschwerter.

XI

Der letzte Schrottenbacher – Versuche mit Enthaupteten – Goethe und der Scharfrichter – Der letzte Sanson – Der elektrische Stuhl

Das neue Jahrhundert brachte gleich im ersten Jahr in Berlin eine Änderung auf dem Gebiet der Hinrichtung. Hier wurde bis dahin mit dem Schwert enthauptet; ab 1800 mußte das Beil verwendet werden. Meister Koblentz, der mit seinem Richtschwert mit dem silbernen Griff 196 arme Sünder enthauptet hatte, sollte als erster zum Beil greifen. Sein Schwert, auf dessen Klinge auf beiden Seiten: »Sole deo gloria« (mit dem gleichen Fehler, wie auf dem Nürnberger Richtschwert) zu lesen war, konnte Koblentz nur noch auf seine Enkel vererben.

In Graz amtierte zu dieser Zeit Meister Pipperger, der vergeblich das Wiener Scharfrichteramt anstrebte.

In Berlin gab es in diesem Jahr weitere Veränderungen: Der ganze Apparat des Gerichtstages für das Berliner Stadtgericht wurde abgeschafft. Auch das Armesünderglöcklein verstummte, das bisher bei jeder Exekution geläutet worden war. Ebenfalls 1800 erhielt die Scharfrichterswitwe Rörle zu Schwabmünchen die Genehmigung, das Amt ihres Gatten weiterzuführen, da dieser »so vorsichtig« gewesen war, einen Haufen Schulden zu hinterlassen. Damit sie diese tilgen konnte, wurde ihr die Existenzmöglichkeit gelassen.

Am 31. Oktober 1800 wurde der Spion Johann Koch aus Feldkirch in Innsbruck als erster am Köpflplatz am Sauanger gehängt. Später wurden alle Hinrichtungen dort vollzogen.

In Bernau bei Berlin war der alte Scharfrichter Kaufmann – trotz der »Aufklärung« – sehr gefürchtet. Die Menschen glaubten, er könne Leute auf die Zäune bannen. Daher trauten sich auch nie Diebe in seine Gärten. Kaufmann starb 1801, und seine Witwe führte das »Geschäft« weiter.

Der letzte Schrottenbacher

Noch konnte die Aufklärung den Aberglauben nicht vertreiben. So besaß beispielsweise der alte Scharfrichter Stein zu Landeck (Niederschlesien) noch einen »Zauberspiegel«, und in Frankenstein in Niederschlesien sah Scharfrichter Pohl eines Tages sein Richtschwert an der Wand schwanken, als das Dienstmädchen seine Stube betrat. Ein Jahr darauf mußte er es mit diesem Schwert hinrichten.

Im zweiten Jahr des 19. Jahrhunderts begann in Sonthofen an der Iller (Bayern) Meister Remigius Metz seine Tätigkeit als Scharfrichter. Sein Bestallungsbrief enthielt 21 Paragraphen, darunter die merkwürdige Bestimmung, daß niemand außer ihm und den Jägern eine Hündin halten dürfe.

In Memmingen lebte 1802 immer noch der alte Scharfrichter Widmann. In Wien starb in diesem Jahr der Scharfrichter Schrottenbacher, der letzte der dort seit 1550 richtenden Dynastie der Schrottenbacher. Dieser Schrottenbacher hatte nämlich alle Söhne kurz hintereinander verloren: Zwei starben am »russischen Fieber« (Cholera), und zwei fielen im Krieg. Als müder, gebrochener und vereinsamter Mann hatte sich Schrottenbacher vom Amt zurückgezogen. Er verkaufte es im Juni 1802 für 2000 Gulden an Johann Georg Hoffmann, der bereits in seinen Diensten gestanden hatte. In Bernau bei Berlin übernahm Sohn Carl Friedrich von Meister Kaufmann die Scharfrichterei.

Im Tagebuch des Donauwörther Scharfrichters Johann Hörmann (1802–1833) ist zu lesen: »Im Monat May bin ich von Einem Wohlweisen Magistrat der Chur-Pfalz-bayrischen Stadt Donauwörth als Scharfrichter und Wasenmeister aufgenommen und verpflichtet worden. Den 14. Juny 1802 hatte ich Hochzeit mit der Jungfer Barbara Fahnerin, einzige Tochter des Johann Michael Fahner, Scharfrichter allhier. Ein Hochzeitsmahl samt Musik hatten wür in unserer Behausung, zum Hochzeitsgeschenk bekamen wür 35 Gulden.«

Der sprechende Kopf

1803 machte der Breslauer Arzt Dr. Wendt mit den Wundärzten Illing und Hanisch am Kopf des enthaupteten Troer seine damals sensationellen Versuche, durch die festgestellt wurde, daß der abgeschlagene Kopf oft noch mehrere Minuten alle Sinnesempfindungen registriere und noch »bei Bewußtsein« sei. Die Ärzte hatten den Eindruck, als träfe die Äußerung des berühmten Anatomen Samuel Thomas Soemmering zu, der behauptet hatte, daß ein abgeschlagener Kopf durchaus sprechen könne, wenn man ihm eine künstliche Lunge gäbe.

Am 21. November 1803 wurde Johann Bückler, genannt »Schinderhannes«, mit 19 Komplizen am Rheinufer auf der Weisenauer Höhe bei Mainz enthauptet. Er starb ruhig. Alle 20 Exekutionen waren in insgesamt 26 Minuten vollstreckt. Die Zuschauer drängten sich um die Richtstätte, um das Blut der Enthaupteten als Mittel gegen die Epilepsie trinken zu können. Der Schädel des »Schinderhannes« (er wurde, weil er eines Wasenmeisters Sohn war, so genannt) bewahrte das Museum der Heidelberger Anatomie auf, wo ihn der bekannte Wiener Anatom Joseph Hyrtl betrachtete und dazu bemerkte, dies sei »der schönste Judenschädel«, den er jemals gesehen habe.

In Sonthofen starb 1802 der Scharfrichter Johann Kopp. Kaiser Franz II. erließ 1803 ein neues Strafrechtsbuch, das die Todesstrafe auf zusätzliche Delikte ausdehnte. Das leerstehende Scharfrichterhaus zu Meran wurde während der bayrisch-französischen Besatzung vom Staat verkauft und sein bisheriger Bewohner Franz Michael Putzer entschädigt. Gegen eine Anleihe von 550 Gulden erhielt er später eine Rente.

Die Versuche Dr. Wendts zu Breslau, die er in einem wissenschaftlichen Werk veröffentlicht hatte, bekamen ein unverständliches Echo: Es wurde nicht etwa anerkannt, daß das Enthaupten doch keine humane Tötungsart war, für die sie die französischen Ärzte Dr. Guillotin, Dr. Louis und Dr. Cabanis erklärt hatten, und es wurde daher auch nicht beschlossen, sie durch eine humanere zu ersetzen oder gar ganz abzuschaffen, sondern es erfolgte im März 1804 der juristisch-bürokratische Erlaß eines Rescripts zur Preußischen Criminalordnung, der »alle galvanischen Reitzungsversuche« an den Körpern enthaupteter Personen und einzelner Teile derselben untersagte.

In Tirol wurde 1804 durch den Gouverneur Johann Graf Bandes verkündet, daß Hochverrat, Banknotenfälschung (man nannte sie damals »Banco-Zettel«), Mord, Totschlag mit Raub, Brandlegung mit Menschenopfer, mit dem Tode zu bestrafen seien. Die bisherigen Hochgerichte wurden beseitigt.

Verschwörung gegen Napoleon

Drei Monate später wurde in Paris der 33jhrige George Cadoudal hingerichtet. Er war Politiker, Haupt der Chouans, jener königstreuen Gruppe in der Vendée, die 1793 einen Aufstand versucht hatte. Cadoudal war 1794 der Gefangenschaft entkommen und nach London geflohen. Von dort aus hatte er zusammen mit bourbonischen Prinzen und mit Pichegru, einem Revolutionsgeneral und geflohenem Rivalen Napoleons, einen Plan zur Ermordung Bonapartes entworfen. Die Verschwörer wurden jedoch, als sie wieder in Paris waren, entdeckt, Cadoudal öffentlich hingerichtet und Pichegru heimlich im Gefängnis erdrosselt.

Kaiser Franz verlegte in Wien 1809 die Richtstätte wieder auf den Wienerberg. Zwischen Hölzelsroda und Eisenach loderte Deutschlands letzter Scheiterhaufen. Schwefelgefüllte Schlote waren in ihn eingebaut worden, wodurch die Suffokation des Opfers schnell und gut vonstatten ging. 20000 Menschen sahen zu.

Ein Jahr nach der Wiedererrichtung des Hochgerichts auf dem Wienerberg wurde es benutzt: Sein erstes Opfer war der Raubmörder Anton Luger, genannte »Stärkemacher Tonerl«. Meister Hoffmann richtete ihn.

Im August dieses Jahres verzeichnete Karl Huß in Eger einen berühmten Besucher im Museum: Goethe. Er war tags zuvor in Eger angekommen und in der »Goldenen Sonne« abgestiegen. Das Museum besuchte er zusammen mit Mademoiselle Unzelmann, einer bekannten Schauspielerin. Wie unterschiedlich die Haltung der Menschen einem Scharfrichter gegenüber war, zeigt der Besuch Goethes deutlich. Denn zu der gleichen Zeit erklärte beispielsweise König Friedrich Wilhelm III. in Berlin:

»... der Abdecker gehört allerdings zu den Personen, welche ein mit dem Verlust der bürgerlichen Ehre verbundenes Geschäft betreiben und kann also im Gefolge der Gerichtsordnung als Beweiszeuge nicht aufgestellt werden.« Es gab noch mehr solcher zwiespältigen Einstellungen. Während in Bayern auf Betreiben des Juristen von Feuerbach die Tortur abgeschafft wurde, durfte der Beschluß hierüber nicht im Regierungsblatt veröffentlicht werden.

Im Jahr 1807 meldete der Lohgerbermeister Johann Daniel Brandt, sein Vater, der Scharfrichter, sei so schwach, daß er die Bedingungen seines Kontrakts nicht erfüllen könne. Aber er, der Sohn, werde dafür sorgen, daß das trotzdem geschehe.

Ein Jahr nach seinem Vater besuchte August von Goethe zusammen mit seinem Freund Riemer die Sammlungen von Karl Huß und brachte ihm einen Stein vom Römerturm, auch Schwarzer Turm genannt.

40 000 Zuschauer in London

In London fand im gleichen Jahr die Hinrichtung von Holloway und Haggerty vor 40 000 Zuschauern statt, die offenbar magnetisch von diesem makabren Schauspiel angezogen wurden. Das Gedränge war so stark, daß einige Menschen umkamen. Denkwürdiger aber wird das Jahr 1807 dadurch, daß Uruguay als erster Staat der Welt die Todesstrafe ohne Wenn und Aber abschaffte.

Scharfrichter Wohlmuth erlebte 1808, als Siebzigjähriger, noch eine Panne: Der Strick riß, und der Delinquent fiel zu Boden. Wohlmuth wurde einem scharfen Verhör unterzogen, und obwohl ihn keine Schuld traf, wurde er zu drei Tagen strengem Arrest verurteilt. Wohlmuth nahm sich diese Ungerechtigkeit so zu Herzen, daß er krank wurde und um seine Entlassung bat. Man gewährte sie ihm nicht!

In Berlin starb 1805 Johann Daniel Brandt und hinterließ einen fast unentwirrbaren Haufen von Erbansprüchen. Im gleichen Jahr setzte August Graf Neidhardt von Gneisenau nach der Niederlage Preußens gegen Napoleon durch, daß für seine Soldaten die Strafe des Spießrutenlaufens abgeschafft werde. Die Soldaten nannten das die »Freiheit des Rückens«.

Am 16. März des folgenden Jahres wurde in Wien auf dem Wienerberg die Gattenmörderin Theresia Kandl gehenkt und am »Selbstmörderfleckl« begraben. Sie bestieg die Galgenleiter mit kokett-verlegenen Ausrufen wie »Jessas, mei Haub'n!« und »Sö, mein Schuach verlier' i! Hörn' S'net?«

Bald darauf wurde ihr Leichnam gestohlen und an einen Arzt verkauft, der daraus ein Skelett anfertigte. Dieses Skelett wurde in der Familie des Arztes mit Sicherheit bis 1924, vielleicht sogar noch länger weitervererbt.

In Bernau bei Berlin fand 1809 die letzte Hinrichtung statt. Doch Scharfrichter gab es dort trotzdem noch bis 1891.

Andreas Hofers Tod

Im gleichen Jahre wurde in Württemberg die Folter abgeschafft. In Berlin kam es nach dem Tode Meister Brandts zu Erbstreitigkeiten. Erbansprüche erhoben der Sohn des Verstorbenen, der Stallmeister Georg Carl Brandt, die Tochter des Verstorbenen Caroline Friederike verehelichte Wernicke, der Sohn des Halbbruders des Verstorbenen, der Glasermeister Meyer und der langjährige Vertragspartner des Verstorbenen, der gleichzeitig Schwager der Geschwister war, der Scharfrichter in Alt-Brandenburg Christian Friedrich Krafft. Nach dem Tod des Stallmeisters blieb dessen Schwester Friederike als Alleinerbin zurück. Da sie krank war, überließ sie die Pacht Schwager Krafft und schaltete damit den Glasermeister Meyer aus.

Am 20. Februar 1810 wurde in Mantua der Tiroler Freiheitsheld Andreas Hofer von den Franzosen standrechtlich erschossen.

Im gleichen Jahr richtete Krafft, der schon in Alt-Brandenburg »mit Beyfall seine Executiones am hiesigen Nachgericht vollstreckt« hatte, in Berlin seinen ersten Delinquenten mit dem Rade hin, den Kutscher Gottfried Dückert.

Diese andernorts bereits abgeschaffte, veraltete Hinrichtungsart wurde in den folgenden Jahren noch an weiteren Plätzen nicht mehr zugelassen. In Preußen entschloß sich der Gesetzgeber, den oft noch Lebenszeichen gebenden Körper eines Geräderten nicht nochmals auf das Rad zu flechten. Und in Berlin erging die Kabinettsordre, daß ab 19. Juni 1811, dem großen Wein- und Kometenjahr, die Hinrichtung durch das Schwert abgeschafft und nur noch die durch das Beil zugelassen wurde.

Zu diesem Zweck verfertigte der Berliner Schmied Zeitz ein Modell an, und der Stellmacher Gühler machte den Richtklotz. Das Beil wog mit Stiel 8½ Pfund und hatte eine gerade Schneide von 1 Fuß (etwa 33 cm) Länge. Der Stiel war 2 Fuß lang. Der Richtklotz, aus bestem Eichenholz, war 2 Fuß hoch, unten 18 Zoll (= 40 cm), oben 12 Zoll (= 30 cm) Querbreite, oben Längsbreite 7 Zoll (18 cm). Vier Zoll davon (10 cm) blieben stehen, denn da kam der Hals des Delinquenten drauf. Der übrige Teil wurde für das Gesicht etwas ausgehöhlt (3 Zoll = 7 cm). Zum Festhalten des Kopfes wurde ein mit Haar gefütterter Lederriemen am Klotz befestigt.

In Heidelberg fand 1812 ein hochnotpeinliches Halsgericht statt. Unter freiem Himmel wurde auf öffentlichem Markt vor dem Rathaus den vier Angeklagten, Odenwälder Raubmördern, nochmals die »Schlußsentenz« (das Urteil) vorgelesen und der Stab über ihnen gebrochen. Unmittelbar danach erfolgte der Auszug zur Richtstätte, die sich an der Mannheimer Chaussee, bei Eppelheim, am Breuberg zu Neustadt befand. Dort wurde dreimal des Scharfrichters Frieden verkündet, und die Mörder wurden enthauptet. Als die Hinrichtung vorüber war, fragte der Scharfrichter nach altem Brauch – es war der alte Nord – ob er recht gerichtet habe. Das wurde ihm bestätigt. Er dankte mit den traditionellen Worten Gott und seinem Meister. Während dieser Zeremonie füllte der Henkersknecht mehrmals ein Glas voll mit der Gerichteten Blut und gab es den zu diesem Zweck versammelten Epileptikern zu trinken.

Es wird behauptet, daß die Tortur die Folge allzugroßer Gewissenhaftigkeit des deutschen Strafrechts gewesen sei, da die Todesstrafe nur bei eigenem Geständnis des Täters verhängt werden durfte. Allerdings mußte das Geständnis nach der Folter wiederholt werden, bevor es anerkannt wurde. Die Chronisten der Tortur behaupten ferner, daß die Scharfrichter es sich besonders zur Pflicht machten, so »vernünftig« zu martern, daß keine bleibenden Folgen entstanden und etwaige Wunden wieder geheilt werden konnten. Sie eigneten sich

Eine Hinrichtung auf dem Wienerberg am 18. Juni 1812
(im Hintergrund der Stephansdom)

dazu Kenntnisse über den menschlichen Körper an. So wie sich Ärzte und Chirurgen an die Zeit vor der Narkose mit den von ihnen verursachten Schmerzen als Voraussetzung zur Heilung abfinden, so gewöhnte sich der Scharfrichter ans Foltern in dem Glauben, daß es schuldbeladene Gewissen erleichtere, ein bedrohtes Seelenheil sichere und außerdem zur Wahrheitsfindung und zur Ausübung der Gerechtigkeit beitrage.

Im Jahre 1812 enthauptete der alte Nord auf dem Breuberg nochmals zwei Raubmörder mit sicherem Arm. Sofort lief seine Frau, noch weinend über den schrecklichen Tod der beiden Verbrecher, aber dennoch stolz auf die Kunst ihres Mannes zu dem Richter hin und meinte treuherzig, nunmehr dürfe ihr Mann doch wohl rote Hosen und einen Degen tragen.

Scharfrichter-Sprache

Die »Unehrlichkeit« des Scharfrichters und der daraus erwachsene Zwang, nur mit seinesgleichen zu verkehren, führte im Lauf der Zeit zu einer Art Sittenkodex. Er drückte sich darin aus, daß sie nach Bildung und äußerer Kultur strebten, und zwar sowohl in ihrer Wohnung wie auch in Lebensweise, Kleidung und Sprache. Sie vermieden in Wort und Schrift alle rohen Ausdrücke. Ein ähnlicher Prozeß spielte sich auch in den Ghettos ab. So sprachen die Scharfrichter auch untereinander nicht von »stäupen«, sondern von »fegen«. »Gut gestäupt« wurde mit »reinlich gefegt« übersetzt, statt Brandmarken sagten sie »zierlich zeichnen«, statt Torquieren (Foltern) »vernünftig die Glieder versetzen«, statt Henken »einen feinen Knoten schlagen«, statt Köpfen »rasch absetzen«, statt Rädern »artlich mit dem Rade spielen«, statt Vierteilen »nett tranchieren«, statt Verbrennen »einem eine Hitze abjagen«. Auch waren sie zu den armen Sündern im allgemeinen höflich, baten sie um Verzeihung und trösteten sie mit dem Spruch: »Kurze Not, sanfter Tod, Gnade bei Gott.« Das läßt vermuten, daß Scharfrichter eher Mitleid fühlten als Juristen, die die Urteile fällten. In einem aber waren sich fast alle Scharfrichter gleich: Sie waren habsüchtig und geldgierig.

Am Tage nach Christi Himmelfahrt fand im Mai 1813 in Berlin die letzte Verbrennung statt. Es handelte sich um die Brandstifter Johann Korst und Friederike Delitz, genannt Horst und Louise. Man führte sie vom Molkenmarkt über den Neuen Markt hinaus in die Jungfernheide, wo sie, eine halbe Wegstunde vom Oranienburger Tor entfernt, auf dem Scheiterhaufen verbrannt wurden. Durch Ministerratsrescript war das »Retentum« angeordnet worden, d. h. Scharfrichter Krafft mußte, vom Volke ungesehen, die beiden Verurteilten mit einer dünnen Schnur erdrosseln, bevor sie von den Flammen ergriffen wurden.

Tierarzt Dr. Lux

Im gleichen Jahr erschien das kulturgeschichtlich interessante Büchlein des Tierarztes Dr. J. J. W. Lux »Der Scharfrichter in allen seinen Beziehungen – Zum Dessert für Landespolizeybehörden, Stadtmagisträte und landräthliche Offizia, Stadt- und Kreisphysikos, Tierärzte und Scharfrichter.« Es stellt eine Art Anleitung zur seuchensicheren Beseitigung von Tierleichen dar, wobei eine Verschmelzung der Berufe Scharfrichter, Abdecker und Tierarzt ins Auge gefaßt wurde.

1817 erhielt der noch immer lebende Ex-Scharfrichter von Meran, Franz Michael Putzer, von seiner Anleihe aus dem städtischen Armenfonds wöchentlich 1 Gulden 30 Kreuzer als Rente. Wovon er bis dahin gelebt hatte, blieb unbekannt.

Dem Scharfrichter Voss in Dülmen wurde in diesem Jahr untersagt, als Tierarzt zu praktizieren. Er hatte sich geweigert, nach so vielen Jahren erfolgreicher tierärztlicher Praxis noch eine Prüfung abzulegen, wie es nach der Gründung des Tierarzneiinstituts in Münster verlangt wurde. Voss wandte sich an den Gründer und Leiter dieses Instituts, Tierarzt Professor Dr. Fehr, und erhielt von diesem für entsprechende Bezahlung eine Bescheinigung, daß er 15 Jahre lang Tierarzt gewesen sei und es auch weiterhin bleiben könne. Daraufhin wurde Fehr zur Verantwortung gezogen und Voss verboten, als Tierarzt zu arbeiten.

Nicht geviertelt

Im gleichen Jahr wurde in Derby in England zum letzten Mal jenes grausame Gesetz angewandt, wonach der Verbrecher an den Schwanz eines Pferdes gebunden und über die Erde bis zum Galgen geschleift wurde. Dort wurde er am Hals aufgehängt, bis er halb tot war und dann abgeschnitten. Seine Eingeweide wurden ihm herausgeschnitten und vom Henker verbrannt. Dann mußte sein Kopf abgeschnitten und sein Körper geviertelt werden. Sein Kopf und die vier Teile mußten auf bestimmten öffentlichen Plätzen (meist London-Bridge und Westminster Hall) ausgestellt werden.

Im vorliegenden Fall handelte es sich um drei Opfer, denen jedoch der Prinzregent »gnädig« die Vierteilung erließ. Sie wurden »nur« geköpft. Diese drei Männer hingen bei dieser öffentlichen Vollstreckung eine halbe Stunde am Galgen. Vor diesem stand der Richtblock mit zwei Säcken Sägemehl, daneben zwei Äxte, zwei scharfe Messer und ein Korb. Da das Publikum sehr erregt schien, wurde der Richtplatz von einer starken Schwadron Kavallerie mit gezogenem Schwert umgeben. Auch einige Kompanien Infanterie marschierten auf. Unter den Zuschauern soll auch der berühmte lyrische Dichter Percy Bysshe Shelley gewesen sein.

Ebenfalls 1817 setzte sich in Salzburg, nach 60jährigem Wirken, der letzte Scharfrichter der Stadt, Franz Joseph Wohlmuth als 80jähriger zur Ruhe. Seine Stelle wurde nicht wieder besetzt. In Wien konnte endlich der berüchtigte Mörder und Räuber des Waldviertels, Johann Georg Grasel, gefangen werden, der fünf Jahre lang als Räuberhauptmann die Gegend von Horn, Drosendorf, Retz und Umgebung unsicher gemacht hatte. Als Deserteur war es ihm unmöglich gewesen, eine bürgerliche Existenz zu gründen. 1810 wurde ihm und zweien seiner Bande das Todesurteil verkündet, und drei Tage später in Wien vor dem Schottentor vollstreckt. Grasel wurde als letzter, mit dem Rücken zur Stadt, hochgezogen. Noch zu Beginn des 20. Jahrhunderts erschreckte man mit seinem Namen die Kinder. Und ältere Leute überliefern heute noch die Erzählungen ihrer Vorfahren über ihn.

1818 fand auch die letzte Folterung im Hannoverschen statt. Der Köther Franz Wiegmann (Köther wohl soviel wie Häusler, Tagelöhner) war 1816 verhaftet worden, weil er nachts zwei Pferde im Werte von 80 Talern von einer Weide gestohlen hatte. Da er leugnete, wurde er im Gewölbe unter dem alten Amtshaus vom Scharfrichter Funke aus Brandenburg und dessen Bruder gefoltert. Er überstand die Tortur, ohne zu gestehen. Erst als man ihm Tags darauf mit weiteren Qualen drohte, legte er aus Angst ein volles Geständnis ab. Er wurde zu vier Jahren Zuchthaus verurteilt, erlebte aber das Ende der Strafe nicht.

Aus Hörmanns Tagebuch: »Den 26ten September 1818 Habe Ich dem Petter Reisser, Scharfrichter zu Neuburg in Aicha fürgeführt, es war ein Mörder namens Aloiß Schatz, 31 Jahre alt, verheurath, Tagelöhner von Früdberg. – Den 10. octob. 1818

Habe Ich wieder dem obengenannten Scharfrichter in Früdberg fürgeführt, es war ein Mörder namens Johannes Seitz, 71 Jahre alt ... Die Execution ist bey allen Zwey glücklich vorbey gangen.«

In Berlin starb 1819 Scharfrichter Krafft. Seine Witwe holte sich Meister August Hellriegel aus Brandenburg und führte mit ihm die Scharfrichterei und Abdeckerei weiter, da ihr Sohn noch minderjährig war.

Im gleichen Jahr wurde in Tirol der Wirt mit dem seltsamen Vornamen Ingenuin, mit Nachnamen hieß er Meßner, vom Goldenen Adler in Matrei am Brenner wegen Mordes an Mattheus Larcher von Navis hingerichtet.

In Tirol wurde ein gewisser Johann Schaffenrath von Telfs wegen Mordes an Josefa Hauser von Kappl hingerichtet. In Eger besuchte Goethe ein zweites Mal Karl Huß auf seiner Durchreise nach Marienbad. Bei dieser Gelegenheit lernte Goethe auch den Egerer Polizeirat Grüner kennen, einen Schüler des Jesuiten Grassold und Freund des Karl Huß. Goethe, der später eifrig mit Grüner korrespondierte, berichtete am 23. April 1820 in einem Brief an seinen Sohn August von seinem Besuch bei Huß.

Mord als Vorbild

Einige Wochen vorher war der Maler Gerhard von Kügelgen, der Vater des Verfassers der »Jugenderinnerungen eines alten Mannes«, dem Mörder Kaltofen in Dresden zum Opfer gefallen. Der Unterkanonier Kaltofen hatte sich vorgenommen, den ersten, der ihm begegnete, zu erschlagen und zu berauben. Fast einen Monat nach seiner Tat wurde er verhaftet und erst 1821 feierlich hingerichtet. Eine Frau namens Strom, die der Hinrichtung beiwohnte, war von diesem Ereignis derart beeindruckt, daß sie beschloß, auf ähnlich feierliche Weise zu sterben. Zu diesem Zweck lud sie ein Mädchen in ihre Wohnung ein, bewirtete es und ermordete es im Schlaf. Nachdem sie die Leiche und die Mordwerkzeuge sorgfältig gereinigt hatte, erstattete sie Selbstanzeige. Am Tatort fand man das Datum der Hinrichtung Kaltofens an die Tür geschrieben. Frau Strom gestand außerdem, bereits durch Hinrichtungen von 1804 und

1809 auf den Gedanken gebracht worden zu sein, ebenfalls auf diese Art zu sterben.

Paris erlebte im Jahre 1820 einen denkwürdigen Mord und die Hinrichtung des Mörders. Der 37jährige Sattler Louis Pierre Louvel erdolchte den jungverheirateten letzten Herzog von Berry, Charles Ferdinand. Das geschah in der Absicht, das Haus Bourbon auszurotten, doch war die junge Witwe bereits schwanger und gebar noch im gleichen Jahr einen Sohn Heinrich, der Herzog von Bordeaux wurde. Louvel starb unter der Hand Heinrich Sansons am 7. Juni 1820.

Ein Jahr darauf setzten die Salzburger ihren alten Scharfrichter Franz Joseph Wohlmuth noch einmal ein. Der 84jährige mußte einen Räuber und Muttermörder, auf dem Hinrichtungsstuhl sitzend, mit dem Schwert enthaupten. Die Exekution verlief glatt und rasch. Es war dies Wohlmuths 77. Hinrichtung mit dem Schwert; die restlichen 15 von den insgesamt 92 vollstreckten Todesurteilen seiner 64 Scharfrichterjahre vollzog er mit dem Strang.

Goethe beim Scharfrichter

1821 empfing Karl Huß zum viertenmal Geheimrat Goethe und erhielt von ihm für seine Mineraliensammlung einige Basalte. Während dieses Egerer Aufenthaltes war Goethe zweimal bei Karl Huß. Ein paar Wochen später sandte Goethe über Polizeirat Grüner ein Paket Pfennige an Huß, um von ihm einen Augit und einige andere Dinge zu erwerben. Im Jahr darauf besuchte Huß Goethe in Weimar. Es kam zu einer dokumentierten Unterhaltung. Fünf Wochen später erwiderte Goethe den Besuch, brachte eine »Bleistufe« (eine Mineralprobe) und einige alte Schlösser mit und versprach, zwei Tage später wiederzukommen. Er hielt Wort und kehrte zehn Tage später wieder: sein achter Besuch beim Scharfrichter. Diesmal blieb er zum Essen und besichtigte nach Tisch eingehend die Münzsammlung. Diese Besuche in Eger förderten und bestimmten Goethes Gedanken bezüglich der Einrichtung des Weimarischen Cabinetts. Im August 1823 sprach Goethe noch einmal bei Karl Huß vor und brachte ihm Schaumünzen von Zelter mit.

Weiter aus Hörmanns Tagebuch: »Den 17. Julius 1822 ist der Mörder Georg Rauschmaier mit dem Schwert gerichtet worden. Der Wasenmeister Frantz Anton Leimerz machte das Meisterstück mit Rauschmaier unter Aufsicht von mir, Johann Hörmann, und dem Creis Scharfrichter Peter Reisser von Neuburg a. D.«

Im gleichen Jahr wurde in Hannover die Folter aufgehoben. In Hamburg starb Meister Hennings V. und hinterließ einen unmündigen Sohn.

In Salzburg starb der letzte Scharfrichter der Stadt, der 85jährige Franz Joseph Wohlmuth. Im Jahr darauf starb Karl Huß' Frau im Alter von 84 Jahren.

In Linz an der Donau wurde Anton Leingartner Scharfrichter. Er war der Sohn des Josef Leingartner, Wasenmeister in Zwickledt No. 11, und der Anna Maria geb. Mayr, ein großer, starker Mann mit kräftig gebogener Hakennase. Sein Gehalt betrug jährlich 350 Gulden, seine Wohnung befand sich im Linzer Scharfrichterhaus, im Volksmund »Sieh dich vor« genannt, das sich im oberen Wasserturm befand, von dem noch ein Teil im Haus Obere Donaulände, Schweizergasse 1, dem Haus neben der Wasserstiege, erhalten ist.

In Berlin trat im gleichen Jahr der junge Krafft ins Berufsleben. Er übernahm die in die Jungfernheide verlegte Abdeckerei, während Meister Hellriegel aus Brandenburg die Exekutionen weiterhin vollstreckte.

1824 fand die »Angelobung« des Scharfrichters Leingarner in Linz auf seine Pflichten statt. In Werben in der Altmark wurde dem Scharfrichter und angesehenen Tierarzt Reindel der siebente Sohn geboren, dessen Pate interessanterweise König Friedrich Wilhelm III. war. Von den Nachkommen der Familie Reindel wird noch die Rede sein.

Ein Jahr später heiratete Anton Leingartner in Linz die Tochter des Gerichtsdieners von Hartheim bei Alkoven, Maria Anna Simader oder Seynader.

Karl Huß' Sammlung

In diesem Jahr starb auch der letzte Meraner Scharfrichter, Franz Michael Putzer, im Alter von 75 Jahren. Inzwischen machte sich Karl Huß, unglücklich über den Verlust seiner Frau und mit 67 Jahren am Ende seiner Kraft, Sorgen um die Zukunft seiner mühsam zusammengetragenen Sammlungen. Er wandte sich zunächst an Polizeirat Grüner und ließ sie durch ihn der Stadt anbieten. Aber die biederen Stadträte konnten in dem »alten Gerümpel« keinen Wert entdecken und lehnten ab. Da erinnerte sich Karl Huß, daß er vor Jahren durch den Grafen Sternberg dem allmächtigen Fürsten Metternich vorgestellt worden war, der gelegentlich in dem Eger benachbarten Schloß Königswarth wohnte. Huß beschloß, sich an ihn zu wenden. Er fertigte einen Katalog der Münzsammlungen an, die allein durch ihr Edelmetall 12 000 Gulden wert waren, und ließ ihn zusammen mit dem Angebot, die ganzen übrigen Sammlungen gleich mit kaufen zu können, durch Grüner dem Staatskanzler vorlegen. Metternich war interessiert, teilte Grüner seine Kaufbedingungen mit und gab ihm die Ermächtigung, mit Huß abzuschließen. Doch bevor ein Vertrag zwischen Fürst und Freimann zustandekommen konnte, mußte Karl Huß »ehrlich« gemacht werden. Er durfte also kein Scharfrichter mehr sein. Grüner veranlaßte daher, daß die Stadt Eger ihrem langjährigen Scharfrichter kündigte. Nun stand seiner Erhebung in den Bürgerstand nichts mehr im Wege und jetzt erst kam der Verkauf zustande: Sämtliche Sammlungen gingen in die Hände des Fürsten über. Dieser bezahlte dafür mit einer Leibrente in Höhe von 300,– Gulden jährlich, freier Wohnung mit freier Beheizung auf Schloß Königswarth und lebenslänglicher Anstellung als Kustos seiner eigenen Sammlungen. Am 14. September 1827, im »Heuschreckenjahr«, unterzeichnete Karl Huß diesen Vertrag, der ihn mit einem Schlag aller Alterssorgen enthob. Er zog wenige Monate später nach Schloß Königswarth. Das uralte Scharfrichterhäuschen an der Außenseite der Stadtmauer wurde zunächst Waisenhaus, und dann wegen Baufälligkeit abgerissen. An seine Stelle wurde ein Rosengarten gepflanzt. Goethe schickte in einem Brief an Grüner noch die Grüße an

Karl Huß nach Königswarth, der dort still und zufrieden noch 10 Jahre lebte und zu einer Badekur in einem der nahen Kurorte fuhr.

Tu deine Schuldigkeit

In Wien war zu dieser Zeit der Scharfrichter Georg Hoffmann gestorben. Da sein Sohn Johann Georg noch minderjährig war, übertrug die Witwe dem ersten Knecht des Verstorbenen, Simon Abel, die Scharfrichterei. Georg Hoffmann war in Wien populär und geachtet gewesen, weil er es verstanden hatte, auch die Ungebärdigsten seiner Opfer zur Raison zu bringen. Er war rasch im Vollzug. Einmal aber wankte auch er im Dienst. Sein bester Freund, der Stockerauer Wirt, war wegen Banknotenfälschung zum Tode verurteilt worden, und Hoffmann hatte die Exekution zu vollziehen. Der Wirt, der durch staatliche Finanzoperationen Tausende verloren hatte, versuchte auf ähnlich betrügerische Weise seinen Verlust zu decken. Er hatte staatliche Banknoten gefälscht – genau in der Höhe seiner Verluste, nicht einen Kreuzer mehr! Noch unter dem Galgen kritisierte er die staatlichen Abwertungsmaßnahmen auf eine zwar unehrerbietige, aber verständliche Weise. Im entscheidenden Moment war er völlig ruhig, während Hoffmann weinte, zitterte und einer Ohnmacht nahe war. Da rief der Verurteilte ihm zu: »Lieber Alter, tu deine Schuldigkeit, ich zürne dir ja nicht!« Er war der letzte Banknotenfälscher, der die Todesstrafe für sein Verbrechen erlitt.

Hoffmanns Nachfolger Simon Abel war ein eifriger Kurpfuscher. Er ritt gern auf milchweißem Pferd, meist in lichtgrünem Frack durch die Jägerzeile (heute Praterstraße) in den Prater. Abel war ein bärenstarker Mann, der 1830 sogar den »König«, einen rabiaten Hausmeister aus der Kärtnerstraße, der die Stricke, mit denen er gebunden war, mit einem Ruck zerriß und anschließend den Galgen und das ganze übrige »Krippelg'spiel«[11] über den Haufen werfen wollte, überwältigte.

---

11 Wienerische Redewendung für etwas Zierliches, Zerbrechliches.

Der Fall Jaroszynski

Abel war es auch, der den Raubmörder Severin von Jaroszynski henkte. Jaroszynski hatte seinen alten 70jährigen Lehrer Johann Konrad Blank, Weltpriester, Rat und Professor der k.k. Akademie der bildenden Künste, mit einem großen Küchenmesser umgebracht, um sich in den Besitz einiger Wertpapiere zu bringen. Die Tat geschah in einer Mittagsstunde im Februar 1827 im Wohnhaus des Opfers in der Johannesgasse.

Bereits drei Tage später wurde Jaroszynski, ein verschwenderischer adliger Gutsbesitzer aus Rußland, während eines Abschiedsdiners in Gegenwart der Wiener Schauspielerinnen Therese Krones und Antonie Jäger vom Leopoldstädter Theater in seiner Wohnung im Trattnerhof verhaftet. Nach monatelangen Verhören gestand er schließlich die Tat und wurde am 30. August 1827 auf der Richtstätte am Wienerberg vom Scharfrichter Simon Abel hingerichtet. Mit einem ledernen Gürtel, der um seinen Leib geschlungen war, wurde er zum Querholz des Galgens hinaufgezogen. Als er mit dem Kopf daranstieß, warf ihm der auf der Leiter stehende Scharfrichter die Schlinge über den Kopf und befestigte ihr freies Ende an einem Nagel des Querholzes. Gleichzeitig mit dem Rückschnurren der Winde, mit der Jaroszynski hochgezogen worden war, hingen sich zwei Knechte an einen von den Füßen des Delinquenten herabhängenden Strick. Der Tod trat nach zwei Minuten ein. Mehr als 20 000 Zuschauer sahen bei der Hinrichtung in völliger Lautlosigkeit zu.

Der junge Johann Georg Hoffmann lernte in der Zwischenzeit den Beruf seines Vaters bei dem Scharfrichter Kotzurek in Brünn.

Aus Hörmanns Tagebuch: »Im Jahr 1829, den 10. october hab ich dem Peter Reisser, Kreisscharfrichter von Neuburg vorgeführt den Mörder Georg Streichele, ledigen Rothgärbers Sohn von Aißlingen, Catholisch, in Dillingen; die Execution gieng gut von statten. Den 16. November 1829 ist durch meinen Sohn in Staif auf Verlangen des dortigen kgl. Landgerichts der Schiffer Georg Burlefinger eine Stund auf den Pranger gestelt wegen Straßen Raub, er kam lebenslenglich nach Lichtenau, mir wurden 3 fl fürs außstellen.«

Eine Scharfrichterdynastie erlischt

Das Cholera- und Revolutionsjahr 1830 brachte auch im Bereich des Strafvollzuges Neues: In Preußen wurde die Todesstrafe für Eigentumsdelikte abgeschafft. In Hamburg wurde Hennings VI. »majorenn« erklärt, übernahm die Scharfrichterei und starb noch im gleichen Jahr unverehelicht. Mit ihm erlosch diese alte Scharfrichterdynastie. Es meldeten sich sogleich 12 Bewerber: fünf praktische Scharfrichter, einer aus Buxtehude, einer aus Bremervörde, einer aus Altona, einer aus Lübeck, einer aus Bützow; ferner zwei Scharfrichtersöhne, einer aus Bergedorf, Urenkel von Hennings I., Schutzbürger und Arbeitsmann in Hamburg und einer aus Oldesloe; ferner ein Schuster Stoeff, vielleicht Nachfahr des 1684 entwichenen Scharfrichters Jakob Stoeff und schließlich vier Hamburger Bürger: ein Lohndiener, ein Barbier, ein Bader und Schenkwirt und ein Pferdehändler und -verleiher namens Raphael Georg Voigt. Diesmal trat der noch nie dagewesene Fall ein: Ein Bürger wurde aus eigenem, freiem Willen Scharfrichter. Und er durfte sogar Bürger bleiben, wurde weiter »ehrbar« genannt. Es gibt kaum einen zweiten, ebenso eindeutigen Beweis für den Abbau der »Unehrlichkeit« als diese Wahl eines Bürgers zum Scharfrichter – ohne gesellschaftliche Ächtung!

Der Fall Gesche Gottfried

Im April 1831 fand in Bremen einer der berühmtesten Giftmordprozesse der Geschichte mit der Hinrichtung der Giftmörderin Gesche Margarete Gottfried, verwitwete Miltenberg, deren Namen neben dem der Marquise von Brinvilliers und der Voisin immer genannt werden wird, sein Ende. Der Gottfried wurden 29 Giftmordversuche nachgewiesen, davon 15 mit tödlichem Ausgang. Sie war in ihrem Hause Peltzerstraße 15, mit dem Medusenhaupt über dem Eingang, verhaftet und ins Gefängnis im Ostertor gebracht worden. In ihrer Zelle hatte sie Visionen und Halluzinationen. Sie glaubte, ihr Taschentuch sei voll Blut und verfiel darob in große Angst. Später sah sie zwei Stunden lang einen Karren über holpriges Pflaster fahren, einen zweirädigen Karren, ähnlich dem, auf dem ihre Leiche zur Obduktion gefahren wurde. Am Tage ihrer Hinrichtung, übrigens der letzten öffentlichen und überhaupt einzigen Hinrichtung in Bremen im 19. Jahrhundert, wurde sie durch die Ostertorstraße zum Domhof vor dem Waisenhaus – jetzt Bremer Bank –, dem Richtplatz, geführt, wo 35 000 Zuschauer warteten. Der Scharfrichter Dietz aus Neuburg ließ sie auf einem derben Stuhl mit gerader Lehne Platz nehmen. Sie setzte sich, die Hände spielten im Schoß krampfhaft mit einem weißen Taschentuch. Ein Gehilfe faßte sie bei den Haaren, zog den Kopf ganz hoch und der Scharfrichter schnitt ihr mit einer ausholenden Bewegung mit dem Schwert den Hals durch. Dann nahm er das auf ihrem Schoß liegende Taschentuch und wischte damit das Schwert ab. Die Stelle ihrer Hinrichtung wurde mit einem Kreuzstein bezeichnet, der 20 Schritte vom Nordportal des Doms entfernt war. Der Pflasterer will Zeuge der Hinrichtung gewesen sein und erklärte, dort, wo er den dunklen Stein gesetzt habe, sei genau ihr Kopf hingefallen. Zweiundachtzig Jahre lang wurde dieser Stein von der Bremer Stadtjugend bespuckt. Später verschwand er.

Der Kopf der Gottfried kam, wohlfrisiert, in Spiritus und wurde lange Zeit zugunsten der Taubstummenanstalt gegen Bezahlung ausgestellt. Von dem Kopf wurde später ein Gipsabguß gemacht. Der mazerierte Schädel ist, ebenso wie das Skelett, im pathologischen Institut der Krankenanstalt bis in den Zweiten Weltkrieg hinein erhalten geblieben. Wenn die Bomben diese Überreste nicht zerstört haben, sind sie noch heute dort zu sehen.

Aus Hörmanns Tagebuch: »Im Jahre 1831 hat mein Sohn Joseph nach Burkheim geheurath alß Wasenmeister den 5 Julj war die Hochzeit mit der Jungfer Josepha Schielle dortige Wasenmeisterin Tochter. Er hat eine brave Schwigermutter Erheurath (wans schlaft).«

Humanisierung des Strafvollzugs

1832 schreitet in Frankreich die Humanisierung der Strafrechtspflege weiter fort. Das Handabschlagen wurde abgeschafft, die Brandmarkung aufgehoben, die Zahl der Scharfrichter auf die Hälfte herabgesetzt, und jeder von ihnen durfte nur noch einen Gehilfen haben – ausgenommen der Pariser und der Rouennoiser Scharfrichter, denen je zwei blieben. Ferner wurde die Bezahlung der Scharfrichter neu gestaffelt. Der Pariser erhielt 8000,–, der von Lyon 5000,–, die von Rouen und von Bordeaux je 4000,–, Scharfrichter in Städten von über 50 000 Einwohnern 3500,–, in Städten von 20–50 000 Einwohner 2400,– und Scharfrichter in Städten von unter 20 000 Einwohnern erhielten 2000,– Francs Jahresgehalt. In Preußen wurde 1832 die Todesstrafe für Viehdiebstahl abgeschafft.

Letzte Eintragung in Johann Hörmanns Tagebuch: »Das Jahr 1833 war Vor mich das Unglücklichste Jahr in meinem Leben am 16. april abend 6 Uhr Verschid mein unvergeßliches liebes Eheweib Barbara Hörmann gebohrene Fahner nach Empfang der heiligen Sterb-Sacramenten und einem kurtzen Krankenlager von acht tagen einer Lungen-Entzündung. Sie starb sanft und ruhig.«

Im Jahre 1834 trat in Berlin anstelle Hellriegels der Scharfrichter Hormuth aus Magdeburg, und der junge Krafft hatte inzwischen den Kursus in der Thierarzneyschule absolviert. Er nannte sich und unterzeichnete jetzt »Scharfrichter und Tierarzt«.

In den Schweizer Kantonen haftete dem Scharfrichter noch immer wie im Mittelalter ein Makel an. In Nidwalden wurde z. B. die Heirat eines Landmannes mit einer Scharfrichterstochter als »Malefiz« bestraft. In der Kirche mußte er wie ein Scharfrichter einen ihm zugewiesenen Platz einnehmen, er durfte bei keiner Gesellschaft erscheinen. Kurz: Ihn traf die volle Acht, wie einen Scharfrichter.

Dafür machte sich in Berlin der Fortschritt umso mehr bemerkbar. Im Jahr des »kleinen Kometen«, 1835, wurde die Todesstrafe für Einbruch, Fälschung und Mordversuch abgeschafft.

Pferdekuren

1835 erschien ein Büchlein mit dem Titel »Velten, Hans Tob., hundertjährige Scharfrichter – Kuren an Pferden in allen gewöhnlichen krankhaften Zuständen der Pferde und ... deren Heilung bisher stets als ein Geheimnis betrachtet wurde.« Aus dem Nachlasse des obengen. verstorb. weltberühmten Scharfrichters, herausgegeben von F. W. Bruckbräu, gr. 8 Augsburg bei Jenisch und Stage, 20 Sgr (Der Herausgeber hat sich durch dies Schriftchen unsterblich gemacht! Ehre seiner Bildung und seiner guten Absicht!!)« So zu lesen in der Literaturanzeige des »Magazin für die gesamte Thierheilkunde«, herausgegeben von Dr. E. F. Gurlt und Dr. C. H. Hertwig, Professoren an der Königl. Thierarzneischule zu Berlin, erster Jahrgang, Berlin 1835, S. 518.

In Frankreich häuften sich zu dieser Zeit die Attentate auf den Bürgerkönig Louis Philippe. Am 28. Juli 1835 Attentat des Fieschi mit einer Höllenmaschine aus vierundzwanzig Flintenläufen. Ergebnis: 12 Tote, aber Louis Philippe blieb unverletzt. Am 25. Juni 1836 Attentat Alibauds und am 27. Dezember Attentat Meuniers. Auch diese beiden blieben erfolglos.

Im gleichen Jahr wurde Wilhelm Weber Scharfrichter der Stadt Bernau bei Berlin. Im nächsten Jahr tat Berlin einen weiteren Schritt auf dem Wege zur Humanisierung des Strafrechts: Zum letzten Mal wurde ein Mensch gerädert. Eine Gattenmörderin sollte in der verschärften Form »von unten herauf« gerädert werden. Offenbar war ihr aber das »Retentum«, das heimliche Erdrosseln vor der Exekution, gewährt worden. Der Richtplatz lag damals auf einem wüsten Sandfleck in der Gegend des heutigen Gartenplatzes hinter dem ehemaligen Stettiner Bahnhof.

Inzwischen hatte der junge Johann Georg Hoffmann in Brünn bei Scharfrichter Kotzurek ausgelernt und kam nach dem Tode Abels 1837 in Begleitung seines Lehrmeisters nach Wien zur Hinrichtung Georg Resniczeks und damit sein Können zu zeigen. Die Hinrichtung fand am 28. November 1838 statt. Es ging alles vorschriftsmäßig, nur ein Gurt lockerte sich durch die große Unruhe des Delinquenten. Meister Kotzurek griff zu und befestigte den Gurt wieder. Das sah ein Gerichtskommissar. Er veranlaßte daraufhin, daß Hoffmann jun. zum Weiterlernen noch eine Weile zurückgestellt wurde. Etwa 14 Tage später war wieder ein Todesurteil zu vollstrecken, an dem Infanteristen Franz Hanusch. Diesmal exekutierte Hoffmann ganz allein, und zwar mit solcher Sicherheit und Gemütsruhe, daß ihm das Anstellungsdekret nicht länger vorenthalten werden konnte. Am 28. Juni 1839 übernahm er das Amt seines Vaters.

Karl Huß' Tod

In dieser Zeit starb auf Schloß Königswarth Karl Huß im Alter von 78 Jahren an Altersschwäche. Er wurde auch dort begraben. Noch heute sind auf Schloß Königswarth das Richtbeil, die beiden Richtschwerter, die Foltergeräte und das Ölgemälde zu sehen, das Karl Huß und seine Frau im Jahre 1798 darstellt. Er war damals 38, trug einen blauen Rock mit rotem Kragen, rote Weste, weiße Halskrause und ein schwarzes Zopfband. Seine Frau war damals 59. An Werken hinterließ Karl Huß seine »Chronik der Stadt Eger« in 4 Bänden, bis 1828 fortgeführt, außerdem eine Reihe von Wappenzeichnungen, ein Güterverzeichnis und einige philosophische Gedichte. Und schließlich lag noch seine 1823 verfaßte Schrift »Vom Aberglauben« vor, in der er leidenschaftlich gegen den Aberglauben argumentierte. Er wird aber unter seinen fünf Scharfrichter-Kollegen in Böhmen kaum einen Gleichgesinnten gefunden haben. Anläßlich der Herausgabe des Goethe-Grüner'schen Briefwechsels 1853 mokierte sich Gustav Freytag in gutmütiger Weise über das »gemüthliche Verhältnis zwischen dem größten Dichter der deutschen Nation und dem Scharfrichter von Eger«.

Während in Wien Johann Georg Hoffmann stolz sein Anstellungsdekret in der Tasche trug, fand in Berlin die letzte öffentliche Hinrichtung, eine Enthauptung, auf der Richtstätte in der Gegend des heutigen Gartenplatzes statt. Damals hatten Berlin und Cölln noch immer ihre eigenen Richtplätze. Der Cöllner Galgen stand auf dem Hügel, auf dem später der Anhalter-Bahnhof gebaut wurde, auf der Südseite der Schönebergerstraße, hinter der Feuerwache. Ab 1839 sollten Hinrichtungen in Berlin im neu zu errichtenden Moabiter Zellengefängnis stattfinden, das jedoch erst 1898 vollendet wurde.

Dem Grazer Scharfrichter Pipperger wird 1838 ein Sohn, Johann Baptist, geboren.

Nervenzufälle

Im Jahre 1840 traten bei Heinrich Sanson, dem letzten seines Geschlechts, beim Anblick von Blut »Nervenzufälle« ein.

Im gleichen Jahr wurde in Hannover das Rädern mit eisernen Keulen abgeschafft und im Jahr darauf in Preußen die Todesstrafe für das Schänden von Kindern unter 10 Jahren. 1842 fand auch in Dänemark die vorläufig letzte Hinrichtung statt. Allerdings wurden nach dem Zweiten Weltkrieg von 78 Todesurteilen gegen Deutsche noch 46 vollstreckt.

1843, im Jahr des großen Kometen, wurde in Zehden (Mark Brandenburg) in einer Scharfrichter- und Abdeckerfamilie Julius Krauts, der spätere Scharfrichter von Berlin, geboren, als 16. Kind eines Wachtmeisters, der nach Abgang vom Militär durch Pachtung einer Scharfrichterei zum elterlichen Beruf zurückkehrte. Julius Krauts Mutter war aus Seelow und starb früh.

Ein Jahr darauf verübte der Bürgermeister Tschech ein Attentat auf König Friedrich Wilhelm IV. und wurde am 14. Dezember in Spandau mit dem Beil enthauptet. Bei dieser Hinrichtung assistierte der 1824 geborene, spätere Magdeburger Scharfrichter Reindel.

1847 kam der inzwischen vierjährige Julius Krauts als Halbwaise in die Militärwaisenhäuser von Berlin und Stettin.

Im gleichen Jahr wurde im USA-Staat Michigan die Todesstrafe abgeschafft.

Der letzte Sanson

Die »Nervenzufälle« Heinrich Sansons veranlaßten seine Entlassung am 18. März 1847. Mit ihm erlosch die berühmteste aller Scharfrichterdynastien, denn Sanson hatte nur Töchter. Heinrich Sanson pflegte seine alte Mutter bis zu ihrem Tode im Jahr 1850 und gab seine ursprüngliche Absicht auf, nach Amerika auszuwandern und dort unter anderem Namen ein neues Leben zu beginnen. »Aber doch beeilte ich mich, Paris zu verlassen und mich in eine verborgene Zufluchtsstätte zurückzuziehen, wo nichts mir die traurige Verwendung der schönen Jahre meiner Jugend und der meines reifen Alters zurückrufen konnte. Hier lebe ich seit zwölf Jahren verborgen unter fremdem Namen und genieße mit geheimer Beschämung Freundschaften, deren Mißbrauch ich mir zum Vorwurf mache, und die ich jeden Augenblick zu verlieren fürchten muß, wenn entdeckt wird, wer ich eigentlich bin.« So schrieb Heinrich Sanson »der Letzte« im Buch seiner Familiengeschichte.

Während in Frankreich die Strafe der Stockschläge bei der Marine und die Todesstrafe für politische Vergehen 1848 abgeschafft wurden, verzichtete Portugal auf die Vollstreckung der Todesstrafe.

Ein Jahr später setzte Frankreich die Zahl der Scharfrichter weiter herab. Es sollten nur noch so viele Scharfrichter angestellt werden, wie es Appellationsgerichtshöfe gab. Gehilfen durften die Scharfrichter, außer der des Departement Seine, zu dem Paris gehört, nicht mehr haben. Auch die Bezahlung der Scharfrichter wurde reduziert. Für den Pariser Scharfrichter gab es jährlich nur noch 5000 Francs, für den von Lyon 4000, für die von Bordeaux, Rouen und Toulouse je 3000 Francs. Die Assisengerichtshöfe durften nur noch Scharfrichteradjunkten anstellen.

Am 29. Mai 1848 wurde in Österreich die Pranger- und Prügelstrafe sowie die Brandmarkung verboten, nachdem schon Maria Theresia die Galeerenstrafe abgeschafft hatte. Weil »wegen allerhand zu erleidender Mühseligkeiten und Strapazen die Sträflinge nicht ein-, sondern viele tausendmal sterben«.

Das Galgenfest

Charles Dickens berichtete über ein Fest in London, das anläßlich einer Hinrichtung 1848 unter dem Galgen stattfand, ein »Galgenfest«.

Auch die Hinrichtungen von 1833, 1839 und 1849 in Tirol, fanden noch öffentlich statt. In Österreich wurde in dieser Zeit angeordnet, daß Gehenkte drei Stunden zu hängen hätten. Von 1850 bis 1919 gab es insgesamt noch 121 zivile Hinrichtungen durch den Strang.

Im gleichen Jahr 1850 starb in Bernau bei Berlin der Scharfrichter Wilhelm Weber. Seine Witwe übernahm das Amt.

Ab 1851 wurde in Preußen § 8 des Preußischen Strafgesetzbuches, das Läuten der Armesünderglocke, wieder eingeführt. – Erst 20 Jahre später hob das Reichsstrafgesetzbuch vom 1. Januar 1872 mit § 486 es für immer auf. Im gleichen Jahr 1851 verzichtete Preußen auf das Rädern.

In Frankreich schaffte Napoleon III. die Strafe der Stockschläge ab – nur noch in den Bagnos durfte geprügelt werden (Bagnos befanden sich in Frankreich seit 1748 in Toulon, seit 1750 auch in Brest und seit 1767 in Rochefort. Bagno-Sträfling zu sein bedeutete Brandmarkung an der rechten Schulter, Tag und Nacht in Ketten geschlossen zu sein und niedrigste Arbeit. Die Revolution nannte das »Zwangsarbeit auf Lebenszeit«. Napoleon III. verschickte die Bagno-Sträflinge nach Cayenne. Der Name »Bagno« (italienisch: Bad) kommt von den Bädern des Serail in Konstantinopel, in deren Nähe sich ein Sklavengefängnis befand.

Das Jahr 1851 brachte eine Reihe von Neuerungen: Der Linzer Scharfrichter Anton Leingartner wurde zum Scharfrichter für den ganzen Oberlandesgerichtsbezirk Linz (damals einschließlich des Kronlandes Salzburg) ernannt.

In Utah, USA, erhielten die zum Tode Verurteilten das Recht, sich die Art der Todesstrafe (Erschießen, Enthaupten, Erhängen) selbst auszusuchen zu dürfen. In den darauf folgenden 100 Jahren wählte nicht einer das Erhängen. In Preußen wurde 1851 noch gerädert, allerdings mit der Möglichkeit – nach einer Geheimordre – der vorherigen, heimlichen Erdrosselung.

Auch 1852 gab es eine Reihe von Ereignissen: Eine Novelle des Österreichischen Gesetzbuches verhängte die Todesstrafe bei Hochverrat, Mord, Anstiftung zum Mord, Raubmord, Brandlegung, öffentliche Gewalttätigkeit (wenn dabei unbeteiligte Menschen getötet wurden). Aber öffentliche Hinrichtungen blieben verboten. In Tirol wurden von 1852 bis 1919 elf Todesurteile vollstreckt, zwei wegen Hochverrats und neun wegen Mordes.

Die erste nichtöffentliche Hinrichtung Berlins fand im Hof der neuen Strafanstalt Moabit am 19. August 1852 statt. Das Opfer war der Bauer Lamm aus Groß-Schönebeck. Im gleichen Jahr folgte in Hamburg dem Scharfrichter Raphael Georg Voigt dessen Sohn Georg Eduard im Amt.

In diesem Jahr schaffte Rhode Island die Todesstrafe ab. Ein Jahr später folgte Wisconsin. Und in Bernau bei Berlin stellte man als neuen Scharfrichter Meister Carl Altmann an.

Den Strick stellt der Scharfrichter

1854 trat Anton Leingartner, Scharfrichter von Linz und Salzburg, nach über 30jähriger Dienstzeit in den Ruhestand. Es hatte bei den vielen, von ihm vollstreckten Hinrichtungen nie Anlaß zu Beschwerden gegeben. Nach ihm wurde für Oberösterreich und Salzburg kein Scharfrichter mehr ernannt.

Leingartner hatte für eine Hinrichtung 15 Gulden für sich und 3 Gulden für jeden Gehilfen erhalten. Mußte die Vollstreckung außerhalb stattfinden, stand ihm Vorspann, oder, bei größeren Entfernungen, Vergütung der Auslagen für das Beförderungsmittel zu, dessen er sich nach Anordnung des Staatsanwaltes bedienen mußte. Dazu kam ein täglicher »Zehrungsbeitrag« von 3 Gulden für sich und seine Gehilfen. Meistens traf der Scharfrichter einen Tag vor der Hinrichtung ein, um das sachgemäße Aufstellen des Galgenholzes (Richtpflock) zu überwachen. Dieses mußte 83 cm hoch, 18,5 cm stark, 21 cm breit und aus Lärchenholz sein. Dazu gehörte ein Schemel, dreistufig, aus weichem Holz. Den Strick hatte der Scharfrichter selbst beizustellen. Das übrige zahlte »der Urteilsvollzug«. So verrechnete z. B. der Zimmermeister Stephan Radlegger in Wels am 14. Mai 1853 für zwei Schemel und zwei Galgenhölzer 8 Gulden 56 Kreuzer. Die Verurteilten waren zwei Husaren der Welser Garnison. Die Richtstätten in Linz selbst waren am Hauptplatz an der Stelle, wo jetzt die Dreifaltigkeitssäule steht. Dort befand sich auch der Pranger. Zur Zeit der Pest, als Linz sich nach außen abriegelte, stand ein Schnellgalgen für Leute, die heimlich nach Linz hereinzukommen trachteten, auf der Landstraße bei dem heutigen Hotel »Schiff«. Während anderer unruhiger Zeiten stand ein weiterer Galgen vor dem Landhaus.

Blut an den Händen

In Paris folgte auf Heinrich Sanson Schwiegersohn Roch als Scharfrichter. Und 1855 folgte diesem wieder ein Schwiegersohn: Louis, aus der uralten Scharfrichterdynastie der Deibler (Däubler), der das Scharfrichteramt bis 1898 versah. Louis enthauptete in diesen 43 Jahren 1000 Menschen. Seit sich einmal bei einer Hinrichtung eine 2 m hohe Blutfontäne über ihn ergossen hatte, litt er an unwiderstehlichem Waschzwang. Wenn er zu Hause war, wanderte er ruhelos umher und flehte seine Familie fortwährend an, ihm zu versichern, daß seine Hände, die er alle Augenblicke wusch, nicht blutig seien.

1857 war Julius Krauts in Zehden 14 Jahre alt geworden und kam zum Scharfrichter Jerichow für zwei Jahre in die Lehre.

Am 16. Mai 1856 fand in Linz die vorletzte Hinrichtung statt: Der Vizekorporal Michael N. aus Wien wurde wegen Desertion und Mord an der Hausiererin Therese Salbeck gehängt. Er war etwa 30 Jahre alt, schwarzhaarig, ein hübscher Bursche, der vor seiner Hinrichtung in der Wasserkaserne saß und dort besucht werden durfte. Die Menschen kamen in Scharen. Am Morgen wurde er von einem Militäraufgebot abgeholt und vom Militärgeistlichen begleitet. Es ging über die Bräuhauslände (Untere Donaulände) über den Pfarrplatz durch die untere Pfarrgasse (Rathausgasse) zur Schmidtorgasse und innere Landstraße weiter hinaus nach Neuhäusl, am Volksgarten entlang auf die Reichsstraße. An der Kapelle des Löfflerhofes wurde die erste Gebetsstation gemacht. Dann ging es weiter bis zu den zwei steinernen Säulen neben dem Wankmüllergut, von denen die eine, die Dreifaltigkeitssäule, heute noch steht. Hier war die zweite Gebetsstation. An der Säule mit der Schmerzhaften Mutter Gottes, Wiener Reichsstraße No. 34 in Kleinmünchen, an der Kreuzung der Welser und Kleinmünchner Straße, folgte die dritte Gebetsstation.

Nun bog der Zug in die Kreuzgasse (seit 1928 Achaz-Willingerstraße) zum Galgenplatz ein, der »Galgenlucka« hieß. Heute ist dort eine Schottergrube. Damals war es ein mit Gestrüpp bewachsener Platz, wo auf einer kleinen Anhöhe der Galgen stand. Den Platz sperrten Soldaten ab. Der Delinquent küßte das vorgehaltene Kreuz, und das Urteil wurde verlesen. Der Scharfrichter legte ihm einen Gurt, der beim letzten Halswirbel einen Ring trug, über die Brust. Daran wurde er hochgezogen, die Schlinge ihm um den Hals gelegt und der Strick am Gurt nachgelassen. Der Scharfrichter drehte den Kopf des Gehängten ein wenig. Bis zum Abend blieb die Leiche hängen und wurde dann in der Nähe eingescharrt. Der Hinrichtungsplatz war schwarz von Menschen, die Geldbeträge zur Leiche warfen, die eigentlich für Messen gedacht waren. Sie wurden aber den Kindern der ermordeten Therese Salbeck nach Amstetten geschickt, nach Abzug des Geldes für eine Messe. Bei der Hinrichtung des Vizekorporals ereignete sich auch ein Unglück. Ein Stallbursche des Bauern Elbogner in Bergen No. 1, der zugesehen hatte, wurde trübsinnig, frisierte sich wie der Gehängte und erhängte sich im Stall an der Futterkrippe.

Im Juli 1929 fand man an der Stelle, wo der Galgen gestanden hatte, ein Skelett von einem jüngeren Mann mit einem Messingkreuz auf der Brust.

1858 wurde der junge Krauts eingesegnet und zu einem strengen Konditor in Stettin in die Lehre gegeben.

Ein Jahr später verbot in Hannover ein Erlaß das Schleifen der Delinquenten auf Kuhhäuten zum Richtplatz.

Nach zwei Jahren Konditorlehre stürzte Krauts mit einer Schüssel voll Törtchen. Die Schüssel zerbrach und die Törtchen waren mit Porzellanscherben vermischt. Voll Angst floh er zu Verwandten. Von dort aus schickte ihn der Vater zu dem befreundeten Scharfrichter Jerichow bei Genthin, wo er zwei Jahre lernte.

Am 14. Dezember 1861 fand die letzte Hinrichtung am Prügelbauplatz in Innsbruck statt, wo heute das Finanzamt steht. Es war die letzte öffentliche Hinrichtung in Tirol. Der 1823 in Kössen geborene Wolfgang Fischbacher, genannt »G'waltwoferl«, gelernter Müller, war wegen Brandlegung und Tierschänderei, Mordes bzw. Vergewaltigung zweier Mädchen von 8 und 14 Jahren, zum Tode verurteilt worden.

Nach Abschluß seiner Lehre in Jerichow ging Krauts als Gehilfe nach Leipzig und dann auf Wanderschaft durch Sachsen und Bayern und landete schließlich beim Scharfrichter Reindel in Braunschweig, dessen Bruder Wilhelm dort amtierender Henker war. Hier half er bei einer Hinrichtung, die seine erste war. Danach ging er nach Sangerhausen zum Scharfrichter Hamel, dem er zu Greiz bei der Hinrichtung einer Frau half. Nun folgte er einer Einladung zu einer verwandten Scharfrichterfamilie nach Thorn, wohin er zu Fuß wanderte.

Inzwischen schaffte Berlin die Todesstrafe für Brandstiftung in Wohnhäusern ab.

Der Scharfrichter und die schöne Wirtin

In England wurde die körperliche Züchtigung für Heer und Flotte durch Abstimmung (144:39) beibehalten.

Johann Baptist Pipperger, gelernter Möbeltischler und Scharfrichter, ein schlanker Mann mit aufwärtsgekämmtem Schopf, sorgsam gepflegtem Schnurrbart, wurde während des Standrechts in Kroatien (1862) nach Esseg kommandiert. Dort warb er zusammen mit pensionierten Offizieren und wohlbestallten Staatsbeamten um Herz und Hand der verwitweten Frau Wohlschläger, Wirtin »Zu den drei Hackeln«, die einen siebenjährigen Sohn besaß und heiratet sie.

»Mein lieber Bruder«

Im Jahre 1863 schaffte auch Venezuela die Todesstrafe ab. In Linz fand an der beschriebenen Stelle die letzte öffentliche Hinrichtung statt. Der 22jährige Soldat Johann Schopf war wegen Desertion und Tötung einer Bäuerin zum Tod durch Erschießen verurteilt worden. Der vorbestrafte Deserteur hatte sich, von Landjägern verfolgt, auf dem Dachboden eines Bauernhauses in Landfriedstetten, Bezirk Ybbs, versteckt. Die Bäuerin bemerkte ihn jedoch, und da ihn die Verfolger bald aufstöberten, glaubte er sich von der Bäuerin verraten. Wütend versetzte er ihr zwei Stiche in den hochschwangeren Unterleib. Die Mutter von 5 Kindern starb an den Verletzungen. Schopf wurde am 8. Juni 1863 um 4 Uhr morgens aus der Kollegiumskaserne von 30 Mann Infanterie abgeholt. Während dieses Gangs durch die Stadt wollte seine Schwester von ihm Abschied nehmen. Von einem Knecht begleitet, war sie vom Anwesen des Vaters in St. Georgen am Wald nach Linz geeilt. Auf dem Weg hatten sich die beiden jedoch verirrt und trafen erst in Linz ein, als der Zug mit dem armen Sünder bereits beim Gasthof »Zum Reichsapfel« angelangt war. Als sie den Bruder endlich sah, rief sie: »Mein Bruder! Mein lieber Bruder!« und sank zu Boden. Sie erholte sich wieder, wankte dem Zug nach und konnte noch von ihm Abschied nehmen.

Auf dem Richtplatz angekommen, wurde der Delinquent zum Niederknien aufgefordert und ihm eine Augenbinde umgelegt. Danach öffnete sich das Soldatenkarré, und um 15

Minuten vor 6 Uhr fielen die Schüsse. Zwei Kugeln trafen ihn in den Kopf und eine in die Brust. Danach wurde die Leiche mit einem weißen Laken verhüllt und so bis zum Abend liegen gelassen und dann verscharrt. Bemerkenswert ist, daß unter den 10 000 Zuschauern sehr viele Frauen waren.

1864 fand die vorletzte Hinrichtung eines Deserteurs in den USA statt.

Im gleichen Jahr wurde ein M. Hendreich Scharfrichter in Paris.

Ein Jahr später starb in Wien der 56jährige Scharfrichter Georg Hoffmann nach 87 Hinrichtungen. Die Hinrichtung eines Freundes hatte ihn verändert. Nach jeder Exekution war er ein paar Tage krank gewesen. Besonders erschüttert hatte ihn die Vollstreckung der Todesstrafe an dem Assistenten der Lehrkanzel für Mechanik an der Technischen Hochschule, Cäsar von Bezard, der wegen Hochverrats verurteilt worden war. Bei der Exekution der entsetzlichen Viktoria Bauer in Korneuburg erkältete sich Hoffmann schwer und starb. Ihm folgte sein Sohn.

1865 wurde Johann Baptist Pipperger zum k.k. Scharfrichter für den Bezirk des Oberlandesgerichtes des Königreiches Böhmen ernannt.

Julius Krauts kam 1866, nach einem weiteren Jahr der Wanderschaft nach Berlin, wo er beim Besitzer der großen fiskalischen Abdeckerei, Kommissionsrat Vilter, dessen Vorgänger der Scharfrichter Kraft gewesen war, angestellt wurde. Bald darauf wurde er zum Militär nach Breslau einberufen, wurde bald Unteroffizier und machte den Feldzug von 1866 mit. Nach seiner Militärzeit ging Krauts zu seinem Bruder, der in Breslau eine Abdeckerei besaß.

In Prag fand 1866 die letzte öffentliche Hinrichtung statt. Der Kellner Fiala hatte seine schwangere Geliebte ermordet. Er starb am Invalidenplatz unter den Händen Pippergers.

In Berlin richtete im gleichen Jahr, während in Bernau die Cholera wütete, Scharfrichter Reindel den Raubmörder Grothe hin, der den Professor Gregy ermordet hatte.

Ein Jahr später wurde in Portugal die dort bis dahin durch Garrotieren vollzogene Todesstrafe abgeschafft. Im gleichen Jahr verzichtet auch Belgien auf die Todesstrafe. Aber nach dem Zweiten Weltkrieg wurden doch wieder einige von den 238 zum Tode verurteilten Deutschen öffentlich vor Tausenden von Zuschauern hingerichtet.

Scharfrichtertagung

In den sechziger Jahren des 19. Jahrhunderts fand in Wien eine Scharfrichtertagung statt, auf der die Scharfrichter Mißstände und ihre geringen Einkommen beklagten und ihre Zeitgenossen beschuldigten, sie fast verhungern zu lassen.

Zwei Jahre später gab es Arbeit für den jungen Hoffmann in Wien. Dort fand 1868 die letzte öffentliche Erhängung, und zwar die des Tischlergehilfen Georg Ratkay auf dem Wienerberg statt. Ratkay hatte die Tischlersfrau Marie Henke aus der Adamsgasse 9 ermordet und beraubt. Der Exekution wohnte der Meidlinger Scharfrichter Heinrich Willenbacher bei, der als Gast zu dieser Bewährungsprobe des jungen Hoffmann geladen worden war. Der Akt verlief störungsfrei, jedoch benützten zahlreiche Wiener die Gelegenheit, aus diesem traurigen Vorgang ein Volksfest zu machen. Noch in der Nacht vor der Hinrichtung kamen ganze Züge halbbetrunkener Menschen an, die sich auf den Wiesen um die Richtstätte lagerten und lachend und singend den Tag erwarteten, der für einen Mitmenschen der letzte sein sollte. Früh am Morgen sandten tüchtige Gastwirte Bier- und Weinfässer und heiße Würstchen auf den Wienerberg, Musikanten kamen und spielten auf. Während die Würstchenverkufer mit lauter Stimme ihre »Galgenwürschtel« anpriesen, starb der Delinquent am Strang. Diese öffentliche Entgleisung führte dazu, daß die Exekutionen von da ab nur noch unter Ausschluß der Öffentlichkeit durchgeführt wurden. Im gleichen Jahr folgte London dem Beispiel Wiens.

In Berlin begann 1868 der Bau der Strafanstalt Plötzensee, während in der Barnimstraße eine andere fertig wurde, die als Frauengefängnis dienen sollte.

Ab 1870 verzichteten die Niederlande auf die Vollstreckung von Todesurteilen. Nach dem Zweiten Weltkrieg wurden aber auch hier von den 200 über Deutsche verhängten Todesurteilen 38 vollstreckt.

1870 wurde Julius Krauts wieder zum Militär eingezogen. Er machte den Krieg 1870/71 mit und erwarb das Eiserne Kreuz erster Klasse. Im Deutschen Reichsstrafgesetzbuch von 1871 gab es als Todesstrafe nur noch die Enthauptung, die bis 1874 vertretungsweise und von da an im vollen Dienst von Scharfrichter Reindel vollzogen wurde. Reindel stammte aus Magdeburg, wo schon sein Vater 196 Enthauptungen vollzogen hatte. Auf Reindel junior folgte in Magdeburg Scharfrichter Gröpler. Da Hinrichtungen in dieser Zeit immer seltener wurden, gerieten die Scharfrichter in finanzielle Not. Als erster ging in Wien der junge Hoffmann in Konkurs. Seinen Nachfolger Heinrich Willenbacher ereilte das gleiche Schicksal.

Als Julius Krauts nach dem Frankreichfeldzug nach Hause zurückgekehrt war, trat er wieder bei Vilter in Berlin ein und heiratete. Er bekam zwei Kinder. Die Ehe war unglücklich. In der Abdeckerei aber ersetzte er bald den Werkführer Reindel und führte bei Vilter militärische Disziplin ein.

Der verdächtige Scharfrichter

Am 6. Dezember 1872 starb Frau Pipperger, die ehemals so umworbene Esseger Wirtin und Witwe Wohlschläger, nach achttägiger Krankheit, betreut vom Bezirksarzt der Prager Kleinseite, Dr. Friedrich. Als der tieftrauernde Pipperger den Totenschein beim Arzt abholen wollte, verwies man ihn befremdlicherweise an das Polizeikommissariat. Dort eröffnete ihm der Oberkommissar Pressl, daß wichtige Anhaltspunkte für einen Giftmord vorlägen und daß man ihn daher verhaften müsse. Der tiefgebeugte Scharfrichter wurde von vier Polizisten ins Landesgericht gebracht und dort in Zelle 47 eingesperrt. Die Nacht verging unter Gewissensqualen: »Soviele Menschen hast du selbst gehängt, wer weiß, wie viele davon unschuldig unter deinen Händen ihr Leben lassen mußten. Jetzt kommst du dran. Vielleicht wird dir der Poldl sogar die Schlinge um den Hals legen. Hat mir nicht die Verstorbene oft genug vorgeworfen, daß ich den Poldl zur Mitwirkung am Henkersgewerbe überredet habe?« – Endlich war die Nacht vorüber, Pipperger wurde zur Vernehmung geholt. Danach mußte er im Seziersaal die Leiche identifizieren. Nun erst eröffnete ihm Prof. Maschka, er habe Blutzersetzung diagnostiziert. Es läge also keine Vergiftung vor. Dennoch blieb Pipperger in Haft, bis die chemische Untersuchung des Darminhalts beendet war. Ergebnis: Kein Gift. Während dieser Zeit beerdigten die Kinder ihre Mutter – ohne den Vater. Am 12. Dezember 1872 verließ Pipperger als gebrochener Mann das Gefängnis. Journalisten hatten seinen Fall ausgeschlachtet. Von Pipperger nahm kein Hund mehr ein Stück Brot. Die Bevölkerung boykottierte ihn, niemand bestellte mehr Möbel bei ihm. Zwar heiratete der 34jährige noch einmal, eine Ingenieurswitwe, aber er fand kein Glück mehr. Er alterte rasch, und bei den Hinrichtungen mußte Stiefsohn Wohlschläger die Hauptarbeit tun, schließlich ihn ganz vertreten.

Im Deutschen Reich gab es nach der neuen Strafprozeßordnung keine öffentlichen Hinrichtungen mehr. Wenn mehrere durchgeführt werden mußten, wurde jede für sich vollstreckt. Die normale Beerdigung der Leichen wurde gestattet.

The long drop

1874 wurde in England William Marwood Scharfrichter und blieb es bis 1883. Er behauptete, der Erfinder des »long drop«, des »tiefen Sturzes« zu sein, den der Delinquent, mit der Schlinge um den Hals, durch eine sich öffnende Falltür hinabtun mußte, so daß ein Wirbelbruch zum augenblicklichen Tod führte. Die Iren machten ihm übrigens diese Erfindung streitig.

In Bernau bei Berlin wurde gar noch ein neuer Scharfrichter angestellt: Friedrich Schmidt.

William Marwood ließ sich Visitenkarten drucken mit der Bezeichnung: »Public executioner.« Er sagte von sich: »I am doing God's work according to the Divine command of the law of the British Crown.«

Am 26. Juli 1876 exekutierte Wohlschläger zum erstenmal allein, in Vertretung seines Stiefvaters. Im Hofraum der Budweiser Fronfeste henkte er Josef Wagner, der an den Eheleuten Jakob und Rosalie Schäch und deren Dienstmädchen Katharina Runagl in Deutsch-Reichenau Raubmord begangen hatte.

Zwei Tage später fuhr er – diesmal mit Pipperger – nach Königgrätz, um Karl Zdobinski hinzurichten. Der hatte in der

Gefängniszelle dem Landesrichter Klaudi einen geschliffenen Löffel in den Bauch gestoßen und dadurch getötet. Dem Täter wurde zwar hochgradige Erregung bei der Tat zugestanden, das änderte aber nichts am Todesurteil.

In Wien fand am 16. Dezember 1876 die erste nichtöffentliche Hinrichtung in dem dreieckigen, von keiner Seite her einsehbaren Spitalshof des Landesgerichtes statt. Gehenkt wurde Enrico Francesconi, der dem Geldbriefträger Johann Guga die Kehle durchgeschnitten hatte. Die Exekution erfolgte um 8 Uhr morgens an einem 7 Fuß (2,30 m) hohen Galgen und wurde von Scharfrichter Willenbacher und drei Gehilfen vollzogen. Die Leiche begrub man auf dem Zentralfriedhof an abgelegener Stelle.

Nicht zwischen die Beine

1877 wurden in Deutschland und Schweden die öffentlichen Hinrichtungen verboten. In Bernau bei Berlin wurde wieder ein neuer Scharfrichter eingestellt: Ferdinand August Zimmermann. Sein Richtschwert – 1,12 m lang, 6 cm breit, zweischneidig, mit einer Inschrift auf beiden Seiten – sollte 1891 noch gezeigt werden.

Im August 1878 legte Julius Krauts in Berlin seine Scharfrichterprüfung ab und führte schon zwei Tage später seine erste Exekution durch, an dem Kaiserattentäter Hödel. Sie fand im Moabiter Zellengefängnis um 6 Uhr morgens statt. Krauts brachte dazu sein eigenes Beil mit einer 44 cm langen Schneide und 9 Pfund Gewicht mit. Er brauchte damit nicht mehr weit auszuholen. Ein kurzes Anheben genügte. Es blieb dies bis 1908 die letzte Hinrichtung in Berlin. War es von Bedeutung, daß Hödels Kopf nicht, wie es Scharfrichterbrauch war, im Sarg zwischen die Beine gelegt, sondern genau auf den Halsstumpf der Leiche gesetzt wurde?

Scharfrichter Fuchs arbeitete noch immer mit dem Richtschwert, das seit 1705 verwendet wurde und die Inschrift »Sole Deo Gloria« trug.

Am 19. April 1879 richtete Scharfrichter Hellbrock im Hof des Gerichtsgebäudes (Frohnfeste) in Innsbruck den Muttermörder Johann Kreuzer hin. Das war die erste nichtöffentliche Hinrichtung in Tirol.

Julius Krauts, Berlin

In den achtziger Jahren war ein gewisser Frolow, ein dreifacher Mörder übrigens, russischer Henker. Er exekutierte die Perowskaja, Anführerin beim Attentat auf Alexander II., und den Mörder des Grafen Lovis-Melikow-Mlodezkij. Er tat das absichtlich grausam. Während in Berlin 1880 das Arbeitshaus in Rummelsburg fertig und dadurch der Ochsenkopf am Alexanderplatz leer wurde, starb in München der Scharfrichter Scheller im Irrenhaus in Giesing.

Halb tot

Im gleichen Jahr wurde um 8 Uhr morgens in Raab (Györ) der Mörder Takacs mit dem Strang hingerichtet. Nach 10 Minuten wurde die Leiche abgenommen (die gesetzliche Vorschrift, sie drei Stunden hängen zu lassen, galt entweder in Ungarn nicht oder wurde in diesem Falle mißachtet), und nach einer weiteren halben Stunde kehrte Takacs zu Leben und halbem Bewußtsein zurück. Er soll beiderseits des Halses große Drüsengeschwülste und einen Wolfsrachen gehabt haben. Daraus – und wegen der zu frühen Abnahme vom Galgen – ließ sich die teilweise Wiederkehr zum Leben erklären. Er starb aber drei Tage später an einem Lungenödem bei heftigen Konvulsionen. Im gleichen Jahr ereignete sich noch ein ähnlicher Fall: Ein Gehenkter soll im Anatomiesaal des Professors Meckel in Leipzig wieder zum Leben zurückgekehrt sein.

1881 wurden auch in Rußland öffentliche Hinrichtungen verboten. Von 1881–1889 gab es in Berlin 53 Hinrichtungen; eine davon war die des Frauenmörders Gehrke, der Nagelschmied war.

1882 starb im Alter von fast 90 Jahren der letzte k.k. Scharfrichter in Linz, Anton Leingartner in der Schloßgasse 7.

Show-man und Scharfrichter

Zwei Jahre später starb Englands Scharfrichter William Marwood. Um die freigewordene Stelle bewarben sich 1399 Männer, unter ihnen der ehemalige Polizist, Ladeninhaber, Auktionator und Show-man James Berry aus Yorkshire. Seine erste Bewerbung zusammen mit der Marwoods war abgelehnt worden. Diese zweite jedoch wurde angenommen. Die schlechte Finanzlage seiner Familie hatte ihn, wie er erzählte, zur Bewerbung veranlaßt.

1884 wurden in Wien die berüchtigten Massenmörder Hugo Schenk und Karl Schlossarek von Scharfrichter Heinrich Willenbacher gehenkt.

Der Handschuhmacher Franz Josef Prokop wurde im gleichen Jahr bei einen Einbruchdiebstahl in Komotau von dem Dienstmädchen Josefine Brejcha überrascht. Da sie ihn festzuhalten suchte, stach er sie mit einem Genickfänger zweimal tödlich in den Bauch. Herbeigeeilte hielten ihn fest. In seinen Taschen fand sich ein Ausschnitt aus der »Chemnitzer Zeitung« mit einem Bericht über einen ganz ähnlichen Mord an Frau Christine Petzold in Meißen. Am 1. Juli 1885 wurde Prokop im Gefangenenhaus des Kreisgerichts Brüx von Pipperger und Wohlschläger hingerichtet.

In England verrichtete inzwischen der tiefreligiöse und weichherzige James Berry seine traurige Arbeit. Nach seiner ersten Hinrichtung in Edinburgh, wo er die beiden Bergleute Robert Vickers und William Innes zu henken hatte, Mörder zweier Wildhüter, mußte er im Gefängnis zu Kirkdale Peter Cassidy hinrichten. Am 30. November 1885 war Robert Goodale im Gefängnis zu Norwich Castle an der Reihe. Hier hatte Berry wegen Goodales schwachen Halses die Fallhöhe, die nach Marwoods Tabelle 2,30 m betragen sollte, auf 1,72 m herabgesetzt: Dennoch war sie zu hoch. Die Seilschlinge riß dem Delinquenten den Kopf ab. Im gleichen Jahr noch sollte Berry den Mörder John Lee hängen. Nach dem dritten »erfolglosen« Versuch wurde Lee begnadigt.

1886 richteten Pipperger und Wohlschläger den Raubmörder Johann Hofreiter, der eine Frau mit ihren Kindern umgebracht hatte, in Wels hin, und Julius Krauts pachtete die Spandauer Scharfrichterei, blieb jedoch in Berlin wohnen.

Electrocution

1887 wurden in Norwegen – zehn Jahre nach Schweden – die öffentlichen Hinrichtungen verboten und in Maine die Todesstrafe ganz abgeschafft.

Bei der fortgesetzten Suche nach modernen, sicheren, schmerzlosen und schnell wirksamen Methoden der Todesstrafe wurde in den USA die Idee entwickelt, elektrischen Strom zu verwenden. »Blitz ist Elektrizität«, meinte man, daher sollte Elektrizität blitzartig wirken. Die Erfahrungen mit hohen elektrischen Spannungen bei starkem Strom schienen diese Annahme zu bestätigen. So kam es, daß die USA am 4. Juni 1888 im Staat New York die Hinrichtung mit elektrischem Strom einführte. Gouverneur David B. Hill unterzeichnete die Verordnung. Sie sollte 1889 in Kraft treten. Die Amerikaner nannten das Verfahren der gesetzlichen Tötung mit elektrischem Strom »electrocution«.

Am 11. Januar 1888 sank Scharfrichter Pipperger während seiner 50. Exekution an Karl und August Přenosil im Hof des Kuttenberger Kreisgerichts seinem Stiefsohn bewußtlos in die Arme. Der legte ihn unter dem Galgen nieder, schaffte ihn, nachdem er wieder zu sich gekommen war, nach Prag in seine Wohnung auf dem Aujezd. Vier Tage später starb Pipperger.

Am Tage, an dem Pipperger seinen 50. Geburtstag hätte feiern sollen, erhielt Leopold Wohlschläger seinen Anstellungsbrief: »Nach dem Ableben des Scharfrichters Joh. Pipperger wird hiermit der Goldarbeiter Leopold Wohlschläger zum Scharfrichter für das Königreich Böhmen ernannt.« Er bezog eine Wohnung in Prag, in der Steinmetzgasse auf dem Belvedere, wo er im dritten Stock eines Mietshauses auch eine kleine Goldschmiedewerkstatt einrichtete.

Die Verordnung David B. Hills veranlaßte verschiedene Tierversuche. Es wurde festgestellt, daß 770 Volt ein Kalb oder ein Pferd zuverlässig töteten. Es sollte sich aber bald herausstellen, daß man die Ergebnisse von Tierversuchen keineswegs ohne weiteres auf Menschen übertragen konnte.

Am 24. Juni 1889 wurde gegen Julius Krauts Anklage wegen Körperverletzung erhoben. Ein mehrfach von ihm verwarnter, betrunkener Gehilfe namens Gumrich aus Charlottenburg, hatte ihn mit der Hartnäckigkeit des Betrunkenen von Lokal zu Lokal verfolgt. Krauts verließ immer das betreffende Gasthaus, um Streit zu vermeiden, doch Gumrich ging ihm nach und setzte seine Sticheleien und Anwürfe fort, bis Krauts Geduldsfaden riß. Er schlug zu. An den Folgen der Schlägerei starb Gumrich 16 Tage später. Zwar wurde Krauts nach einer Untersuchungshaft freigesprochen, aber weil er wegen des Publikums zwei Jahre in seiner Arbeit aussetzen sollte, trat er von seiner Pachtung zurück. Nach Krauts' Rücktritt meldeten sich sofort 60 neue Bewerber für die Scharfrichterstelle. Krauts indessen wurde Roßschlächter und sein 65jähriger Kollege Reindel aus Magdeburg, übernahm sein Amt.

In Linz sollte im Hof des Landesgerichts eine Hinrichtung mit dem Strang vollzogen werden. Scharfrichter war der Wiener Seyfried. Ihm wurde im Gasthof »Zum grünen Baum« in der Bethlehemstraße die Unterkunft verweigert. Erst namhafte Persönlichkeiten konnten es durchsetzen, daß er dort bleiben durfte. Die Gäste jedoch verließen vorzeitig das Lokal.

In Brasilien wurde 1889 die Todesstrafe abgeschafft.

Einer der Bewerber für die durch Julius Krauts freigewordene Scharfrichterstelle war Leopold Wohlschläger, von dessen Erlebnissen hier Folgendes erzählt werden soll:

Der Zigeuner Janaček

Leopold Wohlschläger war schon im Oktober 1871 als Beobachter und zur Übung mit dem Stiefvater zur Hinrichtung des Zigeuners Josef Janaček nach Pilsen gefahren und hatte für seine gute Haltung dabei 40 Kronen Belohnung erhalten.

Sie waren mit dem zerlegbaren Galgen (zwei Pfosten, 2½ Zoll dick, 12 Zoll hoch, 2 Klafter lang – davon 3 Zoll in den Boden gerammt, einer fünfstufigen Treppe von 4 Fuß Breite und dem üblichen Seilwerk) und einem Gehilfen bereits am Donnerstag nach Pilsen gefahren, weil Freitag Feiertag war und der fromme Pipperger niemals an einem Feiertag den Galgen aufgerichtet hätte. Am Bahnhof wurden sie von vielen Gendarmen und einem Offizial des Kreisgerichts erwartet. Die umstehenden Leute flüsterten mit angenehmem Gruseln: »Das ist der Galgen!« Noch am gleichen Abend besuchte Pipperger den Delinquenten. »Freut mich wirklich, Sie kennenzulernen«, begrüßte ihn der Zigeuner. »Schade, daß unsere Bekanntschaft nicht lange dauern wird!« Als der Scharfrichter die Zelle wieder verließ, rief ihm Janaček nach: »Herr Pipperger, haben Sie einen Wecker?« – »Warum!« – »Damit Sie's übermorgen nicht verschlafen!«

Am Sonnabend wurde auf der Klattauer Straße in Bory der Platz ausgehoben und wurden die Löcher für die Pfosten gegraben. Um 4 Uhr früh fuhren Pipperger und Stiefsohn Leopold vom Gasthof »Zum goldenen Kreuz« im Wagen zur Richtstätte, von sechs Dragonern begleitet. Die Verantwortlichen fürchteten Befreiungsversuche durch Janačeks Bande. Trotz Nebel und Kälte waren die Straße und der Exerzierplatz voller Menschen, mehr als 15 000, von denen viele schon seit dem Vorabend dort standen. Das Infanterieregiment 35 sperrte den Hinrichtungsplatz ab, doch das Volk durchbrach den Kordon, um möglichst nahe an den Galgen heranzukommen. Janaček war nämlich lange Zeit der Schrecken Westböhmens gewesen: Einbruch, Gewalttat, Raubmord. Als er endlich gefaßt und in die Prager Strafanstalt gebracht war, zettelte er dort eine Verschwörung an. Danach kam er ins Pilsener Gefängnis und wurde dort an Händen und Füßen angeschmiedet, brach dennoch aus, schoß auf seine Verfolger und entkam. Militär,

Gendarmerie und Prager Zivilwachleute unter Max Tausenau suchten ihn. Schließlich wurde er mit seiner Bande von 21 Zigeunern, darunter sein Vetter Josef Janaček, genannt Serynek, entdeckt. Alle wurden gefaßt, der Vetter lebenslänglich in den Kerker von Karthaus gesteckt, wo er, wie alle, die hierher kamen, bald starb.

Um 5 Uhr war der Galgen errichtet. Pipperger fuhr mit seinem Stiefsohn in den Kerker, um die »Toilette« des Verurteilten vorzunehmen, d. h. es wurde ihm ein Riemen umgeschnallt, um die Hände zu fesseln und eine Schlinge um den Hals gelegt. Der Anstaltsgeistliche sprach ihm mit erhobenem Kruzifix Worte frommen Trostes vor, doch Janaček hörte nicht zu. Aus den Karten, die er abends zuvor zu den zwei Glas Bier aus dem Aktienbräuhaus bestellt hatte, las er ein schlimmes Schicksal heraus. Deswegen war der bis dahin so Muntere nun mürrisch und still. Unter dem Geläut der Kirchenglocken, umgeben von einer Kompanie Philippovicher, fuhr der Schinderkarren mit dem Delinquenten, dem Geistlichen und dem schwarzgekleideten Pipperger langsam dem Richtplatz zu. Leopold Wohlschläger folgte auf dem Kutschbock eines Fiakers, in welchem die Gerichtskommission saß.

Auf dem Richtplatz trat Pipperger auf die oberste der fünf Stufen seiner Galgentreppe, der Gehilfe ließ das Seil herab, das an der Halsschlinge befestigt wurde. Indessen fesselte Wohlschläger mit einem zweiten Strick die Füße und die Hände an den Gürtel. »Los!« rief Pipperger. Der Gehilfe zog, und Janaček baumelte. Pipperger drückte ihm die Hand auf den Mund, damit die Zunge nicht herausquoll, trat dann vor und meldete der Gerichtskommission die Vollstreckung des Urteils. Die Menschenmenge hatte sich schweigend und bewegungslos verhalten. Der Gehenkte erkaltete einsam an seinem Strick. Erst gegen 22 Uhr, im Dunkeln, fuhren Pipperger und Wohlschläger mit dem Sarg hinaus, schnitten die Leiche ab, legten sie in den Sarg und beerdigten sie an Ort und Stelle. Dann wurde das Gerüst abgebaut und abtransportiert. »Hast dich gut gehalten, Poldl!« sagte der Stiefvater und zahlte dem stolzen Poldl seine 40 Kronen aus.

Aber schon um 4 Uhr am nächsten Morgen kam der Gerichtsdiener ins »Goldene Kreuz« und weckte den Scharfrichter. Der Tote solle wieder ausgegraben und auf dem Friedhof beerdigt werden, weil sich angeblich Zigeuner der Leiche bemächtigen wollten. Pipperger lehnte energisch ab. »Wir sind doch keine Totengräber!« Dies war die letzte öffentliche Hinrichtung in Böhmen.

James Berry hatte aus seinem Mißgeschick gelernt und sich eine neue Tabelle für die Fallhöhen in Abhängigkeit vom Körpergewicht erarbeitet. Nach dieser Tabelle richtete er sich, als er am 15. April 1890 William Chadwick henkte. Die Exekution verlief glatt. Vor einer Hinrichtung pflegte der fromme Berry den Todeskandidaten nach der Messe selbst verfaßte fromme Gedichte oder religiöse Abhandlungen zu überreichen. Das wurde ihm später verboten. Seine Erfahrungen als Scharfrichter veröffentlichte er in einem Buch: »My experiences as an executioner.«

In Amerika wurde der elektrische Stuhl zum erstenmal am 6. August 1890 in Auburn, N. Y. angewandt, bei dem Mörder William Kemmler. Der Hinrichtung wohnten 25 Zuschauer bei, darunter 14 Ärzte. (Außer den USA, den Philippinen und Formosa hat kein Land die Elektrokution eingeführt).

Die Fallhinrichtung

In Frankreich hatte Scharfrichter Deibler einen gerichtsmedizinisch wichtigen Fall zu richten. Der Mörder des Gerichtsvollziehers Gouffé hatte dessen Leiche in einem Koffer nach Lyon gebracht und dort in die Rhône geworfen. Erst nach geraumer Zeit wurde der Koffer mit der bereits stark verwesten Leiche gefunden. Professor Lacassagne gelang es nun, die Leiche anhand der Knochen, Zähne und Haare zu identifizieren. Das erregte damals in Frankreich viel Aufsehen.

Die Tabelle von James Berry stimmte offenbar nicht. Denn 1891 henkte er in Norwich bei Liverpool, im Kirkdale-Gefängnis, John Conway. Diesmal hatte er wieder die Fallhöhe zu hoch gewählt. Der Kopf riß aber nicht ganz ab.

Diese unglücklichen Zwischenfälle machten Berry so unsicher, daß seine Frau und seine Mutter vor jeder Exekution ihre ganze Überredungskunst aufwenden mußten, damit er sich nicht seiner Pflicht entzog. Er war ein stiller, nachdenklicher

Mann, der es liebte, zu fischen oder Ottern zu jagen und Tauben und Kraniche zu schießen, ähnlich wie Sanson. Berry führte den Eintritt des Todes beim Erhängen noch auf die Fraktur oder Luxation der Halswirbel zurück. Auf dieser, wie heute bekannt ist, falschen Theorie basierte die von Marwood übernommene Fallhinrichtung. Dabei stürzte der Delinquent, mit der Schlinge um den Hals, im freien Fall. Die Schlinge stoppte den freien Fall bei einer gewissen Geschwindigkeit des Sturzes kurz und dabei brachen die beiden ersten Halswirbel oder wurden verrenkt. Die Höhe des Falls berechnete Berry nach der Formel

$$\frac{4^{12}}{\text{Gewicht in stone}} = \text{Höhe des Falls in Fuß.}$$

Mit Hilfe dieser Formel stellte er eine Tabelle zusammen, von der er die Fallhöhe, d. h. die Länge des Seils nur abzulesen brauchte. Da diese Methode die Stricke stark beanspruchte, führte Berry die Messingdrahteinlage in den Strick ein. Er schrieb: »Ein Strick von ¾ inch Dicke aus fünf Fäden italienischem Hanf ist das Beste, um Männer zu hängen. Für Frauen genügen vier Fäden und für Kinder drei. Meine Hinrichtungsmethode ist das Ergebnis meiner eigenen Erfahrungen und der meiner Vorgänger, unterstützt durch Anregungen einiger Ärzte, und ist mehr das Ergebnis fortschreitenden Wachstums als die Erfindung eines Einzelnen.«

Im Jahre 1892 zog sich Chief executioner James Berry vom Dienst zurück. Er hatte während seiner Amtszeit 200 Personen gehenkt. Nach seinem Rücktritt wurde er Laienprediger, tiefreligiös und ein entschlossener Gegner der Todesstrafe.

Mit der Guillotine nach Korsika

In Wien wurde Franz Schneider von Scharfrichter Seyfried hingerichtet, der der Nachfolger des ebenfalls in Konkurs gegangenen Willenbacher geworden war.

In Paris richtete Deibler am 11. Juli 1892 den Anarchisten Ravachol, genannt Léon Léger, in Montbrison an der Loire hin. Ravachol war das Haupt einer Bande gewesen, die im März

1892 Paris durch Dynamitattentate auf private und öffentliche Gebäude in Schrecken versetzte. Deibler mußte übrigens nach Auflassung der Scharfrichterstelle in Korsika, mit seiner Guillotine auch dorthin reisen, um in Porto Vecchio Hinrichtungen zu vollstrecken.

In Berlin wurde als Nachfolger von Julius Krauts der Breslauer Scharfrichter Lorenz Schwietz (43) eingestellt, der zu Groß-Döbern, Kreis Oppeln, geboren worden, Fleischer und Roßschlächter gewesen war und 1889 die Scharfrichterprüfung abgelegt hatte.

Von Julius Krauts ist noch nachzutragen, daß er 55 Hinrichtungen vollzogen hat. Er war der erste Scharfrichter, der im ganzen Königreich Preußen hinrichten mußte. Vor seiner Zeit waren die Befugnisse der Scharfrichter an die Bezirksgrenzen gebunden gewesen. Krauts ging stets im schwarzen Anzug (Leibrock), trug schwarze Glacéhandschuhe und stets weiße Wäsche. Er bat die Delinquenten nicht um Verzeihung, wie das viele Scharfrichter taten. Später ließ er sich ein zweites Richtbeil herstellen, das 12 Pfund schwer war, einen schwarzpolierten Griff besaß und auf dem Blatt die Namen einiger Hingerichteter trug.

Leopold Wohlschläger, der 800 Gulden als jährliches Gehalt und 25 Gulden für jede Hinrichtung zusätzlich erhielt, mußte nur einen einzigen politischen Delinquenten an den Galgen bringen. Das war der Bergmann Anton Hoffmann, der im Schacht in Wallisch-Birken bei Příbram den Hütteninspektor Karl Reidt von Baumgarten und den Obersteiger Kajetan Čermak erschossen hatte, weil sie Menschenausbeuter, Blutsauger und »Ursache des Unglücks von 200 Bergmannsfamilien« wären. Hoffmann weigerte sich, nach seiner Verurteilung ein Gnadengesuch an den »obersten Tyrannen« zu richten. Im November 1895 wurde er in Prag gehenkt. Seine Leiche wurde bei Nacht und Nebel – um etwaigen Solidaritätsdemonstrationen der Bergarbeiter zu entgehen – im Selbstmörderwinkel des Wolschauer Friedhofs begraben. Dennoch warfen Genossen immer wieder Kränze mit roten Schleifen und revolutionären Inschriften nachts über die Friedhofsmauer.

Der Muttermörder

Im März 1897, gegen Ende April und im September 1897 hatte Wohlschläger drei Hinrichtungen zu vollziehen. Bei der ersten handelte es sich um den sechsfachen Raubmörder und Einbrecher Josef Kögler, den Schrecken Nordböhmens. Er wurde in Reichenberg exekutiert. Danach folgte Bernhard Krusche, Mörder der 60jährigen Ernestine Emler, der in Markersdorf hingerichtet wurde. Der dritte war der Schumacher Josef Vacovsky aus Klattau, der in der Nacht zum 10. Juli 1897 in seinem Heimatort seine eigene Mutter, als sie ihm die Tür öffnete, mit einer Dreschflegelwalze niederschlug. Obwohl sie sich weinend bereit erklärte, ihm ihr Geld zu geben, stürzte er sich auf die am Boden Liegende und versuchte, ihren Hals zu fassen. Trotz ihrer verzweifelten Gegenwehr würgte er sie so lange, bis sie nicht mehr atmete. Er wurde in Pilsen hingerichtet.

Im Jahre 1897 schaffte Ecuador die Todesstrafe ab. In Berlin wurden zwei neue Gefängnisse gebaut, die Strafanstalt Tegel, im Bau von 1896–1899 und das Neue Gefängnis in der Dircksenstraße 14/15 (Bauzeit 1898–1900).

In Paris trat 1898 Louis Deibler von seinem Amt zurück. Sein Sohn Anatole Deibler übernahm es.

Am 23. Oktober 1899 richtete Wohlschläger um ½ 8 Uhr morgens den Soldaten Rudolf Mlejnek hin. Er hatte im Festungsgarten von Josefstadt seinen Kameraden Anton Vaclavik erschlagen und ein paar Kreuzer geraubt, außerdem seine silberne Uhr und ein Paar Unterhosen. Danach vergrub er die Leiche nahe dem Gartenhaus und floh. Als er aber hörte, daß man Vaclavik und ihn im Verdacht hatte, desertiert zu sein, kehrte er zurück und wurde zunächst wegen Desertion verhaftet. Die Jagdhunde des Grafen Berchthold fanden aber die Leiche des Erschlagenen. Danach lautete die Anklage auf Mord und das anschließende Urteil auf Tod durch den Strang. Seine Leiche wurde neben der seines Opfers begraben. Jahraus, jahrein bis zu ihrem Tod kam die Mutter des Erschlagenen auf den Friedhof und schmückte beide Gräber mit Blumen.

Anatole Deibler bei der Hinrichtung mit der Guillotine 1902

XII

Hinrichtungen auf dem elektrischen Stuhl –
Selbstmorde von Scharfrichtern – Gaskammer –
– Massenmörder der zwanziger Jahre –
Die dreißiger und vierziger Jahre – Abschaffung
der Todesstrafe und Wiedereinführung

Vor 1900 war – wohl als Nachfolger Berrys – ein gewisser Billington englischer Scharfrichter. Ihm folgte Calcroft, danach kam Pierrepoint. Um 1900 wurde John Ellis englischer Scharfrichter, nachdem er zunächst sieben Jahre lang Gehilfe Pierrepoints gewesen war. Der gelernte Friseur erhielt 10 Pfund pro Exekution und 15 pro Doppelexekution. Er war ein sanfter Scharfrichter von großer Tierliebe. Noch als Scharfrichter weigerte er sich, eines seiner Hühner zu töten. Als er Edith Thompson hinrichten sollte, erlebte er ihren Kollaps in der Todeszelle und sah, wie man sie bewußtlos zum Galgen schleppte. Nach ihrer Hinrichtung hatte er einen Nervenzusammenbruch. Im Jahre 1923 legte er sein Amt nieder und wurde wieder Friseur.

Scharfrichter Pepi Lang

In Wien folgte auf Seyfried der Scharfrichter Selinger, der häufig in dem kleinen Wiener Kaffeehaus des Pepi Lang verkehrte. Es gelang ihm, diesen zu überreden, ihm bei seinen Verrichtungen als Scharfrichter zu helfen. Pepi (Josef) Lang war daher schon längere Zeit Scharfrichtergehilfe, ohne daß es seine Frau wußte, als man ihn aufforderte, Selingers Nachfolger zu werden.
   Eigentlich war zunächst an Leopold Wohlschläger gedacht worden, dessen Stiefgroßvater in Graz und dessen Stiefvater in

Esseg und später in Prag schon die Wiener Scharfrichterstelle angestrebt hatten. Am 2. Januar 1900 sollte er eine Probe seiner Fähigkeiten geben, indem er im Hof des Wiener Landesgerichts die Kindesmörderin Juliane Hummel hinrichtete. Juliane Hummel, geboren in Enzesfeld (Niederösterreich), verheiratet, wegen Kindesmißhandlung vorbestraft, war wenige Wochen zuvor wegen Mordes zum Tode verurteilt und nicht begnadigt worden, weil sie ihre 5 Jahre alte Tochter Anna in Tötungsabsicht durch Nahrungsentzug, Schläge, Stöße, Anschleudern an harte Gegenstände, fortgesetzt mißhandelt hatte. Das Kind war durch zahlreiche Verletzungen, Unterernährung und an einer auf diese Mißhandlungen zurückzuführenden Phlegmone der Kopf- und Gesichtshaut und an einer Blutvergiftung verstorben. Schwarzgekleidet erschien Wohlschläger zur Hinrichtung. Er schien sehr aufgeregt, offenbar weil es die erste Frau war, die er hinrichten sollte, im übrigen seit 90 Jahren die erste Frau in Wien überhaupt, die zum Richtplatz mußte. Damals war es die Gattenmörderin Therese Kudo gewesen, eine der schönsten Frauen Wiens. Die Kudo hatte ihren Mann mit Beilhieben getötet und wurde 1809 in einem weißen, tiefausgeschnittenen Atlaskleid hingerichtet.

Juliane Hummel aber kam in Sträflingskleidern zum Galgen. Der zitternde Scharfrichter vollzog die Hinrichtung offenbar so ungeschickt, daß der Tod erst nach minutenlangen Qualen des Opfers eintrat. Der Gerichtskommission wurde dabei übel. Wohlschläger mußte nach Prag zurück. Jetzt erst wandte man sich an Pepi Lang. »Naja, für die Provinz ist der Wohlschläger gut genug, aber nach Wien kann man ihn nicht berufen, nach so einem öffentlichen Skandal. So ein Patzer!« erklärte Lang. Wohlschläger aber meinte, die ungewohnten Wiener Hinrichtungsgeräte seinen schuld gewesen.

So also empfing Josef Lang am 27. Februar 1900 sein Dekret und zeigte es stolz in seinem Kaffeehaus herum. Sein neuer Beruf tat übrigens seiner gesellschaftlichen Stellung als Obmann (Hauptmann) der Freiwilligen Simmeringer Turner-Feuerwehr und als Obmann-Stellvertreter des ersten Simmeringer Athletenklubs, keinerlei Abbruch. Im Gegenteil. So ändern sich die Zeiten! Er war und blieb als der »Hauptmann Pepi« so beliebt in Wien, daß er als Scharfrichter sogar für den Wiener

Gemeinderat kandidieren konnte. Sein Dekret lautete: Scharfrichter für ganz Österreich, mit Ausnahme von Böhmen, Bosnien und der Herzegowina. Der böhmische Scharfrichter saß in Prag, und für die beiden anderen okkupierten Länder galten andere Gesetze. Josef Lang hatte in seinem neuen Beruf sehr wenig zu tun. Von 1903 bis 1914 unterschrieb Kaiser Franz Joseph überhaupt nur zwei Todesurteile, für Tirol gar keines mehr.

In Zivil gehenkt

In den Jahren 1901–1903 hatte Leopold Wohlschläger fünf Hinrichtungen zu vollstrecken: 1901 seine erste Doppelexekution an den Brüdern Anton Und Wenzel Slaneček, die mit Hilfe ihrer Mutter ihren Vater umgebracht hatten. Die beiden waren im österreichischen Prag die letzten, die am Galgen starben. Ende des gleichen Jahres hatte Wohlschläger in Budweis den zwanzigjährigen Infanteristen Johann Rehor aus Nieder-Schlag zu henken. Der hatte in der Wittingauer Kaserne den wirklichen Gefreiten, tit. Korporal Emanuel Blazek, erschossen, weil er sich von dem Vorgesetzten malträtiert glaubte. Rehor wurde aus dem Heeresverband ausgesoßen, zum Tode verurteilt und in Zivil gehenkt.

Der englische Scharfrichter Ellis erhielt 1901 pro Hinrichtung 10 Pfund Sterling, für eine Doppelexekution 15 Pfund Sterling. In Bolivien, Kuba, Puerto Rico wurde die Garotte abgeschafft. 1902 richtete Wohlschläger in Czernowitz den Taglöhner Josef Chortiuk aus Zastavna hin, der seinen Vater erschossen und danach die Mutter ins Haus gelockt hatte, um sie mit dem Kolben zu erschlagen. Im gleichen Jahr starb noch unter seinen Händen in Königgrätz der Lustmörder Johann Jaros. Jaros hatte die 15jhrige Marie Sendraz ermordet, zerstückelt und verbrannt.

Am 26. Mai 1903 fand Wohlschlägers letzte Hinrichtung im alten Österreich an dem Kellner Anton Fischer aus Nouzov bei Rakonitz statt. Fischer hatte zusammen mit seinem Freund Vojtéch einen Raubmord an dem Gastwirt Albert Honisch im »Haus Regensburg« bei Karlsbad begangen. Vojtéch muß es wohl gewesen sein, der Wohlschläger die Nase abbiß, als er sich bei der Hinrichtung über ihn beugte, denn danach hatte der nun nasenlose Scharfrichter 20 Jahre lang keine Hinrichtung mehr zu vollziehen.

Den elektrischen Stuhl überlebt

Als am 25. Juni 1904 im Staatsgefängnis Ohio der Verurteilte Michael Skiller elektrokutiert werden sollte, überlebte er den ersten Stromstoß von 1750 Volt und auch die wiederholten Stromstöße von 1900 Volt! So kam er mit dem Leben davon.

Am 18. Juni 1905 erschien im Arch. d'Anthropol. crimin. XX eine Arbeit von Dr. Beaurieux über seine Experimente mit dem Kopf eines guillotinierten Mannes, der durch Zufall auf die Schnittfläche des Halses gefallen war. Die Augenlider und Lippen bewegten sich in unregelmäßigen, rhythmischen Zukkungen, 5–6 Sekunden lang. Danach schlossen sich die Lider halb, das Weiße des Auges wurde sichtbar, Beaurieux rief den Namen »Languille«. Daraufhin hoben sich wie erwachend die Augenlider wieder, die Augen fixierten die des Arztes sehr bestimmt, die Pupillen verengten sich – es waren Augen, die lebten! Nach einigen Sekunden wieder Lidschluß. Auf erneutes Rufen des Namens die gleiche Erscheinung. Diesmal erschien dem Arzt der Blick noch durchdringender. Wieder senkten sich die Lider. Ein dritter Anruf blieb ergebnislos. Die Hypothese der bewußten Wahrnehmung eines abgeschlagenen Kopfes verdient es offenbar, diskutiert zu werden.

Kershaw, Alister, »Die Guillotine«, Hamburg 1959 (zitiert nach K. Rossa): »Die Physiologen sind nicht geneigt, diese Möglichkeit einfach zu leugnen. Sie ist gegeben und starrt uns wie eine satanische Grimasse an. Es muß ein gräßliches Erlebnis sein zu wissen, daß man nur noch als Kopf existiert und, noch lebendig, eigentlich schon tot ist. Unter diesem Gesichtspunkt ist es verständlich, daß man in Amerika nach immer neueren, humaneren Formen der Hinrichtung sucht, und es wird immer unverständlicher, warum Europa – oder jedenfalls ein Teil davon – noch immer an dieser grausam-gräßlichen Hinrichtungsart festhält.« Henken sieht vielleicht nicht so elegant aus – aber es schaltet wenigstens das Bewußtsein blitzartig aus.

Ähnliche Überlegungen brachten Prof. Dr. Franz von Paula Gruithuisen zu seinem Vorschlag, eine neue Guillotine mit dreifachem Messer zu konstruieren, von denen das vorderste die Gehirnbasis – den Ursprung der zwölf Gehirnnerven – zerstören, das mittlere durch den Hals und das hintere durch die Brust (mit Zerstörung der Hauptschlagader) gehen sollte. Diese Guillotine hätte aber den Nachteil gehabt, für jede Körpergröße eine neue Messerstellung haben zu müssen und damit die Fehlerquellen nur zu vergrößern.

1905 erhielt Mr. David in Auburn, N. Y. den Titel »State Electrician«, d. h. staatlicher Elektroscharfrichter. Aber schon vorher hatten sich andere Staaten der USA – sofern sie überhaupt noch die Todesstrafe vollziehen ließen – auch elektrische Stühle angeschafft.

Die Wirkung des Stroms

So wurde auch hier wieder ein Hinrichtungsverfahren eingeführt, von dem man eigentlich nicht wußte, wie es auf das Opfer wirkte. Das Schicksal Michael Skillers zeigte, daß stärkste und wiederholte Stromstöße einen Menschen nicht unbedingt zu töten brauchten. Andererseits wurde auch nicht darüber geforscht, welche Verheerungen der Strom im Körpergewebe hervorruft. Es wurden noch weitere ähnliche Fälle bekannt. Offenbar sterben manche Leute auf dem elektrischen Stuhl nicht sofort, sondern erst nach einer Art Folter. Die Widerstandskraft des menschlichen Körpers gegen elektrische Einwirkungen ist sicher sehr verschieden – jeder Elektrofachmann kann über diesbezügliche Erfahrungen berichten – und hängt von noch nicht erforschten Faktoren ab.

Frau Judds Hinrichtung mißlang ebenfalls. Nach dem ersten Stromstoß von 2000 Volt lebte sie noch, wurde in ihre Zelle und nach einer Stunde wieder auf den elektrischen Stuhl gebracht, starb aber auch jetzt erst nach einigen Minuten der Einwirkung eines beträchtlich verstärkten Stromstoßes.

Der Fall des Mörders White auf dem elektrischen Stuhl in Columbus (Ohio) war ähnlich: Nach dem ersten Stromstoß von 1150 Volt lebte er noch, nach dem zweiten von 2300 Volt ebenfalls, beim dritten von 6900 Volt schlugen helle Flammen aus White's Körper, der Geruch von verbranntem Fleisch erfüllte das Hinrichtungszimmer. Der Tod war durch Verbrennen eingetreten.

Ein Augenzeuge einer anderen »electrocution« berichtete: »Der Strom wird eingeschaltet. Die Adern schwellen zum Bersten. Krachend fällt der Körper in die Riemen, als wolle er sie sprengen. Die Gurte ächzen. Dampf steigt vom Kopf auf, von den bloßen Knien, die sich blau und schwarz färben, die Lippen werden schwarz. Schaum bricht hervor...« »Am schwersten ist der Geruch zu ertragen, scharfer Geruch von Schweinebraten ... ein Mensch lebendig geröstet, zu Tode gekocht.« Ein zynischer Journalist sprach einmal vom »Sitzgrill«. Unmittelbar nach der Hinrichtung herrschten im Gehirn noch 58–62 °C. Bei einer Anwendung von 10 000 Vol und 100 Ampère würde ein Flammenbogen den Körper in Sekundenschnelle bis auf einen verkohlten Rest zerstören. Aber aus juristischen Gründen darf ein solch »gnädiger« Tod nicht gewährt werden. Es müssen weniger hochgespannte Ströme gewählt werden. Die Stärke des Hinrichtungsstroms ist nicht in allen 20 Staaten der USA, die die Elektrokution eingeführt haben, gleich. Angeblich sollen 1750–2500 Volt für 3–5 Sekunden Bewußtlosigkeit hervorrufen, dann wird auf Starkstrom von 200–500 Volt für 1–2 Minuten oder länger umgeschaltet, bis der Tod eingetreten ist.

Der Doktor ist der Scharfrichter

In England trat 1907 der Scharfrichter H. A. Pierrepoint von seinem Amt zurück. Als dies bekannt wurde, erhielt das Home office Bewerbungsschreiben, unter anderem auch von Geistlichen, Rechtsanwälten, Unternehmern und – Ärzten.

1908 wurde in Freiberg/Sachsen die Giftmörderin Grete Beier hingerichtet. Über 1000 Leute wollten zusehen, aber nur 200 gelang es.

Im Jahre 1911 schafft Minnesota die Todesstrafe ab.

In Frankfurt an der Oder wurde 1913 der Raubmörder Sternickel hingerichtet.

Die elektrischen Hinrichtungen in New York wurden von 1914 an in Sing Sing vollzogen, dem New Yorker Staatsgefängnis. Nach der Hinrichtung hat sofort die Obduktion zu erfolgen, »um zu verhindern, daß der Delinquent wieder ins Leben zurückkehrt«. Ein Kommentator schrieb dazu: »The real executioner is ... the doctor who does the post mortem examination.«

In Nevada wurde als erstem Staat der Union 1914 die Gasexekution eingeführt.

Der Erste Weltkrieg forderte 16 Millionen Tote durch militärische Handlungen. Dazu kamen die Todesurteile, die an Angehörigen der kämpfenden Heere vollstreckt wurden. Das waren mehrere Tausend.

»Humanes Henken«

Bei den Hinrichtungen des österreichischen Scharfrichters Josef (Pepi) Lang während des Ersten Weltkrieges handelte es sich um rechtliche Fälle. Seine Strangulationsmethode wurde als besonders human bekannt. »Der englische Henker mit der Fallmethode fixierte den Knoten der Schlinge links vor dem Unterkiefer, das stauchte die Wirbelsäule; der amerikanische Henker legte den Knoten hinter das linke Ohr, dadurch wurde der Hals langgezogen; der österreichische Henker Josef Lang vollendete die Strangulationshinrichtung auf folgende Weise:

Er schnürte den Hals des Verurteilten am Pfahl fest. »Fertig!« ertönte es jetzt, und schon hängten sich die Henkersknechte an den Körper des Aufgeknüpften und zogen an ihm mit dem ganzen Gewicht ihrer Körper, so daß der Hals des Opfers überlang wurde. Die Gesichtsfarbe des Gehenkten, vordem kalkweiß, wechselte in ein adernsprengendes Rot und von diesem in Leichengelb. Aus dem Mund in dem schief zur Seite gesunkenen Kopf quetschte sich dick die Zunge heraus. Der Henker hat schon längst seinen Schemel verlassen und ... den Vollzug des Urteils gemeldet, während der Arzt noch immer die Wachshand hielt und seine Uhr beobachtete. Endlich nach 10 oder 12 Minuten klappte er hörbar den Deckel der Taschenuhr zu. (Aus Wotawa, Alois, »... und wird dafür zum Tode ...«, Wien 1949). Die Kunde von dieser »humanen« Strangulation drang bis Amerika. Ein Deputierter sollte Lang hinüberholen. Der lehnte ab: »Wien bleibt Wien.«

1915, während des Krieges, schaffte North Dakota die Todesstrafe ab.

Im Jahre 1916 richtete Josef Lang in Wien die Italiener Dr. Cesare Battisti und Dr. Fabio Filci hin. Von Battisti sagte er, er wäre ein Mann gewesen, der gezeigt habe, daß es nicht schwer sei, für Ideen und Überzeugungen zu sterben.

Kurz vor Kriegsende wurde in Paris der Frauenmörder Landru guillotiniert. Er lehnte vor seinem Tod Rum und die letzte Zigarette ab, kämpfte um seinen Bart, den man ihm nehmen wollte und weigerte sich, zu beten oder die Messe zu hören.

Es wurde später auch behauptet, es hätte gar keinen Landru gegeben; der ganze aufsehenerregende und Zeitungsspalten füllende Prozeß sei nur geschickt inszenierte Sensationsmache gewesen, um die Öffentlichkeit von den verheerenden Zuständen – Massenmeuterei – an der Front abzulenken. Denn Landru soll später munter in Südamerika gesehen worden sein.

Der Schierlingsbecher

Im April 1919 wurde in Österreich unter Staatskanzler Dr. Karl Renner und dem Vorsitzenden der Nationalversammlung Karl Seitz die Todesstrafe abgeschafft.

Nach Krieg und Revolution verfiel der russische Henker Pilipiew, der 937 Hinrichtungen unter dem Zar und während Revolution vollstreckt hatte, in geistige Umnachtung und starb erst 16 Jahre später.

Bald darauf führte Estland – damals eine selbständige, unabhängige Republik – den Selbstvollzug der Todesstrafe mit dem Schierlingsbecher ein. Wer nicht trinken wollte, wurde gehenkt.

In den Jahren 1920–1923 wurde in Bayern die Todesstrafe durch Erschießen durch die Reichsarmee vollzogen. Die Urteile sprachen die bayerischen Volksgerichte.

Ebenfalls 1920 wurde in Ste. Marie-aux-mines (Vosges) Edward D. Slovik geboren, von dem noch die Rede sein wird. Er war der Sohn eines oft arbeitslosen polnischen Arbeiters.

Ein Jahr später gab das bayrische Staatsministerium des Innern und der Justiz bekannt, daß Erschießungen nunmehr durch die Landespolizei, und zwar durch 10 Unterbeamte in zwei Reihen und in Anwesenheit eines oberen Vollzugsbeamten, zu erfolgen hätten.

Im Jahre 1923 wurden die Erschießungsvollstreckungen in Bayern wieder aufgehoben.

Im gleichen Jahr unternahm John Ellis, den der letzte Blick der Frau Thompson vor ihrer Hinrichtung zutiefst erschüttert und entsetzt hatte, einen Selbstmordversuch. Er schoß sich in den Hals, konnte aber gerettet werden. Danach trat er, wie bereits beschrieben, zurück.

Ebenfalls im gleichen Jahr erschoß sich der nach Breslau zurückgekehrte Berliner Scharfrichter Lorenz Schwietz aus Existenznot. Die Inflation hatte ihn aller Ersparnisse beraubt, wie Millionen andere Deutsche auch. Von diesen begingen ebenfalls Tausende Selbstmord. Schwietz' Nachfolger wurde ein gewisser Spaethe, der sich aus gleichem Grund kurz darauf selber tötete. Auf Spaethe folgte Scharfrichter Kurzer oder Korzer.

In Prag mußte Leopold Wohlschläger erst 1923 wieder zum Strick greifen: Das Opfer war Josef Kolinsky, der mit seinem Bruder in Branik einen Juwelier ermordet hatte. Danach folgte Wenzel Novak in Tabor, der zwei Fleischer getötet hatte. Als man Novak den Strick um den Hals legte, sagte er verwundert: »Das gibt's auch in der Republik?« Masaryk hatte nämlich schon 1885 von der Barbarei der Todesstrafe gesprochen. Aber das war ja noch im alten Österreich gewesen.

Humanisierung der Rechtspflege?

Die mehrfache Erwähnung der Abschaffung der Todesstrafe ließ die falsche Vorstellung zu, als sei eine allmähliche Humanisierung der Rechtspflege in Gang gekommen. Daß dies nicht so war, zeigt die folgende Übersicht:

Gehenkt wurde in vielen afrikanischen Staaten, in Australien, Indien, Pakistan, Japan, Iran (öffentlich), Türkei, Kanada, in sieben Staaten der USA und in der ČSSR.

Clinton T. Duffy, Direktor des kalifornischen Zentralzuchthauses St. Quentin, der an 150 Hinrichtungen mit Strang und Gas teilnehmen und die Exekutionen von 88 Männern und 2 Frauen selbst leiten mußte, antwortete nach einer Hinrichtung einem

Reporter: »Ich wünschte, jeder, aber auch wirklich jeder der Einwohner von Kalifornien, hätte dabei sein können. Ich wünschte, alle hätten sehen müssen, wie der Strick das Fleisch in Fetzen von Lisembas Gesicht riß, den halb vom Rumpf getrennten Kopf, seine durch den Druck hervorgequollenen Augen mit den geplatzten Adern und der unförmigen Zunge. Ich wünschte, alle hätten die leblos baumelnden Beine gesehen, den Gestank von Urin, seinen Exkrementen und den widerlich-süßlichen Geruch des eingetrockneten Blutes gespürt.«

Im Iran wird durch »Aufziehen« gehenkt. Es ist beobachtet worden, wie der Henker dem Delinquenten etwas Kleines, Weißes (Gift?) in den Mund steckte.

Unter Pierrepoint, Vorgänger und sieben Jahre lang Meister von John Ellis, seinerzeit Chefhenker Englands, ließ man an 58 Hingerichteten feststellen, daß beim Hängen mit Falltür und gemessener Fallhöhe Verschiebungsbrüche der Halswirbel mit Zerreißung oder Zerquetschung des Rückenmarks eintreten. Ob aber dabei auch das Bewußtsein schwindet, wurde nicht festgestellt.

Enthauptet wurde noch in Frankreich (Fallbeil), Dahomey und Laos, in Laos sogar öffentlich.

Elektrisch hingerichtet wurde in 20 Staaten der USA, auf den Philippinen und auf Formosa (Taiwan).

Die Gaskammer

Mit Gas wurde exekutiert in 11 Staaten der USA.

Das ist nur eine kleine Auswahl aus den Todesstrafen der Staaten der Welt. Die erste Hinrichtung mit Gas erfolgte am 8. Februar 1924 an dem Chinesen Gee John. Bei einer solchen Exekution sind außer dem Scharfrichter auch Techniker und Ärzte anwesend. Die Gaserzeugung erfolgt in der Kammer selbst nach der chemischen Formel:

$$2\,KCN + H_2SO_4 = 2\,HCN + K_2SO_4$$

Zyankali plus Schwefelsäure ergibt Blausäuregas und Kaliumsulfat. Das tödliche Agens ist das Blausäuregas. Dieses tötet nach 3–4 tiefen Atemzügen durch innere Erstickung (Inaktivierung des Atmungsferments der Zellen). Die Gaskammer ist eine achteckige Stahlkammer mit großen Fenstern, die von den Gefängnisinsassen als »Aquarium« bezeichnet wird. Bei Caryl Chessmanns Hinrichtung waren 60 Zuschauer anwesend. Im Innern stehen zwei grell beleuchtete, durchlöcherte Stahlsessel von klobig-pharaonischem Aussehen. Der Exekutions-Vorgang in St. Quentin spielt sich folgendermaßen ab: Morgens empfängt der Scharfrichter aus der Munitions- und Waffenkammer der Strafanstalt zwei Pfund Zyankali (KCN). Damit geht er in den Mischraum und wiegt sie sorgfältig in zwei Einpfundbeuteln aus Gaze. Diese werden an Haken unterhalb der Sitzflächen befestigt. Dabei muß darauf geachtet werden, daß die Beutel tief genug in die darunter in den Boden eingelassenen Behälter hinabreichen, die in brunnenartigen Vertiefungen hängen. Zehn Minuten vor der Exekution werden diese Behälter mit je 1 Liter destilliertem Wasser gefüllt, dem schweflige Säure zugesetzt wird. Diese Behälter stehen im Mischraum bis kurz vor der Exekution. Dann wird die Gaskammer sorgfältig auf undichte Stellen überprüft. Nun wird der Delinquent gebracht und auf einem der Stühle festgeschnallt, ein Stethoskop auf der Brust mit Riemen befestigt und mittels eines Verbindungskabels an ein Klappenventil außerhalb der Gaskammer angeschlossen. Das Kabel benötigt der Arzt, um den eingetretenen Tod protokollieren zu können. Die Tür wird verschlossen und versiegelt, die Luftabsaugvorrichtung eingeschaltet, um das entstehende Gas nicht allzusehr zu verdünnen. Der Scharfrichter gibt dem Gehilfen ein Zeichen, der öffnet die Ventile und läßt schweflige Säure in die Behälter unter den Stühlen laufen. Danach wird dem Direktor gemeldet, daß alle technischen Vorbereitungen beendet seien. Dieser gibt nun dem Scharfrichter das Zeichen, der betätigt den Hebel und versenkt damit die Zyankalibeutel in die Säure. Bis zu diesem Augenblick sind alles in allem zwei Minuten vergangen. Für den Verurteilten in der Kammer endlose Ewigkeiten. Aber wer kümmert sich schon darum, wenn nur alles hübsch bürokratisch, pedantisch korrekt und feierlich verläuft! Der Verurteilte wird angewiesen, so tief wie möglich einzuatmen, wenn der Direktor durch Nicken das Zeichen zum Eintauchen gibt. Unterläßt der Delinquent das tiefe Einatmen, sind furchtbare Erstickungsanfälle bei vollem Bewußtsein die Folge. Nach dem

Aufhören der Herztätigkeit bleibt der Tote noch 30 Minuten in der Blausäureatmosphäre. Danach wird der Abzug betätigt, der durch frisches Wasser die Behälter unter den Stühlen – es werden stets beide beschickt, auch wenn nur ein Verurteilter da ist – leergespült. Die Abwässer fließen durch brunnenartige Schächte unter den Stühlen in eigener Leitung direkt ins Meer. Nach weiteren 30 Minuten wird die Stahltür der Gaskammer geöffnet und diese kann wieder betreten werden. Die Leiche wird gründlich mit Salmiakgeist (Gegengift gegen Zyankali) besprüht, um alle Giftgasspuren zu neutralisieren. Dann kommt sie in einem hölzernen Sarg in die Leichenkammer und bleibt dort bis zum Tag der Beisetzung (C. T. Duffy).

Das vor allem Bedenkliche an dieser Hinrichtungsart ist, daß der Verurteilte im entscheidenden Augenblick nicht tief genug einatmen könnte. Denn das gäbe einen entsetzlichen Todeskampf. Sonst aber ist diese Exekutionsart, wenn auch nicht die vollkommenste, so doch die sicherste: Noch nie hat einer lebendig die Gaskammer verlassen. Neunzig Sekunden nachdem das Gas sein Gesicht erreicht hat, ist er tot.

Seit der Niederschrift der obigen Beschreibung wurden mehrfach Modifikationen eingeführt: Statt der Zyankalibeutel läßt man heute Zyankalikugeln in die Säure fallen, oder man leitet das Gas gleich aus Flaschen in die Kammer etc.

Am 2. Juni 1930 wurde folgendes ärztliche Protokoll einer Hinrichtung in der Gaskammer verfaßt:

    4.36   Uhr – 108 Herzschläge/min.
    4.37.30 Uhr – Gasentwicklung beginnt
    4.37.45 Uhr – die erste, schwache Inspiration
    4.38   Uhr – Puls regelmäßig, kräftig.
                  Starke Inspiration, hustet krampfhaft, Kopf fällt vornüber, bewußtlos. 15 Sekunden langer Herzstillstand.
    4.41.30 Uhr – 100 Herzschläge/min.
    4.44   Uhr – 80 Herzschläge/min.
    4.46.30 Uhr – Herzschläge schwach
    4.47   Uhr – letzter Herzschlag.
(Ab 4.41.30 Uhr ist die Atmung konvulsivisch, krampfartig, unregelmäßig, ohne Bewußtsein)

Die Garotte

Durch Garottieren wird hingerichtet in Spanien, Kuba und Bolivien. Bis 1902 gab es die Garotte auch in Puerto Rico und bis zur Einführung des elektrischen Stuhles auch auf den Philippinen.

El garot heißt auf Spanisch: der Knebel. La garotte ist die Erdrosselung bzw. das dazu benützte Instrument. In einem aufrechtstehenden vierkantigen Pfahl befindet sich in Halshöhe ein Loch. In dieses werden von vorn die beiden Enden eines Strickes gesteckt und auf der anderen Seite verknotet. Die Schlinge (vorn) kommt um den Hals des Opfers. Hinten, wo der Knoten sitzt, wird ein Stock durchgesteckt und durch dessen Drehung die Schlinge zusammengezogen. Heute wird statt des Strickes ein Eisenband und statt des Stockes eine große Flügelschraube mit Fliehgewichten verwendet. Der Tod tritt durch Zerquetschung des Kehlkopfs und der Luftröhre ein. Eine andere Art moderner »Garottierungskunst« erfolgt durch entgegengesetztes Drücken zweier Eisenringe auf zwei benachbarte Wirbel, wodurch die Wirbelsäule ausgerenkt wird und sofort der Tod eintritt. Die neueste Art dieser Tötung ist wohl die, daß ein Messer von hinten in den angepreßten Hals eindringt und das Rückenmark zerschneidet.

Am 19. Dezember 1924 wurde in Hannover der 45jährige Massenmörder Fritz Haarmann vierundzwanzigmal zum Tode verurteilt. Er war ein homosexueller Lustmörder, der seine Opfer durch Kehlbiß tötete.

Die Hinrichtung erfolgte an einem Frühlingsmorgen des Jahres 1925 um 10 Uhr vormittags im Gefängnishof in Anwesenheit von 40 Bürgern. Dabei läutete das Armesünderglöcklein. Haarmann starb gefaßt. Sein Scharfrichter war Meister Gröpler, Wäschereibesitzer aus Magdeburg.

Scharfrichter töten sich selbst

München stellte 1924 den Scharfrichter Reichart an.

In Australien beging in diesem Jahr der Scharfrichter des Staates Victoria Selbstmord, indem er sich die Kehle durchschnitt.

In England legte Scharfrichter John Ellis nach dreiundzwanzigjähriger Tätigkeit und 204 Hinrichtungen sein Amt nieder und wurde wieder Friseur.

Ein Jahr später brachte der längst pensionierte Scharfrichter Billington, der Vorgänger Pierrepoints, seine ganze Familie um und beging dann Selbstmord.

Auch Scharfrichter Spaethe in Berlin beging 1925 Selbstmord.

Ein Jahr später tötete sich Scharfrichter Hilbert in New York. Er hatte sein Amt gesund und kräftig angetreten. Doch bekam er bald darauf Depressionen. Der Arzt riet ihm, den Beruf zu wechseln, Hilbert unterlag jedoch immer wieder der furchtbaren Faszination des Tötens, bis er vor einer Hinrichtung zusammenbrach. Er glaubte, vergiftet worden zu sein, hatte im Todeshaus Wutanfälle, verweigerte dem Direktor den Gehorsam und schleuderte die Elektroden durch den Raum. Als er eines Tages 9 Menschen töten sollte, erschoß er sich im Keller seines Hauses, dort wo er am dunkelsten war. Tags darauf brachte die Post bereits Hunderte von Bewerbungsschreiben um seinen Posten. Sein Nachfolger wurde John Elliott.

Leopold Wohlschläger richtete 1927 noch einmal drei zum Tode Verurteilte hin: Im Juli 1927 in Kuttenberg das Muttersöhnchen und Lebemännchen Josef Bazant aus Pardubitz. Er hatte die Hausgehilfin Riha infiziert und, da er die Entdeckung fürchtete, mit Vitriol übergossen und angezündet. Der Mordversuch mißglückte, aber durch ihn wurde er verdächtigt, zwei frühere Geliebte, die spurlos verschwunden waren, umgebracht zu haben. Es erwies sich tatsächlich, daß er sie erschossen und durch Verbrennen beseitigt hatte. Vor dem Gericht gab sich Bazant noch kokett und siegessicher, auf dem Weg zum Schafott war er nur noch ein lebender Leichnam.

Ein paar Tage später mußte Wohlschläger den Deserteur Santner hinrichten. Er hatte bei Rochendorf einen Bauern, eine Bäuerin, deren Magd und zwei Kinder in räuberischer Absicht ermordet. Ein drittes Kind der Bauersleute erzählte später, der Mörder sei ein Soldat gewesen. So wurde Santner verhaftet. Zur Henkersmahlzeit aß er drei Portionen Rostbraten, 15 Schkubanken und trank drei Glas Pilsner.

Wohlschläger tritt zurück

Ein paar Monate später schon sollte Wohlschläger den Räuber Martin Lecian aus Ungarisch-Ostrau henken, obwohl dieser infolge Kehlkopftuberkulose ohnehin ein Todeskandidat war. Verurteilt worden war er wegen Diebstahls, Raubes in 75 Fällen und Totschlags. Wer ihm entgegengetreten war, den hatte er niedergeschossen. Lecian war freigiebig gegen die Armen, so eine Art Grasel des 20. Jahrhunderts. Er trug stets einen Talisman bei sich, an den er glaubte. Einem Journalisten gegenüber verriet er nach dem Todesurteil, solange er dieses Stückchen Henkersstrick bei sich trüge, sei sein Leben nicht in Gefahr. Man würde noch von ihm hören. Und wirklich brach er drei Wochen später aus seiner Zelle im Divisionsgericht in der Olmützer Festung aus, erschoß einen Wachtposten, und drang aus dem Zellengang ins Treppenhaus vor. Aber weiter kam er nicht.

Wohlschlägers Hände zitterten, als er Lecian hinrichten sollte, denn schließlich war er zu der Zeit schon 72 Jahre alt. Sein Schwiegersohn Nehyba half ihm die Stufen der Galgentreppe hinauf. Kurz nach 6 Uhr früh war Lecian tot. Seine Leiche blieb noch eine halbe Stunde hängen. Dann kehrte der alte Scharfrichter in seine Wohnung zurück, deren Wohnzimmer mit dem Bild des Stiefvaters und vieler Heiliger geschmückt war. Ein paar Monate danach, an dem Tag, an dem Pipperger 90 geworden wäre und er selbst sein 40. Dienstjahr beendete, schrieb er sein Rücktrittsgesuch.

Von Februar bis November 1929 erschlug, erstach und erwürgte der Massenmörder Peter Kürten in Düsseldorf 18 Menschen, darunter vier Kinder. Es meldeten sich 200 Personen, die behaupteten, der gesuchte Mörder zu sein. Am 2. Juli 1931 wurde er, 38jährig, hingerichtet. Er war in Düsseldorf verhaftet worden. Das dortige Gefängnis besaß keinen Hof, der nicht einzusehen war. Daher schaffte man ihn nach Köln, wo er im Klingelpütz mit einer alten, noch aus der Zeit der Französischen Revolution stammenden Guillotine vom Magdeburger Scharfrichter Reindel hingerichtet wurde. Er starb gefaßt, etwas gedrückt, zeigte jedoch keine Spur mehr von jenem Zynismus, mit dem er vorher einem Arzt gegenüber aufgetreten war:

»Nicht wahr, Herr Doktor, wenn der Kopf auch schon ab ist, hört und sieht man doch noch eine Weile? Nun, dann werde ich, wenn ich das Blut aus meinen Adern zischen höre, noch meinen letzten Orgasmus haben!« Er hatte zuvor dem Arzt gestanden, daß ihn das leise Zischen, mit dem das Blut aus angestochenen oder sonst geöffneten Arterien seiner Opfer spritzte, in höchste Erregung versetzt hatte.

Im Jahr nach dieser Hinrichtung beging der ehemalige Scharfrichter und Friseur Ellis Selbstmord, indem er sich mit einem Rasiermesser die Kehle durchschnitt.

In dieser Zeit arbeitete der 11jährige Edward D. Slovik bei einem Bäcker und stahl dort Brot und Kuchen. Ein Jahr später brach er in eine Messinggießerei ein und wurde geschnappt. Doch wurde die daraufhin verhängte Strafe ausgesetzt.

Massenhinrichtungen

Der Münchner Scharfrichter Reichart hatte 1930 keine, 1931 eine und 1932 wiederum keine Hinrichtung zu vollziehen.

Am 29. März 1933 führte Hitler das Erhängen als schimpfliche Form der Hinrichtung für besonders verkommene Verbrecher (Volksschädlinge) wieder in das Strafrecht ein.

In der Zeit seiner Diktatur wurden von 1933 bis 1945 insgesamt 16 500 Todesurteile vollstreckt, davon 11 881 allein von den drei Scharfrichtern Reichart (München), Reindel (Magdeburg) und Röttger (Berlin), der ein großes Fuhrgeschäft besaß. Außer diesen gab es noch die Scharfrichter Köster, Ulitzke, Weiß, Hehr und Roselieb.

Die Scharfrichter erhielten pro Hinrichtung 300,- M und ihre Gesellen 50,- M. Dazu erhielten sie noch Sonderleistungen.

Röttger vollzog übrigens doppelt so viele Hinrichtungen wie Reindel und Reichart zusammen. Mehrere Scharfrichter legten in dieser Zeit ihr Amt nieder.

In den ersten Jahren der Naziherrschaft wurden die Hinrichtungen mit dem Handbeil mit besonders breiter Schneide vor dem Gefängnis, vor den Todeszellen, vollzogen. 1933 bestellte Hitler 20 Guillotinen, die von den Insassen des Tegeler Gefängnisses hergestellt werden mußten. Später wurden zu ihrer Bedienung auch Privatpersonen herangezogen.

Die Hinrichtungen in Plötzensee vollzog meistens Scharfrichter Reindel. War dieser verhindert, kam Reichart mit eigenem Wagen und vier bis sechs Gesellen aus München.

In Plötzensee gab es einen eigenen fensterlosen und 6 mal 10 Meter großen Hinrichtungsraum, der im Hof des Gefängnisses III stand und aus Ziegelmauern und einem Betonfußboden bestand. Im Innern befanden sich zwei Räume, der eine diente als Leichen-, der andere als Hinrichtungsraum. Das Fallbeil war hinter einem schwarzen Vorhang verborgen. Zu sehen war nur das senkrechte Brett mit dem Ausschnitt für den Hals am oberen Rand. Der Verurteilte wurde an das Brett gestellt, das dann nach vorne kippte. Im gleichen Augenblick wurde der Vorhang zur Seite gezogen und das Fallball betätigt. Die Beine zuckten, die Holzpantoffeln flogen. Die Hinrichtung war in 11 bis 13 Sekunden vollzogen.

Scharfrichter Reichart mußte 1933 fünf, 1934 vier Exekutionen durchführen. Damals gab es auch Pläne, den Schierlingsbecher einzuführen. Man kam aber wieder davon ab.

Am 19. Juni 1934 wurde in Österreich durch Dollfuß die Todesstrafe wieder eingeführt, und ein gewisser Lang, Neffe des alten Josef Lang, angestellt, der im gleichen Jahr die Mörder des Bundeskanzlers Dollfuß henkte. Ein Jahr später beging der alte Josef Lang, »Hauptmann Pepi«, aus Armut Selbstmord.

Im Jahre 1937 wurden die Hinrichtungen Scharfrichter Reicharts allmählich häufiger. Neun waren es in diesem Jahr.

Im gleichen Jahr unterschlug der inzwischen 16jährige Edward D. Slovik als Angestellter in einem Drugstore Wechselgeld, stahl Süßigkeiten, Kaugummi und Zigaretten im Wert von 59 Dollar 60 Cents. Diesmal wurde er zu 6 Monaten bis 10 Jahren verurteilt. Er kam in eine Jugendstrafanstalt, wurde nach einem Jahr auf zweijährige Bewährung freigelassen und saß vier Monate später wieder im Knast. Er hatte sich betrunken, ein Auto, nur »um eine Fahrt zu machen«, gestohlen und einen Unfall verursacht, bei dem der Wagen zerstört worden war. Danach hatte sich Slovik freiwillig gestellt. Er kam wieder in die Jugendstrafanstalt.

Der elektrische Stuhl versagt

Im Jahre 1938 hatte Scharfrichter Reichart bereits 39 Todesurteile zu vollstrecken. Im gleichen Jahr wurde die Giftmörderin Anna Felser-Hahn als erste Frau auf dem elektrischen Stuhl in Ohio hingerichtet.

In Bern erschien 1938 die medizinische Dissertation »Die Elektrokution in den USA« von Solomon Yarvin.

Im April gleichen Jahres versagte im Zuchthaus von Huntsville der elektrische Stuhl. Die Hinrichtung erfolgte vier Tage später.

1939 vollzog Scharfrichter Reichart 71 Hinrichtungen, zu denen die immer zahlreicher werdenden Todesurteile der Militärgerichte kamen. Von 1939 bis 1944 wurden 24559 Todesurteile vollstreckt, zu denen die ungezählten, unregistrierten Morde an ungenannten Menschen kamen, die von der Gestapo verhaftet worden waren. Über das, was in den Konzentrationslagern geschah, gibt es keine authentischen Aufzeichnungen. Es kamen dort viele Millionen ums Leben.

In New Hampshire dagegen wurde ab 1939 nicht mehr hingerichtet, während in München-Stadelheim von 1939–1945 täglich bis zu 18 Hinrichtungen vollzogen wurden: insgesamt 1200 Zivilisten, darunter der Angehörigen der »Weißen Rose«, die Geschwister Hans und Sophie Scholl, Hans Leipelt und Christoph Probst.

Die letzte legale Hinrichtung in Frankreich an dem Massenmörder Eugène Weidmann wurde öffentlich vollstreckt auf einem Platz in Versailles vor großen Menschenmassen. Die Fenster, die auf diesen Platz hinausgingen, wurden schon nachts zuvor für teures Geld vermietet. Nach der Veröffentlichung eines ganzseitigen Bildberichts im »Paris Soir« wurde beschlossen, in Zukunft keine öffentlichen Exekutionen mehr zu gestatten.

Im Jahre 1940 stieg Baptist Reicharts Hinrichtungszahl auf 163. Unter diesen war ein Fall, der sich in Wien ereignete. Ein schon auf dem Richtblock liegender Verurteilter stritt noch hier seine Schuld mit großer Hartnäckigkeit ab. Reichart drückte auf den Knopf, das Fallbeil fiel herab und blieb eine Handbreit über dem Nacken des Delinquenten stecken. »Das ist höhere Gerechtigkeit, ich bin unschuldig!« rief der Verurteilte. Das Fallbeil wurde trotzdem wieder hochgezogen und fiel ein zweites Mal. Diesmal funktionierte es. Reichart aber zitterte an allen Gliedern und litt vier Wochen an nervösen Störungen. Er hatte schon vor der Hinrichtung beim Staatsanwalt diese Guillotine als zu leicht gebaut beanstandet.

Baptist Reichart war der letzte einer zweihundertjährigen Scharfrichterdynastie und bediente eine Guillotine ohne Kippvorrichtung, weil das Anschnallen zu lange dauerte. Schon während der letzten Worte der Urteilsverlesung durch den Staatsanwalt riß er den Vorhang, hinter dem das Fallbeil stand, zurück. Die Gehilfen zogen dem Opfer die Beine weg, verdeckten dessen Augen, schoben es blitzschnell unter das Messer, dessen Fall Reichart sofort auslöste.

Im darauffolgenden Jahr tötete Reichart 221 Personen mit dem Fallbeil. In der UdSSR wurde für die Kriegszeit das Erhängen als erniedrigende Strafe wieder eingeführt. Im April 1942 wurde Edward D. Slovik aus der Jugendstrafanstalt entlassen und heiratete bald darauf. Reichart mußte 764 Hinrichtungen vollziehen.

Der Höhepunkt des Hinrichtungswahnsinns

Im September 1943 erreichte der Hinrichtungswahnsinn seinen Höhepunkt. Reichart tötete 876mal. In Plötzensee in Berlin sollten an einem einzigen Septembertag 300 Hinrichtungen vollzogen werden. Bis zur 186. schafften es die Scharfrichter, dann weigerten sie sich, weiterzumachen. Es mußte eine Pause von einem Tag eingelegt werden. Erst dann fielen die restlichen 114 Köpfe.

1943 zogen die Sloviks in eine größere Wohnung um, weil Frau Slovik schwanger war. Sechs Wochen später erreichte Slovik der Einberufungsbefehl. Er schrieb in kurzer Zeit 376 Briefe an seine Frau. Sie hatte eine Fehlgeburt, wurde krank und machte Schulden. In dieser Zeit kam für Slovik der Marschbefehl nach Frankreich.

In diesem Jahr tötete Reichart 730 Menschen. Es war 1944, das Jahr des Hitlerattentats. Nach dem Attentat sagte Hitler zu einem der Berliner Scharfrichter: »Ich will, daß sie erhängt werden, aufgehängt wie Schlachtvieh.« In Berlin-Plötzensee ist der Hinrichtungsraum mit der Reihe von Fleischerhaken heute Gedenkstätte.

In diesem Jahr desertierte Edward D. Slovik das erstemal zu den Kanadiern bei Elbeuf und blieb zwei Monate bei ihnen. Danach kehrte er zu seiner Truppe bei Rocherath in Belgien zurück, desertierte aber schon eine Stunde später zum zweitenmal. Tags darauf gestand er, daß er schon bei Elbeuf aus Angst zurückgeblieben sei, und er würde immer wieder weglaufen, wenn er an die Front solle.

Im Dezember 1944 wurde der einzige amerikanische Deserteur des Zweiten Weltkriegs, dessen Todesurteil vollstreckt werden sollte – zum ersten Mal seit 1864 übrigens –, gefangengesetzt. Es war Eddy Slovik. Am 31. Januar 1945 wurde er erschossen – als einziger von 40 000.

In Wyoming und Montana wurde beschlossen, keine Todesurteile mehr zu vollstrecken.

Am 28. April 1945 wurden Benito Mussolini und Claretta Petacci erschossen und die Leichen auf der Piazza Loreto in Mailand in einem Fleischereischaufenster mit dem Kopf nach unten an Fleischerhaken aufgehängt.

In den Jahren 1944/45 hat Scharfrichter Kleine bei 931 Hinrichtungen mitgewirkt und dafür 26 433 Reichsmark erhalten. Er wurde später, wie fast alle deutschen Scharfrichter, hingerichtet.

Noch 1945 vollstreckte Scharfrichter Reichart 51 Todesurteile. Insgesamt tötete er bis Kriegsende 3008 Menschen, 2949 davon mit dem Fallbeil, 59 mit dem Strang.

Am 5. Februar 1946 forderten die Delegierten Uruguays in der Vollversammlung der UNO das Verbot der Todesstrafe für die Angeklagten des Nürnberger Kriegsverbrecherprozesses Bormann, Göring, Kaltenbrunner und Ribbentrop. Diese wurden, mit Ausnahme Görings, dennoch hingerichtet. Arthur Koestler schrieb, beim Aufknüpfen der Nürnberger Kriegsverbrecher sei schrecklich gepfuscht worden.

Die deutschen Scharfrichter

Nach Kriegsende wurden alle Scharfrichter Deutschlands verhaftet, verurteilt und hingerichtet. Einige begingen vorher Selbstmord. Nur Scharfrichter Reichart wurde von den Alliierten weiterverwendet. Er mußte den Galgen zur Hinrichtung der im Nürnberger Prozeß zum Tode Verurteilten errichten und den amerikanischen Scharfrichter Sergeant Wood für die Hinrichtung schulen.

Ab 1945 war in Österreich ein gewisser Zaglauer Scharfrichter, bis 1950 die Todesstrafe dort abgeschafft wurde.

Scharfrichter Kleine wurde 1946 in Halle hingerichtet.

Seit 1947 wird in Massachusetts die Todesstrafe nicht mehr vollstreckt. Im gleichen Jahr wurde in der Sowjetunion die Todesstrafe durch 25 Jahre Arbeitslager ersetzt.

Der 56jährige Scharfrichter Johann Baptist Reichart wurde von der Münchener Spruchkammer in die Gruppe der Belasteten eingereiht und erhielt zwei Jahre Arbeitslager mit Anrechnung von 18 Monaten Haft. Sein halbes Vermögen wurde beschlagnahmt. Danach züchtet der letzte einer 200jährigen Henkerdynastie in Deisenhofen bei München Hunde.

Das britische Unterhaus wollte 1948 den Vollzug der Todesstrafe versuchsweise für fünf Jahre aussetzen, um zu sehen, welchen Einfluß diese Maßnahme auf die schwere Kriminalität haben würde. Das Oberhaus aber lehnte diesen Vorschlag ab.

Die sowjetische Delegation bei der UNO beantragt 1948, bei allen Mitgliedstaaten die Todesstrafe abzuschaffen.

In Tirol wurde 1948 die Todesstrafe für unzulässig erklärt. Und in Italien wurde sie im gleichen Jahr abgeschafft.

Der Fall Chessmann

1948 wurde der Rotlichtbandit Caryl Chessmann in die Todeszelle No. 2455 in St. Quentin überführt. Er störte das Petting von Liebespaaren in den Grünanlagen von Los Angeles, getarnt mit dem roten Blinklicht der Polizei. Mit vorgehaltener Pistole raubte er sie dann aus. 17mal hatte er das getan, zwei weitere Fälle kosteten ihn dann das Leben. Denn da hatte er die beraubten Frauen gezwungen, in seinen Wagen umzusteigen und dort einen unnatürlichen Geschlechtsverkehr zu dulden.

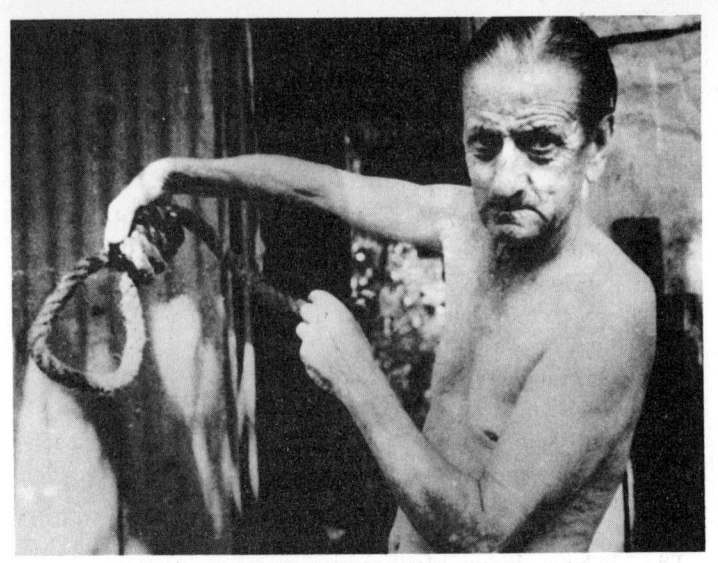

William C. Reeves, Fidschi-Inseln

Das galt als Entführung mit Körperverletzung und hatte nach der Lex Lindbergh das Todesurteil zur Folge.

Von der Todeszelle aus schöpfte der Verbrecher zwölf Jahre lang alle Rechtsmittel aus, da immer noch ein gewisser Rest von Zweifeln geblieben war. Ein Gnadengesuch aber hat Chessmann nicht eingereicht.

In den Jahren 1949–1953 wurden in Großbritannien 85 Hinrichtungen vollzogen. Eine Royal commission bescheinigte ihrem Scharfrichter, daß seine Methode des Hängens allen derzeit gebräuchlichen Verfahren ebenbürtig sei. Das tat sie, ohne eine einzige Hinrichtung von ihm gesehen zu haben, geschweige eine von einem anderen Scharfrichter.

Am 23. Mai 1949 wurde im Grundgesetz der Bundesrepublik Deutschland, Artikel 102, festgesetzt: Die Todesstrafe ist abgeschafft.

William Reeves, geboren 1908 in Stockport, England, gelernter Klavierbauer, wanderte 1946 wegen fehlender Aufträge in die damalige Kolonie Fidschi-Inseln aus und wurde dort Goldsucher. Er hatte soviel Glück, daß er sich für das gefundene

Gold einen Fischkutter kaufen konnte. Aber schon 1949 verlor er diesen in einem Wirbelsturm. Er hatte sich und seinen Fahrgast, der John Smith hieß und Henker der Fidschi-Inseln war, retten können. Ein Jahr später verschwand John Smith spurlos, und Reeves geriet in den Verdacht, nicht ganz schuldlos daran zu sein. Er wurde verhaftet. Nach ein paar Monaten verkündete ihm der Richter: »Entweder Sie übernehmen das Amt des Henkers oder sie werden morgen hingerichtet.« Natürlich wurde er da Henker. Von 1950 bis 1976 hatte er 58 Hinrichtungen zu vollstrecken, 51 davon mit demselben Strick.

Unter den Hingerichteten war Singh Rabuli, der vier kleine Mädchen vergewaltigt hatte. Rabuli spuckte Reeves noch Sekunden vor seinem Tode an.

Der 50jährige Samsisoni Rauti hatte seine Kinder geschlachtet und verspeist, denn seine Eltern waren noch Kannibalen gewesen. Unter der Kapuze des Henkers fragte er noch verzweifelt: »Warum?«

Die 23jährige Rajini Madharam hatte ihren Verlobten und dessen Geliebte erstochen.

Für jede Hinrichtung bekam Reeves 60 Fidschi-Dollars, das sind 180 DM. Davon lebte er.

1950 führte die Sowjetunion die Todesstrafe wieder ein, und zwar zunächst für Landesverrat, Spionage und Diversion. Auch in den übrigen Staaten des sozialistischen Lagers gab es die Todesstrafe. Sie soll ein »zeitweiliges« Kampfmittel gegen die Feinde des Sozialismus sein und mit dessen Verwirklichung verschwinden. In der DDR wurde sie 1987 abgeschafft.

1950 legten die Abgeordneten der Bayernpartei dem Bundestag einen Gesetzentwurf zur Wiedereinführung der Todesstrafe vor, 9 Monate nach deren Abschaffung. Der Bundestag lehnte den Entwurf mit Mehrheit ab. Immer wieder – zum letzten Mal 1958 – wurden von verschiedenen Parteien im Bundestag erneut solche Anträge gestellt.

Ein Fehlurteil

Ebenfalls im Jahre 1950 wurde in England Timothy Evans wegen Mordes an seiner Frau und seines Kindes gehenkt. Er hatte vor der Polizei vier ausführliche Geständnisse abgelegt.

Vor Gericht widerrief er sie alle. Dennoch wurde er zum Tode verurteilt und hingerichtet. Später allerdings stellte sich heraus, daß der Mitmieter des Hingerichteten, Christie, der wirkliche Mörder war.

1951 wurde in Frankreich aus 400 Bewerbern um die Scharfrichterstelle André Obrecht ausgesucht und als »Monsieur de France« angestellt.

Am 29. November 1952 berichtete »Le Monde«: »Bei der Hinrichtung des Gauleiters Frank in Prag, die öffentlich stattfand, holte der Henker ein Seidenpapierpäckchen hervor und wickelte mit berechneter Langsamkeit sehr weiße Handschuhe aus. Dabei verhielt sich die Zuschauermenge wie bei einer amüsanten Schau und aß Würstchen.«

1953 knüpfte H. A. Pierrepoint den Verurteilten John Halliday Reginald Christie auf, der als Massenmörder auch das Evans'sche Opfer auf dem Gewissen hatte. Kurz vor der Hinrichtung sagte dieser zu Pierrepoint, er sei der wirkliche »Jack the Ripper«. Das aber stimmte nicht. Die Mutter des unschuldig hingerichteten Evans ließ die Leiche ihres Sohnes aus dem Grab im Hof des Gefängnisses von Pentonville exhumieren und in geweihter Erde begraben.

1954 wurde in der UdSSR in die Liste der Verbrechen, die mit dem Tode bestaft werden, auch Mord aufgenommen.

Muttermord mit Höllenmaschine

1956 schmuggelte Jack Graham seiner Mutter eine Höllenmaschine in den Flugkoffer und verursachte damit den Absturz eines Passagierflugzeugs mit 44 Insassen. Er hatte aber vergessen, die Versicherungspolice von ihr unterschreiben zu lassen. Jack Grahams Hinrichtung auf dem elektrischen Stuhl dauerte 4 Minuten und 37 Sekunden, eine der längsten Hinrichtungen auf dieser Tötungsmaschine. Im gleichen Jahr wurde die Todesstrafe in Hawaii, in Delaware und in Alaska abgeschafft.

1958 wurde in der UdSSR die Liste der Verbrechen auf denen Todesstrafe steht, wieder verlängert. In Frankreich wurden im gleichen Jahr alle Scharfrichter bis auf einen einzigen »Monsieur de France« abgeschafft. Dieser erhielt damals 60 000 Francs alter Währung pro Hinrichtung, das waren 150 DM.

Demgegenüber bezog der kalifornische Scharfrichter zur gleichen Zeit 50–125 Dollar, sein Gehilfe 25–75 Dollar pro Exekution.

1960 wurde Caryl Chessmann in St. Quentin vor 60 Zuschauern auf dem elektrischen Stuhl hingerichtet. Der Tod trat nach 9 Minuten ein. Sein Direktor Clinton Mac Duffy charakterisierte ihn als jungen Strolch, gemein, niederträchtig, unverschämt, anspruchsvoll, überheblich, widerspenstig und als einen Menschen, der aller Wahrscheinlichkeit nach bis an sein Lebensende in Gewahrsam gehörte. Um 18.30 Uhr fielen die Zyankalikugeln in die Säure. Der letzte Herzschlag erfolgte 18.39 Uhr. Im gleichen Jahr wurden in Kalifornien noch 9 Hinrichtungen vollzogen; 1961 waren es 8.

Bei einer Befragung der Bevölkerung in der Bundesrepublik Deutschland 1961 waren nur noch 61% aller Befragten vorbehaltlos für die Todesstrafe, nachdem es 1958 noch 75% waren.

In den Jahren 1961/62 setzte die Sowjetunion weitere Straftaten auf die Todesstrafenliste: Sabotage, Terrorakte, Anschläge auf Funktionäre ausländischer Staaten, Banditismus, politische Organisationsverbrechen, Geldfälschung, illegaler Erwerb oder Veräußerung von Devisen und Wertpapieren, Straßenraub, Notzucht, passive Bestechung, Angriff auf Polizeibeamte, Aufruhr, Meuterei und Diebstahl. Daraufhin wurden vom Mai 1961 bis Mai 1963 160 Hinrichtungen wegen wirtschaftlicher Delikte vollstreckt.

In Kalifornien wurden 1962 elf Hinrichtungen vollzogen, in den zwei Jahren danach keine.

In Spanien wurden 1963 zwei Soldaten wegen Bombenanschlägen vom Militärgericht zum Tode verurteilt und garottiert.

Oregon schaffte 1964 die Todesstrafe ab. Am 19. Juli 1965 beschloß das englische Unterhaus, die Todesstrafe – außer für Landesverrat – abzuschaffen.

Auch Iowa und New Jersey schafften 1965 die Todesstrafe ab. Kentucky und New York beabsichtigten für 1966 dasselbe. 1966 wurden in Leopoldville vier kongolesische Minister feierlich und öffentlich vor mehr als 100 000 Zuschauern gehenkt.

In den mexikanischen Staaten gibt es nur noch in vier die Todesstrafe. In Südamerika gibt es die Todesstrafe noch in Chile, Bolivien und Paraguay. In Iran, El Salvador und in der

Zentralafrikanischen Republik wird auch heute noch öffentlich hingerichtet.

Am 2. Juni 1968 hatte das oberste Bundesgericht der USA für den vierfachen Mörder Luis Monge in Colorado – allerdings vier Stunden zu spät – die Begnadigung veranlaßt. Monge war eifriger Katholik gewesen, was ihn aber nicht gehindert hatte, seine schlafende Frau und drei seiner sieben Kinder, mit denen er Inzest getrieben hatte, auf scheußliche Art und Weise umzubringen. Auf dem Weg zur Gaszelle schlang er sich seinen schwarzen Rosenkranz um die Knöchel der rechten Hand und scherzte: »Ob das Gas wohl für mein Asthma gut ist?«

In den USA warteten in den Todeszellen von 29 Staaten 593 zum Tode Verurteilte auf die Vollstreckung. Es waren dies 8 Frauen, 329 Weiße, 237 Afroamerikaner, 22 Lateinamerikaner, 3 Indianer, 2 Orientalen. Alle bis auf einen, dem Vergewaltigung vorgeworfen wurde, waren wegen Mordes verurteilt worden.

Das oberste Bundesgericht der USA stellte fest, daß alle Gesetze der Einzelstaaten über die Todesstrafe »für ungerechtfertigt und im Widerspruch zur Verfassung stehend« anzusehen sind.

1968 wurde in Österreich die Todesstrafe endgültig abgeschafft.

Von 1968 bis 1973 stieg in den USA die Zahl der Mord- und der Totschlagsdelikte pro Jahr um 42%.

In New York geschahen 1973 1733 Morde und Totschlagsdelikte.

In Alabama gaben 1971 John Louis Evans und Wayne Ritter 22 bewaffnete Raubüberfälle, räuberische Erpressungen und den Mord an einem Pfandleiher lachend zu. Beide drohten den Geschworenen: Falls man sie nicht zum Tode verurteilte oder begnadigte, würden sie und ihre Familien etwas erleben. »Ich mache da weiter, wo ich aufgehört habe. Ich mache alles noch einmal!« erklärte Evans.

Es gab in dieser Zeit auch jenen John Howard Potts, der einen Autofahrer mit vorgehaltener Pistole gestoppt hatte, sich von ihm nach Hause fahren ließ und ihn dann erschoß. Bei seiner Verhaftung schoß er auch auf die Polizei, diese schoß zurück. Eine Kugel zertrümmerte ihm den Kiefer und blieb in der Wirbelsäule stecken. Infolge des Hinrichtungsstops von 1967 mußte der unter ständigen schrecklichen Schmerzen Leidende 4 Jahre im Staatsgefängnis Georgia einsitzen und auf seine Hinrichtung warten.

Es wird behauptet, Edward Koch hätte die Bürgermeisterwahlen von New York wahrscheinlich nur deswegen gewonnen, weil er seinen Wählern versprochen hatte, den elektrischen Stuhl dort schnellstens wieder aufzubauen.

1974 bekam William Reeves auf den Fidschi-Inseln endlich ein neues Seil aus Nylon. Das alte behielt er als Souvenir. Aber er war nun alt geworden, seine Hände zitterten und er bekam oft Weinkrämpfe.

Im Jahre 1976 wurde die Forderung, die Todesstrafe als »grausam und ungewöhnlich« zu bezeichnen, vom obersten Bundesgericht der USA abgelehnt. Ob die zu den härtesten aller Strafen Verurteilten hingerichtet werden, ist von Staat zu Staat, von Jahr zu Jahr, von Fall zu Fall verschieden und wird immer unsicherer und unberechenbarer.

Nach Luis Monge's Hinrichtung 1968 folgte als nächste, neun Jahre, sieben Monate, vierzehn Tage und zwölf Stunden später die des Doppelmörders Garry Gilmore in Utah, der sich zur Hinrichtung durch Erschießen entschlossen hatte. In Utah gibt es eine Wahlmöglichkeit. Zum Erschießungskommando sagte er: »Nun macht schon endlich!«

1988 schafft die UdSSR die Todesstrafe ab.

Bildnachweis

Seite 3
Max Boehn, Spanien, Askanischer Verlag, Carl Albert Kindle, Berlin 1924

Seite 10
Friedrich Fuchs, Leidenschaft, Eine Monographie in klassischen Bildern, Neuer Verlag, Berlin o. J.

Seite 21
E. Fuchs, Geschichte der erotischen Kunst, Band II, Verlag Albert Langen, München 1928

Seite 28
Bild aus einer Folge von 100 Zeichnungen einer Donaureise, herausgegeben 1782. Magistrat der Landeshauptstadt Linz, Museum Lichtbildarchiv

Seite 41
Original im Starhemberg-Museum Eferding. Foto mit Dank an Frau Susanne Köllersberger

Seite 101
Märkisches Museum Berlin

Seite 112
Hans Tietze, Alt-Wien in Wort und Bild. Verlag Anton Schroll & Co, Wien 1926

Seite 139
Sammlung des Herzogs von Devonshire auf Schloß Chatsworth. Magistrat der Landeshauptstadt Linz, Museum Lichtbildarchiv

Seite 177
Foto ULLSTEIN

Seite 182 und 185
William Hogarth, Sämtliche Werke in einem Band, 3. Auflage, Verlag von Elias Pönicke & Sohn, Leipzig o. J.

Seite 222
Karl Huß, Chronik von Eger, 4 Bände, 1828

Seite 224
Ölgemälde, Original im Museum auf Schloß Königswart bei Eger

Seite 226
Märkisches Museum Berlin

Seite 235
Gestochen von Massard nach Baron. Aus Michelet, Die Frauen der Revolution

Seite 275
Büro für stadtgeschichtliche Dokumentation und technische Dienste Berlin

Seite 285
Foto ULLSTEIN

Seite 308
© ILLUSTRIERTE QUICK, München

Literaturverzeichnis

Altmann, L.: Der Raubmörder Severin von Jaroszynski, Wien 1924
Andrews, W.: Bygone punishments, London 1831
Angstmann, E.: Der Henker in der Volksmeinung, Bonn 1928
Avé-Lallemant, Fr.: Das Deutsche Gaunertum, 1858
Beneke, O.: Hamburgische Geschichten und Denkwürdigkeiten, Berlin 1886
ders.: Von unehrlichen Leuten, Hamburg 1863
ders.: Wahrhaftige Historia, wie Klaus Kniphoff, der große Seeräuber, von den Hamburgern überwältigt und gerichtet worden ist. Reihe »Der Schatzgräber« Nr. 58, München
Berg, E.: Gerichtet durch Strang, Schwert und Kugel, Linzer Almanach 1975
Berg, K.: Der Sadist. Gerichtsärztliches und kriminalpsychologisches zu den Taten des Düsseldorfer Mörders (Kürten), Zschr. ges. gerichtl. Medizin 17, Heft 4 und 5, 1931
Das Berlinische Stadtbuch aus dem Ende des XIV. Jahrhdt., Berlin 1883
Calvert, E. R.: Capital punishment, London 1927
Deichsler: Chronik von Leipzig, Leipzig 1872
Devoyod, Pater: Les Délinquants, Matot-Braine, Reims o. J. (zit. nach Camus)
Dictionnnaire de biographie française
Doepler: Theatrum poenarum oder Schauplatz derer Leibesstrafen, Sondershausen 1693
Duff, C.: Handbook on Hanging, London 1928
Eggert, H.: Bearbeiter der »Wahrhaften Geschichten des alten Pitaval«, nach der von C. W. Franz und Friedrich Schiller herausgegebenen Übersetzung, Berlin 1950
Elwenspoek, C.: Schinderhannes, Stuttgart 1925
Falke, J.: Die Hansa, Berlin o. J.
Friedlaender, L.: Darstellungen aus der Sittengeschichte Roms, Leipzig 1881
Goethe, J. W.: Dichtung und Wahrheit, 4. Buch, Leipzig
Gross: Kleine Basler Chronik, Basel o. J.
Hebel, J. P.: Die Geschichte vom Meister Bernhard Schlegel und der Fall Basel 1374. Ges. Werke in 2 Bänden, Berlin 1958
v. Hentig, H.: Der gehenkte Henker, Schweiz. Zschr. Strafrecht, 71, 1956
ders.: Die Strafe, Berlin 1954
ders.: Vom Ursprung der Henkersmahlzeit, Tübingen 1958
Heßlin, B.: Berlins berühmte und berüchtigte Häuser, Berlin 1881
Huß, K.: Vom Aberglauben, hrsg. von Alois John, Prag 1910
Keller, A.: Der Scharfrichter in der deutschen Kulturgeschichte, Leipzig 1921
Kisch, E. E.: Prager Pitaval
Kluge, Fr.: Rotwelsch, 1901

Knapp, H.: Alt-Regensburger Gerichtsverfassung, Berlin 1914
Koch, T.: Ferdinand Leber, der letzte Folterarzt, Gegenbaurs Morph. Jahrb. 117, 1972, S. 441–452
Koestler, A./Camus, A./Müller-Meiningen, F./Nowakowski: Die Rache ist mein, Stuttgart 1961
Kosinski, H.: Blätter für Gefängniskunde, 69, 2. Heft, 1938, »Strafgerichtsbarkeit und Strafvollstreckung im alten Berlin«
Kurzgefaßte Geschichte der Wiener Hochschule (medizinische Fakultät), II. Teil, II. Abteil.
Lindau, M. B.: Geschichte der königlichen Haupt- und Residenzstadt Dresden, Dresden 1895
Lux, J. J. W.: Der Scharfrichter in allen seinen Beziehungen, Leipzig 1813
Maister Frantzen Schmidts Nachrichters inn Nürnberg all sein Richten. Nach der Handschrift hrsg. u. eingel. v. A. Keller, Leipzig 1913
Moser, H.: Die Scharfrichter von Tirol, Innsbruck 1982
Müller, J. H.: Zur Geschichte der peinlichen Frage, Zschr. deutsch. Kulturgesch. 4, 1859 und N. F. I., 1872
Der neue Pitaval, 2. Bd. Der Wolfsmensch, 1963, 4. Bd. Todesstrafe
Nicolai, Fr.: Beschreibung der königlichen Residenzstädte Berlin und Potsdam, Berlin 1786
Osenbrüggen, E.: Studien zur Rechtsgeschichte, 1868
Pfister: Nachtrag zu den Räuberbanden am Main, Heidelberg 1812
Poelchau, H.: Die letzten Stunden. Erinnerungen eines Gefängnispfarrers, aufgez. von Graf A. Stenbock Fermor, Berlin 1949
Polke: Scharfrichter und Hinrichtungen, Mschr. Kriminalpsychologie, 21, 1930
Prodöhl: Kriminalfälle ohne Beispiel, Berlin 1960
Prutz, R.: Der deutsche Scharfrichter, Deutsches Museum, 16, 1857
Rau, F.: Beiträge zum Kriminalrecht der Stadt Frankfurt, Potsdam 1916
Rentsch, R.: Geschichte der Stadt Oederan, 1927
v. Richental, U.: Chronik des Konstanzer Konzils, hrsg. von Buck
Rossa, K.: Todesstrafen, Oldenburg und Hamburg 1966 und Bergisch Gladbach 1979
Rotter, H.: Neubau, Wien 1925
Sanson, H.: Die Geheimnisse des Schafotts, übers. v. G. Berthold, Dresden o. J.
ders.: Tagebücher der Henker von Paris, nach einer zeitgenöss. deutsch. Ausg., ausgewählt von E. Trautner, Potsdam 1924
Schalk, O.: Scharfrichter Josef Lang, Wien 1920
Schlager, G. E.: Wiener Skizzen des Mittelalters, N. F. 1842, II. Bd., III. Bd. 1846
Schlager, G. E./Fuhrmann: Im Zeichen der Grausamkeit. Geschichte der Leibes- und Lebensstrafen im alten Wien, Wien o. J.
Schlögel, Fr.: Wiener Luft. Kleine Culturbilder, Wien o. J.
Schmidt, R.: Brandenburg, Zschr. Heimatkunde 7, 1929, u. 9, 1931
ders.: Der Scharfrichter von Berlin, Arch. Sippenforsch. H. 4/5, 1920 »Märkische Scharfrichterfamilien«
Scholz, L.: Die Gesche Gottfried, Kriminalpsychologische Studie, Berlin 1913

Schuhmann, H.: Der Scharfrichter, seine Gestalt – seine Funktion, Kempten 1964
Scott, G. R.: The History of Capital Punishment, London 1950
Tartaruga, U.: Altwiener Guckkastenbilder, Wien 1920
ders.: Neuer Wiener Pitaval, Wien o. J.
Wernicke, A.: Bernauer Stadtchronik, 1894
Wosnick: Beiträge zur Hamburger Kriminalgeschichte, 1926

Verzeichnis der Scharfrichter
(alphabetisch)

Abel, Simon	Davis	Hagedorn
Aberel	Defner	Hain
Aberellen	Deibler	Hamberger
Abrel	Deigentesch	Hamel
Abrell	Deubler	Hansen
Abriel	Deusser	Hartmann
Adelarius	Deutschmann	Has
Altmann	Diegendasch	Hehr
Ance	Dreißigacker, v.,	Heintze
Asthusen		Hellriegel
	Eichfeld	Helmschmied
Barsch	Ellis	Hennings
Bayr	Elliot	Herisch
Bergen, v.,		Heyland
Berry	Fischer	Hibler
Bickel	Flügge	Hilbert
Bickle	Follmar	Hödel
Billington	Frey	Hörmann
Boden	Fuchs	Hoffmann
Böhme	Funcke	Hormuth
Brandt	Fürst	Huß
Brenner	Fux	
Bürckh		Igel
	Gatz	Ingermann
Carlhofer	Gebhart	Jeck
Cousin	Gilg	Jouanne
Calcroft	Götze	
	Graf	Käser
Däubler	Gröpler	Kaufmann
Dannenberg	Grossholz	Kester

Kienle	Neithart	Rüter
Kleine	Neumann	Rüzer
Klingensteiner	Neumeister	
Köster	Nord	Säbele
Kober		Sanson
Koblentz	Oberdorfer	Schaider
Kopp	Obrecht	Scheller
Korzer		Schelm
Krieger	Penningk	Schiler
Kotzurek	Perger	Schlechhuber
Krafft	Pflügler	Schlegel
Kratzel	Pichler	Schmidt
Krauts	Pickel	Schöppelen
Kühn	Pierrepoint	Schrottenbacher
Kuisl	Pilipiew	Schwarzhuber
Kurzer	Pipperger	Schwietz
	Polster	Schwingsmesser
Lang	Pöltl	Seckler
Langmayr	Price	Seitz
Leichumb	Prolow	Selinger
Leiner	Prudhomme	Seyfried
Lemler	Puechamer	Spaethe
Leonhard	Putzer	Span
Levasseur		Spiegel
Leycham	Raab	Stangel
Lissen	Reichart	Stein
	Reichl	Steinmeyer
Mannäi	Reif	Stoeff
Marwood	Reindel	Stoff
Matz	Reisser	Stolz
Maurer	Riemer	Sühr
Mengis	Roch	
Metz	Rörle	Tallhover
Meyer	Röttger	Teibler
Michaelis	Rose	Teübler
Möller	Roselieb	Thompson
Müller	Rosenfeld	Tinel
	Rudolff	Tollinger
Näher	Ruef	Tränckler

Trenckhler	Vollmair	Weydemann
Trenkler	Vollmar	Weydenkeller
Trinckhler	Vollmer	Widemann
Trinkler	Vos	Widmann
Tucher		Willenbacher
	Wecker	Wintter
Ulitzke	Wagner	Wohlmuth
	Waldl	Wohlschläger
Vicko	Walter	
Vit	Weber	Zäch
Vogel	Weiß	Zimmermann
Voigt	Wendeborn	Zürek

Dazu die nur mit Vornamen bekannten Scharfrichter

Friedrich – Ansbach
Friedrich – Frankfurt/M.
Fritz – Halle
Gottfried – Berlin
Hans – Frankfurt/M.
Hans – Nürnberg

Hans – Wittstock
Martin – München
Paul – Wien
Peter – Eger
Philipp – Eger

Verzeichnis der Scharfrichter
(nach Orten)

Alt-Brandenburg
Friedrich Krafft   1808–1819
Ansbach
Meister Friedrich   1575–1613
Augsburg
Veit Stolz   1538–1568
Joas Lemler   um 1567
Hans Deibler   1572–1594
Michael Deibler   1594–1621
Dietrich Metz   1621–1624?
Georg Leichumb   1624/29
Max Philipp Hartmann   1677–1679
Johann Adam Hartmann   1686–1706
Johann Jakob Scheller   1705
Kuisle   bis 1714
Franz Trenckhler   1714–1723
Johann Georg Tränckler   1723–1730
Johann Adam Scheller   um 1730
Johann Georg Tränckhler   um 1768
Joseph Pflügler   bis 1789 (Selbstmord 1790)
Babenhausen
Fischer   um 1711
Bamberg
Schmidt   um 1537
Basel
Bernhard Schlegel   † 1374
Berlin
Benedictus Barsch   1535–1560
Hermann (Hartmann) Rüter   1560–1571

Caspar Spiegel	1576–1586
Martin Heintze	1586–?
Hans Lissen	1631–1636
Gottfried Zürek	1636–1639
– Gebhart	1639–1653
Gottfried –	1655
Hans Rudolff	1647–1655
Caspar Götze	1655–1669
Hans Müller	1669–1680
Heinrich Müller	1681–1690
Martin Koblentz	1690–1702
Hans Michael Eichfeld	1702–1705
Augustin Conrad Walter	1705–1710
Hans Michael Eichfeld	1710–1714
Christopf Stoff	1714
Neumann	1714–1719
Georg Wilhelm	1720–1728
Martin Hennings	1729–1731
Martin Weydemann	1731
Gottfried Weydemann	1745–1748
Jakob Kratzel	1748–1752
Meyer	1752–1769
Johann Daniel Brandt	1769–1808
Christian Friedrich Krafft	1808–1819
August Hellriegel	1818–1834
Hormuth	1834
Kraft jun.	1834–1860
Reindel jun.	1874–1881
Julius Krautz	1881–1889
Lorenz Schwietz	1893–1923
Spaethe	1923–1925
Röttger	1933–1945
Korzer (Kurzer)	?

Bern

Theodor Mengis	1839–1918

Bernau

Johann Christoph Jeck	1729–1730
Michaelis	1730–1740

Martin Gottlieb Koch	1740–1747
Andreas Kleine	1747–?
August Heinrich Kaufmann	1780–1802
Carl Friedrich Kaufmann	1802–1836?
Wilhelm Weber	1836–1850
Carl Altmann	1853–1874?
Friedrich Schmidt	1874–1877
Ferdinand August Zimmermann	1877–?

Biberach
Barthel Deibler (Deübler)	um 1637

Bitterfeld
Heintze (Sohn des Torgauers)	16?

Bötzow (Oranienburg)
Dietrich Jeck, um 1586	um 1586

Borna
Polster	um 1723

Braunschweig
Funke	um 1818
Reindel	1859

Bremen
Adelarius	† 1539

Brünn
Kotzurek	um 1835

Brüx
Huß	um 1760

Bunhillsfield
John Price	um 1718

Burgau
Georg Vollmair	um 1734

Burglengenfeld
Georg Follmar	um 1644

Celle
Familie Sühr	um 1650–1750

Dieppe
Pierre Jouanne	bis 1662

Charles Sanson   1662–?
Dillingen
Johann Vollmar   um 1639
Dinkelsbühl
Span   um 1644
Donauwörth
Marx Deibler (Deubler)   um 1625
Jakob Bickle   um 1640
Johann Michael Kober   um 1720
Johann Hörmann   1802–1833
Dresden
v. Dreißigacker   1630–1647
Melchior Vogel   † 1695
Dühnen
Voss   um 1817
Eger
Peter   um 1486
Philipp   um 1581
Huß   bis 1781
Karl Huß   1781–1827, † 1839
Frankenstein
Andreas Boden   um 1644
Frankfurt/Main
Schelm von Bergen   Mitte des 12. Jahrhdt.
Hans   um 1370
Friedrich   um 1446
Jonas Fischer   bis 1590
Freiburg (Schweiz)
Deigentesch   um 1716
Füssen
Jakob Bayr   um 1720
Glarus
Vollmer   um 1782
Görlitz
Kühn   † 1641

Günzburg

Bartholomaeus Abrel	† 1652
Berthin Aberel	bis 1659
Barthlome Abrell	bis 1707
Johann Michael Klingensteiner	ab 1707
Johann Klingensteiner	bis 1765
Josef Anton Klingensteiner	um 1775

Haigerloch

Familie Steinmeyer	um 1750
Jakob Steinmeyer	ab 1764
Xaver Steinmeyer	um 1779

Hall/Tirol

Johann Jakob Abrell	1728–1746
Marx Philipp Abrell	1718–1728
Johann Frey	1528–1571
Melchior Frey	1572–1578
Michael Fürst	1584–1606
Lienhart v. Grätz	1497–1503
Hans Has	1618–1642
Heinrich Hödel	1642–1645
Heinrich Käser	1525
Jakob Kienle	1608–1611
Othmar Krieger	1645–1671
Josef Langmayr	1746
Andreas Leiner	1677–1693
Sebastian Oberstetter	1606–1608
Kaspar Pöltl	1693–1698
Bartholomeus Putzer	1747–1772
Johann Georg Putzer	1772–1786
Stefan Ruef	1503–1525
Hans Schaider	1525–1528
Christof Tollinger	1578–1584
Jakob Vollmar	1611–1618
Sebastian Waldl	1699–1718
Jakob Zäch	1671–1677

Halle

Fritz	um 1747

Hamburg

Vicko	1372–1384
Peter Funcke	1384–1402?
Rosenfeld	um 1402
Johann Hagedorn	ab 1471
Michael Dannenberg	† 1485
Klaus Flügge	1485–1488
Hinrich Penningk	1521–1528
Claus Rose	ab 1528–1547?
Heinrich Wendeborn	ab 1547–1576?
Jürgen Böhme	ab 1576–1612?
Max Graf	1612–1621
Valtin Matz	1622–1639, † 1654
Gebhart (Gevert)	1639–?
Jakob Gevert	?–1653
Ismael Asthusen I.	1653–1664
Berthold Deutschmann	1664–1674
Jakob Stoeff	1674–1685
Ismael Asthusen II.	1685–1703
Ismael Asthusen III.	1703–1722
Franz Wilhelm Hennings I.	1722–? (1735?)
Ismael Asthusen IV.	?–1767
Hennings II.	1767–1773
Hennings III.	1773
Hennnings IV.	ab 1773–1790
Hennings V.	1790–1822
Hennings VI.	1822–1830
Raphael Georg Voigt	1830–1852
Georg Eduard Voigt	ab 1852

Hannover

Vit	um 1500
Funke	um 1818

Heidelberg

Nord	um 1812

Heilbronn

Hans Maurer	um 1446

Helmstedt
Ingermann   um 1609
Holzen
Michael Schiler   † 1639
Husum
Albert Möller   † 1630
Philipp Möller   † 1630
Kaufbeuren
Hans Abril   um 1659
Hans Conrad Näher   bis 1666
Christoph Seitz   um 1685
Conrad Fuchs   um 1705
Johannes Seitz   um 1715
Mattheß Fux   um 1720
Johann Seitz   um 1732
Johann Michael Weydenkeller   1732–1757
Johann Georg Fux   ab 1773
Kempten
Georg Kuisl   um 1665
Andreas Klingensteiner   um 1701
Deigentesch   bis 1708
Kiel
Pickel (Bickel?)   um 1722
Köln
Franz Joseph Wohlmuth   um 1566
Königsberg/Preußen
Johann Christoph Neumann   ab 1756
Landeck (Schles.)
Stein   um 1800
Lauingen
Johann Vollmar   um 1652
Leipzig
Familie Heyland etwa   ab 1600
Christoph Hain   um 1621
Christoph Heintze   † 1695
Familie Polster   ab 1695

Lentzen
Heintze (Sohn des Torgauers)   Mitte/Ende 17. Jh.

Luzern
Baltzer Mengis   um 1652

Machaerus
Mannäi   um 20 u. Z.

Magdeburg
Reindel sen.   vor 1874
Gröpler   ab 1874
Gröpler   um 1925
Reindel   um 1931

Markt Oberdorf
Hans Enderes Abrel   um 1628
Andreas Kuisl   1655–1678
Wilhelm Kober   † 1714
Nikolaus Kober   1714–1763
Wilm Kober   1763–1786
Baptist Trinkler   um 1786

Melun
George Hérisson   ab 1729

Memmingen
Hans Leycham   ab 1553–1561?
Hans Deibler   1561–1571
Jakob Deibler (Teübler)   ab 1571
Bartholme Deibler (Teubler)   ab 1607
Matheus (Matheiß) Fux   1656–1696
Conrad Fux   um 1696
Johann Fuchs   bis 1720
Johann Conrad Nejer   um 1720
Widemann   ab 1743–1767
Heinrich Widmann   um 1772
Jakob Bickel   um 1773
Johann Michael Widemann   um 1777
Heinrich Widmann   um 1778

Meran
Johann Jakob Abrell   1723–1728

Altsee, Lorenz von	1515–1521
Melchior Frey	1563–1572
Georg Fürst	? –1621
Hans Fürst	1592
Jakob Fürst	1690–1694
Wolfgang Fürst	1605–1623
Jakob Gatz	1524
Wolfgang Helmschmied	1536–1552
Heinrich Käser	1522–1525
Johann Georg Kober	1728–1748
Konrad Leonhard Krieger	1675–1679
Mattheus Leonhard	1575–1601
Hans Jakob Müller	1679–1684
Leonhard Oberdorfer	1632–1672
Michael Pichler	1623–1631
Wolfgang Puechamer	1601–1605
Bartholomeus Putzer	1772–1777
Franz Michael Putzer	1777–1787
Martin Putzer	1748–1772
Theodor Reichl	1572–1575
Heinrich Reif	1515 und 1521–1522
Gilg von Rodem	1510–1515
Hans Säbele	1488–1509
Johann Schlechuber	1672
Hans Schwarzhuber	1673–1675
Hans Schwingsmesser	1525–1536
Klaus Seckler	1562
Martin Vogl	1510
Johann Peter Vollmar	1552–1561
Johann Georg Wacker	1694–1723
Franz Wagner	1684–1690

München

Martin	um 1760
Scheller	vor 1880
Baptist Reichart	ab 1924

Neuburg

Rüzer	vor 1711
Peter Reisser	um 1818

New York
Davis	ab 1905
Hilbert	bis 1926 (Selbstm.)
John Elliot	ab 1926

Nördlingen
Dietrich Brenner	um 1469
Ulrich Tucher	um 1515
Conrat Raab	1557–1565
Conrad Fischer	1565–1568
Ulrich Fischer	ab 1568
Hans Jerg Defner	um 1677

Nürnberg
Hans Wintter	1460–1470
Hans	um 1479
Gilg	1525
Frantz Schmidt	1572–1617 († 1634)
Bernhard Schlegel	ab 1617
Valentin Deusser	bis 1641 (nur Monate)
Matthäus Perger	ab 1645
Johann Michael Widmann	1738–1757

Öttingen
Caspar Vollmer	† 1640
Philipp Deibler (Deubler)	ab 1643
Johann Fuchs	um 1650 († 1672)
Georg Vollmer	ab 1668
Georg Schöppelen	ab 1690

Ohlau
Andreas Tinel	um 1600

Paris
Henriet Cousin	2. Hälfte des 1. Jhd.
Nicolas Levasseur	bis 1685
Karl I. Sanson	1685–1703
Karl II. Sanson	1703–1726
George Hérisson	1729
Prudhomme	1729
Karl III. Johann Baptiste Sanson	1740–1754
Nikolaus Gabriel Sanson	1754

Karl IV. Heinrich Sanson   1754–1793
Heinrich Sanson   1793–1847
Roch   1847–1855
Louis Deibler   1855–1898
Anatole Deibler   1899–1939
André Obrecht   ab 1951

Passau
Kaspar Neithart   um 1618

Pfaffenhausen
Johann Adam Scheller   ab 1718

Regensburg
Johann Fuchs   um 1720

Rheinfelden (Schweiz)
Theodor Mengis   1839–1918

Rochefort
Ance   um 1789

Salzburg
Franz Joseph Wohlmuth   1757–1817 (1821) † 1823

Sangerhausen
Hamel   um 1860

Schönegg
Johann Trenkler   um 1722

Schongau
Jörg (Georg) Abriel (Aberellen)   um 1572–1594?
Hans Kuisl   † 1627
Georg Aberellen   † 1643
Hans Jakob Kuisl   1683–1696
Hans Kuisl   1711–1734
Jakob Kuisl   ab 1735
Johann Georg Widmann   1751–1781
Josef Benedikt Kuisl   1783–1807
Johann Michael Kuisl   (letzter Scharfrichter von Schongau

Schrobenhausen
Schmidt   um 1740

Schwabmünchen
Jakob Stangel   ab 1583
Leonhard Tallhover   um 1720
Rörle   bis 1800
Siegburg
(Dr.) Hansen   † 1694
Sonthofen
Andreas Kuisl   ab 1678
Johann Michael Kopp   1703–1753
Johannes Georg Kopp   ab 1753, † 1802
Remigius Metz   ab 1801
Steingaden
Hibler   ohne Jahreszahl
St. Gallen
Familie Vollmar   ab 1695
Stuttgart
Markus ⎫
Jakob   ⎬ Bickel   1660–1691
Andreas ⎪
Johannes⎭
Adolph Grossholz   um 1720
Thann (Bayern)
Kester   † 1544
Torgau
Heintze (Vater d. Leipziger H.)   vor 1695
Ulm
Hans Conrad Näher   ab 1666
Dietrich Deigentesch   um 1680
Waal
Johann Georg Igel   vor 1783
Franz Xaver Igel (Sohn)   nach 1783
Wassertüdingen
Carl Fuchs   um 1677
Weißenhorn
Zwei Brüder Metz   um 1640

Jakob Igel	um 1787
Josef Igel	um 1798
Wien	
Paul	um 1463
Jörg Carlhofer	um 1486
Familie Schrottenbacher	1550–1802
Joachim Stein	um 1618
Johann Hamberger	um 1700
Johann Georg Hoffmann I.	1802–1827 (löste die Schrottenbacher ab)
Simon Abel	1827–1839
Johann Georg Hoffmann II.	1839–1865
Hoffmann III.	1865–1874
Willenbacher	1874–1892
Seyfried	ab 1829
Selinger	vor 1900
Josef Lang	1900–1936 (Selbstm.)
Wien-Meidling	
Willenbacher	um 1868
Wittstock	
Hans	1537
Wrietzen	
Martin Heintze	um 1606
Deutschland	
Köster	
Ulitzke	
Weiß	1933–1945
Hehr	
Roselieb	
Kleine (1946 hinger.)	
England	
William Marwood	1879–1883
James Berry	1884–1892
Billington	1925 (Selbstm.)
H. A. Pierrepoint I.	? –1907 (seit 1900 mit:)
John Ellis	1900–1923 (1933 Selbstm.)

Harry Allen   1950?
Pierrepoint II.   vor 1950

Holstein
Familie Stoeff   keine Jahreszahl

Rußland
Prolow   ?
Pilipiew   um 1905, (starb 1934)

USA
Elliott
Jimmy Thompson   um 1958

Verzeichnis der Scharfrichterdynastien

Mit zwei oder mehr als zwei Namen treten in Erscheinung:

1. Abrel (Abriel, Abrell, Aberel, Aberellen, Abril usw.)
2. Asthusen
3. Bickel (Bickhel, Bickle, Bückhler, Bickler, Pickel)
4. Deibler (Däubler, Deubler, Deübler, Teübler usw.)
5. Deigentesch (Daigentesch, Deigentäsch, Diegentasch usw.)
6. Fischer
7. Frey
8. Fuchs (Fux)
9. Funke (Funcke)
10. Gebhart
11. Gröpler
12. Hartmann
13. Heintze
14. Hennings
15. Hérisson
16. Heyland
17. Hoffmann
18. Huß
19. Igel
20. Jeck
21. Kaufmann
22. Kester (Köster)
23. Kleine
24. Klingensteiner
25. Kober
26. Kopp
27. Köster (Kester)
28. Krafft (Kraft)
29. Kuisle
30. Leichumb (Leycham)
31. Mengis
32. Metz
33. Möller
34. Müller
35. Näher (Nejer, Neüer)
36. Polster
37. Putzer
38. Fürst
39. Reindel
40. Sanson
41. Scheller
42. Schlegel
43. Schmidt
44. Schrottenbacher
45. Seitz
46. Sühr
47. Stein
48. Steinmeyer
49. Stoeff (Stoff)
50. Trenkler (Tränckhler, Trinler etc.)
51. Voigt
52. Vollmar (Vollmair, Follmer)
53. Weydemann
54. Wid(e)mann
55. Wohlmuth

Darunter sind mit drei und mehr Mitgliedern:

1. Abrel	16. Kober
2. Asthusen	17. Kuisle
3. Bickel	18. Metz
4. Deibler	19. Polster
5. Deigentesch	20. Putzer
6. Fischer	21. Reindel
7. Fürst	22. Sanson
8. Fux	23. Schmidt
9. Heintze	24. Schrottenbacher
10. Hennings	25. Sühr
11. Heyland	26. Steinmeyer
12. Hoffmann	27. Stoeff
13. Igel	28. Trenkler
14. Kleine	29. Vollmar
15. Klingensteiner	30. Wid(e)mann

Namen- und Sachverzeichnis

Aachen 47
Abdecker 34
Abdeckerei 15, 80, 150, 151
Abel, Simon 256, 257
Aberell, München 116
Aberell, Andreas, Schongau 129, 149
Aberellen, Georg, Schongau und Günzburg 110, 144
Aberglauben
– in Innsbruck 67
– um Richtstätten 111
Abortgruben leeren 17, 24
Abrael, Barthel, Günzburg 152
Abrel, Enderes, Oberdorf 135
Abrell, Kempten 148
Abrell, Johann Jakob
– Hall 199
– Innsbruck 196, 198
– Meran 184
Abrell, Jakob, München 120
Abrell, Marx Philipp, Hall 183, 191, 196
Abriel, Jörg, Hexenmacher, Schongau 148
Abtrittfeger 37
Abtrittgruben 15
Adelarius, Bremen 88
Adelsverschwörung in Österreich 153
Ächtung des Scharfrichters 18, 91, 189
Alba, Herzog 98
Albrecht II., Herzog 33
Albrecht von Bayern, Bischof von Straßburg 65
Alraune 18
Altenburg, Schloß 55
Alt-Landsberg 116
Amalfi 14

Amstalder, Peter 63
Ance, Scharfrichter in Rochefort 231
Angstmann 93
Aprel, Bertlin, Günzburg 148
Armesünderglöcklein, Berlin 241
Armut der Scharfrichter 241
Askanier 30
Asthusen, Ismael I., Hamburg 147, 149
Asthusen, Ismael II., Hamburg 162, 175, 176
Asthusen, Ismael III., Hamburg 176, 188
Asthusen, Ismael IV., Hamburg 210
Aufgaben des Scharfrichters 23
Augsburg 53, 62
Augsburger Stadtrecht 22
Aussätzige 17, 22

Bad Doberan 33
Badellus 14
Bagno, Frankreich 265
Bailli 25
Bailliage 25
Baldewan, Bürgermeister von Rostock 64
Bargello 86
Barsch, Benedikt, Berlin 80, 90
Barte 9
Bartholomäusnacht 103
Basel 35, 62, 91
Báthory, Stephan, König von Polen 102
Bauknecht 54
Bayerischer Hiesl, Dillingen 212
Bayr, Jakob, Füssen 185
Bazard, Laurent, Paris 76
Beatrix, Kaiserin 19
Beaujeu, Anne von, Regentin 65

Beaurieux, Dr., Experimente 290
Beccaria, Cesare 208
Beil 9, 11, 40
Beilhinrichtung 241, 247, 302
Belgiojoso, Barbiano Francesco, Graf 116
Belgrad 55
Berlin 14, 29, 30, 31, 39, 115
– Berliner Humor 15
– Berliner Kindesmord 159
– erstes Hochgericht 32
– Heidereutergasse 14, 68
– im Interdikt 31
– Krausnickstraße 164
– Kurfürstenbrücke 15
– Lange Brücke 15
Bernau 116
– Galgenberg 144
– letzte Hinrichtung 246
Berry, James, London 276, 277
– Formel des J. B. 282
– »My experiences as an executioner« 281
Bewerbungen 155
Bibel 4
Bicêtre – erste Guillotineversuche, Paris 236
Bickel, Brüder, Stuttgart 149
Bickel, Jakob, Memmingen 216
Bickhle, Jakob, Donauwörth 140
Biener, Wilhelm, Kanzler von Tirol 146
Billington, England 287, 300
Blum, Robert 42
Blutgeld 1
Blutgerichtsbarkeit 2
Blutrache 2
Bödel 14, 15
Bödelgasse 14, 68
Bödelhaus, Berlin 68
Boleyn, Anna 81
Bordell 42, 43
Brackow, Peter, Stadthalter von Berlin 54, 74
Brahe, Tycho de 122
Brand, Scharfrichter von Berlin 195
Brandt, Johann Daniel, Berlin 212, 245

Braten 15
Braunfels, Städtchen 68
Braunschweig, Zahl der Scharfrichter 63
Bremen, letzte Hinrichtung 259
Brenner, Dietrich, Nördlingen 61
Brückh, Andreas, Schwäbisch-Hall 164
Brüderschaft mit dem Scharfrichter, Kaufbeuren 207
Brüssel, Charta von 35
Bückler (Bickler, Pickler), Nastädten 218
Büttel 1, 14, 15
Bulgarien ohne angestellte Scharfrichter 148
Burgkmaier, Hans 72
Bursprake 43
Bussoni, Francesco 52
Buttes Chaumont 25
Buttstädt 62
Butzen 61, 71, 73, 143

Cabanis, Dr., Paris 236
Caesar 11
Calcroft, England 287
Candidatus theologiae und die Scharfrichterstochter 220
Cappeluche , Maître 36
Carlhofer, Jörg, Wien 67
Carlier, Angélique Nicole, Paris 169, 170, 171
Carmagnola 52
Carnifex 7, 8, 22, 78
Carolina 79
Carrier, Frankreich 237
Cartouche, Paris 188
Casanova, Giacomo, Paris 205
Caviller 34, 93
Cesky Brod 52
Chambres ardentes, Paris 184
Chatel, Jean 111
Chessmann 307, 308, 311
China 7
Chou-Dynastie 5
Christian V., Dänemark 161, 162

Christian VII., Dänemark, Verbot des Henkens 212
Chrudim 118
Cicero 8
Cinq-Mars 143
Circus 11
Clemens V., Papst 27
Clément, Jaques 110
Cloacarius 37
Cocceji, Samuel von, Berlin 195, 200, 201
Coligny, Admiral 103
Cölln 29
– erstes Hochgericht 32
– Scharfrichter 53
Conrat, Nördlingen 96
Constitutio criminalis Caroli 78, 79
Constitutio criminalis Theresiana 211
Corday d'Armont, Marie Anne Charlotte 237
Corvinus, Ladislaus 55, 56, 58
Corvinus, Mathias 55, 56, 58
Cosimo I., Florenz 86, 87
Cossa, Baldassare 46
Cousin, Henriet, Paris 67
Cyriacus, Propst zu Bernau 30, 31, 32

Dachau 116
Däubler, Hans, Augsburg 103, 107
Däubler, Michael, Augsburg 128
Dallinger 34
Damiens, François, Paris 205
Dannenberg, Michael, Hamburg 65
Danton, Paris 238
David, state electrician 291
Defloration 8
Deibler, Anatole, Paris 284
Deibler, Hans, Memmingen 95
Deibler, Louis, Paris 266, 281, 282, 284
Deigentesch, Freiburg/Schweiz 183
Deigentesch (Degendäsch), Barbara 178
Deigentesch, Dietrich, Ulm und Öttingen 158, 159
Deigentesch, Johann, Roßarzneibüchlein, Freiburg/Schweiz 228
Demmer 34

Desmoulins, Camille, Paris 238
Deubler, Barthel, Memmingen 140
Deubler, Marx, Stadtarzt und Scharfrichter, Donauwörth 134, 144
Deubler, Philipp, Nördlingen 141
Deusser, Valentin, Nürnberg 143
Deutschmann, Hans Berthold, Hamburg 149, 155
Devereux, Robert, Graf Essex 115
Diebsdaumen 18
Diensteid des Scharfrichters 53, 73
Dienstvertrag eines Scharfrichters 116
Diez von Schaumberg, Ritter 32
Dillingen 125
Dithmarschen 36
Dollmann 34
doloire 86
Dominikaner 47
Donauwörth 125, 134
Dresden 15
droit du havage 174, 187
Dubarry, Gräfin, Paris 206, 237
Duell in Berlin 167, 168
Duffy, Clinton T., St. Quentin 295, 296, 311
Dynastie
– Gebhart, Saalekreis und Hamburg 146
– Hennings, Hamburg 188
– Polster, Leipzig 166
– Stoeff, Oldesloe 146
– Sührs, Celle 146

Eberhard, Propst 31
Eduard III. von England 32
Eger, Zahl der Scharfrichter 63
Egmont, Hinrichtung 98
Ehemann, jüngster 13, 36
Eichfeld, Hans Michael, und sein Eid, Berlin 174, 175, 176, 179
Eigengerichtsbarkeit 29
Eike von Repgow 29
Einkünfte der Scharfrichter 42, 43
Electrocution 277, 296
– New York 292, 293
– Ohio 290, 291, 292

Eleonore, Kaiserin 60
Elisabeth, Mme., Paris 238
Elisabeth, Zarin von Rußland 199
Ellis, John, England 287, 289, 295, 299, 302
England 9, 11, 19, 40, 115
– ohne angestellte Scharfrichter 148
Enguerrand de Marigny 25, 27
Enthauptung 15, 40, 296
Epernon, Herzog von, Frankreich 120
Erbschlichtung, Wien 59
Erbstreit unter Scharfrichtern, Berlin 246
Erfurt 74
Ertränken 15
Erzketzer 49
Exécuteur de la haute justice 25
Exklusivgalgen 32

Fachsprache der Scharfrichter 53, 57
Fahner, Johann Michael, Donauwörth 242
Falkenhügel 27
Fall *de la Barre,* Paris 210
Falle (welsche) 86
Fehr, Prof. Dr., Tierarzt, Münster 250
Feldmeister 92
Femgerichte 14
Ferdinand I., Kaiser 78
Ferdinand III., Kaiser, Landgerichtsordnung 147
Fettmilch, Frankfurt am Main 124
Feuerbach, Anselm von, Bayern 245
Feuillants, Paris 120
Filler 34, 93
Fischer, Conrad, Nördlingen 96
Fischer, Jonas, Frankfurt am Main 110
Fischer, Ulrich, Nördlingen 98
Fledermausblut 18
Florenz 14, 85
Flügge, Klaus, Hamburg 65, 67
Flureaux, Paris 76
Folter, Abschaffung
– in Berlin 195, 198
– in Frankreich 217, 228
– in Hannover 254

– in Wien 217
– in Württemberg 246
Foltern 7, 34, 51
Fouquier-Tinville, Paris 238
Fanck, Straßburg 197
Frangipani, Franz Christoph, Graf von Tersat 154, 155
Franken 13, 36
Frankenberg 36
Frankfurt am Main 35, 51, 53, 68
Frankfurt/Oder, Universität 99
Frankreich, Hinrichtungsgebühren 40
Franz I., König von Frankreich 75
Franz II., Kaiser 243
Franziskaner 47
Frauenhäuser, öffentliche 42
Frey, Johann, Hall 80, 98
Frey, Melchior, Meran 96, 106
Freymann 147
Friedrich, Ansbach, Ordrebuch 105
Friedrich I., Kaiser 19
Friedrich I., König von Preußen (zuvor Kurfürst Friedrich III. von Brandenburg) 162, 163, 179
Friedrich II., König von Dänemark 102
Friedrich III., Kronprinz von Preußen
Friedrich II., Kurfürst von Brandenburg 53
Friedrich III., König und Kaiser 57, 60
Friedrich der Schöne von Österreich 29
Friedrich von Steiermark, Herzog 57
Friedrich Wilhelm I., König von Preußen 197
Friedrich Wilhelm III., König von Preußen 244, 254
Friedrich Wilhelm IV., König von Preußen 263
Friesland 36
Fritz, Scharfrichter, Halle/Saale 202
Frohm, Kesselflicker 74
Frohnfeste, Innsbruck, erste Hinrichtung 274
Frolow, Rußland 275
Fron 1, 78, 93

Fronbote 14, 15, 35, 36, 93
Fronhaus, Hamburg 44
Fuchs, Kaufbeuren 220
Fuchs, Conrad, Kaufbeuren 176, 179
Fuchs, Conrad, Memmingen 171, 174
Fuchs, Johann, Öttingen 150
Fuchs, Johann, Regensburg 185
Fuchs, Witwe, Mord in Berlin 194
Fu-hsi 2
Funcke, Peter, Scharfrichter 37
Funke, Brandenburg 251
Furlani, Giacomo 117, 118
Fux, Johann Georg, Kaufbeuren 216
Fux, Matheiß, Kaufbeuren 185
Fux, Mattheiß, Memmingen 148, 149, 153, 166, 167, 171

Gagern, Friedrich von 55
Galgenarbeit der Leineweber und Müller 147
Galgenfeld, Hamburg 44
Galgenfest 264, 271
Gänsweyd, Wien 42
Gans zu Putlitz, Ritter 29
Garotte 270, 299
– Abschaffung, Bolivien, Kuba, Puerto Rico 299
Gashinrichtung, USA 296, 297, 298
Gassenrecht erlischt, Hamburg 225
Gastfreundschaft der Scharfrichter 214, 215
Gebhart (Gevert), Jakob, Hamburg 146
Gebhart I., aus Ruppin 143
Gefängnisturm, Hamburg 44
Geköpft und gerettet 157
Gerichtsbote 1, 35
Gesetze, assyrische 5
Gesner, Alexander, Berlin 135
Getreiderecht 174
Gillet, Hélène 130
Glasin an der Elde 29
Goethe 124, 219
Goethe in Eger 244, 252, 253
Goethe, August von, Eger 245
Golser, Georg, Bischof von Brixen 65
Göpler, Hannover 299
Gottfried, Berlin 147

Gottfried, Gesche 258, 259
Gottlieben, Burg 48
Götze, Caspar, Berlin 148
– Bittschrift 151, 152
Gourdan, Bordellwirtin, Paris 206
Grabmonument *Friedrichs III.* 45
Graf, Max, Hamburg 123, 126, 127
Grasel, Bandit, Wien 251
Grassold, Anton, Prof. 230
Gregor XIII., Papst 104
Gritschenwinkel 72, 191
Gröpler, Berlin 272
Großholz, Adolph, Stuttgart 186
Grumbach, Wilhelm von, Reichsritter 97
Grüner, Polizeirat, Eger 252, 255
Guerre, Martin 89
Guidon, Zimmermeister, Paris 236
Guillotin, Dr. 234
Guillotine 9, 11, 32, 233
– auf dem Champs de féderation (heute de Mars) 237
– auf der Place de Grève 236
– auf der Place de la révolution (später de la république) 236
– auf der Place du caroussel 236
– in Brixen 238
Gustav III., Schweden 218

Hagedorn, Johann, Hamburg 65
Haiden, Lorenz 59
Hain, Christoph, Leipzig 28
Hake, Balthasar von, Stadtrichter von Berlin 53, 54
Haken 8
Halbmeister 34, 92
Halifax Gibbet 32
Hallbarte 90
Halsgerichtsordnung, Bambergische 72, 73
Halsgerichtsordnung, Maximilianische 69
Hamberger, Johann, Wien 173
Hamel, Sangerhausen 268
Hamburg 35, 37, 43, 54, 62, 105, 146
– Außenalster 44
– Grasbrook 43, 79

- Richtstätte 94
- Zahl der Scharfrichter 63
Hammurabi 4
Händel, grumbachische 96, 97
Handwerk des Scharfrichters 17
Hans, Wittstock, heiratet Delinquentin 88
Hans von Nürnberg 63
»Har«-ruf, Hamburg 215
Hartmann, Johann Adam, Augsburg 177
Hartmann, Max Philipp, Augsburg 149, 155, 156
Has, Hans, Hall 125, 129, 134, 140, 141
Hausvogt, Berlin 53
havé 161
Hegner, Gastwirt 94
Hehr, Scharfrichter 302
Heinrich II., England 20
Heinrich II., Frankreich 75, 131
Heinrich III., Frankreich 110
Heinrich IV., Frankreich 111, 120
Heinrich VIII., England 81, 90, 91
Heinrich von Chlum 48
Heinrich von Mecklenburg, Herzog 33
Heintze, Martin, Berlin 108, 109
Heiraten 127
Heiratskonsens für Scharfrichter, Hamburg 212
Hellbrock, Innsbruck 274
Hellebarde 9
Hellriegel, August, Berlin 252, 254
Helmschmied, Wolfgang, Meran 85
Hendreich, Paris 270
Henken 295
Henkerbräuche 221, 222
Henkergehilfen 9
Henkersknecht 37
Henneberg, Berthold von 30
Henneberg, Graf von, Erfurt 74
Hennings, Hamburg 213
Hennings II., Hamburg 214
Hennings III., Hamburg 214
Hennings IV., Hamburg 214, 215
Hennings V., Hamburg 232, 233
Hennings VI., Hamburg 258

Hennings, Franz Wilhelm, Hamburg 180
Hennings, Martin, Berlin 191
Hennings, medicinae practicus, Hamburg 213
Henricus suspensor 33
Henriette, Königin von England 134
Heresiarcha 49
Hérisson, George, Paris 190
Hethiter 2
Hexe, letzte 202
Hexen in Tirol 158
Hexenbulle 64
Hexenhammer 65
Hexenjagd in Bernau 125
Hexenprozeß, erster, Innsbruck 65
Hexenprozeßwelle, Tirol 71
Hexenverfolgung 64
Heyland, Leipzig 114
Hieronymus von Prag 47, 48, 49, 50
Hilbert, New York 300
Hinrichtung
– aller deutschen Scharfrichter, außer Reichart 307
– der Tornows, Berlin 193, 194
– in Berlin 173
– in Derby, England 250
– in Heidelberg 247
– in Linz 267
– in Moabit, Berlin 265
– letzte öffentliche H.
– – in Berlin 262
– – in Bremen 228
– – in Frankreich 304
– – in Innsbruck 268
– – in Prag 270
– Verbot öffentlicher H.
– – in Deutschland und Schweden 274
– – in Norwegen 277
– – in Rußland 276
– von 13 Soldaten in Linz 206
Hinze, Stettin 37
Hitler 302, 305, 306
Hochgerichte, beseitigt in Tirol 244
Hochzeit, republikanische 237
Hödl, Heinrich, Hall 141, 144

Hofer, Andreas, Mantua 246
Hoffmann, Georg, Wien 270, 271
Hoffmann, Johann Georg, Wien 242, 244, 256, 261
Hofmann, Michael, Dr. med., Frankfurt/M. 211, 212
Holzer, Wolfgang, Hubmeister 60, 61
Hoornes Hinrichtung 98
Hörmann, Johann, Donauwörth 242, 251, 252, 253, 254, 257, 259, 260
Hormuth, Berlin 260
Hostienraub 74
Howard, Katharina, Königin 90
Huang-ti 2
Hubmair, Balthasar, und seine Frau, Wien 77 78
Huhn, Hinrichtung eines 62
Humanisierung des Strafrechts, Frankreich 259
Hundefang 17
Hundefänger, Hamburg 215, 216
Hunyádi, Janos 55, 58
Hurengäßchen 15
Hurenweibel 24, 42, 58
Hus, Jan (Johannes) 45, 47, 48, 49
Huß, Karl
– Brüx 208, 212, 216, 218, 219, 220, 223, 224
– Eger, Sammlung 230, 231, 255
– Eger, schreibt Chronik 239
– in Königswarth 262
Hussitismus 47

Idar-Oberstein 32
Igel, Franz Xaver, Waale 225
Igel, Jakob, Weißenhorn 228
Indien 7
Infamie 7
Ingermann, Helmstedt 120
Innozenz VIII., Papst 64
Innsbruck
– Hinrichtungsstätte 241
– letzte öffentliche Hinrichtung 268
Institoris (Kramers), Heinrich, Dominikaner aus Schlettstadt 64
Isenhaupt, Tilmann 96

Isin 4
Italien 11

Janow, Matthias von 47
Jeck, Johann Christ., Bernau 190
Jerichow, Scharfrichter, Genthin 268
Jessenius von Jessenitz, Prag 126
Jesuiten 110, 111
Joachim I. Nestor, Kurfürst von Brandenburg 74, 80, 81, 98
Joachim II. Hektor, Kurfürst von Brandenburg 32
Johann Georg, Kurfürst von Brandenburg 100, 108
Johann Georg IV., Kurfürst von Sachsen 164
Johann Sigismund, Kurfürst von Brandenburg 125
Johann von Leiden 81
Johann von Stavekestorp, Raubritter 29
Johannes XXII., Papst 30
Johannes XXIII., Papst 46, 47, 48
Johannes der Täufer 9
Johannes von Chlum 47
Joseph II., Kaiser 223
Josephina, Wien 228
Jouanne, Peter, Dieppe 149
Juden 11, 19, 34, 35, 74, 98, 148, 152
Jungfernblut 18
Jungfrau, schottische 32
Jus talionis 1
Juvenal 8

Kaffler 34
Kafiller 34, 93
Kalb, Hinrichtung eines 150
Kalixtiner 52
Kaltschlächter 52
Kapitol 8
Karl I., England 134, 145
Karl IV., Frankreich 36
Karl V., Kaiser 61, 79
Karl VI., Kaiser 192
Karl VIII., Dauphin 65
Karl IX., Frankreich 98, 103
Karl August, Herzog von Weimar 219
Karl der Große 19

Kastrieren 17
Kastrieren, Privilegium in Preußen 201
Katholisch – evangelisch 163
Katholizismus 47
Kaufbeuren 74
Kaufmann, August Heinrich, Bernau 219
Kaufmann, Carl Friedrich, Bernau 241, 242
Kayser, Hinrich, Hamburg 123
Kempten 53
Kepler, Johannes 122
Khuißl, Hanns, Schongau 167
Kienle, Jakob, Hall 119, 122
Kindertaufe 81
Kirchheimer, Arzt und Ratsherr, Wien 59
Kleiderordnung für Scharfrichter 94, 190
Kleine, Scharfrichter 306
Kleine, Andreas, Tierarzt, Bernau 200
Kleine, Andreas, Sohn 202
Kleine, Georg Wilhelm, Berlin 187, 190
Klingensteiner, Kempten 186
Klingensteiner, Andreas, Kaufbeuren 192
Klingensteiner, Andreas, Kempten 178
Klingensteiner, Johann, Günzburg 208
Klingensteiner, Josef Anton, Günzburg 217
Kloakensäuberung 8
Kniphoff, Klaus, Seeräuber, Hinrichtung in Hamburg 77
Knipperdolling, Bernt, Henker 81
Knorrius, Jurist 220
Kober, Johann Georg, Meran 191, 201, 202
Kober, Johann Jakob, Meran 195
Kober, Johann Michael, Donauwörth 185
Kober, Nikolaus, Markt-Oberdorf 180, 208
Kober, Wilhelm, Markt-Oberdorf 180, 208, 228
Koblentz, Martin 164, 174, 241

Koch, Edward, Bürgermeister von New York 313
Koch, Martin Gottlieb, Bernau 198
Kodifizierung der Henkerpflichten 22
Köln, siehe Cölln
Könige 2
Königreich Zion in Münster 81
Köpfgalgen 86
Köster, Scharfrichter 302
Koestler, Arthur 306
Kohlhaase, Hans (Michael Kohlhas) 80, 90
Komthurei 40
Konrad, Scharfrichter von Tirol 68
Konrad III. 20
Konrad von Bozen 65
Konstanz, Konzil 45
Konsul 9
Kopp, Johann, Sonthofen 243
Kopp, Johann Georg, Augsburg 205
Kopp, Johann Michael, Augsburg 205
Koran 4
Korzer, Adam, Wien 227
Kotzurek, Brünn 257, 261
Krafft, Berlin 246, 254, 260
Kranichsfeld, Räuber, Hamburg 190
Kratzel, Jakob, Berlin 202
Krauts, Julius, Berlin 263, 267, 268, 270, 272, 274, 278, 283
Kreuzigen 9
Kreuzigung auf Golgatha 9
Krieger, Konrad Leonhard, Meran 158
Krieger, Othmar, Hall 144, 146, 149, 153
Krötenfett 18
Kügelgen, Gerhard von, Dresden 252
Kühn, Görlitz 143
Küpe, glühende 15
Kuh, Hinrichtung einer 128
Kuisl, Hans, Schongau 135
Kuisl, Johann Georg, Burgau 220
Kuisl, Johann Michael, letzter Scharfrichter von Schongau 220, 221, 224, 229
Kuisl, Johann Michael (Benedikt?), Schongau 205

348

Kuisl, Josef Benedikt, Schongau 203
Kuisle, Jacob, Schongau 179
Kunz von Kauffungen 55
Kurzer (Korzer), Berlin 295

La Villette, bei Paris 27
Ladislaus Posthumus 58
Lally-Tollendal, Thomas Arthur, Paris 209, 210
Lamotte-Valois 227
Landesgericht Wien, erste Hinrichtung 274
Landsknechte 19
Lang, Pepi (Josef), Wien 287, 288, 289, 293, 303
Lang, Philipp 118
Langmayr, Josef, Innsbruck 199
Lauingen 125, 140
Lebe 55
Leben nach Enthauptung 116
Lebendig begraben 15
Leber, Prof. Dr., Wien 217
Leichenfinger 18
Leichenpreise in Innsbruck 193
Leichenverscharrer 37
Leimerz, Frantz Anton 254
Leiner, Andreas, Hall und Kufstein 156, 158
Leingartner, Anton, Linz 254, 265, 266
Lemler, Joas 96
Leo X., Papst 14, 75
Leopold I., Kaiser 153, 154, 163
Leopold von Österreich 29
Leopold von Passau, Erzbischof 121
Leubus 119
Levasseur, Nicolas, Paris 160
Leycham, Hans, Memmingen 94
Lienhart von Grätz (Graz), Tirol 68, 71
Liktor 9
Lindenau, Friedrich von, Leipzig 128
Linz, letzte öffentliche Hinrichtung 269
Liphardt, Lienhard 98
Lippold ben Chluchim (Hluchim), Prag 80, 98, 100
List, Nickel, Hannover 168

Löbe 55
Löwe 55
Louis, Anton, Dr., Leibarzt, Paris 234, 236
Lubiaz 119
Ludwenko, Räuber 59
Ludwig, Pfalzgraf 49
Ludwig IV., Kaiser 29
Ludwig VI., der Dicke, Frankreich 20
Ludwig VII., Frankreich 20
Ludwig IX., der Heilige, Frankreich 22
Ludwig X., der Zänker 25, 27
Ludwig XI., Frankreich 65, 67
Ludwig XII., Frankreich 68
Ludwig XIII., Frankreich 134, 140
Ludwig XIV., Frankreich 228
Ludwig XV., Frankreich 205, 206, 227
Ludwig XVI., Frankreich 86, 234, 236
Ludwig von Wittelsbach, Markgraf von Brandenburg 30
Luther, Martin
– und die Obrigkeit 75
– und die Scharfrichter 92
Lutterworth, Leicestershire 46
Lux, Dr., Tierarzt 114, 250
Luzern 63
Lynchjustiz 148

Mädchenhandel, Berlin 39
Magnus II., Herzog 64
maiden 32
Majestätsbeleidigung 2
Malleus maleficarum 65
Manecke, Heinrich, Obristleutnant, Hamburg 161, 223
Mannäi 9
Mannaja 32, 86
Maria Beatrtix von Este 135
Maria Theresia, Kaiserin 199, 206, 217
Maria von Burgund 65
Marie Antoinette, Paris 238
Markusevangelium 9
Marokko ohne angestellte Scharfrichter 148
Martin, Scharfrichter, München 206
Martin V., Papst 50

Marwood, William, England 273
Massenhinrichtung in Tirol 208
Matz, Valentin, Hamburg 128, 129, 142
Maurer, Hans, Heilbronn 54
mauvais garçons 68, 75, 76
Max, Kaisersohn 60, 65
Maximilian I., Kaiser 72
Maximilian I., Kurfürst von Bayern 144
Maximilian II., Kaiser 102, 103
Medici, Claudia von, Erzherzogin von Tirol, Innsbruck 135, 140, 146
Medici, Katharina von 98
Medici, Maria von, Frankreich 120
Meister von Reutlingen, Tagebuch 95
Mengis, Baltzer, Bern 148
Metternich, Fürst, Staatskanzler 255
Metz, Dietrich, Augsburg 127
Metz, Remigius, Sonthofen 242
Meyer, Berlin 203, 204
Michael VII., Kaiser 11
Michaelis, Bernau 198
Milchpolizei 23
ministeria sordida 11
Mogule 2
Molay, Jacques Bernard de 29
Molière (Poquelin) 143
Montagu, Jean du 44
Montfaucon 25, 27, 65, 78
Mord 2
Mordprozeß, ältester 4
Mord unterm Galgen 127
Morus, Thomas 81
Mosen, von, Ritter 55
Mothern, Hans, Scharfrichter und Pferdearzt 11
Mu, Kaiser 5
Mühldorf, Schlecht bei 29
Müller, Hans, Berlin 151, 159
Müller, Heinrich, Berlin 157
Mydlař, Wenzel, Prag 116, 126
Mydlař-Dynastie, Prag 118

Nachrichter 93
Nachrichters nützliches und auf- richtiges Roßarzneybüchlein 183, 228
Nádasdy, Ferencz, Ungarn 154, 155
Näher (Neher, Nejer), Hans Conrad, Kaufbeuren 150, 158, 159
Näher (Nejer, Neher, Neüer), Johann Conrad, Memmingen 192, 193
Neithardt, Kaspar, Passau 121, 122, 136
Neitschütz, Sibylle, Dresden 164, 165
Neitschütz, Ursula Margareta 164, 165, 166
Nejer (Neuer), Memmingen 186
Neugier eines Weibes, Ulm 158
Neumann aus Jerichow, Berlin 184
Neumeister, Martin, Brünn 201
Niklas, Graf Salm 78
Niklas von Leitomyšl 47
Nippur 4
Nördlingen 53, 61, 93, 125
Nord, Scharfrichter, Heidelberg 247, 248
Nordamerika 19
Noyaden, Nantes 237
Nürnberg, Reichstag 29, 87, 104

Oberdorfer, Lienhard, Meran 150, 153
Oberstetter, Sebastian, Hall 119
Obrecht, André, Paris 310
Öttingen 125
Öttingener Dynastie 122
Officia abjecta 11
Olivier le daim 65, 66, 67
Ölsieden, letztesmal 44
Opferpriester 1
Oporinus, Basel 91
Oppenheimer, Süß, Stuttgart 197
Optiones 11
Orléans 20
Orléans, Herzog, Paris 238
Orphaniten 52
Otto von Lüneburg, Herzog 33

Pachler, Barbara, Sarntal, Hexe 85
Päpste, drei auf einmal 45
Pandekten 14
pankus 2

Paré, Ambroise 103, 104
Paris 20, 25, 36, 44, 67
Parr, Katharina, Königin 91
Passauer Kunst 121, 122, 136
Paul, Scharfrichter, Wien 60
Paul II., Papst 61
pedellus 14
Peinlein 93
Pelletier, Jacques-Nicolas, erstes Guillotineopfer 236
Penningk, Heinrich, Hamburg 75, 78
Perger, Matthäus, Nürnberg 144
Peter von Eger, Scharfrichter 65
Pfahl ins Herz 36
Pferdekuren von *Hans Velten* 260
Pflügler, Franz Anton, Augsburg 232
Pflügler, Josef August, Augsburg 231
Phaidon 7
Philipp I., von Braunschweig, Herzog 102
Philipp II. August, Frankreich 20, 21, 22
Philipp IV., der Schöne, Frankreich 25, 27
Philipp V., der Lange, Frankreich 25
Philipp von Eger, Scharfrichter 106, 107
Pič, Ignaz, Brünn 201, 217
Piccolomini, Aeneas Sylvius 50
Pickel (Bickel, Bickhel, Bückhel), Kiel 188
Pienzenauer, Hans, Kufstein 72
Pierrepoint, H. A., England 287, 292, 296, 310
Pilipiew, Rußland 294
Pilsener Freikugeln 125
Pinel, Dr., Paris 236
Pipperger, Johann Baptist, Esseg, Graz, Prag 241, 269, 270, 272, 273, 276, 277, 280, 281
Pisa 14, 45
Pius II., Papst 50
Platon 7
Pöltl, Kaspar, Innsbruck 166
Pohl, Frankenstein (Schlesien) 242
Polster, Scharfrichterrede 189

Prag, letzte öffentliche Hinrichtung von Pipperger 270
Prager Zwischenfall 110
Preußen 11
Price, John, von Bunhillsfield, England 184
Privilegium für Scharfrichter, Bernau 219, 220
Profos der Hatzfeld'schen Armada 136
Prokope 51, 52
Prophezeiung auf dem Schafott 105, 115
Propraetor 9
Protestantismus 32
Prudhomme, Paris 190
Puechamer, Wolfgang 116
Putzer, Bartholomäus, Hall 201, 202, 205, 206, 208, 209, 211, 213
Putzer, Franz Michael, Meran 217, 228, 243, 250
Putzer, Johann Georg
– Innsbruck 220
– Kastelreuth 218
– letzter Scharfrichter von Hall 212, 228
Putzer, Martin, Meran 202, 213

Rabenstein
– Rostock 64
– Wien 25, 67, 200
– Wien, neuer R. 78
Raboisen, Hamburg 44
Racker 37, 92
Rackerstraße 37
Rädern 15
– abgeschafft in Frankreich 231
– abgeschafft in Preußen 265
– letzte Räderung in Berlin 261
– letzte Räderung in Frankreich 228
Räuberbanden 35
Rákóczi, Franz, Ungarn 154
Ramperstorffer, Konrad, Rat in Wien 45
Rasenmeister 92
Raubritter 33
Ravaillac, François, Paris 120, 121

Recht
- auf Austern 174
- auf Besen 174
- auf Brunnenkresse 174
- auf die Kranken 174
- auf Dreikönigskuchen 174
- auf Früchte, Eier, Heu, Wolle 174
- auf herumlaufende Schweine 174
- auf Kohlen 174
Recht, germanisches 13, 14
Recht, römisches 14, 22, 29, 36
Rechte des Scharfrichters 73, 74, 80
Reeves, William, Fidschi-Inseln 308, 309, 313
Regensburger Chronik 55
Reichart, Johann Baptist, Berlin und München 299, 302, 303, 304, 305, 306, 307
Reichtum der Scharfrichter, Hamburg 213, 215
Reindel, Scharfrichter und Tierarzt 254
Reindel
- Berlin 270, 278
- Köln 301
- Magdeburg 263, 272, 302
- Plötzensee 303
Retentum
- Berlin 197, 249
- Frankreich 229
Revolution, französische 11, 25
Ribauds 68
Richenthal, Ulrich von 46, 49
Richtbeil 9
Richtschwert 40
Richtschwertinschrift 42
Richtstätte, neue, Berlin 202
Ritter, Doris 191, 193
Ritter, Herrmann (Hartmann), Berlin 95
Robespierre, Paris 238
Roch, Scharfrichterfamilie, Paris 237, 266
Rochlitz, Gräfin, Dresden 165
Rockh, Rat 45
Rodem, Gilg van 68, 71, 74
Rörle, Schwabmünchen 241

Rohde, Thomas, Dompropst 64
Roi des Ribauds 20, 21, 22, 25, 36, 68, 75, 76
Rom 7, 9, 11, 14
- Hurenhäuser 62
Romanos, Diogenes, Kaiser 11
Rose, Claus, Hamburg 78
Roselieb, Berlin 302
Rosenfeld, Scharfrichter 43, 44
Rosengasse 14, 15
Roßarzneybüchlein, Nachrichters nützliches 183, 228
Röttger, Berlin 302
Rothbote 93
Rudolf II., Kaiser, Prag 118, 122, 123
Rudolff, Hans, Berlin 144
Ruef, Stefan, Hall 71, 72
Rüter, Hartmann, Hamburg 105
Rußland 11
- ohne angestellte Scharfrichter 148
Rußwurm, Christian Hermann, Frh. von 116, 117, 118

Sachsenspiegel 14, 29
Salm, Niklas, Graf 78
Sanson 19
Sanson, Charlemagne, Paris 236
Sanson, Heinrich, der Letzte 238, 253, 263
Sanson, Karl, Dieppe und Paris 149, 160, 169, 171
Sanson, Karl II., Paris 176, 178, 185, 187, 190
Sanson, Karl III. Johann Baptist, Paris 185, 190, 198, 205, 209, 218
Sanson, Karl IV. Heinrich
- Paris 205, 206, 209, 218, 231, 232, 234, 236, 237
- und die Halsbandgeschichte 227
Sanson, Louis Martin, Paris 236
Sanson, Nikolaus Gabriel, Paris 205
Sanson de Longval, Abbéville 129, 140, 143
Scharfrichter 93
- Abrechnungspflicht, Hamburg 215
- als Arzt 18, 136, 173, 177

- als Chirurg 178
- als Ehebrecher 106
- als Mörder 113
- als Rektor 74
- als Tierarzt 18, 183
- Dynastien 18, 19
- Eid 73, 173
- erhält Offiziersrang 236
- erster 2
- Existenzgrundlage erschüttert 207
- Frieden 73
- Gebühren 23, 152
- gelernter 11
- hingerichtet 62
- im Wirtshaus 18
- mitleidiger 76, 77, 128, 129
- Prüfung 173
- Scharfrichterei und Abdeckerei, Hamburg 207
- Scharfrichterin, rabiate 133
- Soziale Unterschiede 34
- Sprache 249
- Tagung 187, 271, Wien, u. 56, 57, Breslau
- Tracht 91
- versagender 132
- Verwandtschaft 167
- von Dithmarschen 78
- Witwe des Sch.
  - – Günzburg 217
  - – Memmingen 210

Scheintoter in der Anatomie, Leipzig 276
Scheller, Johann Adam
- Augsburg 191
- Pfaffenhausen 184

Scheller, Johann Jakob, Wasenmeister 176, 184
Schelm von Bergen 19
Schergenhaus, Wipplingerstraße, Wien 67
Schierlingsbecher 7, 294
Schiffsziehen 223, 231
Schiller, Michael, Holzen 140
Schindanger 8
Schinden 17

Schinder 34, 37
Schinderhannes, Mainz 218, 243
Schlangenzauber 2
Schlegel, Bernhard 35, 36, 127
Schlegel, Bernhard II., Nürnberg 124
Schmidt, Bamberg 87
Schmidt, Frantz, Nürnberg, Tagebuch 104, 105, 116, 124
Schmidt, Frieder, Bernau 273
Schmidt, Georg, genannt Torübel 55
Schmidt, Tobias, entwirft Guillotine 234
Schnellgalgen
- vor dem Hause des Ministers *Happe*, Berlin 197
- vor dem Hause *Truzettel*, Berlin 196

Schochin, Barbara, Scharfrichterstochter 96
Schocke, Nikolaus, Senator, Hamburg 43
Schöffe, jüngster 13
Schönfeld, von, Ritter 55
Schöpelen, Georg, Öttingen 164
Schöppe, jüngster 36
Schrottenbacher, Scharfrichterdynastie, Wien 94, 134
Schrottenbacher, der Letzte, Wien 242
Schutzbrief für *Sanson* 229
Schwabenspiegel 29
Schwanenberg, Freiherr zu 73
Schwartz, Ulrich, Bürgermeister von Augsburg 62, 63
Schwarzenberg, Johann zu 72
Schwarzenberg im Erzgebirge 55
Schwarzhuber, Hans, Meran 80
Schwert 9, 11
Schwietz, Lorenz, Berlin 283, 295
Scultatores 11
Seitz, Christoph, Kaufbeuren 159, 192, 193
Seitz, Johannes, Buch der Medizie 180
Sejan, Tochter des 9
Selinger, Wien 287
Selbstmord der Scharfrichter 299
Servus publicus 8
Seyfried, Wien und Linz 278, 282, 287

Shelley, Percy Bisshe 251
Shen-nung 2
Sigismund, Kaiser 45, 46, 47, 48
Sixtinische Kapelle 62
Sixtus IV., Papst 62
Skelett, vererbtes 245, 246
Slovik, J. Edward 294, 302, 303, 305, 306
Soden, Andreas, Frankenstein 141
Sokrates 7
Soldatengalgen, Berlin 227, 228
Sonnenbach, Johann, Rittmeister 159
Sonnenfels, Joseph von, Wien 217
Sophia, Königin 48
Spaethe, Berlin 295, 300
Spandauer Spinnhaus 163
Spectatores 9
Speichel von Zutodegekitzelten 18
Spiculatores 11
Spiegel, Caspar, Berlin 108
Spießrutenlaufen, abgeschafft in Preußen 245
Spinnhaus Spandau 191
Sprenger, Jakob, aus Basel 65
Staatssklave 7
Stadtgerichte, Berlin 179
Stadtlender, Theodor Friedrich, Prof., Anatom 163, 164
Standesgerichte der Scharfrichter 221
Stanislaus von Znaym 47
Stein, blauer, Köln 227
Stein, Landeck (Schles.) 242
Stein, Joachim, Wien 125
Steinmeyer, Jakob, Haigerloch 208
Steinmeyer, Xaver 219
Stephansdom, Wien 45
Stitny, Thomas von 47
St. Just, Paris 238
Stoeff, Hamburg 155, 157, 159, 161
Störtebecker 43
Stoff, Christoph, Berlin 179
Stolz, Veit, Augsburg 88, 98
Strada, Jacopo 122
Strafvollzug, kollektiver 13
Straßenreinigung 8, 15
Strasser, Peter (Lorenz) 58

Strick 11, 18
Strom, Frau, Dresden 252, 253
Stuart, Maria, Hinrichtung 109
Stunz, Johann, Memmingen 216
Stunz, Günzburg 217
Sühnekreuz 32
Sueton 8
Sui-jen 2
Suleiman, Sultan 78
Sully, Frankreich 120
Sultane 2
Sumer 4
Syphilis 43

Taboriten 52
Tachau 52
Tafel, goldene, aus dem Kloster St. Michael, Lüneburg 109
Talien 34
Talion 4
Tallhover, Leonhard, Schwabmünchen 185
Tarif für Selbstmörderbestattungen 176
Taus 52
Thora 4
Teibler, Michael, Augsburg 110
Tempelherren 27
Tempelhof, Hans 74
Tempelritter 40
Templerorden 27
Teubler, Bartholme, Memmingen 119
Teübler, Jacob, Memmingen 103
Thou, François Auguste de 143
Thurneisser, Leonhard 99, 100, 102
Tiberius 9
Tinel, Andreas, Tagebuch 114
Todesstrafe, Ablösung durch Geld 5
Todesstrafe, Abschaffung 307
– Belgien 270
– Brasilien 278
– Dänemark 263
– DDR 310
– Deutschland 308
– Ecuador 284
– Iowa und New Jersey 311
– Kentucky und New York 311

- Maine 277
- Massachusetts 307
- Michigan 263
- Minnesota 292
- Niederlande 271
- North Dakota 294
- Österreich 228, 294, 312
- Oregon 311
- Portugal 270
- Rhode Island 265
- Tirol 270, 328
- Toskana 228
- UdSSR 313
- Uruguay 245
- Venezuela 269
- Wisconsin 266
- Wyoming und Montana 306

Todesstrafe, Gleichheit der 231
Todesstrafe, Wiedereinführung
- Österreich 303
- UdSSR 305, 309

Tollinger, Hall 106
Tortur 247, 248
- Abschaffung in Bayern 245
- neue 187
Totengräber 14
Totgeißeln 9
Tower, London 115
Tränckhler, Johann Georg 189, 201, 206, 207, 211
Trenkle, Franz, Wildschütz 189
Trenckhler, Franz, Augsburg 180
Trenkler (Tränckhler, Drenckler, Trinkler), Schönegg, Augsburg 188
Treppe, gemonische 8
Trettenbach, Statthalter von Steiermark 154, 155
Trinkler, Johann Georg, Augsburg 192
Trinkler (Trenkler, Tränckhler), Johann Baptist 227
Tristan l'Hermite 67
Tucher, Ulrich, Nördlingen 75
Türkei ohne angestellte Scharfrichter 148
Türkenbelagerung von Wien 1529 78

Turris captivorum, Hamburg 44
Tyburn, London 197, 225

U dobrehó kata, Brünn 118, 217
Ulitzka, Scharfrichter 302
Uncus 8
Unehrlichkeit erlischt 192
Unwillen, Berliner 54
Urninurta von Isin 4
Urteilsverkündung in Hamburg 225
Urteilsvollstreckungen in Berlin 39
U zelena žaby, Prag 118

Valori, Baccio, Ratsherr von Florenz 86
Vaubernier, Jeanne Rançon, Paris 206
Velten, Hans, Scharfrichter und Tierarzt 260, 261
Venedig 52, 98
Venezien ohne angestellte Scharfrichter 148
Verbrennen 15
Verbrennung, letzte, Berlin 249
Verkuppelung in Berlin 39
Verstümmelungen 4, 5
Vesalius, Andreas 91
Vicko, Hamburg 35, 37
Viehenthäutung 8
Vinschger Moidele, Innsbruck 220
Vir titinnaculus 8
Vit, Scharfrichter, Hannover 71
Vitalienbrüder 43
Vogl, Melchior, Dresden 164, 165, 166
Vogl, Martin, Meran 95
Voigt, Georg Eduard, Hamburg 265
Voigt, Raphael Georg, Hamburg 265
Vollmair, Georg, Schongau 193
Vollmar, Georg, Scharfrichter und Pferdearzt, Burglengenfeld und Öttingen 141, 151
Vollmar, Jakob, Hall 122, 124, 128
Vollmar, Johannes, Dillingen 140
Vollmar, Johann Peter, Meran 125, 174
Vollmar, St. Gallen, und das Familien-Siegel 167
Vollmer in Glarus, richtet letzte Hexe hin 223

Vollstrecker 2, 5, 7
Voltaire, Frankreich 217
Vorlauf, Bürgermeister, Wien 45
Voss, Scharfrichter und Tierarzt, Dülmen 250

Wacker, Johann Georg, Meran 159
Wächter des Kornverkaufs 23
Waffenverbot für Scharfrichter, Kempten 191
Wagner, Franz, Meran 74
Waldemar, Markgraf von Brandenburg 29
Waldl, Sebastian, Innsbruck 168, 177, 178, 183
Waldstein (Wallenstein), Albrecht von 116
Walter, Conrad Augustin, Berlin 176, 179
Wappen der Familie *Nejer*, Memmingen 187
Wasenmeister 92
Weber, Willi, Bernau 261, 264
Weidenkeller, Johann Michael, Kaufbeuren 206
Weiß, Scharfrichter 302
Weißkunig 72
Wendeborn, Heinrich, Hamburg 94
Wendt, Dr., Breslau 243
Wenzel, deutscher König 48
Wenzel von Duba 47
Wergeld 1
Wessel, Erich 44
Wettermacher, der kleine, Zillertal 158
Weydemann, Martin, Berlin 192
Weydemann, Valentin, Berlin 195
Weydemann II., Berlin 199
Wicliff, John, England 46, 47
Wiedertäufer in Tirol 80
Wiedertäufergeschichte 82
Wien
– Am Hof 42, 60, 61
– Beatrixgasse 135
– Brigittenau 42
– Dewpphaus in der Himmelpfortgasse 80
– Erbschlichtung 58
– Erdberg 42
– Gundelhof 58
– Haus an der Hirschpewnt 135
– Hoher Markt 42, 45, 60, 78
– Lubkowitzplatz 42
– Praghaus auf dem Kienmarkt 58
– Rabengasse (Rabengestätte) 135
– Rasumofskygasse 42
– Rosenau vor dem Schottentor 78
– Rotenturmtor 59
– Ruprechtsplatz 58
– Schergenhaus 51
– Schottentor 25, 42, 67, 78, 199
– Schweinemarkt 42
– Spittelberggasse 3 173
– Wipplingerstraße 51
– Zum Heidenschuß 59
Wiener Hetz 193
Wiener Neustadt 155
Wienerberg 42, 78, 120, 244
Widemann, Memmingen, und der Kirchenstuhl 199
Wid(e)mann, Michael, Scharfrichter und Pferdearzt, Memmingen 217
Wid(e)mann, Johann, Veterinarius 224, 225
Widmann, Heinrich, Memmingen und Günzburg 216, 217, 242
Widmann, Johann Michael, Nürnberg 206
Wilder Westen 148
Willenbacher, Wien 274, 276
Wintter, Hans, Nürnberg 57
Wirt von Rodeneck, Tirol 144
Witwenpension für eine Scharfrichtersfrau 144
Wohlmuth, Franz Joseph, Salzburg 96, 206, 207, 211, 245, 251, 253, 254
Wohlschläger, Prag 273, 276, 277, 283, 284, 288, 289, 295, 300, 301
Wolfsgärten 81
Woltbote 35, 37
Wood, Sergeant, Scharfrichter in Nürnberg 307
Wullenweber, Jürgen 87

Xenophon 7
Yo-ch'ao 2
Yorkshire 32

Zäch, Scharfrichter, Hall 156
Zápolya, Johann, König 78
Zigeuner 148, 158, 279

Zimmermann, Ferdinand August, Bernau 274
Žižka, Jan, von Trocnow 51
Zrinyi, Peter, Ungarn 154, 155
Zrinyi, Niklas, Ban von Kroatien 153
Zum guten Henker, Brünn 118
Zum grünen Frosch, Prag 118